"十二五"普通高等教育本科国家级规划教材

普通高等教育精品教材

21世纪统计学系列教材

抽样技术

（第5版）

金勇进　杜子芳　蒋　妍　编著

Sampling Technique

(Fifth Edition)

中国人民大学出版社

·北京·

总　序

教育是国之大计、党之大计。习近平总书记指出："'两个一百年'奋斗目标的实现、中华民族伟大复兴中国梦的实现，归根到底靠人才、靠教育。"

改革开放以来，高等统计教育有了很大的发展。作为培养我国统计专门人才的摇篮，中国人民大学统计学院自 1952 年创建以来，始终坚持理论与应用相结合的办学方向，着力培养能够理论联系实际、解决实际问题的高层次人才。为了更好地服务教学，中国人民大学统计学院组织并与统计学界同仁共同编写，于 2000 年首次出版了国内较早、成体系的一套丛书——21 世纪统计学系列教材。本系列教材，历经 20 余年的建设，适应统计教育的发展变化，不断修订完善，得到了社会的广泛认可，已成为全国统计学高等教育最有影响力的系列教材之一。系列教材中，既有"十一五"或"十二五"普通高等教育本科国家级规划教材，又有教育部高等学校统计学类专业教学指导委员会推荐用书。在 2021 年首届全国教材建设奖评选中，《统计学（第 7 版）》获评全国优秀教材（高等教育类）。

随着时代的发展和高等教育的变化，系列教材也要与时俱进，及时反映新时代的要求，为此，我们对系列教材不断改版更新。一方面，深入学习贯彻习近平新时代中国特色社会主义思想，紧扣立德树人的根本任务，密切结合中国实际，大量融入中国案例和数据，使学生进一步坚定中国特色社会主义道路自信、理论自信、制度自信、文化自信。另一方面，深刻把握统计学科的专业特点，面对大数据时代的新形势，突出统计理论方法与计算机实现技术的结合，强调方法与技术在实际领域中的应用，同时，精心打造配套的新形态和立体化教学资源，助力现代化教学实践。

感谢所有关注我们的同仁，他们本着对统计学科的热情和提高统计教育水平的愿望，帮助我们不断改进这套教材。感谢参与教材编写的同行专家、统计学院的教师。愿大家的辛勤劳动能够结出丰硕的果实。我们期待着与统计学界的同仁共同创造统计学科辉煌的明天。

王晓军
中国人民大学统计学院

前　言

抽样调查是数据收集、科学研究的重要手段，抽样技术的核心是通过概率设计与推断来测量和控制可靠性的一门科学。

本教材重点内容包括：(1) 有限总体假定下经典概率抽样的基本原理和基本方法，按照从简单到复杂的逻辑依次介绍简单随机抽样、分层随机抽样、等概率整群抽样和多阶段抽样、不等概抽样、系统抽样、复杂样本等抽样方法，按照从原理到应用的逻辑在每种抽样方法下依次介绍方法原理、估计量性质、抽样设计等；(2) 复杂样本的设计、方差估计和数据分析；(3) 电话调查和网络调查等调查方法的抽样；(4) 非抽样误差的来源、测量以及调整等。

第5版在第4版的基础上修改完成，之前的版本先后被评为普通高等教育“十一五”国家级规划教材、“十二五”普通高等教育本科国家级规划教材、普通高等教育精品教材。第5版在内容上主要进行了以下修改：

(1) 在第7章增加了新型调查方法网络调查的抽样方法介绍，适应对调查方法的新需求。

(2) 设计了教学实践案例，并在教材相关章节后面设计了配套习题和上机操作实践。

(3) 更新了抽样模块的R语言模块介绍和案例上机作业。

(4) 增加了概率抽样方法部分的习题。

(5) 对全书的公式进行了仔细核查，优化了上一版的部分表述。

本书具有以下特色：

(1) 强调抽样技术的实际应用。抽样技术有很强的理论性，但我们仍把它视为一门应用性课程，在论述中侧重于方法的应用，如不同方法的应用场合、应用条件以及不同方法的特点比较等。为了与全书的基调和风格一致，本书没有拘泥于理论推导。略去这些推导并不妨碍对书中核心内容的理解。本书的部分例题和习题以我们所进行过的实际调查项目为背景。

(2) 重视实践中的复杂抽样方法和非抽样误差控制。现实中的抽样设计往往是多种抽样方法的结合，第8章和第9章侧重介绍复杂样本的设计、方差估计和数据分析。第9章虽然内容有些复杂，但符合现代抽样技术的发展趋势，计算机技术的发展也为复杂样本的方差估计提供了便利。事实上，许多方差估计软件中的算法就是取自其中。大量抽样调查的实践表明，非抽样误差正在成为影响调查数据质量的一个十分重要的因素。因此，第10章讨论了几种主要的非抽样误差产生的原因、非抽样误差的测定模型、控制非抽样误差的方法以及对由于无回答造成缺失数据进行调整的方法。

(3) 加强案例分析。本书选取美国人口状况调查（Current Population Survey，CPS）作为案例，用一整章的篇幅予以介绍和剖析。之所以选择CPS，是因为它是国际上最著名的大型居民入户抽样调查项目之一，有60多年的发展历史，集世界调查统计学家之所长，其设计科学、巧妙，是抽样调查中的经典之作。我们从CPS的设计与方法中可以得到许多有益的思考与借鉴。

(4) 坚持教学方式创新和教学内容的改革，不断加大实践创新教学比重，增加教材配套的实践案例、课后习题、R语言上机实践指导等内容。尝试通过实践案例加强学生对样本数据的理解，通过抽样调查提高解决实际问题的能力。

本书可以作为统计学专业学生抽样调查方面课程的教材，也可以用作非统计专业学生和各类人员学习抽样技术的教材或参考书。本书涉及内容较多，学习中可以根据不同的需求，有所取舍。

本书由金勇进教授、杜子芳教授和蒋妍副教授共同编著。金勇进负责第1、8、9、10、11章，以及全书修订大纲的设计、书稿的组织和最后的统稿；杜子芳负责第2、3、6章；蒋妍负责第4、5、7章，附录Ⅰ、附录Ⅱ，以及各章节后的实践题。宋扬、丛傲、孟珠峰、朱莹莹、郭志达等同学参与了附录的修订和案例设计工作，在此一并表示感谢。书中的部分习题选自所列的参考文献，恕不一一列举。大多数例题来自编著者所做项目的实际案例，或借鉴其他参考书中的例题进行设计，个别典型的例题数据取自其他书籍，在引用处均有注明。在此特向有关作者和出版社表示感谢。

为了方便老师教学和学生学习，我们将本书的PPT、部分附录和部分习题答案放在中国人民大学出版社的网站（www.crup.com.cn）上，读者可以通过访问网站获取。

本书写作得到了各方面的大力支持。编写大纲经过教材编委会的认真讨论。中国科学院数学与系统科学研究院冯士雍研究员，中国人民大学倪加勋教授对本书初稿进行了仔细、认真的审阅，提出了许多宝贵意见。在此，特向他们表示由衷的感谢。最后我们要感谢中国人民大学出版社对本书的大力支持。

尽管我们尽了最大的努力，但书中仍会有一些缺憾。对于书中的不足，恳请各位专家和读者提出宝贵意见。

金勇进　杜子芳　蒋　妍

中国人民大学统计学院

目录
Contents

第 1 章 绪论

本书主要讲授抽样理论，这些理论为实践中的不同抽样方法奠定了良好的基础。而本章是全书的第 1 章，客观上起着导言的作用。本章首先对有关调查的一些知识性问题做简单的讨论，这些讨论集中在抽样调查方面，如抽样调查的类型、抽样调查与普查的关系等。接下来对抽样调查中的一些重要概念作稍微深入的分析，这些概念包括：目标总体与抽样总体，抽样框与抽样单元，总体特征与估计量，方差、偏差与均方误差，抽样误差与非抽样误差，精度与费用等。本章还对一些常用的抽样方法进行了简单介绍，目的是使读者在接触抽样理论之前，对其应用背景有大致的了解。本章最后介绍了抽样调查的基本步骤。

1.1 调查与抽样调查

1.1.1 调查

调查是获取信息的方式，信息可以有多种，信息的类型或对信息的兴趣点不同，对调查的定义就可能不同。本书关注的是数据信息，所以这里把调查定义为：通过使用明确的概念、方法和程序，依据专门设计的调查方案指导的方式，从一个总体全部或部分单元中收集感兴趣的指标信息，并将这些信息综合整理成数据系列的有关活动。

上面的定义表述了调查的两个重要特征：首先，调查是一种有策划、有方法、有程序的活动；其次，调查的结果表现为收集到的数据。这里还需要指出，调查并不是获取数据信息的唯一方式。

数据有两种类型：实验数据和调查数据。收集数据的方法之一是通过实验，这是指在实验方案的指导下，通过控制一个或多个变量，在有控制的条件下得到观测的结果。所以，实验数据是在实验中控制实验对象，依据实验设计的指导完成的。在可控条件下得到的数据是实验数据的重要特征。例如，为检验一个小麦的新品种是否具有更高的生产率，实验人员将不同品种的小麦按某种设计方式分种在不同的地块中，控制情景的所有相关方面，操纵少数感兴趣的变量，然后观察实验结果。其他的调查还包括检验化肥的增产效果、防治病虫最有效的杀虫剂、某种化学变化合适的温度等。这种类型的数据往往和实验的条件有关，改变进行实验的控制因素，结果就会发生变化。实验的次数可以是无限的。

调查数据一般是指客观上已经存在，但需要通过观察或询问才能得到的数据。例如，社会现象规模、水平、相互关系和发展变化的资料。具体说，它有如下特点：首先，这类资料大多与时间有关，数据所展示的是特定时期内或时点上的结果，如一定时期内的生产量、一定时点上的人口数等。其次，这类资料会随着时间的变化而改变，因此定期收集非常重要，因为每次收集的结果不仅展示了研究对象当时的状态，而且把以往收集的资料汇集在一起，构成时间数列，可以据以分析事物之间的相互影响和发展变化，这就为信息的进一步开发提供了广阔的空间。最后，还会有一些数据，它们在短期内相对稳定、变化不大。最常见的就是一个国家或地区的地理和地质资料，如地形、气候条件、土壤类型、矿物储量等。这类数据的调查往往技术性强，需要相关专业人员使用专门的设备进行。虽然这类调查的成本较高，但所取得的这方面的资料相对比较稳定，不需要经常更新。与实验数据相比，调查数据有一个显著特点，即一般情况下存在一定的误差。获得高质量的调查数据十分困难，这是因为调查对象通常是以人为主体，虽然有些调查对象是客观事物，如土地资源，但也与人的活动有关。这种情况下利益关系就会卷入其中，调查结果就更富于变化。所以调查是一门与人打交道的艺术，好的调查会将人为因素的干扰降到最低限度。这不仅仅是一个调查的纯技术性问题，而且需要根据具体的调查内容、调查对象、调查方式和调查手段，发挥艺术的创造力。一个接近完美的调查一定是科学与艺术的结合。而且，在调查中获取数据的基本方式是询问，调查问卷是询问的依据，也是信息的载体。在有些调查中，调查者与被调查者面对面交流，如入户调查；在另一些调查中，调查者与被调查者不是面对面的，如电话调查、网络调查、留置问卷等；还有一些制度性的调查，要求被调查方填报。无论哪种调查，问卷（报表）都是必需的，所以问卷设计的质量就会对调查结果产生影响。本书是从统计学的角度讨论抽样理论，问卷设计并不是抽样理论中的内容，所以不在本书讨论范围之内，但需要指出，问卷的设计十分重要，好的问卷是收集高质量数据的基础，问卷设计得如何也是调查是否具有艺术性的一个标志。

1.1.2 抽样调查

抽样调查是调查应用最常见的模式，是一种非全面的调查，它是指从研究对象的全体（总体）中抽取一部分单元作为样本，根据对所抽取的样本进行调查，获得有关总体目标量的了解。这是广义的抽样调查的概念。

从总体抽取样本的方法看，可以分为两类抽样：一类是非概率抽样；一类是概率抽样。

1. 非概率抽样

非概率抽样并没有严格的定义，其最主要的特征是抽取样本时并不依据随机原则。这类抽样有许多不同的具体抽取样本的方法。下面列举一些。

（1）判断选样。判断选样是指在抽取样本时，调查人员依据调查目的和对调查对象情况的了解，人为确定样本单元。实践中确定样本单元通常有三种情况：一种是选择“平均型”单元作为样本，选定的样本可以代表感兴趣的变量的平均水平，目的是了解总体平均水平的大体位置；另一种是“众数型”，即在调查总体中选择能够代表大多数单元情况的个体为样本；再一种是“特殊型”，如选择很好或很差的典型单元为样本，目的是“解剖麻雀”，分析研究造成这种异常的原因。

（2）方便抽样。方便抽样是指在抽取样本时依据方便原则，以达到最大限度地降低调查成本的目的。典型的形式是“拦截式”调查，如在街边或居民小区拦住行人实施调查，在商场门口或柜台向消费者进行调查等。方便抽样操作简单，能及时取得所需要的信息，节省调查费用。该方法的主要局限是样本信息无法说明总体状况，无法根据样本信息对总体进行数量特征的推断，因而样本不适合描述性研究和因果关系研究。它比较适合探索性研究，通过调查发现问题，产生想法和假设。它也可以用于正式调查前的预调查。

（3）自愿样本。自愿样本不是经过抽取，而是由自愿接受调查的单元所组成的样本。比较典型的是网上调查，调查人员将调查问卷贴在相关网页上，感兴趣的读者可以自行填答；将调查问卷刊登在报刊上，读者可以自愿参加等。自愿样本的特点是样本的结构具有独特性，接受调查的样本单元往往属于某些特定的群体，例如，他们必须有接触到调查问卷的条件，同时对这项调查感兴趣，愿意积极参与。参与调查的群体与没有参与的群体可能会存在很多差异，从调查结果无法推断总体。但这种调查操作简单方便，成本低廉，而且参与者对调查内容感兴趣，调查人员能够了解这个特定群体的观点和看法，这对于了解情况、分析问题也是必要的，特别是如果调查目的就是了解这个特定群体的信息，自愿样本是一个不错的选择。

（4）配额抽样。配额抽样是将总体中的各单元按一定标准划分为若干类型，将样本数额分配到各类型中，从各类型中抽取样本的方法则没有严格限制，一般采用方便抽样的方法抽取样本单元。

在配额抽样中，可以按单变量控制，也可以按多变量控制。表 1－1 是单变量控制的例子。在一个城市中欲采用配额方法抽出样本量 $n=500$ 的样本，控制变量有年龄和性别，配额按单变量分配，如各个年龄段的配额和不同性别的配额。单变量配额简单，但可能出现偏斜，如年龄小的女性多，年龄大的男性多。表 1－2 是两个变量控制的例子。

表 1-1　单变量配额分配表

年龄	配额
20～29 岁	150
30～39 岁	150
40～49 岁	100
50 岁及以上	100
合计	500
性别	配额
男	250
女	250
合计	500

表 1-2　两个变量配额分配表

年龄	男	女	合计
20～29 岁	70	80	150
30～39 岁	75	75	150
40～49 岁	55	45	100
50 岁及以上	50	50	100
合计	250	250	500

除了两个变量配额控制的例子，类似地还可以构造更多的控制变量。当然，选择的控制变量越多，在不同变量交叉的格子中所能分配到的样本量就越少。样本量过少，会显得缺乏说服力。

多变量配额控制可以使样本分布更为均匀，样本结构与总体结构更接近。在许多调查中，配额抽样有广泛应用。但在抽取样本时没有要求随机原则，所以配额抽样属于非概率抽样，同样具备非概率抽样的共有特征。

非概率抽样的应用背景体现在几个方面，其中一个重要的应用是调查结果可以用于了解情况、形成想法。有时调查的目的并不是对总体的特征进行推断，而是进行探索性研究，进而发现问题，寻找解决问题的途径，非概率抽样就是收集信息的重要途径。非概率抽样另一个重要的应用是充当预调查角色，作为开发概率抽样的初始步骤。由于概率抽样比较复杂、费时费力，为了保证效果，需要事先做预调查，对即将进行大规模调查的领域有所了解，对调查的问题有所检验，采用非概率抽样进行预调查是不错的选择。有时，调查的目的是了解总体大致的情况，并不要求对调查的精度进行评估，也不要求计算目标变量的置信区间，只需要了解其所在的大致范围，这种情况下也可以使用非概率抽样。非概率抽样的优点是操作简单，不需要抽样框，经济、快速，调查数据的处理也容易，所以有广阔的应用空间。非概率抽样的局限是不能计算抽样误差，不能从概率的意义上控制误差，样本数据不能对总体情况进行推断。同时，由于抽取样本时具有较大的随意性，调查员通常选择那些容易接触的、比较友好的单元进行调查，从而导致被调查单元间存在系统性差异。

2. 概率抽样

概率抽样也称随机抽样，是指依据随机原则，按照某种事先设计的程序，从总体中抽取部分单元的抽样方法。它具有以下几个特点：

（1）按一定的概率以随机原则抽取样本。所谓随机原则，就是在抽取样本时排除主观上有意识地抽取调查单元，使每个单元都有一定的机会被抽中。需要注意的是，随机不等于“随便”，随机有严格的科学含义，可以用概率来描述，而“随便”带有人为的主观因素。例如，要在一栋楼内抽取10位居民作为样本，若采用随机原则，就需要事先将居住在该楼的居民按某种顺序编号，通过一定的随机化程序，如使用随机数表，抽取出样本，这样可以保证居住在该楼的每位居民都有一定的机会被选中。如果调查人员站在楼前，将最先走到楼外的10位居民选入样本，这就是随便而不是随机。这种方法不能使每个单元都有一定的机会被选中，已经在楼外的人不可能被选中，由于某些原因在调查时段不外出的人也没有机会被选中。随机与随便的本质区别就在于，是否按照给定的入样概率，通过一定的随机化程序抽取样本单元。

（2）每个单元被抽中的概率是已知的，或是可以计算出来的。

（3）当用样本对总体目标量进行估计时，要考虑到该样本（或每个样本单元）被抽中的概率。这就是说，估计量不仅与样本单元的观测值有关，也与其入样概率有关。

需要强调的是，概率抽样与等概率抽样是两个不同的概念。当谈到概率抽样时，是指总体中的每个单元都有一定的非零概率被抽中，单元之间被抽中的概率可以相等，也可以不等。若是前者，称为等概率抽样，若是后者，称为不等概抽样。

概率抽样最主要的优点是，由于每个样本单元都是随机抽取的，而且能计算出每个单元的入样概率，所以能得到总体目标变量的估计值，并能计算出每个估计值的抽样误差，从而得到对总体目标量进行推断的可靠程度。从另一方面讲，也可以按照要求的精确度，计算必要的样本单元数目。所有这些都为调查方案的评估提供了有力的依据。当然，与非概率抽样相比，概率抽样也有一些不足，例如，概率抽样比较复杂，对调查人员的专业技术要求高；调查中需要抽样框，而构建和维护一个高质量的抽样框费用很高；随机抽中的调查单元可能非常分散，调查过程中不能轻易更换样本单元，这更增加了调查费用，延长了调查时间。虽然有这些不足，但其优点是其他调查方法所不具备的，所以概率抽样成为抽样调查中最主要的方式。

概率抽样调查可以视为狭义的抽样调查。本书后面讨论的抽样理论均是对不同的概率抽样方法而言的。概率抽样是本书的主题。

1.1.3 抽样调查的作用

抽样调查的作用可以概括为以下几点：

（1）节约费用。抽样调查能节约调查的人力、物力和财力，从而大大降低调查的费用。特别是当调查总体较大时，抽样调查的单元只占其总体的一小部分，因而节约费用的特点表现得尤为突出。

（2）时效性强。有些调查具有很强的时效性，要求在较短的时间内完成并提供调查数据。与全面调查相比，抽样调查所调查的单元少，数据采集和汇总整理的工作量较小，因而可以更快地提供调查结果。因此对于时效性要求比较强的调查，通常采用抽样调查的方法。

（3）可以承担全面调查无法胜任的项目。对有些事物或客观现象，需要通过调查掌握其数据，但又不可能进行全面调查，这时必须采用抽样调查，如居民的家庭收支状况、电视节目的收视率。对于观察或测试具有破坏性的项目，如显像管的寿命、种子的发芽率等，其调查只能采用抽样的方法。

（4）有助于提高调查数据的质量。虽然抽样调查只调查总体中的一小部分，用部分的调查结果推断总体，存在着抽样误差，但这只是问题的一个方面。抽样调查节约费用、时效性强，在某些情况下，还会得到比全面调查更准确的结果。这是因为一项调查的误差来自多个方面，全面调查由于参与的人员多、涉及范围大，因此虽然没有抽样误差，但在数据采集和数据汇总整理过程中却有产生其他误差的更大可能性。所以，调查规模并不是越大越好。与全面调查相比，抽样调查的工作量小，这就为使用素质较高的工作人员并对他们进行深入的培训创造了条件。此外，可以对调查过程实施更为细致的监督、检查和指导，使抽样调查所得到的数据质量比同样的全面调查数据质量更高，使调查的总误差更小。

1.1.4 抽样调查与普查

普查是一种全面调查的方法，它是指对研究总体中的所有单元逐一进行的调查。与全面调查相比，虽然抽样调查有许多特点和长处，但抽样调查不能代替普查，它们有各自的特殊作用。对于有关国计民生的重要现象，有时需要了解总体中每个单元的情况，就需要采用普查。普查不仅能够提供研究对象的总体情况，还可以提供各个区域、各种类别的统计信息，以满足各级政府行政管理的需要，而抽样调查在这些方面存在局限。普查资料还是构造抽样框的极好素材，所以抽样调查需要与普查相结合，互相补充。它们之间这种相辅相成的关系表现在以下几个方面：

（1）抽样调查作为普查的补充。前面提到，对于有关国计民生的重要现象，需要采用普查的方法，了解总体中每个单元的基本情况，如我国进行过的普查有人口普查、全国经济普查、全国农业普查等。但每一次普查都需要投入很大的财力，不可能经常进行。这时可以在两次普查之间，采用抽样调查的方法，对该种现象的变化情况进行估计。例如，现在我国每 10 年进行一次全国性的人口普查，而中间的每年进行一次人口变动量的抽样调查，对当年的人口出生、死亡、迁移等情况进行估计，抽样调查对普查起到了补充的作用。

（2）用抽样调查对全面统计资料进行评估和修正。例如，在一项普查结束后，通常采用抽样调查的方法，对随机抽取出的一部分单位进行认真仔细的复核，对发生错误的原因进行分析，计算误差率，作为对普查结果进行质量评估和数据修正的依据。

（3）利用抽样调查进行深层次分析。由于普查的范围广，接受调查的单位多，因而调查项目不可能太多。在普查的基础上，根据研究的需要，可以针对某些问题，采用抽样调查的方法，获得更为详尽的资料，进行深层次的分析。

(4) 利用抽样调查，提前获得总体目标量的估计。普查所涉及的单位多，数据浩繁，整理汇总工作需要较长时间，为了尽快得到总体的某些特征的数据，可以采用抽样的方法，提前得到这些主要目标量的估计。

(5) 普查为抽样框提供资料。普查或其他全面调查的资料（如某些统计报表）可以为抽样调查所需要的抽样框提供资料，提供辅助信息以提高抽样效率，同时也为样本轮换等提供基础资料。

1.1.5 抽样调查应用领域

近几十年来，抽样调查的理论和实践有了快速的发展，抽样调查的应用越来越广泛。政府部门采用抽样调查的方法，收集统计信息，为制定政策、进行管理提供依据；学术机构、社会团体和企业也广泛采用抽样调查的方法收集数据，进行学术研究，了解社会情况和市场状况。可以说，凡是需要统计数据的领域，都有可能采用抽样调查。概括起来，抽样调查常常用于以下方面：

(1) 社会经济现象的调查。社会经济涵盖的范围十分广泛。目前我国政府统计部门制度化的抽样调查项目主要有：人口变动情况抽样调查；农产量抽样调查；城市住户抽样调查；农村经济抽样调查；小型工业企业生产经营情况调查；等等。各部委根据本行业情况进行的抽样调查项目就更多。抽样调查已经成为政府部门获取统计信息的重要方式。

(2) 社会性的民意调查。民意调查在一些国家十分盛行，从选举到居民小区的改造，凡是人们关注的社会问题一出现，马上就伴随有相应的调查活动。频繁的调查活动培育出一批世界闻名的调查机构，如盖洛普。过去，我国的社会性民意调查较少，随着改革开放进程的不断推进，民意调查越来越受重视，人们开始在这片沃土上耕耘。报刊上经常见到由各种学术单位和调查机构进行民意调查的调查报告，问题选择之精妙、涉及领域之宽广都是过去的调查无法比拟的。社会性的民意调查已成为调查业中一道靓丽的风景线，可以预言，人们一定会在这片沃土上收获更丰硕的果实。

(3) 市场调查。市场调查是企业获取市场信息的主要工具。市场经济越发展，竞争越激烈，市场信息就越重要。市场调查的对象通常是消费者，调查目的是了解不同消费者群体有关商品消费的事实、动机和意向。近年来，我国的市场调查发展很快，涌现出大批从事市场调查、咨询的专业性机构。我国人口众多，是一个巨大的消费市场，市场调查在我国有很大的发展潜力。

1.2 基本概念

1.2.1 目标总体与抽样总体

目标总体也可简称为总体，是指所有研究对象的全体，或者是研究人员希望从中获取信息的总体，它由研究对象中所有性质相同的个体组成。组成总体的各个个体称作总体单元或基本单元（位）。例如，我们要研究北京市个体商业的情况，目标总体就是北京市所有从事商业活动的个体经营单位，每个个体经营单位（或摊位）就是总体单元。目标总体的划分有时比较容易，有时比较困难。以上面的个体商业调查为例，有些个体经营单位主要从事商品生产活动，同时兼做商品的零售交易，这些单位是否属于个体商业单位，这就是常说的统计口径问题。在一项调查中，要对目标总体的范围作出具体规定。

抽样总体是指从中抽取样本的总体。通常情况下，抽样总体应该与目标总体完全一致，但实践中两者不一致的情况却时常发生。仍以个体商业调查为例，目标总体是北京市个体商业经营单位，抽样总体则可以有不同的选择，选择之一是营业执照，即把北京市市场监管局个体商业的营业执照记录作为抽样总体，从中抽取样本。可是，有些人虽然持有营业执照，但早已不从事商品交易活动，他们已不属于目标总体范围，却出现在抽样总体当中；还有一些人无照经营，他们应该属于目标总体范围，却没有出现在抽样总体之中。这表明，要保证目标总体和抽样总体的完全一致，不是一件容易的事情。理想的状态是，抽样总体由目标总体所决定，但在实践中，可以构造的抽样总体却有可能反过来决定调查中的目标总体。

1.2.2 抽样框与抽样单元

抽样总体的具体表现是抽样框。通常，抽样框是一份包含所有抽样单元的名单，给每一个抽样单元编上一个号码，就可以按一定的随机化程序进行抽样。对抽样框的基本要求是，抽样框中应该具有抽样单元名称和地理位置的信息，以便调查人员能够找到被选中的单元。在电话调查中，电话号码簿便是抽样框，它起到了提供抽样单元信息的作用。好的抽样框不仅与目标总体保持一致，而且能尽可能多地提供与研究的目标量有关的辅助信息，以便调查人员利用这些辅助信息做好抽样设计，提高抽样估计的效率。

抽样框有不同的类型：

（1）名录框。名录框表现为总体中所有单元实际的名录清单。名录框的例子包括在校学生名单、企业名册、电话号码簿等。

（2）区域框。区域框是其单元由地理区域构成的集合，抽样总体由这些地理区域组成。通常情况下，抽样单元（地理区域）与报告单元（提供信息的单元）不同。当没有名录框时，提供信息的单元分布在地理区域中，可以采用区域框。例如，对个体商业进行抽样调查，因为存在大量“有照无业”和“有业无照”的情况，用营业执照名录框有很大局限。采用区域框是更好的选择，对调查对象所在的区域进行切割，在抽选出的区域内实施调查，然后利用区域进行推估。

（3）自然框。自然框是把相关的自然现象概念作为抽样框使用。例如，对生产流水线上的产品进行质量抽查，每隔 10 分钟抽取一个，时间就是抽样框。对道路边的树木进行病虫害抽样调查，每隔一段距离抽取树木，距离就是抽样框。

实践中如果没有一个抽样框能够全部覆盖总体，也可以把几个抽样框结合起来使用，称为多重抽样框。例如，名录框与区域框结合使用。

抽样单元是构成抽样框的基本要素，抽样单元可以只包含一个个体，也可以包含若干个个体，抽样单元还可以分级。在抽样单元分级情况下，总体由若干个较大规模的抽样单元组成，这些较大规模的抽样单元称为初级单元，每个初级单元又可以包含若干个规模较小的单元，称为二级单元。同样的方法可以定义三级单元、四级单元等。例如，欲对北京市小学生的视力状况进行抽样调查，可以把每所小学视为初级单元，把各学校中的班级视为二级单元，把学生视为三级单元。抽取样本的顺序为先抽取学校，再抽取班级，最后抽取学生。单元可以是自然形成的，也可以是人为划分的。在一项调查中，单元分成几级也不是固定不变的。例如在前面的例子中，如果采用抽取学校，然后在中选的学校中直接抽取接受调查的学生而越过班级时，学校就是初级单元，学生则成为二级单元。通常把接受调查的最小一级的抽样单元称为基本抽样单元。在上面的例子中，小学生是基本抽样单元。抽样单元的不同划分是针对不同抽样方法而言的。若抽样单元只包含一个个体，并且没有分级，与之相对应的是简单随机抽样；若抽样单元中包含若干个个体，与之对应的是整群抽样；在抽样单元分级情况下，与之对应的是多阶段抽样。由于抽样单元可以分级，于是就有了与之相对应的不同级上的抽样框。抽样实践中，抽选哪个级的抽样单元，只需有同级的抽样框即可。

1.2.3 总体参数与统计量

抽样调查的目的是获得总体的某些特征，在统计中把这些总体特征称为参数，所以参数是总体的某种特征值，是我们所关心、感兴趣，或者要研究的总体某个或某些方面的数量表现。设总体有 N 个基本单元，Y_1，Y_2，…，Y_N 为各基本单元的数值，可以将总体参数分为四种类型：

（1）总体均值，也称总体平均数（population mean）。如某地区粮食平均亩产、人均储蓄存款余额等。数学表达式为：

$$\bar{Y}=\frac{1}{N}\sum_{i=1}^{N}Y_i \tag{1.1}$$

（2）总体总值，也称总体总量（population total）。如某地区粮食总产量、商品零售总额等。数学表达式为：

$$Y=\sum_{i=1}^{N}Y_i=N\bar{Y} \tag{1.2}$$

（3）总体比例（proportion）。如全部产品中合格品所占比例、赞成某项政策的人所占比例等。数学表达式为：

$$P=\frac{\sum_{i=1}^{N}Y_i}{N} \tag{1.3}$$

式中，Y_i 是示性变量，当第 i 单元具有某个特定的特征时，$Y_i=1$，否则 $Y_i=0$。

（4）总体比率（population ratio）。它是两个总体总量或总体均值之比。如固定资产利用率、人均可支配收入变动率等。数学表达式为：

$$R=\frac{Y}{X}=\frac{\bar{Y}}{\bar{X}} \tag{1.4}$$

式中，$Y(\bar{Y})$，$X(\bar{X})$ 为两个总体参数（指标值）。

当总体范围确定以后，总体参数就成为客观存在的，但是未知的，需要通过抽样，根据样本调查结果对总体参数进行推断。

把从总体中按一定程序抽出的部分总体基本单元的集合称为样本，样本中包含基本单元的个数 n 为样本量或样本容量。统计量是根据样本的 n 个单元的变量值计算出的一个量，也叫估计量，用于对总体参数的估计。与总体参数相对应，在简单随机抽样下，常用的估计量有：

（1）均值估计，用样本均值作为总体均值的估计。

$$\hat{\bar{Y}}=\bar{y}=\frac{1}{n}\sum_{i=1}^{n} y_i \tag{1.5}$$

式中，y_i 为第 i 个样本单元的观察值；$\bar{y}$ 为样本均值。

（2）总值估计，用样本均值和总体单元数得到总值估计。

$$\hat{Y}=N\bar{y}=\frac{N}{n}\sum_{i=1}^{n} y_i \tag{1.6}$$

（3）比例估计，用样本比例作为总体比例的估计。

$$\hat{P}=p=\frac{1}{n}\sum_{i=1}^{n} y_i \tag{1.7}$$

式中，y_i 是示性变量，等于 1 或 0。

（4）比率估计，用样本比率作为总体比率的估计。

$$\hat{R}=r=\frac{\sum_{i=1}^{n} y_i}{\sum_{i=1}^{n} x_i}=\frac{\bar{y}}{\bar{x}} \tag{1.8}$$

统计量是样本的函数，它是随机变量，其结果取决于抽样设计和被选入样本的总体基本单元的特定组合。统计量的真正价值并不在于自身结果的数值，而在于提供有关总体参数的信息。研究统计量的数学期望和方差是抽样理论所讨论的主要问题。

1.2.4 估计量方差、偏差、均方误差

在抽样调查中，我们把样本统计量作为总体参数的估计量，样本值便是参数的估计值。样本统计量是一个随机变量，在随机原则下抽取出的不同样本，即使每个样本的样本量 n 相同，而且根据同样的抽样设计，来自同一个总体，它们各自的结果也会不同。估计值与总体待估参数之间存在离差（或差异），这种离差有两个特点：首先，它们是不同的，有些估计值与待估参数的离差大，有些离差小；有些离差为正值，有些离差为负值。其

次，这些离差虽然客观存在，却是未知的，因为我们并不知道总体参数的具体值。抽样理论要回答抽样误差问题，因此考虑估计值与待估参数之间的差异，就只能从概率的角度去陈述，即如果相同的抽样重复多次，估计值的变化情况如何，会出现哪些结果，每个结果出现的概率是多少，离差会在什么样的范围内变化，等等。所有这些就构成了估计量的分布。估计量分布的方差称为估计量方差，它是从平均的意义上说明估计值与待估参数的差异状况，这也是我们对抽样方案进行评价的标准之一。从这个意义上说，一个抽样设计方案比另一个抽样方案好，是因为它的估计量方差小。从直观上看，就是按这种方案多次抽取样本，大多数的估计值更靠近待估参数值，这意味着抽到一个好样本的可能性更大。对估计量方差开方得到估计量标准差，也称为标准误差或标准误。它的作用与估计量方差类似。

估计量方差的表达式为：

$$V(\hat{\theta})=E\,(\hat{\theta}-E(\hat{\theta}))^2 \tag{1.9}$$

偏差是指按照某一抽样方案反复进行抽样，估计值的数学期望与待估参数之间的离差。偏差的表达式为：

$$B(\hat{\theta}) = E(\hat{\theta}) - \theta \tag{1.10}$$

式中，$\hat{\theta}$ 为总体参数 θ 的估计；估计值的数学期望为 $E(\hat{\theta})$。偏差与估计量方差不同，估计量方差是由于抽样的随机性而产生的一种随机性误差，没有系统性，偏差则是偏于某个方向的系统性误差。此外，估计量方差可以随样本量的增大而减小，而大多数的偏差（少数有偏估计量除外）则并不随样本量的增大而减小。偏差的产生有两种情况：一种是估计量本身是有偏的，这时估计量的数学期望与总体参数不一致；另一种情况是非抽样误差因素的影响。关于非抽样误差的问题后面还要提及。

在没有偏差的情况下，用样本统计量对目标量进行估计，要求估计量的方差越小越好。如果存在偏差，就需要把估计量方差和偏差综合起来加以考虑，由此提出了均方误差的概念。均方误差指所有可能的估计值与待估参数之间离差平方的均值，它等于估计量方差加偏差的平方。均方误差（mean square error，MSE）的表达式为：

$$\begin{aligned}MSE(\hat{\theta}) &= E(\hat{\theta}-\theta)^2 = E((\hat{\theta}-E(\hat{\theta}))+(E(\hat{\theta})-\theta))^2\\ &= E(\hat{\theta}-E(\hat{\theta}))^2+(E(\hat{\theta})-\theta)^2+2E(\hat{\theta}-E(\hat{\theta}))(E(\hat{\theta})-\theta)\\ &= E(\hat{\theta}-E(\hat{\theta}))^2+(E(\hat{\theta})-\theta)^2 = V(\hat{\theta})+B(\hat{\theta})^2\end{aligned} \tag{1.11}$$

式中，$V(\hat{\theta})=E(\hat{\theta}-E(\hat{\theta}))^2$，即估计量方差；$B(\hat{\theta})^2=(E(\hat{\theta})-\theta)^2$，即偏差的平方。如果估计量 $\hat{\theta}$ 的偏差为零，也即满足

$$E(\hat{\theta})=\theta \tag{1.12}$$

则称 $\hat{\theta}$ 为无偏估计量。对于无偏估计量，它的均方误差等于它的估计量方差。根据式（1.11），可以将估计量方差、偏差、均方误差的关系用图 1－1 表示。

由于偏差是一种系统性误差，因而在抽样调查中应该努力避免。但是，也有一些估计量是有偏的，然而由于偏差小，估计量方差也比较小，从而使均方误差比较小，这时选择

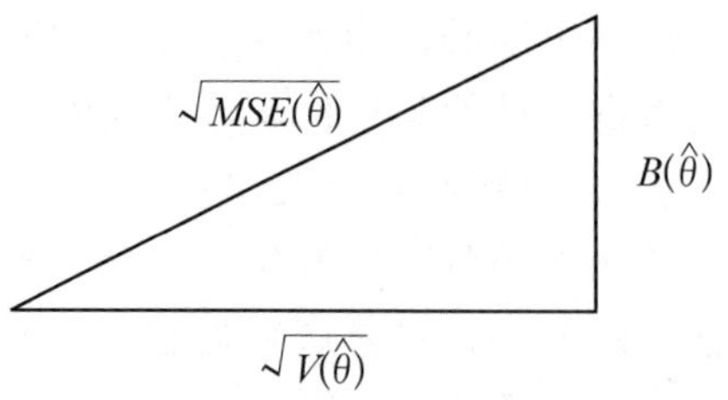

图 1-1　估计量方差、偏差及均方误差的关系

这些有偏的估计量并不是一件坏事。一般说来，人们更倾向于把均方误差作为评价抽样方案优劣的准则。

1.2.5　抽样误差与非抽样误差

抽样误差是由于抽取样本的随机性造成的样本值与总体值之间的差异，只要采用抽样调查，抽样误差就不可避免。抽样误差是一个一般性的概念，它可以用不同的量值来表示。估计量方差 $V(\hat{\theta})$ 及估计量标准差 $\sqrt{V(\hat{\theta})}$ 都是抽样误差的表现形式。在抽样调查中，虽然抽样误差无法消除，但是可以对其进行计量并加以控制。控制抽样误差的根本方法是改变样本量。在其他条件相同的情况下，样本量越大，抽样误差越小。抽样误差与样本量的平方根大致呈反比关系，如图 1-2 所示。

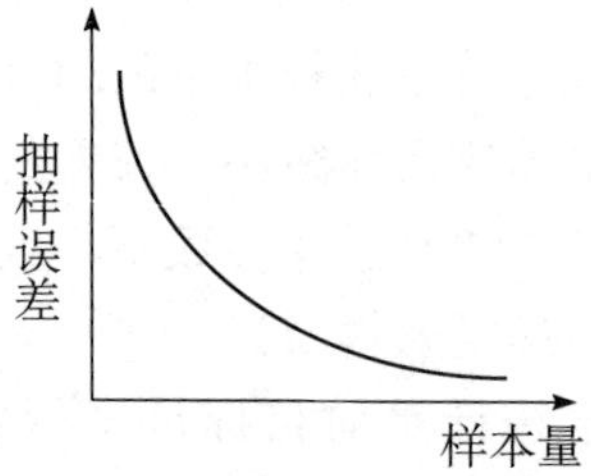

图 1-2　抽样误差与样本量的关系

由图 1-2 可以看出，抽样误差在开始时随样本量的增大而显著减小，但经过一定阶段后便趋于稳定，也就是说，经过一定阶段后，用增大样本量的方式降低抽样误差一般不合算。这时，只要稍微降低一点精度，就可以大幅减少样本量，从而节省可观的调查费用。

非抽样误差是相对于抽样误差而言的，它的产生不是由于抽样的随机性，而是由于其他多种原因引起的估计值与总体参数之间的差异。例如，由于调查计划不周，调查对象范围划分不清而产生的误差；构造抽样框时，目标总体与抽样总体不一致所带来的抽样框误差；调查过程中由于无回答或回答有误造成的误差；填写调查表以及数据录入和汇总过程中产生的误差；等等。非抽样误差问题将在第 10 章专门讨论。

1.2.6　精度与费用

通常，精度由误差来体现。如果不考虑非抽样误差，则精度的具体体现就是抽样误差。抽样误差越小，说明用样本统计量对总体参数进行估计时的精度越高。抽样误差与样本量有关，样本量越大，在其他条件相同的情况下，抽样误差就越小，抽样调查的精度就越高。同时，样本量也与调查费用有关，样本量越大，调查费用就越高。样本量与调查费用大致呈线性关系，但样本量与精度却呈非线性关系。也就是说，在样本量比较小时，每增加一个抽样单元对提高精度的作用比较显著，但随着样本量的增大，达到一定程度后，每增加一个抽样单元对提高精度的作用就逐渐减弱。

除样本量以外，影响精度与费用的其他因素还包括抽样方式与估计方法。一个好的抽样设计必须同时考虑到精度与费用两个方面。反过来，精度与费用也是评价抽样设计方案优劣的两条准则。对于一个具体的抽样设计，在核定的费用内达到最高的精度，或在达到精度要求的条件下使调查的费用最少，这样的抽样设计称为最优设计。最优设计的抽样效率最高，因此效率是对精度与费用的综合。

1.3 几种基本的抽样方法

1.3.1 简单随机抽样

简单随机抽样（simple random sampling）也称纯随机抽样，是从抽样框内的 N 个抽样单元中随机地、一个一个地抽取 n 个单元作为样本，在每次抽选中，所有未入样的待选单元入选样本的概率都相等，这 n 个被抽中的单元就构成了简单随机样本。简单随机样本也可以一次从总体（抽样框）中同时抽出，这时全部可能样本中的每一个样本被抽中的概率也需要相等。抽样的随机性通过抽样的随机化程序体现，实施随机化程序可以使用随机数表，也可以使用能产生符合要求的随机数序列的计算机程序。

简单随机抽样是一种最基本的抽样方法，是其他抽样方法的基础。这种方法的突出特点是简单直观，在抽样框完整时，可以直接从中抽选样本，由于抽选的概率相同，用样本统计量对目标量进行估计及计算抽样误差都比较方便。但实际应用中也有一些局限：首先，它要求将包含所有总体单元的名单作为抽样框，当 N 很大时，构造这样的抽样框并不容易；其次，根据这种方法抽出的单元很分散，给实施调查增加了困难；最后，这种方法没有利用其他辅助信息以提高估计的效率。所以在规模较大的调查中，很少直接采用简单随机抽样，一般是把这种方法与其他抽样方法结合在一起使用。

1.3.2 分层抽样

分层抽样（stratified sampling）是将抽样单元按某种特征或某种规则划分为不同的层，然后从不同的层中独立、随机地抽取样本，将各层的样本结合起来，对总体的目标量进行估计。分层抽样有许多优点，例如，这种抽样方法保证了样本中包含有各种特征的抽样单元，样本的结构与总体的结构比较相近，从而可以有效地提高估计的精度；分层抽样在一定条件下为组织实施调查提供了方便，例如，如果层的划分是按行业或行政区划进行，组织实施调查就非常容易；分层抽样既可以对总体参数进行估计，也可以对各层的目标量进行估计；等等。这些优点使分层抽样在实践中得到了广泛的应用。

1.3.3 整群抽样

将总体中若干个基本单元合并为组，这样的组称为群。抽样时直接抽取群，然后对中选群中的所有基本单元全部实施调查，这样的抽样方法称为整群抽样（cluster sampling）。

与简单随机抽样相比，整群抽样的特点在于：抽取样本时只需要群的抽样框而不必要求包含所有基本单位的抽样框，这就大大简化了编制抽样框的工作量；由于群通常是由那些地理位置邻近或隶属于同一系统的单元构成的，因此调查的地点相对集中，从而节省了调查费用，方便了调查的实施。整群抽样的主要缺点是估计的精度较差，因为同一群内的单元或多或少有些相似，在样本量相同的条件下，整群抽样的抽样误差通常比较大。一般来说，要得到与简单随机抽样相同的精度，采用整群抽样需要增加基本调查单元。

1.3.4 多阶段抽样

采用类似整群抽样的方法，首先抽取群，但不是调查群内的所有基本单元，而是再进一步抽样，从选中的群中抽取出若干个基本单元进行调查。因为取得这些接受调查的基本单元需要两个步骤，所以将这种抽样方式称为两阶段抽样。这里，群是初级抽样单元，第二阶段抽取的是基本抽样单元。将这种方法推广，使抽样的段数增多，就称为多阶段抽样（multi-stage sampling）。例如，第一阶段抽取初级单元，第二阶段抽取二级单元，第三阶段抽取接受调查的基本单元就是三阶段抽样。同样的方法还可以定义四阶段抽样。不过，即便是大规模的抽样调查，抽取样本的阶段也应当尽可能地减少，因为每增加一个抽样阶段，就会增添一份抽样误差，用样本对总体进行估计也更加复杂。

多阶段抽样具有整群抽样的优点，它保证了样本相对集中，从而节约了调查费用；不需要包含所有低阶段抽样单元的抽样框；同时由于实行了再抽样，使调查单元在更大的范围内展开。在较大规模的抽样调查中，多阶段抽样是经常采用的方法。

1.3.5 系统抽样

将总体中的所有单元（抽样单元）按一定顺序排列，在规定的范围内随机抽取一个单元作为初始单元，然后按事先确定的规则确定其他样本单元，这种抽样方法称为系统抽样（systematic sampling）。典型的系统抽样是先从数字 $1\sim k$ 中随机抽取一个数字 r 作为初始单元，以后依次取第 $r+k$，$r+2k$，…单元。所以，可以把系统抽样看成是将总体内的单元按顺序分成 k 群，用相同的概率抽取出一群的方法。

系统抽样的主要优点是操作简便，如果有辅助信息，对总体内的单元进行有组织的排列，可以有效地提高估计的精度。系统抽样的缺点是对估计量方差的估计比较困难。系统抽样方法在调查实践中有广泛的应用。

1.4 抽样调查步骤

对于不同的抽样调查项目，整个调查过程所包含的步骤不尽相同。但一般而言，都需要以下几个步骤。

1.4.1 确定调研问题

这是整个调查的第一步，也是至关重要的一步。在这个过程中，首先需要明确地定义问题，它包括对整个问题的叙述以及确定研究问题的具体组成部分。只有把问题定义清楚，才有可能展开进一步的设计和执行。确定调研问题所要回答的是“要做什么样的调查研究”和“为什么要做这项调查研究”。调研人员需要考虑研究的目的、相关的背景材料、所需要的信息，以及这些信息在进行分析时如何使用。为此，调研人员需要与有关部门的决策者进行认真讨论，访问有关行业的专家，分析二手资料，必要时还需要进行如座谈会那样的定性调查。

在这一过程中，还要考虑到财力限制及有关的调查技术力量，把调研的问题定义在适当的范围内。每一项调查都会有费用、时间等方面的要求。比如一项大规模的调查，需要较多的调查费用，而实际的预算费用明显不够，在这种情况下就必须缩小调研问题的范围以适应财力的许可。

1.4.2 抽样方案设计

抽样方案要描述样本是如何抽取的。调查中有不同的数据收集方法，如面访调查、电话调查、邮寄调查等。不同收集方法需要不同的抽样框，抽样方案设计包括抽样框的设计。此外，对样本又有不同的抽取方法，在制定抽样方案时，既要考虑方法的科学性，又要照顾实际的可行性。例如，在一项多阶段抽样中，前一、二阶段抽样十分关键，需要采用效率高的抽样方法，由于这个阶段的抽样可以由设计人员来实施，所以技术复杂一些也无妨。后面阶段的抽样则力求简单，以便基层的操作者能够胜任。在这个过程中还要确定样本量，要给出与抽样设计相匹配的总体参数的估计公式及估计量的精度公式。调查中常常会遇到调查对象失访，如受访者不在家或拒访，因此需要制定具体的处理办法，把失访对调查结果的影响降到最低。

1.4.3 问卷设计

问卷设计是根据调查目的和要求，将比较抽象的调研问题逐步细化，演变为现场调查中向受访者询问的比较具体的问题的工作过程。问卷设计也是一门技巧性很强的学问。一份设计缜密的问卷应当使受访者能准确无误地理解调查的内容，愿意回答并且正确回答所提的问题，同时使调查机构便于对问卷进行计算机处理，有效地利用调查数据进行统计分析。进行问卷设计，除应具备所涉及调查内容的专业知识外，也需要统计学、社会学、心理学及计算机等多方面的知识，此外还要有问卷设计的技巧和经验。通常，设计出的调查问卷初稿应由有关方面的人士和专家进行审阅和讨论。

1.4.4 实施调查过程

在这个过程中要获得样本单元的调查数据，关键的问题是要保证原始数据的质量，这就需要对调查过程进行有效的管理和监控。调查实施前，需要对调查人员进行技术培训，使其熟悉调查问卷，掌握访谈技巧，并增强责任心。在调查过程中，要加强质量检验，出现问题及时总结，及时补救。调查人员要有操作手册，调查过程中也要有管理制度和措施，使得从事具体调查的人员有章可循。如果调查项目比较大，又是首次进行，或者对问卷设计的把握性不够大，在正式调查实施前，还应当进行一次预调查（试验调查），以检验各方面的工作是否完善。

1.4.5 数据处理分析

数据处理分析是调查的收获阶段，它为撰写调查报告提供基本的素材。在这个阶段，首先要对经过调查获得的原始数据进行检查、核对，对验收合格的调查问卷进行编码和录入。数据录入后，多数情况下需要对数据进行预处理，为统计分析做好准备。数据的预处理包括：录入数据的再编码，它是对原编码的补充和调整，用以满足某些统计分析软件对编码的特殊要求，也是根据研究的要求对数据的重新归类分组；对缺失值进行插补，以构造出完整的数据集；进行变量的转换，进而进行常规的统计分析；计算目标量的估计值、方差及变异系数的估计值等；必要时还需要结合研究目的进行深入的统计处理与分析。

1.4.6 撰写调查报告

调查报告可以有不同的类型。从内容上可以分为描述性报告和探索性报告；从技术角度可以分为一般性报告和技术报告；从性质上可以分为普通调查报告和学术研究报告等。这里引用联合国关于抽样调查结果的一般性报告所应包含的主要项目（United Nations, 1949），内容如下：

（1）主题。清楚地指出此调查的目的，并提出对调查结果的使用方式。

（2）范围。正确地描述调查范围，包括指定的研究定义及调查的地理区域。

（3）调查对象。详细叙述此调查所收集的资料项目，及未列表项目的原因。

（4）资料收集方法。清楚地叙述所采用的收集资料的方法。此外，收集资料的过程中遇到的所有困难及解决的方法，均应详细说明。

（5）调查期、参考期和报告期。调查报告中必须指出调查期、参考期和报告期等经过的时间。

（6）抽样设计和估计程序。清楚说明调查中所使用的抽样单元、抽样框、样本大小和抽样方法，清楚地列出估计时所用的公式。

（7）结论的描述。列表资料应该以清楚且易于理解的方式列出。合适的一览表、图例或图解能使调查结果得到更快、更清楚的理解。

（8）精确度。调查结果中应该列出估计所达到的精确程度、检验及比较的结果、对调查质量的评估。此外，还必须指出无回答者的种类、比例及其对最后结果的影响程度。

（9）责任。主办机构及指挥此调查的机构须在报告中提出。

（10）参考文献。须列出已发表的相关论文和报告作为参考资料。

习 题

1.1 举例说明在什么情况下适合采用非概率抽样，在什么情况下适合采用概率抽样。

1.2 讨论以下情况是否属于概率抽样，并说明理由：

（1）从实验室里一个放有100只兔子的笼子里抓10只兔子做试验，不经任何有意识的选取，抓到哪只算哪只，抓满10只为止。

（2）将笼子中的100只兔子按1～100编号，任意列出10个数字，相应编号的兔子作为试验用的兔子。

（3）从在场人的钱包中随意抽出纸币，凡兔子编号尾数与纸币编号尾数相同者即作为抽中的样本。

1.3 现在利用网络进行调查的项目很多。举例说明哪些类型的调查属于概率抽样，哪些类型的调查不属于概率抽样。

1.4 请指出下面内容的调查可以采用什么材料构造抽样框（将有效性和可能性结合起来）：

（1）对北京市居民中的癌症病人的调查。

（2）对北京市小学生零花钱情况的调查。

（3）对某地区收视率情况的调查。

1.5 你认为抽样调查中的哪些环节最关键，并说明理由。

1.6 对于下列调查，请确定它们的目标总体和抽样总体、抽样框和抽样单元，并讨论所有可能引起偏差或不准确回答的因素。你有更好的改进建议吗？

（1）某城市有28家麦当劳连锁店，欲抽取一个由8家麦当劳连锁店组成的样本。为了选择调查样本，设计人员先用电话进行联系，按电话簿里的顺序逐一拨打，由最先同意接受调查的8家连锁店组成样本。

（2）为了估计某个繁华十字路口在早7:00到晚21:00由东向西通过的所有机动车数量，采用抽样调查的办法。首先测定红绿灯转变的时间，然后每隔半个小时抽取3个绿灯段，统计在该绿灯段内通过的车辆，作为推断整个时间段内通过车辆的依据。

（3）在美国职业篮球赛（NBA）全明星的网络调查中，38%的选票支持中国运动员姚明为西部最佳中锋，姚明在西部中锋的位置上排名第一。

（4）为了解北京市小学生的视力状况，进行了一次抽样调查。北京市所有小学的名单是可以得到的，从中随机选取了30所学校，在每个中选的学校又抽取了50名学生，对他们的视力进行了现场测试。

（5）某高档化妆品公司的市场部为了解消费者对其产品的评价，在顾客购买产品时让其填写简短的信息表，在此后一段时间，向填写信息表的顾客寄送时尚杂志，并附一份调查问卷，结果只有不足40%的问卷反馈率。

1.7 抽样调查广泛地应用于各个领域，媒体上也经常见到内容不同的调查结果。从报纸或流行杂志上找一篇最新的调查报告。对调查进行说明，目标总体和抽样总体各是什么？从该调查报告中可以得到什么结论？你认为那些结论可信吗？调查可能的偏差来源有哪些？

1.8 图书馆书库的每一排书架都有对应的书架编号，为了估计图书馆需要重新装订图书的数量，一位图书管理员应用随机数表随机选取100个书架编号。然后他走到相应书架前，观察书架上需要重新装订图书的数量。请根据这个调查背景分析以下问题：

(1) 目标总体。

(2) 总体单元。

(3) 抽样框。

(4) 抽样单元。

(5) 抽样总体。

(6) 测量值 Y_i 的定义。

(7) 待估计的总体参数。

(8) 可能的误差来源。

1.9 实践题：

(1) 生成模拟的总体：100 000个来自均匀分布 U（60，100）的随机数。

(2) 随机抽样：从生成的随机数中随机抽取一个样本容量为30的样本，计算样本均值。

(3) 重复抽样：重复（2）100次，即重复抽取100个样本，分别计算样本均值。

(4) 观察抽样分布：画图描述所得样本均值的分布，并计算样本均值的均值和标准差。

(5) 扩大样本容量至300，重复（2）～(4)，并对比分析结果。

(6) 扩大样本容量至1 000，重复（2）～(4)，并对比分析结果。

(7) 解释抽样误差的概念，分析抽样误差和样本容量的关系。

第2章 简单随机抽样

简单随机抽样之所以有此称谓，主要是由于在简单随机抽样中用于估计总体均值的统计量是样本均值，而待估总体参数与用于估计的统计量两者“同形同构”，通常视为简单估计。但简单随机抽样之“简单”的含义不止于此。

首先，由于简单随机抽样又称单纯随机抽样，指的是简单随机抽样直接从总体（而不是层之类的子总体）抽取个体（而不是群之类的大单元），所以“简单”具有单纯的意思。

其次，由于简单随机抽样是任何其他概率抽样方式的核心内容，或者说，任何其他概率抽样方式都或多或少包含简单随机抽样的成分，例如，分层抽样在每层内部均采用简单随机抽样，整群抽样是以群为单位进行简单随机抽样，所以“简单”又有基本的意思。

最后，由于在许多日常场合，如中国相当普遍地通过“抓阄”、“掷骰子”、“扔硬币”和“摇号”公平决定稀有物品或机会的归属，或者确定某种顺序，采用的都是简单随机抽样方式，所以“简单”还有容易操作的含义。

简单随机抽样中的“随”，含有“遵从”“因应变化”的意思；“机”，含有“机遇”“机会”“可能”“说不清的因由”的意思。故“随机”的意思是指结果任由天定，过程中要避免任何可能带来系统性和趋势性影响的人为干预，结果具有不确定性和难以预测性。所以随机抽样就是依一定概率抽取样本的一种方法，这种方法具有“各种结果的可能性都不能排除，人们事先不能确知结果”的特点。

虽然有关文献对随机抽样的解释不尽相同，但究其本义，随机抽样就是我们在前面介绍过的概率抽样，只是叫法不同而已。此外，在某些介绍抽样的著作中，随机抽样分为四种情形：放回有序、放回无序、不放回有序、不放回无序。其中，不放回无序的随机抽样其所有可能样本数最少，同时实际操作也最简单，简称不放回简单随机抽样（simple random sampling without replacement，SRSWOR）；而放回有序的所有可能样本数最多，但理论结果最简单，简称放回简单随机抽样（simple random sampling with replacement, SRSWR）。其余两种方式基本没有实用价值。在本书里，主要内容都是围绕不放回简单随机抽样展开，因此除非特别说明，简单随机抽样指的是不放回简单随机抽样（SRSWOR）。

2.1 概　述

为了讨论方便，我们特地作出如下约定：除非特别说明，本书此后所讨论的总体是：(1) 具体总体；(2) 有限总体；(3) 与抽样框存在一一对应关系的所谓实查总体，或是称为抽样总体的抽样框本身。同样，本书所讨论的单元总是指构成抽样总体的抽样单元（或称样品、样本点），抽样单元并不总是等同于个体，有时抽样单元甚至可能包含几个或很多个个体，这意味着个体是最小的不可再分的单元。

设抽样总体由 N 个抽样单元组成，N 是一个已知正整数，表示总体规模；欲在其中抽取 n 个抽样单元构成一个样本（即 n 个抽样单元组成的集合）。n 是一个事先人为确定的不大于 N、不小于 1 的正整数，称为样本量（size of sample），又称样本容量或样品数，表示样本规模。

样本量相对于总体规模的比例 n/N 一般记为 f，称为抽样比。样本量与总体规模有 $1\leqslant n\leqslant N$ 的关系，但更为常见的情形是 $1<n<N$。式中的 $n<N$ 比较容易理解，出于经济性的考虑，所有抽样调查的抽样比 f 都要求小于 100%，而保留 $n=N$（相对于 $f=100\%$）的情形，则可以将全面调查纳入抽样调查的理论体系，并作为抽样误差可以任意小的一个注解。为什么要 $n>1$ 呢？读者或许会感到困惑，但在随后的篇幅里，我们将看到 $\frac{1}{n-1}$ 这个因子不仅频繁出现，而且对整个抽样理论体系都有不可忽视的影响。同样，保留 $n=1$ 这个极端情形有助于使我们的讨论具有完备性，虽然这样的情形极其罕见①，且有违抽样及统计学所隐含的一些基本假定（例如均值不可能是一个样品的结果）。

从 N 个单元里抽取 n 个单元，就是所谓抽样。根据抽取规则、方法的不同，抽样被细分为各种概率与非概率抽样方式。简单随机抽样的抽取规则是：

(1) 按随机原则取样，在取样时排除任何主观因素选择抽样单元，避免任何先入为主的倾向性，防止出现系统误差。

(2) 每个抽样单元被抽中的概率都是已知或事先确定的，或者事先可以计算出来。

(3) 每个抽样单元被抽中的概率都相等，即简单随机抽样属于一种等概率随机抽样。

理论上，简单随机抽样具有三个等价的定义：

定义 2.1 从总体的 N 个单元中，一次整批抽取 n 个单元，使任何一个单元被抽中的概率都相等，任何 n 个不同单元组成的组合被抽中的概率也都相等，这种抽样称为简单随

① 很明显，当总体方差为 0 时，各总体单元完全一致，样本量完全可以为 1；此外在下一章有关分层抽样的介绍里，我们将看到当各层的总体方差等于 0 时，各层的样本量可以为 1，这就是通常的加权平均数的做法。

机抽样。

定义 2.2 从总体的 N 个单元中，逐个不放回地抽取单元，每次抽取到尚未入样的任何一个单元的概率都相等，直到抽足 n 个单元为止，这样所得的 n 个单元组成一个简单随机样本。

定义 2.3 按照从总体的 N 个单元中抽取 n 个单元的所有可能不同的组合构造所有可能的 C_N^n 个样本，从 C_N^n 个样本中随机抽取 1 个样本，使每个样本被抽到的概率都等于 $1/C_N^n$，这种抽样称为简单随机抽样。

当 N 和 n 都较大时，依定义 2.3 进行抽样很不方便，因为此时 C_N^n 很大，要列出全部可能的样本是不现实的（例如，$N=10\ 000$，$n=400$ 的抽样勉强算得上是中等规模的抽样，但 $3.29\times10^{1\,438}$ 已属天文数字，见表 2-1）。

表 2-1　N 与 n 都较大时的样本量

n	100	400	100	400
N	5 000	5 000	10 000	10 000
C_N^n	3.12×10^{211}	$3.12\times10^{1\,314}$	6.521×10^{241}	$3.29\times10^{1\,438}$

此时若按定义 2.1 和定义 2.2 进行抽样，则容易实施得多。两种有国家标准的抽样方法实际上是按照定义 2.1 和定义 2.2 设计的。

以上这些关于简单随机抽样的定义是等价的，定义 2.1 和定义 2.2 的等价性建立在中学有关排列组合知识的基础上，定义 2.1 和定义 2.3 的等价性则几乎是直接的，因为定义 2.3 里的每个可能样本恰恰是定义 2.1 中的一个组合，彼此之间有着清楚的一一对应关系。至于定义 2.2 与定义 2.3 之间的等价性可以通过两条途径予以证明，一条是通过等价性的传递关系，另一条可以通过证明每个含有按定义 2.2 抽得的完全相同单元的样本被抽到的概率也等于 $1/C_N^n$。

设按定义 2.2，先后被抽中的单元编号为 i_1，i_2，…，i_n，相应单元包含在样本中的随机事件记为 Y_{i_1}，Y_{i_2}，…，Y_{i_n}（我们也使用同样的符号表示对应于这些单元的某一特征的调查结果，即所谓样本（品）观察值），则逐次抽到这样一个有序样本的随机事件的概率为：

$$
\begin{aligned}
&P(Y_{i_1},Y_{i_2},\cdots,Y_{i_n})\\
&=P(Y_{i_1})P(Y_{i_2}\mid Y_{i_1})\cdots P(Y_{i_n}\mid Y_{i_1},Y_{i_2},\cdots,Y_{i_{n-1}})\\
&=\frac{1}{N}\cdot\frac{1}{N-1}\cdot\cdots\cdot\frac{1}{N-n+1}=\frac{(N-n)!}{N!}
\end{aligned}
\tag{2.1}
$$

然而，一个样本并不需要考虑其中单元抽取时的顺序。根据排列组合理论，一个包含 n 个指定单元的样本，其单元抽取的顺序共有 $n!$ 种不同的形式，因此抽取到包含这 n 个单元的样本的总概率为：

$$
\frac{(N-n)!\ n!}{N!}=\frac{1}{C_N^n}\tag{2.2}
$$

例 2-1

下面举一个与麻将中的骰子有关的简单人为总体的例子，假设$N=6$。对于这样一个总体规模很小的有限总体，我们所关心的总体特征变量为Y，第i个单元（在这里也是个体）的变量值Y_i列在表2-2中。

表 2-2　N=6 的人为总体

i	1	2	3	4	5	6
Y_i	1	2	3	4	5	6

假设从上述总体抽出$n=2$的样本，则依式（2.2）简单随机抽样的可能样本个数为：

$$C_N^n=\frac{N!}{n!\ (N-n)!}=C_6^2=\frac{6!}{2!\ 4!}=15$$

所有可能样本、每个样本包含的单元、每个样本对应的单元调查值、样本均值和样本方差（列出这些是为了方便以后使用）如表2-3所示，为简洁起见，我们也用Y_i表示第i个单元。

表 2-3　从表 2-2 的人为总体中抽取的所有可能样本

样本号	样本单元	样本调查值	样本均值	样本方差
1	Y_1，Y_2	1，2	1.5	0.5
2	Y_1，Y_3	1，3	2	2
3	Y_1，Y_4	1，4	2.5	4.50
4	Y_1，Y_5	1，5	3	8
5	Y_1，Y_6	1，6	3.5	12.5
6	Y_2，Y_3	2，3	2.5	0.5
7	Y_2，Y_4	2，4	3	2
8	Y_2，Y_5	2，5	3.5	4.5
9	Y_2，Y_6	2，6	4	8
10	Y_3，Y_4	3，4	3.5	0.5
11	Y_3，Y_5	3，5	4	2
12	Y_3，Y_6	3，6	4.5	4.5
13	Y_4，Y_5	4，5	4.5	0.5
14	Y_4，Y_6	4，6	5	2
15	Y_5，Y_6	5，6	5.5	0.5

注意：表2-2中15个样本有一个共同的特点，即同一单元在样本中都没有重复，因此表中不包括（Y_i，Y_i）形式的样品。如果样本中的两个单元是从总体中逐个抽取的，这就意味着随机抽到第一个样本单元后，不把它放回总体中，而在其余5个单元中随机抽出第二个样本单元，这种抽样就是简单随机抽样。此外，尽管N和n都很小，但C_N^n仍旧大

于 N 数倍之多，这一点往往使许多读者特别是初学者感到困惑，并因此一开始就对抽样课程产生畏惧心理。事实上，在抽样实践中人们从来都不需要计算 C_N^n，也不利用 C_N^n 进行任何计算。之所以在理论上说清楚 C_N^n 通常是天文数字，只是为了暗示读者，抽样里的大多数场合都适合数理统计的“大样本条件”。

例 2-2

再举一个简单例子。设 $N=8$，其总体单元数值为：2，4，4，4，6，6，6，18。

从中抽取 $n=3$ 的简单随机样本，像上面的例子一样，我们将所关心的总体特征变量记为 Y，第 i 个单元（个体）的变量值 Y_i，连同每个样本包含的单元，每个样本对应的单元调查值、样本均值和样本方差都列在表 2-4 中。

表 2-4　$N=8$，$n=3$ 时的所有可能样本

样本号	样本单元	样本调查值	样本均值	样本方差
1	Y_1, Y_2, Y_3	2，4，4	3.33	1.33
2	Y_1, Y_2, Y_4	2，4，4	3.33	1.33
3	Y_1, Y_2, Y_5	2，4，6	4.00	4.00
4	Y_1, Y_2, Y_6	2，4，6	4.00	4.00
5	Y_1, Y_2, Y_7	2，4，6	4.00	4.00
6	Y_1, Y_2, Y_8	2，4，18	8.00	76.00
7	Y_1, Y_3, Y_4	2，4，4	3.33	1.33
8	Y_1, Y_3, Y_5	2，4，6	4.00	4.00
9	Y_1, Y_3, Y_6	2，4，6	4.00	4.00
10	Y_1, Y_3, Y_7	2，4，6	4.00	4.00
11	Y_1, Y_3, Y_8	2，4，18	8.00	76.00
12	Y_1, Y_4, Y_5	2，4，6	4.00	4.00
13	Y_1, Y_4, Y_6	2，4，6	4.00	4.00
14	Y_1, Y_4, Y_7	2，4，6	4.00	4.00
15	Y_1, Y_4, Y_8	2，4，18	8.00	76.00
16	Y_1, Y_5, Y_6	2，6，6	4.67	5.33
17	Y_1, Y_5, Y_7	2，6，6	4.67	5.33
18	Y_1, Y_5, Y_8	2，6，18	8.67	69.33
19	Y_1, Y_6, Y_7	2，6，6	4.67	5.33
20	Y_1, Y_6, Y_8	2，6，18	8.67	69.33
21	Y_1, Y_7, Y_8	2，6，18	8.67	69.33
22	Y_2, Y_3, Y_4	4，4，4	4.00	0.00
23	Y_2, Y_3, Y_5	4，4，6	4.67	1.33
24	Y_2, Y_3, Y_6	4，4，6	4.67	1.33
25	Y_2, Y_3, Y_7	4，4，6	4.67	1.33

续表

样本号	样本单元	样本调查值	样本均值	样本方差
26	Y_2，Y_3，Y_8	4，4，18	8.67	65.33
27	Y_2，Y_4，Y_5	4，4，6	4.67	1.33
28	Y_2，Y_4，Y_6	4，4，6	4.67	1.33
29	Y_2，Y_4，Y_7	4，4，6	4.67	1.33
30	Y_2，Y_4，Y_8	4，4，18	8.67	65.33
31	Y_2，Y_5，Y_6	4，6，6	5.33	1.33
32	Y_2，Y_5，Y_7	4，6，6	5.33	1.33
33	Y_2，Y_5，Y_8	4，6，18	9.33	57.33
34	Y_2，Y_6，Y_7	4，6，6	5.33	1.33
35	Y_2，Y_6，Y_8	4，6，18	9.33	57.33
36	Y_2，Y_7，Y_8	4，6，18	9.33	57.33
37	Y_3，Y_4，Y_5	4，4，6	4.67	1.33
38	Y_3，Y_4，Y_6	4，4，6	4.67	1.33
39	Y_3，Y_4，Y_7	4，4，6	4.67	1.33
40	Y_3，Y_4，Y_8	4，4，18	8.67	65.33
41	Y_3，Y_5，Y_6	4，6，6	5.33	1.33
42	Y_3，Y_5，Y_7	4，6，6	5.33	1.33
43	Y_3，Y_5，Y_8	4，6，18	9.33	57.33
44	Y_3，Y_6，Y_7	4，6，6	5.33	1.33
45	Y_3，Y_6，Y_8	4，6，18	9.33	57.33
46	Y_3，Y_7，Y_8	4，6，18	9.33	57.33
47	Y_4，Y_5，Y_6	4，6，6	5.33	1.33
48	Y_4，Y_5，Y_7	4，6，6	5.33	1.33
49	Y_4，Y_5，Y_8	4，6，18	9.33	57.33
50	Y_4，Y_6，Y_7	4，6，6	5.33	1.33
51	Y_4，Y_6，Y_8	4，6，18	9.33	57.33
52	Y_4，Y_7，Y_8	4，6，18	9.33	57.33
53	Y_5，Y_6，Y_7	6，6，6	6.00	0.00
54	Y_5，Y_6，Y_8	6，6，18	10.00	48.00
55	Y_5，Y_7，Y_8	6，6，18	10.00	48.00
56	Y_6，Y_7，Y_8	6，6，18	10.00	48.00

与第一个例子相比，N 与 n 都只增加了一点，但所有可能样本数目却增加了好几倍。

我们还约定用大写字母与小写字母分别表示有关总体与样本的量，例如，关于总体变量 Y 的 N 个变量值记为 Y_1，Y_2，…，Y_N，而

$$\bar{Y}=\frac{Y}{N}=\frac{1}{N}\sum_{i=1}^{N}Y_i \tag{2.3}$$

和

$$Y=N\bar{Y}=\sum_{i=1}^{N}Y_i \tag{2.4}$$

分别表示总体均值及总体总值。设 Y_{i_1}，Y_{i_2}，…，Y_{i_n} 是从总体中抽取的一个样本量为 n 的简单随机样本，其中 i_1，i_2，…，i_n 是 1，2，…，N 的一个子集，根据前面用小写字母表示样本中样品对应的变量观察值的约定，同时也为了简化下标，将该样本重新记为：y_1，y_2，…，y_n，并用

$$\bar{y}=\frac{1}{n}\sum_{i=1}^{n}y_i \tag{2.5}$$

表示样本均值。注意无论总体均值还是样本均值，使用的都是简单平均数的公式，两者的差异仅在于字母的大小写，这就是本章开始时所谓的“同形同构”。

虽然抽样调查的目的各有不同，如举凡数理统计中的任何参数估计问题都是抽样调查涵盖的范围，但在理论上人们一般只关注四个方面的总体特征，这在迄今的抽样著作中有着十分一致的体现：(1) 总体均值；(2) 总体总值；(3) 总体比例；(4) 总体比率。

对上述总体特征的估计，有两条不同的思路：一是不借助任何辅助变量，仅仅通过变量的样本观察值对其总体特征进行直接估计，即用样本特征的线性组合表示总体特征，故统称线性估计；二是借助相关辅助变量，对我们所感兴趣的变量的总体特征进行间接估计，用样本特征的非线性组合表示总体特征，故统称非线性估计。

至于相关辅助变量的选择必须满足：(1) 与主变量高度相关；(2) 其总体信息已知，无须在本次调查中加以收集这两个条件，例如，针对同一变量的前期调查结果就是可以借助相关辅助变量的有效信息。

对于简单随机抽样，按照第一条思路，在没有总体其他相关辅助变量信息可以利用的情况下，用样本特征直接估计总体特征，且样本特征与欲估的总体特征除了有写法之分外，完全同形同构，简单易记，因此有简单线性估计（simple linear estimate）的称谓，简称为简单估计。

总体均值 $\bar{Y}$ 的简单估计量为：

$$\hat{\bar{Y}}=\bar{y}=\frac{1}{n}\sum_{i=1}^{n}y_i \tag{2.6}$$

总体总值 Y 的简单估计量为：

$$\hat{Y}=N\bar{y}=\frac{N}{n}\sum_{i=1}^{n}y_i \tag{2.7}$$

总体比例的估计要复杂一些，需要经过一步称为“0-1 变换”的数学处理。令

$$Y_i=\begin{cases}1, & \text{若总体中第 } i \text{ 个单元具有所研究的特征}\\ 0, & \text{若总体中第 } i \text{ 个单元不具有所研究的特征}\end{cases}$$

则总体中具有这种特征的单元总数 $A=\sum_{i=1}^{N}Y_i=Y$，总体中具有这种特征的比例 $P=\frac{A}{N}=\bar{Y}$，这时总体比例 P 的简单估计量为 $\hat{P}=p=\frac{a}{n}=\frac{1}{n}\sum_{i=1}^{n}y_i=\bar{y}=\hat{\bar{Y}}$，也就是说对总体比例的估计可转化成对总体均值的估计。

至于总体两个不同变量的总和或均值之比 $R=\frac{Y}{X}=\frac{\bar{Y}}{\bar{X}}$，其简单估计量为 $\hat{R}=r=\frac{\bar{y}}{\bar{x}}$。

值得注意的是，这四种总体特征的估计都用到样本均值，所不同的是总体总值估计乘了一个 N，总体比例估计使用了一个很普通的 0－1 变换，将比例问题巧妙转化为均值问题，而总体比率的估计使用了同一个总体的两个总体特征变量的样本均值。形象地说，样本均值这个堪称最简单的统计量在整个抽样理论中充当了无可争议的主角。

按照第二条思路，在有总体其他相关辅助变量信息可以利用的情况下，总体均值和总体总值的估计主要有比估计和回归估计两种方式。比估计是用对应样本特征乘上相关辅助变量的均值 $\bar{X}$ 和总值 X，而回归估计则是用对应样本特征与辅助变量的均值 $\bar{X}$ 和总值 X 的回归方程间接进行。这里仅给出公式，详细介绍参见比估计和回归估计的有关内容。

总体均值的比估计：$\hat{\bar{Y}}_R=\bar{y}_R=\hat{R}\bar{X}$

总体总值的比估计：$\hat{Y}_R=\hat{R}X=N\hat{R}\bar{X}$

总体均值的回归估计：$\hat{\bar{Y}}_{lr}=\bar{y}+\beta(\bar{X}-\bar{x})$

总体总值的回归估计：$\hat{Y}_{lr}=N[\bar{y}+\beta(\bar{X}-\bar{x})]$

表 2－5 列出了各种统计量的比较与联系。

表 2－5　各种统计量的比较与联系

总体分布特征	直接估计	间接估计	
	简单线性估计	比估计	回归估计
总体均值	$\bar{y}$	$\bar{y}_R$	$\bar{y}_{lr}$
总体总值	$N\bar{y}$	$N\bar{y}_R$	$N\bar{y}_{lr}$
总体比例	$p=\bar{y}_{0\text{-}1}$		
总体比率	$\hat{R}=\frac{\bar{y}}{\bar{x}}$		

2.2　简单估计量及其性质

根据 2.1 节中的介绍，不论调查对象是何种总体分布特征，通常所用估计量都是样本均值的某种线性组合（所以样本均值被视为一个核心估计量），这个结论并不限于简单估计，因此在抽样中不管讨论何种估计的基本性质，都只围绕样本均值进行，而对样本均值这个唯一的核心估计量的研究则沿两条轴线展开，一条轴线为求样本均值对所有可能样本的数学期望，一条轴线为求样本均值对所有可能样本的方差。这与数理统计学对统计量的诸般做法毫无二致。区别在于，数理统计研究的是抽象的随机变量，且以“一点多次”的重复性、试验性调查为背景取得样本，属于所谓面向“次”的纵向线的随机变量，而抽样研究的是具体的随机变量，且以“一次多点”的访问性调查为背景取得样本，属于所谓面向“点”的横截面的随机变量。

2.2.1 简单估计的性质

为讨论简单估计的性质，首先证明以下两个引理。

引理 2.1 从大小为 N 的总体中抽取一个样本量为 n 的简单随机样本，则总体中每个特定单元入样的概率为 n/N，两个特定单元都入样的概率为：

$$\frac{n(n-1)}{N(N-1)} \tag{2.8}$$

证明： 在全部可能的 C_N^n 个样本中，包含某个特定单元 Y_i 的样本数为 $C_1^1 C_{N-1}^{n-1}$ 个，同时包含两个特定单元 Y_i，Y_j 的样本数为 $C_2^2 C_{N-2}^{n-2}$ 个，因而任意一个特定单元的入样概率为 $C_1^1 C_{N-1}^{n-1}/C_N^n=\frac{n}{N}$，任意两个特定不同单元同时入样的概率为：

$$C_2^2 C_{N-2}^{n-2}/C_N^n=\frac{n(n-1)}{N(N-1)}$$

引理 2.2 从总体规模为 N 的总体中抽取一个样本量为 n 的简单随机样本。若对总体中的每个单元 Y_i，引进随机变量 a_i $(i=1, 2, \cdots, N)$ 如下：

$$a_i=\begin{cases}1, & \text{若 } Y_i \text{ 入样} \\ 0, & \text{若 } Y_i \text{ 不入样}\end{cases}$$

则

$$E(a_i)=\frac{n}{N}=f, \qquad i=1,2,\cdots,N \tag{2.9}$$

$$V(a_i)=\frac{n}{N}\frac{N-n}{N}=f(1-f), \qquad i=1,2,\cdots,N \tag{2.10}$$

$$\mathrm{Cov}(a_i,a_j)=-\frac{n}{N(N-1)}\left(1-\frac{n}{N}\right)=-\frac{f(1-f)}{N-1}, \qquad i,j=1,2,\cdots,N;\ i\neq j \tag{2.11}$$

证明： 考虑每个单元 Y_i 都有可能入样，也有可能不入样，一如贝努里试验的可能成功与不成功，属于典型的服从二项分布的随机事件，所以表示这 N 个随机事件的 N 个随机变量 a_i 均服从二项分布，因此根据引理 2.1，$a_i=1$ 的概率为$\frac{n}{N}$，$a_i=0$的概率为 $1-\frac{n}{N}$；$a_i a_j=1$ 的概率为$\frac{n(n-1)}{N(N-1)}$，$a_i a_j=0$ 的概率为 $1-\frac{n(n-1)}{N(N-1)}$，于是就有

$$E(a_i)=1\times\frac{n}{N}+0\times\left(1-\frac{n}{N}\right)=f$$

$$E(a_ia_j)=1\times\frac{n(n-1)}{N(N-1)}+0\times\left[1-\frac{n(n-1)}{N(N-1)}\right]=\frac{n(n-1)}{N(N-1)},\qquad i\neq j$$

因而

$$V(a_i)=E\,(a_i-E(a_i))^2=(1-f)^2\times\frac{n}{N}+(0-f)^2\times\left(1-\frac{n}{N}\right)=f(1-f)$$

$$\text{Cov}(a_ia_j)=E(a_ia_j)-E(a_i)E(a_j)=\frac{n(n-1)}{N(N-1)}-f^2=-\frac{f(1-f)}{N-1}$$

定理 2.1 对于简单随机抽样，作为 $\bar{Y}$ 的简单估计，$\hat{\bar{Y}}=\bar{y}$ 是无偏的。

注意，此定理可以表示成更简洁的形式：

$$E(\bar{y})=\bar{Y} \tag{2.12}$$

针对这种简洁形式，我们给出两种证明，每种证明的思路和方法不尽相同，但都别具一格，具有启发意义。

证明 1： 根据前面对简单随机抽样的定义和说明，我们已经知道对于规模为 N 的有限总体简单随机抽样，样本量为 n 的所有可能样本 $S_{(i)}$ 总共有 C_N^n 个，对应的样本均值 $\bar{y}_{(i)}$ 总共也有 C_N^n 个，其中任意特定的一个样本 $S_{(i)}$ 及其样本均值 $\bar{y}_{(i)}$ 出现的概率 $P_{(i)}$ 都是 $1/C_N^n$，于是对于所有可能样本整体而言，样本均值 $\bar{y}$ 就是一个随机变量，按照数理统计中数学期望的含义，有

$$\begin{aligned}E(\bar{y}) &= \sum_{i=1}^{C_N^n}\bar{y}_{(i)}P_{(i)}=\sum_{i=1}^{C_N^n}\bar{y}_{(i)}\frac{1}{C_N^n}\\ &=\sum_{i=1}^{C_N^n}\frac{1}{n}(y_1+y_2+\cdots+y_n)\frac{1}{C_N^n}\\ &=\frac{1}{C_N^n}\sum_{i=1}^{C_N^n}\frac{1}{n}(y_1+y_2+\cdots+y_n)\\ &=\frac{1}{n\,C_N^n}\sum_{i=1}^{C_N^n}(Y_{i_1}+Y_{i_2}+\cdots+Y_{i_n})\end{aligned}$$

上式中符号的含义参见前一节的内容。

考虑进入样本的任意特定的一个总体单元的变量值，不妨设为 Y_{i_1}，包含该总体单元的所有可能样本总共有 $C_1^1C_{N-1}^{n-1}$ 个，因而 Y_{i_1} 会在上面的求和号里出现 $C_1^1C_{N-1}^{n-1}$ 次，显然式中括号里共有 n 个这样的总体单元变量值，并且每个单元的情况一样（任意的本意即指如此，所以 Y_{i_1} 完全可以写成 Y_i），所以有

$$E(\bar{y})=\frac{1}{nC_N^n}(C_1^1C_{N-1}^{n-1}Y_1+C_1^1C_{N-1}^{n-1}Y_2+\cdots+C_1^1C_{N-1}^{n-1}Y_N)=\frac{1}{N}\sum_{i=1}^{N}Y_i=\bar{Y}$$

希望读者特别留意这里求和与求期望都是对全部可能的 C_N^n 个不同的简单随机样本求的，并将这种情形与数理统计中的类似内容进行比较。

表 2-6 列示了抽样理论与数理统计之间关于样本均值性质的异同。

表 2-6 抽样理论与数理统计之间关于样本均值性质的异同

项目	抽样理论	数理统计
特点	一次多点（不重复，不充分覆盖）	一点多次（充分覆盖，重复）
假设	样本之间不独立，所有可能取值最多为 C_N^n 个；欲估总体特征为总体均值 $\bar{Y}$，$n=N$ 时可求出	样本之间独立，所有可能取值最多为无限个；欲估总体特征为总体期望 μ，一般不能通过样本求出
符号	$\bar{y}$	$\bar{y}$
定义	$\bar{y}=\frac{1}{n}\sum_{i=1}^{n}y_i$	$\bar{y}=\frac{1}{n}\sum_{i=1}^{n}y_i$
期望	$E(\bar{y})=\sum_{i=1}^{C_N^n}\bar{y}_{(i)}P_{(i)}$ $=\sum_{i=1}^{C_N^n}\bar{y}_{(i)}\frac{1}{C_N^n}=\bar{Y}$	$E(\bar{y})=E\left(\frac{1}{n}\sum_{i=1}^{n}y_i\right)$ $=\frac{1}{n}\sum_{i=1}^{n}E(y_i)=\frac{1}{n}(n\mu)=\mu$
方差	$V(\bar{y})=\sum_{i=1}^{C_N^n}(\bar{y}_{(i)}-E\bar{y}_{(i)})^2P_{(i)}$ $=\sum_{i=1}^{C_N^n}(\bar{y}_{(i)}-E\bar{y}_{(i)})^2\frac{1}{C_N^n}$ $=\frac{(1-f)}{n}S^2$	$V(\bar{y})=E(\bar{y}_{(i)}-\mu)^2$ $=E\left(\frac{1}{n}\sum_{i=1}^{n}y_i-\mu\right)^2$ $=\frac{1}{n}E(y_i-\mu)^2=\frac{\sigma^2}{n}$

证明 2：从总体规模为 N 的总体中抽取一个样本容量为 n 的简单随机样本。若对总体中的每个单元 Y_i，如引理 2.2 引进随机变量 a_i（$i=1, 2, \cdots, N$）如下：

$$a_i=\begin{cases}1, & \text{若 } Y_i \text{ 入样}\\ 0, & \text{若 } Y_i \text{ 不入样}\end{cases}$$

则 $\bar{y}$ 可表达为 $\bar{y}=\frac{1}{n}\sum_{i=1}^{N}a_iY_i$，式中 $Y_i(i=1, 2, \cdots, N)$ 都是常数，故 $E(\bar{y})=\frac{1}{n}\sum_{i=1}^{N}Y_iE(a_i)=\frac{1}{n}\sum_{i=1}^{N}Y_i\left(\frac{n}{N}\right)=\frac{1}{n}\frac{n}{N}\sum_{i=1}^{N}Y_i=\bar{Y}$。

推论 2.1 对于简单随机抽样，$\hat{Y}=N\bar{y}$ 的期望为：

$$E(\hat{Y})=E(N\bar{y})=N\bar{Y}=Y \tag{2.13}$$

推论 2.2 对于简单随机抽样，$\hat{P}=p$ 的期望为：

$$E(\hat{P})=E(p)=P \tag{2.14}$$

推论 2.3 对于简单随机抽样，n 较大时，$\hat{R}=r$ 的期望为：

$$E(\hat{R})=E(r)\approx R \tag{2.15}$$

推论 2.3 的证明参见 2.3 节引理 2.3 的相关内容。

对于例 2-2，表 2-4 中给出了全部 56 个可能的简单随机样本的平均数 $\bar{y}$，读者不难验证这 56 个平均数的平均数等于总体均值 $\bar{Y}$，说明简单估计量 $\bar{y}$ 是无偏的，也就是定理 2.1 确实成立。

2.2.2 简单估计量 y 的方差与协方差

1. 简单估计量 $\bar{y}$ 的方差

按照数理统计中的定义，有限总体的方差通常定义为：

$$\sigma^2=\frac{1}{N}\sum_{i=1}^{N}(Y_i-\bar{Y})^2 \tag{2.16}$$

但在抽样理论中，惯用的是另一种形式：

$$S^2=\frac{1}{N-1}\sum_{i=1}^{N}(Y_i-\bar{Y})^2 \tag{2.17}$$

分母用 $N-1$ 替代 N，由于 N 一般很大，所以对方差本身的大小影响甚微，但因为求和号中 N 个加项的自由度是 $N-1$，这种替代将导致 S^2 比 σ^2 在理论上具有新的意义和用途，比如会使我们随后的大多数理论结果表达起来更加简洁。这是数学形式结构的变化必将导致内容不同的一个例证。

定理 2.2 对于简单随机抽样，$\bar{y}$ 的方差

$$V(\bar{y})=\frac{1-f}{n}S^2 \tag{2.18}$$

这个定理俗称抽样理论的核心定理，之所以如此，是因为抽样调查结果的精度（一般用其相反的量——误差表示）高低乃是评价调查成功与否的最重要指标，而根据前面相关章节的介绍，当估计量 $\hat{\theta}$ 恰是抽样中的核心估计量样本均值 $\bar{y}$ 时，$V(\bar{y})$既是精度又是信度的理论表达。

证明：仿照定理 2.1 之证明 2 引进随机变量 a_i（$i=1, 2, \cdots, N$）如下：

$$a_i=\begin{cases}1, & \text{若 } Y_i \text{ 入样}\\ 0, & \text{若 } Y_i \text{ 不入样}\end{cases}$$

于是根据引理 2.2 有

$$\begin{aligned}
V(\bar{y}) &= V\Big(\frac{1}{n}\sum_{i=1}^{N}a_iY_i\Big)\\
&=\frac{1}{n^2}\Big(\sum_{i=1}^{N}Y_i^2V(a_i)+2\sum_{i<j}^{N}Y_iY_j\mathrm{Cov}(a_i,a_j)\Big)\\
&=\frac{1}{n^2}\Big\{\sum_{i=1}^{N}Y_i^2\frac{n}{N}\frac{N-n}{N}+2\sum_{i<j}^{N}Y_iY_j\Big[-\frac{f(1-f)}{N-1}\Big]\Big\}\\
&=\frac{1}{n^2}\Big[\sum_{i=1}^{N}Y_i^2\frac{n}{N}(1-f)+2\sum_{i<j}^{N}Y_iY_j\Big(-\frac{n}{N}\frac{1-f}{N-1}\Big)\Big]\\
&=\frac{1}{n^2}\frac{n}{N}(1-f)\Big[\sum_{i=1}^{N}Y_i^2-2\frac{1}{N-1}\Big(\sum_{i<j}^{N}Y_iY_j\Big)\Big]\\
&=\frac{1-f}{nN}\Big[\frac{N}{N-1}\sum_{i=1}^{N}Y_i^2-\frac{1}{N-1}\sum_{i=1}^{N}Y_i^2-2\frac{1}{N-1}\Big(\sum_{i<j}^{N}Y_iY_j\Big)\Big]
\end{aligned}$$

$$
\begin{aligned}
&= \frac{1-f}{nN}\left[\frac{N}{N-1}\sum_{i=1}^{N} Y_i^2 - \frac{1}{N-1}\left(\sum_{i=1}^{N} Y_i^2 + 2\sum_{i<j}^{N} Y_iY_j\right)\right] \\
&= \frac{1-f}{nN}\left[\frac{N}{N-1}\sum_{i=1}^{N} Y_i^2 - \frac{1}{N-1}\left(\sum_{i=1}^{N} Y_i\right)^2\right] \\
&= \frac{1-f}{n(N-1)}\left[\sum_{i=1}^{N} Y_i^2 - N\left(\frac{1}{N}\sum_{i=1}^{N} Y_i\right)^2\right] \\
&= \frac{1-f}{n(N-1)}\left(\sum_{i=1}^{N} Y_i^2 - N\bar{Y}^2\right) \\
&= \frac{1-f}{n(N-1)}\sum_{i=1}^{N} (Y_i-\bar{Y})^2 \\
&= \frac{1-f}{n}S^2
\end{aligned}
$$

推论 2.4 对于简单随机抽样，$\hat{Y}=N\bar{y}$ 的方差为：

$$V(\hat{Y}) = N^2\,\frac{1-f}{n}S^2 \tag{2.19}$$

推论 2.5 对于简单随机抽样，$\hat{P}=p$ 的方差为：

$$V(\hat{P}) = \frac{1-f}{n}\,\frac{1}{N-1}NP(1-P) \tag{2.20}$$

证明：只需证明此时 $S^2=\frac{1}{N-1}NP(1-P)$ 即可。

由于 $S^2=\frac{1}{N-1}\sum_{i=1}^{N}(Y_i-\bar{Y})^2=\frac{1}{N-1}\sum_{i=1}^{N}(Y_i^2-2Y_i\bar{Y}+\bar{Y}^2)$，而依 2.1 节的定义，此时

$$Y_i=\begin{cases}1, & \text{若总体中第 } i \text{ 个单元具有所研究的特征}\\ 0, & \text{若总体中第 } i \text{ 个单元不具有所研究的特征}\end{cases}$$

故

$$
\begin{aligned}
&\sum_{i=1}^{N} Y_i^2 = A = NP \\
&\sum_{i=1}^{N} (2Y_i\bar{Y}) = 2\bar{Y}\sum_{i=1}^{N} Y_i = 2\bar{Y}\cdot N\bar{Y} = 2NP^2 \\
&\sum_{i=1}^{N} \bar{Y}^2 = N\bar{Y}^2 = NP^2 \\
&S^2 = \frac{1}{N-1}(NP-2NP^2+NP^2) = \frac{1}{N-1}NP(1-P)
\end{aligned}
$$

定理 2.2 中的 $1-f=\frac{N-n}{N}$ 称为有限总体校正系数（finite population correction, fpc），原因在于对无限总体的简单随机抽样（或对有限总体的放回简单随机抽样），由于 N 很大，故有

$$V(\bar{y}) = \frac{1}{n}\sigma^2 = \frac{1}{n}\,\frac{1}{N}\sum_{i=1}^{N}(Y_i^2-\bar{Y}^2) = \frac{1}{n}\,\frac{N-1}{N}S^2 \approx \frac{1}{n}S^2$$

亦即从有限总体中抽得的简单随机样本均值的方差是从无限总体中抽得的同量的独立样本均值的方差的 $1-f$ 倍，这意味着对同等样本量，不放回的简单随机样本的抽样精度要高于放回随机抽样。一个合理的解释是，不放回抽样与放回抽样相比，由于样本点不会产生重复，样本量相同时所包含的有效样本点更多，因而信息更多，效果更好。

2. 两个估计量 $\bar{y}$，$\bar{x}$ 的协方差

对总体的两个变量或指标 Y 与 X，设 Y_i 与 X_i 是第 i 个单元的相应特征值，记 $\bar{y}$，$\bar{x}$ 为相应的样本均值，$\bar{Y}$ 与 $\bar{X}$ 分别为相应的总体均值，则可定义 $\bar{y}$ 与 $\bar{x}$ 的协方差如下：

$$\mathrm{Cov}(\bar{y},\bar{x}) = E(\bar{y}-\bar{Y})(\bar{x}-\bar{X}) \tag{2.21}$$

定理 2.3 对于简单随机抽样，有

$$\mathrm{Cov}(\bar{y},\bar{x}) = \frac{1-f}{n}S_{yx} \tag{2.22}$$

式中，$S_{yx} = \dfrac{1}{N-1}\sum_{i=1}^{N}(Y_i-\bar{Y})(X_i-\bar{X})$ 为总体协方差。

证明：引入一个人工变量 $u_i=y_i+x_i$，记 $\bar{u}$，$\bar{U}$ 分别为该人工变量样本均值与总体均值，$\bar{u}=\bar{y}+\bar{x}$，$\bar{U}=\bar{Y}+\bar{X}$，则

$$\begin{aligned}
V(\bar{u}) &= V(\bar{u}-\bar{U}) \qquad (\text{利用方差的性质 } V(\xi-c)=V(\xi)) \\
&= V((\bar{y}+\bar{x})-(\bar{Y}+\bar{X})) \\
&= V((\bar{y}-\bar{Y})+(\bar{x}-\bar{X})) \qquad (\text{利用方差性质 } V(\xi+\eta) \\
&\qquad\qquad = V(\xi)+V(\eta)+2\mathrm{Cov}(\xi,\eta)) \\
&= V(\bar{y}-\bar{Y})+V(\bar{x}-\bar{X})+2\mathrm{Cov}((\bar{y}-\bar{Y}),(\bar{x}-\bar{X})) \\
&= V(\bar{y})+V(\bar{x})+2\mathrm{Cov}(\bar{y},\bar{x})
\end{aligned}$$

于是，有

$$\begin{aligned}
\mathrm{Cov}(\bar{y},\bar{x}) &= \frac{1}{2}[V(\bar{u})-V(\bar{y})-V(\bar{x})] \\
&= \frac{1}{2}\cdot\frac{1-f}{n}(S_u^2-S_y^2-S_x^2) \\
&= \frac{1}{2}\cdot\frac{1-f}{n}\cdot\frac{1}{N-1}\Big[\sum_{i=1}^{N}(Y_i+X_i-\bar{Y}-\bar{X})^2 \\
&\quad -\sum_{i=1}^{N}(Y_i-\bar{Y})^2-\sum_{i=1}^{N}(X_i-\bar{X})^2\Big] \\
&= \frac{1}{2}\cdot\frac{1-f}{n}\cdot\frac{2}{N-1}\sum_{i=1}^{N}(Y_i-\bar{Y})(X_i-\bar{X}) \\
&= \frac{1-f}{n}S_{yx}
\end{aligned}$$

2.2.3 方差与协方差的估计

在实际问题中，总体的方差与协方差都是未知的，因此为了得到估计量方差或协方差

的估计，必须对总体的方差与协方差进行估计。

定理 2.4 简单随机样本的方差

$$s^2=\frac{1}{n-1}\sum_{i=1}^{n}(y_i-\bar{y})^2 \tag{2.23}$$

是总体方差 S^2 的无偏估计。

证明：仿照定理 2.1 之证明 2 引进随机变量 a_i（$i=1$，2，…，N）如下：

$$a_i=\begin{cases}1, & \text{若 } Y_i \text{ 入样}\\ 0, & \text{若 } Y_i \text{ 不入样}\end{cases}$$

根据引理 2.2 有

$$\begin{aligned}E(s^2)&=\frac{1}{n-1}E\Big(\sum_{i=1}^{n}y_i^2-n\bar{y}^2\Big)\\&=\frac{1}{n-1}\Big[E\Big(\sum_{i=1}^{N}Y_i^2a_i\Big)-nE(\bar{y}^2)\Big]\\&=\frac{1}{n-1}\Big\{\frac{n}{N}\sum_{i=1}^{N}Y_i^2-n[V(\bar{y})+E(\bar{y})^2]\Big\}\\&=\frac{1}{n-1}\Big[\frac{n}{N}\sum_{i=1}^{N}Y_i^2-\Big(1-\frac{n}{N}\Big)S^2-n\bar{Y}^2\Big]\\&=\frac{1}{n-1}\Big[\frac{n}{N}\Big(\sum_{i=1}^{N}Y_i^2-N\bar{Y}^2\Big)-\Big(1-\frac{n}{N}\Big)S^2\Big]\\&=\frac{1}{n-1}\Big[\frac{n}{N}(N-1)S^2-\Big(1-\frac{n}{N}\Big)S^2\Big]\\&=S^2\end{aligned}$$

对例 2-2，总体方差 $S^2=\frac{84}{7}=12$，而表 2-4 中全部 56 个可能样本的样本方差的平均数 $E(s^2)=672/56=12$，两者完全相等，说明定理确实是成立的。

推论 2.6 对于简单随机抽样

$$\hat{V}(\hat{\bar{Y}})=v(\bar{y})=\frac{1-f}{n}s^2 \tag{2.24}$$

是 $V(\bar{y})$ 的无偏估计。

推论 2.7

$$\hat{V}(\hat{Y})=v(N\bar{y})=N^2\frac{1-f}{n}s^2 \tag{2.25}$$

是 $V(\hat{Y})$ 的无偏估计。

推论 2.8 对于简单随机抽样

$$\hat{V}(\hat{P})=v(p)=v(\bar{y}_{0\text{-}1})=\frac{1-f}{n}s^2$$

$$=\frac{1-f}{n}\frac{1}{n-1}np(1-p)=\frac{1-f}{n-1}p(1-p) \tag{2.26}$$

是 $V(\hat{P})$ 的无偏估计。

以上所有推论的证明都很简单，只需对定理 2.2 及其推论使用定理 2.4 的结论，形式上左边加尖（$\hat{V}$），右边将 S^2（或相关项）换成 s^2（或相关项）即可。

在获得各种总体特征的简单估计量的方差估计后，由于这些简单估计量均以样本均值为核心构建，根据中心极限定理它们都接近正态分布。事实上，对例 2.1，核心估计量样本均值的分布如表 2－7 所示，近似服从正态分布 $N(E(\bar{y}),V(\bar{y}))$（见图 2－1）。

表 2－7　例 2－1 样本均值 $\bar{y}$ 的分布

样本均值 $\bar{y}$	1.50	2.00	2.50	3.00	3.50	4.00	4.50	5.00	5.50
频数	1	1	2	2	3	2	2	1	1
频率 $P_r(\bar{y})$	1/15	1/15	2/15	2/15	3/15	2/15	2/15	1/15	1/15

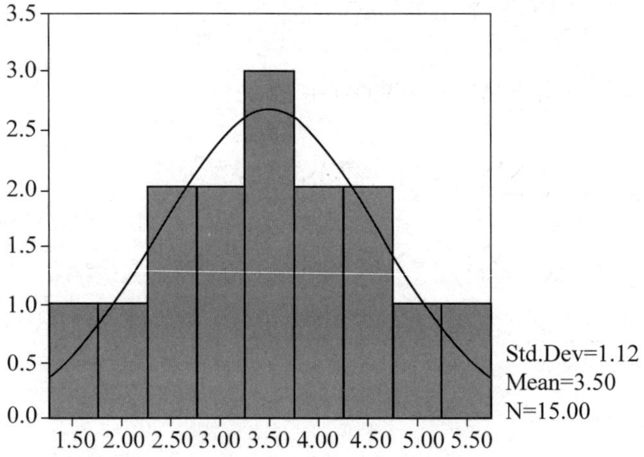

图 2－1　样本均值的分布

于是，可按照数理统计中有关正态分布总体特征的区间估计步骤进行估计，首先根据样本调查值计算出 $\bar{y}$ 和 $\hat{V}(\bar{y})$，然后用 $N(\bar{y},\hat{V}(\bar{y}))$ 作为 $N(E(\bar{y}),V(\bar{y}))$ 的近似，接着利用正态分布的性质写出下式：

$$P(\bar{Y}\in[\bar{y}-z_{\alpha/2}\sqrt{v(\bar{y})},\bar{y}+z_{\alpha/2}\sqrt{v(\bar{y})}])=1-\alpha$$

$$\Rightarrow P\left(\bar{Y}\in\left[\bar{y}-z_{\alpha/2}\sqrt{\frac{1-f}{n}}s,\bar{y}+z_{\alpha/2}\sqrt{\frac{1-f}{n}}s\right]\right)=1-\alpha$$

也就是说，总体均值 $\bar{Y}$ 落在近似置信区间

$$\left[\bar{y}-z_{\alpha/2}\sqrt{\frac{1-f}{n}}s,\bar{y}+z_{\alpha/2}\sqrt{\frac{1-f}{n}}s\right]$$

的概率不低于 $1-\alpha$，其中 $1-\alpha$ 称为置信水平或置信度，与置信区间共同反映抽样调查的信度。

例 2-3

某市共有 10 000 户居民。为调查该市居民的收入情况，用简单随机抽样方法从中抽取 50 户，登记每户的家庭季收入 y_i，具体数据如表 2-8 所示。试估计该市居民户平均季收入 $\bar{Y}$，并求其置信水平为 95%的近似置信区间。

表 2-8　50 户居民的季收入调查　　单位：元

序号	户收入	户主收入	序号	户收入	户主收入
1	27 900	12 750	26	25 200	13 050
2	24 000	13 500	27	24 000	12 750
3	28 350	12 000	28	27 450	10 200
4	26 250	11 550	29	19 800	10 200
5	38 850	15 000	30	40 200	21 000
6	135 000	79 980	31	24 900	11 250
7	110 625	45 000	32	23 100	11 250
8	23 250	14 250	33	52 125	27 480
9	30 900	15 000	34	33 900	16 500
10	41 100	20 250	35	40 350	19 500
11	54 000	18 000	36	38 700	23 730
12	34 800	14 550	37	27 750	15 000
13	40 200	19 500	38	37 050	18 000
14	31 500	18 750	39	47 250	21 240
15	24 300	15 000	40	26 100	11 550
16	30 900	15 000	41	59 400	33 750
17	26 700	13 500	42	17 700	10 200
18	43 950	23 250	43	36 600	18 000
19	26 700	15 000	44	30 150	16 500
20	25 050	12 750	45	24 450	12 450
21	26 700	13 500	46	22 950	12 300
22	69 250	42 480	47	30 300	15 750
23	31 950	15 000	48	20 850	13 500
24	26 250	15 600	49	86 250	45 000
25	17 100	10 200	50	26 250	15 750

解： 这里，$N=10\ 000$，$n=50$。根据表 2-8 计算得

$$\bar{y}=\frac{1}{50}\sum_{i=1}^{50} y_i=\frac{1}{50}\times 1\ 838\ 350=36\ 767(\text{元})$$

$$s^2=\frac{1}{50-1}\sum_{i=1}^{50}(y_i-\bar{y})^2=\frac{1}{49}\left(\sum_{i=1}^{50}y_i^2-n\bar{y}^2\right)$$
$$=\frac{1}{49}\times 24\ 060\ 111\ 800=491\ 022\ 689.8$$
$$v(\bar{y})=\frac{1}{50}\left(1-\frac{50}{10\ 000}\right)\times 491\ 022\ 689.8=9\ 771\ 351.53$$
$$\sqrt{v(\bar{y})}=3\ 125.92$$

因而该市居民户平均季收入 $\bar{Y}$ 的 95%的近似置信区间为：

$$[\bar{y}-z_{\alpha/2}\sqrt{v(\bar{y})},\bar{y}+z_{\alpha/2}\sqrt{v(\bar{y})}]=[36\ 767-1.96\times 3\ 125.92,36\ 767+1.96\times 3\ 125.92]$$

即（30 640.2 元，42 893.8 元）。

与定理 2.4 类似，在有两个指标的情形下，有以下定理：

定理 2.5 简单随机样本的协方差

$$s_{yx}=\frac{1}{n-1}\sum_{i=1}^{n}(y_i-\bar{y})(x_i-\bar{x}) \tag{2.27}$$

是总体协方差 S_{yx} 的无偏估计。

2.3 比估计量及其性质

根据上一节的介绍，样本均值作为总体均值的简单估计量，具有无偏性（其期望等于总体均值）、一致性（抽样比为 100%时完全等于总体均值）和极大似然性（恰好等于总体均值的概率最大）等优良性质，且完全不依赖其他总体信息。然而，当有其他总体信息可资利用时，这种“完全不依赖其他总体信息”的特点意味着完全不利用总体的已知信息，分明不符合“欲知其人，先观其友”所蕴涵的道理。实际上，当存在与我们调查的主要变量高度相关的所谓其他辅助变量的有效信息，且这些辅助变量的信息质量较好时，利用这些信息无疑有助于提高估计的精度，这就是此时简单估计量的效果不如本节将集中介绍的比估计量的原因。比估计量和下节将讨论的回归估计量同属比较多见的间接估计量。

2.3.1 比估计量的性质

设我们关心的主要变量为 Y，另一个与 Y 有关的辅助变量为 X，对简单随机抽样的一个样本中的每一个单元获得了 Y 和 X 的调查值（observers）y_i 和 x_i，而 X 的总体总值（也记为 X，究竟表示变量还是该变量的总体总值可以根据上下文判断出来）是已知的。在实际抽样调查中，这样的辅助变量一般有以下几种常见情况：

（1）同一个变量的上期调查结果往往隐含着当期与上期的变化不会太大的假设；

（2）与主要变量之间整体上存在某种比值关系，即隐含着两者比值关系的变化不会太大的假设。

例如，由于整体上农作物产量不会出现剧烈变化，因此可以选择上一年的产量作为辅助变量，而由于整体上单位农作物产量不会出现剧烈变化，可以选择农田面积作为辅助变量。类似的例子可以举出很多，当西方国家的一些经济学家质疑中国前些年的经济发展速度时，他们的理由是一个像中国这么大的国家其能源消耗系数（可以理解为 GDP 与能源消耗总量之比）不可能急剧变化，因此既然能源消耗没有增加很多，那么 GDP 的高增长速度就不免令人怀疑。这相当于把能源消耗量作为估计 GDP 的辅助变量。

辅助变量的特点可以归纳为如下几条：

- 辅助变量必须与主要变量高度相关；
- 辅助变量与主要变量之间的相关关系整体上相当稳定；
- 辅助变量的总体总值必须是已知的，或是容易获得的；
- 辅助变量的信息质量更好，或信息更容易取得即调查成本更低。

应该看到，上述主辅变量之间的稳定对比关系并非罕见，所以使用比估计量进行主要变量的总体特征估计的做法颇为普遍。

比估计不像简单估计应用面那么宽，一般仅限于用来估计主要变量的总体均值和总体总值。

定义主要变量的总体均值 $\bar{Y}$ 的比估计量为：

$$\hat{\bar{Y}}_R=\bar{y}_R=\bar{X}\,\frac{\bar{y}}{\bar{x}}=\frac{1}{N}X\hat{R} \tag{2.28}$$

定义主要变量的总体总值 Y 的比估计量为：

$$\hat{Y}_R=N\,\hat{\bar{Y}}_R=X\,\frac{\bar{y}}{\bar{x}}=X\hat{R} \tag{2.29}$$

所有符号的含义均与前面一样。注意在上述比估计量表达式中，N 和 X 根据说明都是已知的，只有 $\hat{R}$ 属于估计量。

引理 2.3 对于简单随机抽样，n 较大时，$\hat{R}=r$ 的期望为：

$$E(\hat{R})=E(r)\approx R \tag{2.30}$$

证明：该引理的内容包含两个结论：一是说 $\hat{R}$ 不是无偏的；二是说在某种条件下，$\hat{R}$ 是近似无偏的。

对于前者的证明，属于典型的证伪问题，只需举出一个反例。对于 $N=8$ 的小总体，为简便起见，假设按简单随机抽样方法从中抽出 $n=1$ 的样本，这样所有可能样本数为 8 个，各样本的主变量平均值 $\bar{y}_i$、辅助变量平均值 $\bar{x}_i$ 和比估计 $\hat{R}_i$ 如表 2－9 所示。

表 2－9 所有可能样本对应的 $\bar{y}_i$，$\bar{x}_i$ 和 $\hat{R}_i$ 值比较

i	$\bar{y}_i$	$\bar{x}_i$	$\hat{R}_i$
1	1	1	1
2	2	4	0.5

续表

i	$\bar{y}_i$	$\bar{x}_i$	$\hat{R}_i$
3	2	5	0.4
4	3	5	0.6
5	3	6	0.5
6	3	6	0.5
7	4	8	0.5
8	6	13	0.46
平均	3	6	0.56

由于 $E(\hat{R})=\frac{1}{C_N^n}\sum_{i=1}^{C_N^n}\hat{R}_i=\frac{1}{8}\sum_{i=1}^{8}\hat{R}_i=0.557\,692\,308\neq 0.5=R$，所以 $\hat{R}$ 不是无偏的，前者已证。

对于后者的证明，很明显当 $\bar{x}\approx\bar{X}$ 时（由于样本均值的一致性，这相当于说 n 足够大），必有 $\hat{R}=r=\frac{\bar{y}}{\bar{x}}\approx\frac{\bar{y}}{\bar{X}}$。故

$$E(\hat{R})=E(r)=E\left(\frac{\bar{y}}{\bar{x}}\right)\approx E\left(\frac{\bar{y}}{\bar{X}}\right)$$（注意，由于 Y 与 X 彼此不独立，$E\left(\frac{\bar{y}}{\bar{x}}\right)$ 很难算出来）

$$=\frac{1}{\bar{X}}E(\bar{y})=\frac{1}{\bar{X}}\bar{Y}=\frac{\bar{Y}}{\bar{X}}=R$$

定理 2.6 对于简单随机抽样，n 较大时，$\hat{\bar{Y}}_R=\bar{y}_R$ 的期望为：

$$E(\bar{y}_R)\approx\bar{X}R=\bar{Y} \tag{2.31}$$

推论 2.9 对于简单随机抽样，n 较大时，$\hat{Y}_R=N\bar{y}_R$ 的期望为：

$$E(\hat{Y}_R)\approx N\bar{X}R=N\bar{Y}=Y \tag{2.32}$$

引理 2.4 对于简单随机抽样，n 较大时，$\hat{R}=r$ 的方差为：

$$V(\hat{R})=V(r)\approx\frac{1}{\bar{X}^2}\frac{1-f}{n}\frac{1}{N-1}\sum_{i=1}^{N}(Y_i-RX_i)^2 \tag{2.33}$$

证明：考虑到

$$\begin{aligned}MSE(\hat{R})&=E(\hat{R}-R)^2=V(\hat{R})+(E(\hat{R})-R)^2\\&=E(\hat{R}-E(\hat{R}))^2+(E(\hat{R})-R)^2\end{aligned}$$

但根据引理 2.3，当 n 足够大时，$E(\hat{R})\approx R$，于是 $MSE(\hat{R})=E(\hat{R}-R)^2\approx V(\hat{R})$，即 $V(\hat{R})\approx E(\hat{R}-R)^2$，而

$$(\hat{R}-R)=\frac{\bar{y}}{\bar{x}}-R=\frac{\bar{y}-R\bar{x}}{\bar{x}}$$

因为 n 足够大，所以 $\bar{x}\approx\bar{X}$，因而

$$(\hat{R}-R)=\frac{\bar{y}-R\bar{x}}{\bar{x}}\approx\frac{\bar{y}-R\bar{x}}{\bar{X}}\quad（注意只是将分母中的 \bar{x} 换成了 \bar{X}）$$

$$E(\hat{R}-R)\approx E\left(\frac{\bar{y}-R\bar{x}}{\bar{X}}\right)=\frac{1}{\bar{X}}(E(\bar{y})-RE(\bar{x}))=\frac{1}{\bar{X}}(\bar{Y}-R\bar{X})=0$$

$$E\,(\hat{R}-R)^2\approx\frac{1}{\bar{X}^2}E\,(\bar{y}-R\bar{x})^2$$

令 $$G_i=Y_i-RX_i,\qquad i=1,2,3,\cdots,N$$

$$\bar{g}=\bar{y}-R\bar{x},\ \bar{G}=\bar{Y}-R\bar{X}=0$$

$$E\,(\hat{R}-R)^2\approx\frac{1}{\bar{X}^2}E\,(\bar{y}-R\bar{x})^2=\frac{1}{\bar{X}^2}E(\bar{g}^2)=\frac{1}{\bar{X}^2}E\,(\bar{g}-\bar{G})^2=\frac{1}{\bar{X}^2}V(\bar{g})$$

$$\begin{aligned}V(\hat{R})&\approx E\,(\hat{R}-R)^2\approx\frac{1}{\bar{X}^2}V(\bar{g})\\&=\frac{1}{\bar{X}^2}\frac{1-f}{n}\frac{1}{N-1}\sum_{i=1}^{N}(G_i-\bar{G})^2\\&=\frac{1}{\bar{X}^2}\frac{1-f}{n}\frac{1}{N-1}\sum_{i=1}^{N}(G_i)^2\\&=\frac{1}{\bar{X}^2}\frac{1-f}{n}\frac{1}{N-1}\sum_{i=1}^{N}(Y_i-RX_i)^2\end{aligned}$$

定理 2.7 对于简单随机抽样，n 较大时，$\hat{Y}_R=N\bar{y}_R$ 的方差为：

$$V(\hat{Y}_R)\approx N^2\frac{1-f}{n}\frac{1}{N-1}\sum_{i=1}^{N}(Y_i-RX_i)^2\tag{2.34}$$

推论 2.10 对于简单随机抽样，n 较大时，$\hat{\bar{Y}}_R=\bar{y}_R$ 的方差为：

$$V(\bar{y}_R)\approx\frac{1-f}{n}\frac{1}{N-1}\sum_{i=1}^{N}(Y_i-RX_i)^2\tag{2.35}$$

由于 $\bar{Y}-R\bar{X}=0$

$$\begin{aligned}&\frac{1}{N-1}\sum_{i=1}^{N}(Y_i-RX_i)^2\\&=\frac{1}{N-1}\sum_{i=1}^{N}[(Y_i-RX_i)-(\bar{Y}-R\bar{X})]^2\\&=\frac{1}{N-1}\sum_{i=1}^{N}[(Y_i-\bar{Y})-R(X_i-\bar{X})]^2\\&=\frac{1}{N-1}\sum_{i=1}^{N}[(Y_i-\bar{Y})^2-2R(Y_i-\bar{Y})(X_i-\bar{X})+R^2\,(X_i-\bar{X})^2]\\&=\frac{1}{N-1}\sum_{i=1}^{N}(Y_i-\bar{Y})^2-2R\frac{1}{N-1}\sum_{i=1}^{N}(Y_i-\bar{Y})(X_i-\bar{X})\\&\quad+R^2\frac{1}{N-1}\sum_{i=1}^{N}(X_i-\bar{X})^2\end{aligned}$$

$$
\begin{aligned}
&= S^2 - 2RS_{yx} + R^2 S_x^2 \\
&= S^2 - 2R\rho SS_x + R^2 S_x^2 \\
&= \bar{Y}^2 (C^2 - 2C_{yx} + C_x^2)
\end{aligned}
$$

式中，$S_{yx} = \frac{1}{N-1}\sum_{i=1}^{N}(Y_i - \bar{Y})(X_i - \bar{X})$，$S_x^2 = \frac{1}{N-1}\sum_{i=1}^{N}(X_i - \bar{X})^2$ 分别是 Y 与 X 的总体协方差和 X 的总体方差，$\rho = \frac{S_{yx}}{SS_x}$ 是 Y 与 X 的总体相关系数，而 $C^2 = \frac{S^2}{\bar{Y}^2}$，$C_{yx} = \frac{S_{yx}}{\bar{Y}\bar{X}} = \rho\frac{SS_x}{\bar{Y}\bar{X}}$，$C_x^2 = \frac{S_x^2}{\bar{X}^2}$ 分别是 Y 的相对方差（变异系数）、Y 与 X 的相对协方差和 X 的相对方差（变异系数）。引进这些定义后，引理 2.4、定理 2.7 及其推论都将有以下更简略的表达式。

$$
\begin{aligned}
V(\hat{R}) = V(r) &\approx \frac{1}{\bar{X}^2}\frac{1-f}{n}\frac{1}{N-1}\sum_{i=1}^{N}(Y_i - RX_i)^2 \\
&= \frac{1}{\bar{X}^2}\frac{1-f}{n}(S^2 - 2R\rho SS_x + R^2 S_x^2)
\end{aligned}
\tag{2.36}
$$

$$
\begin{aligned}
V(\bar{y}_R) &\approx \frac{1-f}{n}\frac{1}{N-1}\sum_{i=1}^{N}(Y_i - RX_i)^2 \\
&= \frac{1-f}{n}(S^2 - 2R\rho SS_x + R^2 S_x^2)
\end{aligned}
\tag{2.37}
$$

$$
\begin{aligned}
V(\hat{Y}_R) &\approx N^2\frac{1-f}{n}\frac{1}{N-1}\sum_{i=1}^{N}(Y_i - RX_i)^2 \\
&= N^2\frac{1-f}{n}(S^2 - 2R\rho SS_x + R^2 S_x^2)
\end{aligned}
\tag{2.38}
$$

2.3.2 比估计量的方差估计

正如前面指出的，在实际的抽样调查问题中，总体方差与协方差都是未知的，因此为了得到上述比估计量方差或协方差的估计，必须对总体方差与协方差进行估计。

根据定理 2.4 和定理 2.5，直接用 Y 与 X 的样本方差、样本协方差和样本比率替代相应比估计量方差定理中 Y 与 X 的总体方差、总体协方差和总体比率，有

$$
\hat{V}(\bar{y}_R) \approx \frac{1-f}{n}(s^2 - 2\hat{R}s_{yx} + \hat{R}^2 s_x^2) \tag{2.39}
$$

$$
\hat{V}(\hat{Y}_R) \approx N^2\frac{1-f}{n}(s^2 - 2\hat{R}s_{yx} + \hat{R}^2 s_x^2) \tag{2.40}
$$

例 2-4

在 20 世纪 90 年代初的一项工资研究中，人们发现 IT 行业中，从业者的现薪与起薪之间相关系数 ρ 高达 0.88。已知某 IT 企业 474 名员工的平均起薪为 17 016.00 元/年，现根据对 100 个以简单随机抽样方式选出的员工现薪的调查结果，估计该企业员工的现薪平均水平。（已知：$\bar{y}=38\ 482.50$，$\bar{x}=18\ 642.60$，$s^2=453\ 189\ 043.23$，$s_{xy}=201\ 430\ 000$，

$s_x^2=102\ 802\ 243.9$。)

解：$\hat{R}=\frac{\bar{y}}{\bar{x}}=2.06$

$$v(\bar{y})=\hat{V}(\bar{y})=\frac{1-f}{n}s^2=\frac{1-100/474}{100}\times 453\ 189\ 043.23$$
$$=3\ 575\ 795.404$$

简单估计条件下，$\bar{Y}$ 的 95%的近似置信区间为：

$$[\bar{y}-z_{\alpha/2}\sqrt{v(\bar{y})},\bar{y}+z_{\alpha/2}\sqrt{v(\bar{y})}]$$
$$=[38\ 482.50-1.96\times 1\ 890.98,38\ 482.50+1.96\times 1\ 890.98]$$
$$=[34\ 776.18,42\ 188.82]$$

即 [34 776.18 元，42 188.82 元]。

比估计条件下，$\bar{Y}$ 的 95%的近似置信区间为：

$$\left[\bar{y}_R-z_{\alpha/2}\sqrt{\frac{1-f}{n}(s^2-2\hat{R}s_{yx}+\hat{R}^2s_x^2)},\bar{y}_R+z_{\alpha/2}\sqrt{\frac{1-f}{n}(s^2-2\hat{R}s_{yx}+\hat{R}^2s_x^2)}\right]$$
$$=[35\ 124.83-1.96\times 685.98,35\ 124.83+1.96\times 685.98]$$
$$=[33\ 780.32,36\ 469.35]$$

即 [33 780.32 元，36 469.35 元]。

后来的财务记录表明，现薪的平均水平为 34 419.5 元/年。将简单估计和比估计的结果相比较，可以发现此时比估计的精度要远高于简单估计的结果。

根据上述方法获得有关总体特征的比估计量的方差估计后，由于 n 很大，中心极限定理成立，即可视这些比估计量都接近正态分布，并按照数理统计中有关正态分布总体特征的区间估计步骤进行估计，例如对 $\bar{y}_R$ 即可写出下式：

$$P(\bar{Y}\in[\bar{y}_R-z_{\alpha/2}\sqrt{\hat{V}(\bar{y}_R)},\bar{y}+z_{\alpha/2}\sqrt{\hat{V}(\bar{y}_R)}])=1-\alpha$$
$$\Rightarrow P\left(\bar{Y}\in\left[\begin{array}{l}\bar{y}_R-z_{\alpha/2}\sqrt{\frac{1-f}{n}(s^2-2\hat{R}s_{yx}+\hat{R}^2s_x^2)},\\ \bar{y}_R+z_{\alpha/2}\sqrt{\frac{1-f}{n}(s^2-2\hat{R}s_{yx}+\hat{R}^2s_x^2)}\end{array}\right]\right)=1-\alpha$$

也就是说，总体均值 $\bar{Y}$ 落在近似置信区间

$$\left[\bar{y}_R-z_{\alpha/2}\sqrt{\frac{1-f}{n}(s^2-2\hat{R}s_{yx}+\hat{R}^2s_x^2)},\ \bar{y}_R+z_{\alpha/2}\sqrt{\frac{1-f}{n}(s^2-2\hat{R}s_{yx}+\hat{R}^2s_x^2)}\right]$$

的概率不低于 $1-\alpha$，$1-\alpha$ 称为置信水平或置信度，与置信区间共同反映抽样调查的信度。

对 $\hat{Y}_R$ 的结论也很类似，总体总值 Y 所处的近似置信区间为：

$$\left[\hat{Y}_R-z_{\alpha/2}\sqrt{N^2\frac{1-f}{n}(s^2-2\hat{R}s_{yx}+\hat{R}^2s_x^2)},\ \hat{Y}_R+z_{\alpha/2}\sqrt{N^2\frac{1-f}{n}(s^2-2\hat{R}s_{yx}+\hat{R}^2s_x^2)}\right]$$

既然比估计量是简单估计量的竞争者，那么在容许两者竞争的情况下，究竟在什么条件下比估计量应优先于选择简单估计量呢？这个问题具有很大的实际意义，因为比估计量的计算要比简单估计量复杂得多，如果精度上没有比较大的得益作为补偿，就得不偿失了。

既然根据定理 2.2 和定理 2.7，两种估计量的方差分别为：

$$V(\bar{y}_R) \approx \frac{1-f}{n}(S^2 - 2R\rho SS_x + R^2 S_x^2)$$

$$V(\bar{y}) = \frac{1-f}{n}S^2$$

那么，很显然，比估计量精度高于简单估计量的充要条件是

$$V(\bar{y}_R) - V(\bar{y}) < 0$$

即

$$\frac{1-f}{n}(S^2 - 2R\rho SS_x + R^2 S_x^2) - \frac{1-f}{n}S^2 < 0$$

$$\Rightarrow R^2 S_x^2 - 2R\rho SS_x < 0$$

$$\Rightarrow \rho > \frac{RS_x}{2S} = \frac{1}{2}\frac{C_x}{C}$$

也就是说，当 $\rho > \frac{RS_x}{2S} = \frac{1}{2}\frac{C_x}{C}$ 时，尤其是当 $C_x \approx C$，只要相关系数 $\rho > \frac{1}{2}$，比估计就比简单估计更为精确。

2.3.3 比估计的其他问题

人们经常会自然地提出以下问题：

（1）为何不对 $\hat{R} = \frac{\bar{y}}{\bar{x}}$ 的分子、分母各自按简单估计获得置信区间，然后根据两个区间的上下限构造 R 的区间边界（譬如说 $\bar{Y}$ 为 3～5，$\bar{X}$ 为 2～3，则 R 为1～2.5），R 相应的置信度调整为$(1-\alpha)^2$？

（2）为何不对每个样本点计算 r_i，然后使用 $\bar{r}$ 估计 R 呢？

（3）是否存在具有无偏性的比率估计量？

对第一个问题的解释。在实际的抽样调查场合，调查组织者或委托者往往十分重视稳健性或保守程度，所以在很多时候，出于慎重或保险的考虑，具体负责数据处理的研究人员会不惜压低估计的原有精度，拉大置信区间或降低置信度。因此，使用类似方法代替普通的构建 R 等的置信区间的做法并不罕见。其实，这不过是理论与实用之间背离的又一个例证，当然理论讨论也只能建立在高纯粹性的基础上。但必须指出：

（1）求 $\hat{R} = \frac{\bar{y}}{\bar{x}}$ 的期望和方差在理论上涉及两个彼此不独立（独立就排除了成为主辅变量伙伴的可能）的随机变量的关系，机理相当复杂；

（2）所述方法稳健性确实非常高，但在精度上付出的代价有时可能承受不起，例如受

经费限制，倘若原有理论精度已经不高，再压低精度将导致不敷需要。

对第二个问题的解释。使用

$$\bar{r}=\frac{1}{n}\sum_{i=1}^{n}r_i=\frac{1}{n}\sum_{i=1}^{n}\frac{y_i}{x_i} \tag{2.41}$$

估计 R 是完全可取的，实际上很多人更偏爱如此。注意

$$\hat{R}=\frac{\bar{y}}{\bar{x}}=\frac{\frac{1}{n}\sum_{i=1}^{n}y_i}{\frac{1}{n}\sum_{i=1}^{n}x_i}=\frac{\sum_{i=1}^{n}y_i}{\sum_{i=1}^{n}x_i} \tag{2.42}$$

可以看出，$\bar{r}$ 与 $\hat{R}$ 的区别仅仅在于 $\bar{r}$ 是先比后加，而 $\hat{R}$ 是先加后比，无法据此判定孰优孰劣。问题在于我们对比估计和简单估计的定义。如果使用 $\bar{r}$，则相当于先作变量代换产生一个人工变量 $r_i=y_i/x_i$，然后围绕这个人工变量进行简单估计，于是就属于简单估计的讨论范围。此外，整个抽样理论中，简化可谓是永恒的主题，人们更多地提到 $\hat{R}$，其中原因之一恐怕是算法上先加后比更具优越性。表 2-10 的计算表明 $\bar{r}$ 与 $\hat{R}$ 的差别其实并不大。

表 2-10　表 2-8 中数据的“比”之数值（假设 $\bar{X}$=18 000）

序号	户收入 y_i	户主收入 x_i	r_i	序号	户收入 y_i	户主收入 x_i	r_i
1	27 900	12 750	2.188 2	20	25 050	12 750	1.964 7
2	24 000	13 500	1.777 8	21	26 700	13 500	1.977 8
3	28 350	12 000	2.362 5	22	69 250	42 480	1.630 2
4	26 250	11 550	2.272 7	23	31 950	15 000	2.130 0
5	38 850	15 000	2.590 0	24	26 250	15 600	1.682 7
6	135 000	79 980	1.687 9	25	27 900	12 750	2.188 2
7	110 625	45 000	2.458 3	26	17 100	10 200	1.676 5
8	23 250	14 250	1.631 6	27	25 200	13 050	1.931 0
9	30 900	15 000	2.060 0	28	24 000	12 750	1.882 4
10	41 100	20 250	2.029 6	29	27 450	10 200	2.691 2
11	54 000	18 000	3.000 0	30	19 800	10 200	1.941 2
12	34 800	14 550	2.391 8	31	40 200	21 000	1.914 3
13	40 200	19 500	2.061 5	32	24 900	11 250	2.213 3
14	31 500	18 750	1.680 4	33	23 100	11 250	2.053 3
15	24 300	15 000	1.620 0	34	52 125	27 480	1.896 8
16	30 900	15 000	2.060 0	35	33 900	16 500	2.054 5
17	26 700	13 500	1.977 8	36	40 350	19 500	2.069 2
18	43 950	23 250	1.890 3	37	38 700	23 730	1.630 8
19	26 700	15 000	1.780 0	38	27 750	15 000	1.850 0

续表

序号	户收入 y_i	户主收入 x_i	r_i	序号	户收入 y_i	户主收入 x_i	r_i
39	37 050	18 000	2.058 3	45	30 150	16 500	1.827 3
40	47 250	21 240	2.224 6	46	24 450	12 450	1.963 9
41	26 100	11 550	2.259 7	47	22 950	12 300	1.865 9
42	59 400	33 750	1.760 0	48	30 300	15 750	1.923 8
43	17 700	10 200	1.735 3	49	20 850	13 500	1.544 4
44	36 600	18 000	2.033 3	50	86 250	45 000	1.916 7

$$\bar{y}=36\ 767,\qquad \bar{x}=18\ 745.2,\qquad \hat{R}=1.961\ 4,\qquad \bar{r}=1.989\ 8$$

可见，$\bar{r}$ 与 $\hat{R}$ 的确相差无几。关键在于，调查时究竟是直接调查 r_i 还是调查 x_i 和 y_i。

对第三个问题的解释最为复杂，在许多经典抽样文献里占有大量篇幅。首先，我们必须回顾一下本书第 1 章和本章的有关内容，牢记对任何估计量均方误差 MSE 小比偏倚 B 更要紧，比估计量虽然有偏，但其均方误差 MSE 因此降低，可以得到足够的补偿。

其次，自 20 世纪 50 年代，人们开发了很多减少或消除比估计量偏倚的方法，有兴趣的读者可以查阅有关参考文献。我们在此仅介绍一种形式比较简单的无偏比估计量，这要归功于哈特利（Hartley）和罗斯（Ross）1954 年发表的研究成果。

考虑总体比率 R 的另一个简单估计量

$$\bar{r}=\frac{1}{n}\sum_{i=1}^{n}r_i=\frac{1}{n}\sum_{i=1}^{n}\frac{y_i}{x_i}$$

注意：

$$E(\bar{r})=E\Big(\frac{1}{n}\sum_{i=1}^{n}r_i\Big)=\frac{1}{N}\sum_{i=1}^{N}R_i=\frac{1}{N}\sum_{i=1}^{N}\frac{Y_i}{X_i}=\bar{R}$$

而

$$\frac{1}{N}\sum_{i=1}^{N}R_i(X_i-\bar{X})=\frac{1}{N}\sum_{i=1}^{N}Y_i-\frac{\bar{X}}{N}\sum_{i=1}^{N}R_i=\bar{X}(R-\bar{R})$$

$$\frac{1}{N\bar{X}}\sum_{i=1}^{N}\bar{R}(X_i-\bar{X})=0$$

所以

$$\begin{aligned}\bar{R}-R&=-\frac{1}{N\bar{X}}\sum_{i=1}^{N}R_i(X_i-\bar{X})\\&=-\frac{1}{N\bar{X}}\sum_{i=1}^{N}R_i(X_i-\bar{X})+\frac{1}{N\bar{X}}\sum_{i=1}^{N}\bar{R}(X_i-\bar{X})\\&=-\frac{1}{N\bar{X}}\sum_{i=1}^{N}(R_i-\bar{R})(X_i-\bar{X})=E(\bar{r})-R=B\end{aligned}$$

因而

$$R=E(\bar{r})-B$$

令 $\hat{R}_{HR}=\bar{r}-\hat{B}$，显然有 $E(\hat{R}_{HR})=E(\bar{r})-E(\hat{B})=\bar{R}-B=R$，即 $\hat{R}_{HR}$ 是 R 的一个无偏估计。

然而

$$\begin{aligned}\frac{1}{n-1}\sum_{i=1}^{n} r_i(x_i-\bar{x}) &= \frac{1}{n-1}\sum_{i=1}^{n}\left(y_i-\frac{y_i}{x_i}\bar{x}\right)\\ &= \frac{1}{n-1}\sum_{i=1}^{n} y_i - \frac{1}{n-1}\sum_{i=1}^{n}\frac{y_i}{x_i}\bar{x}\\ &= \frac{n\bar{y}}{n-1} - \bar{x}\frac{1}{n-1}\sum_{i=1}^{n}\frac{y_i}{x_i}\\ &= \frac{n\bar{y}}{n-1} - \bar{x}\frac{n\bar{r}}{n-1}\\ &= \frac{n}{n-1}(\bar{y}-\bar{x}\bar{r})\end{aligned}$$

考虑到 $\frac{1}{n-1}\sum_{i=1}^{n} r_i(x_i-\bar{x})$ 是 $\frac{1}{N-1}\sum_{i=1}^{N} R_i(X_i-\bar{X}) = -\frac{N\bar{X}}{N-1}(\bar{R}-R) = -\frac{N\bar{X}}{N-1}B$ 的无偏估计，因此 $\hat{R}_{HR}=\bar{r}-\hat{B}=\bar{r}+\frac{N-1}{N\bar{X}}\frac{n}{n-1}(\bar{y}-\bar{x}\bar{r})$，即

$$\hat{R}_{HR}=\bar{r}+\frac{N-1}{N\bar{X}}\frac{n}{n-1}(\bar{y}-\bar{x}\bar{r}) \tag{2.43}$$

是 R 的一个无偏估计。

根据上例的数据，总体比率 R 的哈-罗估计

$$\begin{aligned}\hat{R}_{HR} &= 1.989\,8+\frac{10\,000-1}{10\,000\times 18\,000}\times\frac{50}{50-1}(36\,767-18\,745.2\times 1.989\,8)\\ &= 1.959\,6\end{aligned}$$

与 $\bar{r}$ 相比差异并不大。

2.4 回归估计量及其性质

同比估计量一样，回归估计量也属比较多见的间接估计量。回归估计量的前提同样是当存在与调查的主要变量高度相关的所谓其他辅助变量的有效信息，且这些辅助变量的信息质量较好时，可以利用这些信息来提高估计的精度，改善简单估计量的效果。正如我们在 2.3 节所强调的，表面上看比率估计量只是一个简单估计量 $\hat{R}$ 的线性组合，而回归估计量则是两个简单估计量 $\bar{y}$ 和 $\bar{x}$ 的线性组合，但由于$\hat{R}=\frac{\bar{y}}{\bar{x}}$本身是两个简单估计量 $\bar{y}$ 和 $\bar{x}$ 的非线性组合，实质上它们同样都是依靠两个简单估计量 $\bar{y}$，$\bar{x}$ 和辅助变量的总值 X 提高对主要变量 Y 的总体总值和总体均值的估计精度。不同的是，回归估计量借助的是主要变量与辅助变量之间的线性相关关系，比估计量借助的是两者之间的比值关系。

2.4.1 回归估计的性质

设我们关心的主要变量为 Y，与 Y 有关的辅助变量为 X，对简单随机抽样的一个样本

中的每一个单元获得了 Y 和 X 的调查值 y_i 和 x_i，而 X 的总体总值是已知的（这与比估计完全相同）。

假如研究发现，Y 和 X 之间存在近似的线性关系，但该（直）线并不经过 Y 和 X 构成的平面坐标的原点，也就是所谓截距不等于 0，那么这时利用比估计显然不合适，最好构造 Y 对 X 的线性回归关系进行估计。

主要变量总体均值 $\bar{Y}$ 的回归估计量定义为：

$$\bar{y}_{lr} = \bar{y} + \beta(\bar{X} - \bar{x}) \tag{2.44}$$

式中，$\bar{y}_{lr}$的下标 lr 是线性回归（liner regression）的英文简写，β 为回归系数，注意

$$\beta = -\frac{\partial \bar{y}_{lr}}{\partial \bar{x}} \tag{2.45}$$

所以 β 表示主要变量相对于辅助变量的变化率。

根据定义，当 $\beta=0$ 时，$\bar{y}_{lr}=\bar{y}$；当 $\beta=\hat{R}=\frac{\bar{y}}{\bar{x}}$时，$\bar{y}_{lr}=\bar{y}_R$。因此，简单估计量与比估计量都是回归估计量的特例。而 $\beta=1$ 时，$\bar{y}_{lr}=\bar{y}+(\bar{X}-\bar{x})=\bar{X}+(\bar{y}-\bar{x})$ 称为差估计量。

类似地，定义主要变量的总体总值 Y 的回归估计量为：

$$\hat{Y}_{lr} = N\bar{y}_{lr} \tag{2.46}$$

最早使用回归估计量的人物之一是沃森（Watson），1937 年他利用植物叶片的重量作为辅助变量，通过回归估计，得到了主要变量植物叶片面积的总体均值估计。注意，在此例中有两个特点：一是植物叶片面积与植物叶片重量之间存在稳定的线性关系；二是植物叶片重量比植物叶片面积更易测定。这提示我们在实际抽样调查中，回归估计里辅助变量 X 的特点与比估计里的十分相似：

- 辅助变量必须与主要变量高度相关；
- 辅助变量与主要变量之间的相关关系整体上相当稳定；
- 辅助变量的信息质量更好，可帮忙而不添乱；
- 辅助变量的总体总值必须是已知的，或是更容易获得的。

原因在于，顾名思义，辅助变量是为主要变量的估计服务的，如果不具备上述特别是 $\bar{X}$ 或 X 已知的条件，那么 $\bar{y}_{lr}=\bar{y}+\beta(\bar{X}-\bar{x})$ 将因 $\bar{X}$ 未知变得十分复杂，何况还要承担计算 $\bar{X}$ 的额外成本。

考察 $\bar{y}_{lr}=\bar{y}+\beta(\bar{X}-\bar{x})$ 的等式右端，$\bar{y}$ 和 $\bar{x}$ 为简单估计量，其性质我们在本章第 2 节里已有深入讨论，而 $\bar{X}$ 已知，所以回归估计量 $\bar{y}_{lr}$的复杂性主要来源于β。关于 β，以下两类情形都不鲜见：一类情形是未知，需要用样本数据进行估计；另一类情形是已知，无须用样本数据进行估计，例如许多官方或跟踪性调查都定期进行，此时则可将以往的 β 估计值当成β 的已知值。

对于后一种情形，回归估计量的性质比较简单。

定理 2.8 对于简单随机抽样，如 β 为常数（记为 β_0），则有

$$E(\bar{y}_{lr}) = \bar{Y}$$

$$V(\bar{y}_{lr}) = \frac{1-f}{n}\frac{1}{N-1}\sum_{i=1}^{N}[(Y_i-\bar{Y})-\beta_0(X_i-\bar{X})]^2$$

$$= \frac{1-f}{n}(S^2+\beta_0^2S_x^2-2\beta_0S_{xy}) \tag{2.47}$$

证明：

$$E(\bar{y}_{lr}) = E(\bar{y}+\beta_0(\bar{X}-\bar{x})) = E(\bar{y})+\beta_0(\bar{X}-E(\bar{x})) = \bar{Y}$$

$$V(\bar{y}_{lr}) = \frac{1-f}{n}\frac{1}{N-1}\sum_{i=1}^{N}[Y_i+\beta_0(\bar{X}-X_i)-\bar{Y}]^2$$

$$= \frac{1-f}{n}\frac{1}{N-1}\sum_{i=1}^{N}[(Y_i-\bar{Y})-\beta_0(X_i-\bar{X})]^2$$

$$= \frac{1-f}{n}(S^2+\beta_0^2S_x^2-2\beta_0S_{xy})$$

观察 $\bar{y}_{lr}$ 的构成，易见对于固定的 $\bar{y}$ 和 $\bar{X}$，$\bar{y}_{lr}$ 完全取决于 β_0，而 $V(\bar{y}_{lr})$ 的大小对于固定的 S^2，S_x^2 和 S_{xy} 来说也完全取决于 β_0，即不同的 β_0，有不同的 $V(\bar{y}_{lr})$，于是人们很自然地会问："β_0 取何值时，回归估计量的估计精度最高，即 $V(\bar{y}_{lr})$ 最小?" 在此意义上，β_0 可以视同影响 $V(\bar{y}_{lr})$ 的"变量"，因此可以利用数学分析求极值的方法获得问题的答案。

定理 2.9 使回归估计量的估计精度最高，即 $V(\bar{y}_{lr})$ 最小的 β_0 为：

$$\beta_0=B=\frac{S_{xy}}{S_x^2}=\rho\frac{S}{S_x} \tag{2.48}$$

式中，$\rho=\frac{S_{xy}}{S_xS}$ 为 Y 与 X 的相关系数。

证明： 求 $V(\bar{y}_{lr})$ 对 β_0 的偏导数：

$$\frac{\partial V(\bar{y}_{lr})}{\partial\beta_0} = \frac{1-f}{n}(2\beta_0S_x^2-2S_{xy}) = 0$$

$$\Rightarrow\beta_0 = S_{xy}/S_x^2$$

$$\Rightarrow\beta_0 = \rho\frac{S}{S_x} = B$$

将 $\beta_0=B$ 代入 $V(\bar{y}_{lr})$，经验证确实是 $V(\bar{y}_{lr})$ 的最小值所在。此时

$$V(\bar{y}_{lr}) = \frac{1-f}{n}(S^2+\beta_0^2S_x^2-2\beta_0S_{xy})$$

$$= \frac{1-f}{n}\left[S^2+\left(\rho\frac{S}{S_x}\right)^2S_x^2-2\left(\frac{S_{xy}}{S_x^2}\right)S_{xy}\right]$$

$$= \frac{1-f}{n}(S^2+\rho^2S^2-2\rho^2S^2) = \frac{1-f}{n}S^2(1-\rho^2)$$

对于简单随机抽样，如果 β 需要通过样本进行估计，一般会选择最小二乘估计，即

$$b=\frac{S_{xy}}{S_x^2}=\frac{\sum_{i=1}^{n}(y_i-\bar{y})(x_i-\bar{x})}{\sum_{i=1}^{n}(x_i-\bar{x})^2} \tag{2.49}$$

此时，总体均值 $\bar{Y}$ 的回归估计量

$$\bar{y}_{lr}=\bar{y}+b(\bar{X}-\bar{x}) \tag{2.50}$$

定理 2.10 对于简单随机抽样，n 足够大时，$\bar{y}_{lr}$ 的数学期望为：

$$E(\bar{y}_{lr})\approx\bar{Y} \tag{2.51}$$

与引理 2.3 类似，这个定理的内容也包含两个结论：一是 $\bar{y}_{lr}$ 不是无偏的；二是在某种条件下，$\bar{y}_{lr}$ 是近似无偏的。对于前者的证明，属于典型的证伪问题，只需举出一个反例。表 2-11 的例子中，$N=8$，$n=6$。

表 2-11 回归估计量有偏示例

样本	$\bar{x}$	$\bar{y}$	$\bar{y}_{lr}$	b	$\hat{R}$	$\hat{y}_R$
123456	4.500	2.333	2.933	0.400	0.519	3.111
123457	4.833	2.500	3.000	0.429	0.517	3.103
123458	5.667	2.833	2.975	0.424	0.500	3.000
123467	4.833	2.500	3.000	0.429	0.517	3.103
123468	5.667	2.833	2.975	0.424	0.500	3.000
123478	6.000	3.000	3.000	0.429	0.500	3.000
123567	5.000	2.500	2.929	0.429	0.500	3.000
123568	5.833	2.833	2.905	0.429	0.486	2.914
123578	6.167	3.000	2.928	0.435	0.486	2.919
123678	6.167	3.000	2.928	0.435	0.486	2.919
124567	5.000	2.667	3.095	0.429	0.533	3.200
124568	5.833	3.000	3.070	0.419	0.514	3.086
124578	6.167	3.167	3.097	0.421	0.514	3.081
124678	6.167	3.167	3.097	0.421	0.514	3.081
125678	6.333	3.167	3.025	0.426	0.500	3.000
134567	5.167	2.667	3.019	0.422	0.516	3.097
134568	6.000	3.000	3.000	0.421	0.500	3.000
134578	6.333	3.167	3.025	0.424	0.500	3.000
134678	6.333	3.167	3.025	0.424	0.500	3.000
135678	6.500	3.167	2.951	0.432	0.487	2.923
145678	6.500	3.333	3.127	0.413	0.513	3.077
234567	5.667	2.833	3.000	0.500	0.500	3.000
234568	6.500	3.167	2.947	0.439	0.487	2.923

续表

样本	$\bar{x}$	$\bar{y}$	$\bar{y}_{lr}$	b	$\hat{R}$	$\hat{y}_R$
234578	6.833	3.333	2.964	0.444	0.488	2.927
234678	6.833	3.333	2.964	0.444	0.488	2.927
235678	7.000	3.333	2.872	0.462	0.476	2.857
245678	7.000	3.500	3.077	0.423	0.500	3.000
345678	7.167	3.500	2.989	0.438	0.488	2.930

由于 $E(\bar{y}_{lr})=\frac{1}{28}\sum_{i=1}^{28}\bar{y}_i=2.997$，而 $\bar{Y}=3$，所以 $\bar{y}_{lr}$ 不是无偏的。

对于后者的证明，很明显当 $\bar{x}\approx\bar{X}$ 时（由于样本均值的一致性，这相当于说 n 足够大），必有 $(\bar{X}-\bar{x})\approx 0$，故

$$\begin{aligned}E(\bar{y}_{lr}) &= E(\bar{y}+b(\bar{X}-\bar{x}))\\ &= E(\bar{y})+E(b(\bar{X}-\bar{x})) \quad [\text{注意由于 } b \text{ 与 } \bar{x} \text{ 彼此不独立，} E(b\bar{x}) \text{ 很难算出来}]\\ &\approx E(\bar{y})=\bar{Y}\end{aligned}$$

定理 2.11 对于简单随机抽样，n 足够大时，$\bar{y}_{lr}$ 的方差为：

$$V(\bar{y}_{lr})\approx MSE(\bar{y}_{lr})\approx\frac{1-f}{n}S^2(1-\rho^2) \tag{2.52}$$

证明：记 $\bar{y}'_{lr}=\bar{y}+B(\bar{X}-\bar{x})$。根据前一定理知 n 足够大时，$E(\bar{y}_{lr})\approx\bar{Y}$，所以 $V(\bar{y}_{lr})\approx MSE(\bar{y}_{lr})$。

而

$$\begin{aligned}MSE(\bar{y}_{lr}) &= E(\bar{y}_{lr}-\bar{Y})^2=E(\bar{y}_{lr}-\bar{y}'_{lr}+\bar{y}'_{lr}-\bar{Y})^2\\ &= E(\bar{y}_{lr}-\bar{y}'_{lr})^2+E(\bar{y}'_{lr}-\bar{Y})^2+2E((\bar{y}_{lr}-\bar{y}'_{lr})(\bar{y}'_{lr}-\bar{Y}))\end{aligned}$$

式中，

$$\begin{aligned}E(\bar{y}_{lr}-\bar{y}'_{lr})^2 &= E([\bar{y}+b(\bar{X}-\bar{x})]-[\bar{y}+B(\bar{X}-\bar{x})])^2\\ &= E((b-B)(\bar{X}-\bar{x}))^2\end{aligned}$$

$$E((\bar{y}_{lr}-\bar{y}'_{lr})(\bar{y}'_{lr}-\bar{Y}))=E((\bar{y}'_{lr}-\bar{Y})(b-B)(\bar{X}-\bar{x}))$$

故当 $\bar{x}\approx\bar{X}$ 时，$E(\bar{y}_{lr}-\bar{y}'_{lr})^2\approx 0$，$2E((\bar{y}_{lr}-\bar{y}'_{lr})(\bar{y}'_{lr}-\bar{Y}))\approx 0$。而根据定理 2.9 和定理 2.10，$E(\bar{y}'_{lr}-\bar{Y})^2=V(\bar{y}'_{lr})=\frac{1-f}{n}S^2(1-\rho^2)$，因此当 $\bar{x}\approx\bar{X}$ 即 $(\bar{X}-\bar{x})\approx 0$ 时，$V(\bar{y}_{lr})\approx\frac{1-f}{n}S^2(1-\rho^2)$。

2.4.2 各种估计量的精度比较

由于比估计和回归估计的前提是 n 足够大，所以对简单估计、比估计和回归估计三种估计量精度进行比较时，必须区分两种情形：

（1）n 足够大的情形。

简单估计：$V(\bar{y})=\frac{1-f}{n}S^2$

比估计：$V(\bar{y}_R) \approx \frac{1-f}{n}(S^2 - 2R\rho SS_x + R^2 S_x^2)$

回归估计：$V(\bar{y}_{lr}) \approx \frac{1-f}{n}S^2(1-\rho^2)$

由于 ρ^2 非负，所以回归估计的结果一般好于简单估计。表 2－12 的例子中 $N=8$，$n=6$。

表 2－12　估计量对比示例

样本	$\bar{y}$	$\lvert\bar{y}-\bar{Y}\rvert$	$\bar{y}_{lr}$	$\lvert\bar{y}_{lr}-\bar{Y}\rvert$	$\hat{y}_R$	$\lvert\hat{y}_R-\bar{Y}\rvert$	$\lvert\bar{y}_{lr}-\bar{Y}\rvert-\lvert\bar{y}_R-\bar{Y}\rvert$
123456	2.333	0.667	2.933	0.067	3.111	0.111	−0.044
123457	2.5	0.5	3	0	3.103	0.103	−0.103
123458	2.833	0.167	2.975	0.025	3	0	0.025
123467	2.5	0.5	3	0	3.103	0.103	−0.103
123468	2.833	0.167	2.975	0.025	3	0	0.025
123478	3	0	3	0	3	0	0
123567	2.5	0.5	2.929	0.071	3	0	0.071
123568	2.833	0.167	2.905	0.095	2.914	0.086	0.009
123578	3	0	2.928	0.072	2.919	0.081	−0.009
123678	3	0	2.928	0.072	2.919	0.081	−0.009
124567	2.667	0.333	3.095	0.095	3.2	0.2	−0.105
124568	3	0	3.07	0.07	3.086	0.086	−0.016
124578	3.167	0.167	3.097	0.097	3.081	0.081	0.016
124678	3.167	0.167	3.097	0.097	3.081	0.081	0.016
125678	3.167	0.167	3.025	0.025	3	0	0.025
134567	2.667	0.333	3.019	0.019	3.097	0.097	−0.078
134568	3	0	3	0	3	0	0
134578	3.167	0.167	3.025	0.025	3	0	0.025
134678	3.167	0.167	3.025	0.025	3	0	0.025
135678	3.167	0.167	2.951	0.049	2.923	0.077	−0.028
145678	3.333	0.333	3.127	0.127	3.077	0.077	0.05
234567	2.833	0.167	3	0	3	0	0
234568	3.167	0.167	2.947	0.053	2.923	0.077	−0.024
234578	3.333	0.333	2.964	0.036	2.927	0.073	−0.037
234678	3.333	0.333	2.964	0.036	2.927	0.073	−0.037
235678	3.333	0.333	2.872	0.128	2.857	0.143	−0.015
245678	3.5	0.5	3.077	0.077	3	0	0.077
345678	3.5	0.5	2.989	0.011	2.93	0.07	−0.059
加总		7.002		1.397		1.7	

（2）n 不够大的情形。

一方面，与简单估计不同，此时比估计和回归估计先天不足，既存在偏误又无法给出抽样误差的准确理论表达式，因此不能套用 n 足够大时的结论，否则将夸大两者的精度；换言之，不能认为比估计和回归估计一定比简单估计更好。另一方面，根据劳（Rao）对 8 个自然总体的蒙特卡罗模拟结果，n 不大时，回归估计的抽样误差与比估计的相差不大，但精度的另一指标均方误差要明显比比估计的大，且呈 n 越小回归估计的均方误差越大的规律。

2.5 简单随机抽样的实施

在抽样设计中，确定样本量 n 是实施抽样的必要前提，如果样本量 n 没有确定，就无法开展后续工作——获取样本、收集数据以及估计总体特征。同时，由于样本量 n 不仅与时间、费用、调查客体的性质、调查对象的复杂程度等因素直接有关，还决定着抽样误差的大小，并间接影响到整个调查精度的高低，所以样本量 n 的确定是一个很关键的步骤。

2.5.1 样本量的确定原理

从前面 2.2 节关于简单估计量的一致性概念出发，容易知道 n 的大小会影响抽样误差，因为 n 越接近于 N，则抽样误差就会越接近于零，这一点也清楚体现在核心定理的内容里。

$$V(\bar{y})=\frac{1-f}{n}S^2=\left(\frac{1}{n}-\frac{1}{N}\right)S^2$$

然而，从上式中我们可以解出

$$\frac{1}{n}=\frac{1}{N}+\frac{V(\bar{y})}{S^2}$$

该式清晰地说明，影响样本量 n 的基本因素有三个：总体规模 N，（目标）抽样误差 $V(\bar{y})$ 和总体方差 S^2。

但是，等式右边除了总体规模 N 已知外，一方面总体方差 S^2 未知（甚至在相当多的场合，它本身往往就是调查的最终目标），另一方面（目标）抽样误差 $V(\bar{y})$ 既与总体方差 S^2 有关，而且习惯上也不以此作为调查精度的指标，而是用置信度 $1-\alpha$ 和绝对误差限度 $|\bar{y}-\bar{Y}|\leqslant d$ 替代（目标）抽样误差 $V(\bar{y})$，所以我们并不能利用上式具体确定样本量 n 的大小，而是要利用下列关系：

$$P\{|\bar{y}-\bar{Y}|\leqslant d\}=1-\alpha\Rightarrow P\left\{\frac{|\bar{y}-\bar{Y}|}{\sqrt{V(\bar{y})}}\leqslant\frac{d}{\sqrt{V(\bar{y})}}\right\}=1-\alpha$$

根据双侧百分位点 $z_{\alpha/2}$ 的定义，有

$$P\left\{\frac{|\bar{y}-\bar{Y}|}{\sqrt{V(\bar{y})}} \leqslant z_{\alpha/2}\right\}=1-\alpha$$

比较两式，即有

$$z_{\alpha/2}=\frac{d}{\sqrt{V(\bar{y})}} \text{ 或 } V(\bar{y})=\frac{d^2}{z_{\alpha/2}^2}$$

于是可知

$$\frac{1}{n}=\frac{1}{N}+\frac{d^2}{z_{\alpha/2}^2 S^2} \tag{2.53}$$

影响样本量 n 的因素现在可以表示为四个：总体规模 N，置信度 $1-\alpha$，绝对误差限度 d 和总体方差 S^2。

在正态假设下，总体规模 N（譬如 10 000）、绝对误差限度 d 和总体方差 S^2 一定时，置信度 $1-\alpha$ 对样本量 n 的影响可以通过表 2-13 反映出来。置信度 $1-\alpha$ 要求越高，所需的样本量 n 越大。假如第一列最后一行的 $n_0=100$，则这一行后面的对应的数字依次为 119，173。

表 2-13　置信度 $1-\alpha$ 对样本量 n 的影响

$1-\alpha$	0.90	0.95	0.99
$z_{\alpha/2}$	1.645	1.96	2.58
n	n_0	$1.19n_0$	$1.73n_o$

相反，在其他三个条件不变时，绝对误差限度 d 的要求越小，所需的样本量 n 越大。例如，总体规模 $N=10\ 000$，置信度 $1-\alpha=95\%$，总体方差 $S^2=0.25$ 时，所需的样本量 n 随绝对误差限度 d 的变化如表 2-14 所示。

表 2-14　样本量 n 随绝对误差限度 d 的变化

d	0.14	0.10	0.04	0.03
n	49	95	566	964

总体方差 S^2 是反映总体变异程度大小的指标，尽管我们事先不知道其准确数值（所以这时就要进行所谓预估），但客观上对样本量具有直接影响，当总体方差 $S^2=0$ 这样极端的情况发生时，构成总体的每个个体情况都一样，此时只需调查一个个体的情况就足够了；当总体方差 S^2 增大时，为了达到规定的精度，往往要增加样本量。表 2-15 表示的是总体规模 $N=10\ 000$，置信度 $1-\alpha=95\%$，绝对误差限度 $d=0.05$ 时，所需的样本量 n 随总体方差 S^2 的变化情况。

表 2-15 样本量 n 随总体方差 S^2 的变化情况

S^2	0	0.09	0.16	0.21	0.24	0.25
n	1	136	240	313	356	370

总体规模 N 在确定样本量 n 的过程中所起作用与其本身的大小有关，对于小规模的总体，其作用明显；对于中等规模的总体，作用中等；对于大规模的总体，作用很小。例如，置信度 $1-\alpha=95\%$，绝对误差限度 $d=0.05$，总体方差 $S^2=0.25$ 时，所需的样本量 n 随总体规模 N 的变化如表 2-16 所示。

表 2-16 样本量 n 随总体规模 N 的变化

总体规模 N	样本量 n
50	44
100	79
500	217
1 000	278
5 000	357
10 000	370
100 000	383
1 000 000	384
10 000 000	384

然而，通过前面几种估计量的性质讨论，我们知道不同的估计量其误差是不同的，所以估计方法也是影响样本量的因素之一。此外，本书随后的篇幅将证明不同的抽样方式也会影响样本量，而且这种来自不同抽样方式的影响有一个专门的术语——设计效应。

最后，由于实际调查时无法保证从每个被抽中的样本点上都能如愿地获取有效可信的信息，例如不是每个人都愿意接受访问，也不是每个人都能按要求提供真实答案，尤其是当问题涉及隐私或其他敏感性内容时，这种情况很容易出现，所以必须考虑有效回答率（有效回答人数占全部访问人数的比例）的大小对最终样本量的影响。

一般而论，不能得到有效信息的原因还有：

- 抽样框存在缺陷；
- 受访者调查期间总是不在；
- 访问员的疏失；
- 设计和管理上的缺陷（并不总是可以完全避免）。

为了使调查估计值达到要求的精度，调查机构需要根据预计的有效回答率调整样本量的大小，然后根据预计的回答率确定一个较大的样本量。预计有效回答率是依据同一总体的预调查或试调查，或者是过去的类似调查结果得到的。例如，根据理论公式计算，考虑了有效回答率之外所有其他因素后的初始样本量为 300，而预计有效回答率为 75%，那么样本量则应定为：

$$n=\frac{\text{初始样本量}}{\text{预计有效回答率}}=\frac{300}{75\%}=400$$

应该注意到，如果达不到预期的有效回答率，调查结果的精度就会偏低。

2.5.2 样本量的确定步骤

第 1 步：确定委托机构所要求或者认可的估计精度水平，包括误差限度（注意有绝对误差限度 d 与相对误差限度 r_d 之分）和置信度 $1-\alpha$（通过查表得 $z_{\alpha/2}$）两项内容。

第 2 步：按照保守（即样本量宁大勿小）原则，选择下述方法之一，实施对总体方差 S^2 的预估。

S^2 自然是未知的，否则就无实施抽样调查之必要，但问题在于，若不知道总体方差 S^2（或标准差 S），研究者则无法计算初始样本量。一般有 5 种办法解决这一矛盾。

- 利用以前的调查结果和经验；
- 利用预调查或试调查的结果；
- 利用同类或相似或有关的二手数据的结果；
- 利用某些理论上的结论［例如总体比例估计问题中常取 $S^2=P(1-P)=0.25$］；
- 利用有经验的专家的判断。

第 3 步：根据上述给定估计精度水平和总体方差 S^2 的预估结果，同时考虑总体规模 N 的大小，以简单随机抽样方式及回答率为 100％为两个前提条件下计算出的样本量，称初始样本量 n_0：

$$n_0=1/\left(\frac{1}{N}+\frac{d^2}{z_{\alpha/2}^2S^2}\right)=\frac{Nz_{\alpha/2}^2S^2}{Nd^2+z_{\alpha/2}^2S^2} \tag{2.54}$$

第 4 步：确定抽样方式，并根据不同抽样方式的设计效应（$deff$）对样本量进行调整：

$$n_1=n_0\times deff \tag{2.55}$$

设计效应（$deff$）定义为任意抽样方式下的抽样方差除以简单随机抽样方式下抽样方差的商，所以：

- 简单随机抽样的 $deff=1$。
- 分层随机抽样的 $deff<1$。
- 整群随机抽样的 $deff>1$。
- 系统随机抽样的 $deff\approx 1$。

通常，$deff$ 值因为总体方差未知而事先无法得知。此时需要注意在经费允许的前提下，样本量的取值应坚持保守主义原则，尽量大一点，以便留有余地。例如，将分层随机抽样的 $deff$ 定为 1。

第 5 步：判定有效回答率 r，并根据有效回答率对样本量进行再调整：

$$n_2=\frac{n_1}{r} \tag{2.56}$$

第 6 步：在需要得到分组数据并对这些分组数据的精度有事先约定或要求时（例

如全国性调查往往附带对各省级行政区的相应数值精度的估计），还应分别计算各组所需样本量，然后经各组累计加总得到总体所需样本量。其他条件相同时，所要分析的组数越大，所需总样本量就越大。一般认为样本量要足够大，使得每个主组的容量至少为 100，而每个次组的容量至少也有 20～50。

第 7 步：最后，为了最终确定样本量，除严格按照上述步骤审慎考虑外，还必须仔细权衡费用、时间、调查机构拥有或可动用的各种资源方面的限制。在市场经济条件下，只考虑理论要求而不顾及财务成本方面的约束，是绝对行不通的。

习题

2.1 判断下列样本抽取方法是不是等概率的：

(1) 总体编号 1～64，在 0～99 中产生随机数 r，若 $r=0$ 或 $r>64$ 则舍弃重抽。

(2) 总体编号 1～64，在 0～99 中产生随机数 r，r 除以 64 的余数作为抽中的数，若余数为 0 则抽中 64。

(3) 总体编号 20 000～21 000，从 1～1 000 中产生随机数 r，然后用 $r+19\,999$ 作为被抽选的数。

2.2 抽样理论和数理统计中关于样本均值 $\bar{y}$ 的定义和性质有哪些异同？

2.3 为了合理调配电力资源，某市欲了解 50 000 户居民的日用电量，从中简单随机抽取了 300 户进行调查，现得到样本住户日用电量的平均值为 $\bar{y}=9.5$（千瓦时），$s^2=206$。试估计该市居民日用电量的 95%的置信区间。如果希望相对误差限度不超过 10%，则样本量至少应为多少？

2.4 某大学有 10 000 名本科生，现欲估计在暑假期间参加了各类英语培训的学生所占的比例。随机抽取了 200 名学生进行调查，得到 $p=0.35$。试估计该大学所有本科生中暑假参加英语培训班的比例的 95%的置信区间。

2.5 研究某小区家庭用于文化方面（报刊、电视、网络、书籍等）的支出，$N=200$，现抽取一个容量为 20 的样本，调查结果列于下表：

单位：元

编号	文化支出	编号	文化支出
1	200	8	100
2	150	9	110
3	170	10	140
4	150	11	150
5	160	12	160
6	130	13	180
7	140	14	130

续表

编号	文化支出	编号	文化支出
15	150	18	100
16	100	19	170
17	180	20	120

估计该小区平均的文化支出 $\bar{Y}$，并给出置信水平 95%的置信区间。

2.6 某地区为了获得 350 个乡粮食总产量的估计，调查了 50 个乡当年的粮食产量，得到 $\bar{y}=1\ 120$（吨），$s^2=25\ 600$，据此估计该地区 350 个乡当年的粮食总产量，并给出置信水平为 95%的置信区间。

2.7 某次关于 1 000 个家庭人均住房面积的调查中，委托方要求绝对误差限度为 2 平方米，置信水平为 95%，现根据以前调查的结果，认为总体方差 $S^2=68$，试确定简单随机抽样所需的样本量。若预计有效回答率为 70%，则样本量最终为多少？

2.8 某地区对本地 100 家化肥生产企业的尿素产量进行调查，已知去年的总产量为 2 135 吨，抽取 10 家企业调查今年的产量，得到 $\bar{y}=25$（吨），这些企业去年的产量平均为 $\bar{x}=22$（吨）。试估计今年该地区的尿素总产量。

2.9 在解决习题 2.5 的问题时得到这些家庭的月总支出如下表所示：

单位：元

编号	文化支出	总支出	编号	文化支出	总支出
1	200	2 300	11	150	1 600
2	150	1 700	12	160	1 700
3	170	2 000	13	180	2 000
4	150	1 500	14	130	1 400
5	160	1 700	15	150	1 600
6	130	1 400	16	100	1 200
7	140	1 500	17	180	1 900
8	100	1 200	18	100	1 100
9	110	1 200	19	170	1 800
10	140	1 500	20	120	1 300

全部家庭的总支出平均为 1 600 元，利用比估计的方法估计平均文化支出，给出置信水平为 95%的置信区间，并比较比估计和简单估计的效率。

2.10 某养牛场购进了 120 头肉牛，购进时平均体重 100 千克。现从中抽取 10 头，记录重量，3 个月后再次测量，结果如下表所示：

单位：千克

编号	原重量	现重量
1	95	150
2	97	155
3	87	140

续表

编号	原重量	现重量
4	120	180
5	110	175
6	115	185
7	103	165
8	102	160
9	92	150
10	105	170

用回归估计法计算 120 头牛现在的平均重量，计算其方差的估计，并和简单估计的结果进行比较。

2.11　基于附录Ⅱ“企业抽样案例背景介绍”的实践题：

(1) 试使用不放回简单随机抽样从数据集 data 中抽取 2 000 家企业，估计该省份企业经营收入 (income) 均值及其抽样相对标准误差，以及 95%置信水平下的置信区间。

(2) 使用 (1) 抽取的样本数据，估计该省份企业雇员人数 (employees) 的总量及其抽样相对标准误差，以及 95%置信水平下的置信区间。

(3) 使用 (1) 抽取的样本数据，估计该省份地级市代码 (city) 为“A”的企业数量占比及其抽样相对标准误差，以及 95%置信水平下的置信区间。

(4) 使用 (1) 抽取的样本数据，自选辅助信息，使用比估计量或回归估计量估计该省份所有企业上年度经营收入 (income) 的均值及其抽样相对标准误差，以及 95%置信水平下的置信区间。

(5) 比较上面简单估计、比估计和回归估计的结果，并进行简要分析。

(6) 若在 95%的置信水平下，要求抽样调查所得企业经营收入均值的估计值的相对误差限度不超过 10%，抽取企业的最小样本量为多少？

(7) 若在 95%的置信水平下，要求抽样调查地级市代码 (city) 为“A”的企业比例估计值的绝对误差限度不超过 3%，抽取企业的最小样本量为多少？

(8) 假设你已经知道 data 中不同规模 (scale) 的企业数量，现欲在 95%置信水平下分别估计该省份各类规模企业中主营业地的城乡类型 (location) 为街道的企业比例，估计的相对误差限度不超过 10%，则各规模企业的最小样本量分别为多少？在计算过程中，不同规模企业的 fpc 是否可以忽略？

(9) 本案例对企业经营收入的抽样调查，是否应该选择简单随机抽样方法？给出理由。

第3章 分层随机抽样

当总体规模 N 与样本量 n 都较大，总体单元之间的差异也较大时，进行简单随机抽样将会出现成本很高而精度很低的情况，也就是说，这些情况下不宜采用简单随机抽样。此时一种自然的解决之道是：首先应设法缩小总体规模 N 与需要抽取的样品数目 n，这可以通过将总体划分为若干子总体达到目的；其次应尽量减少总体单元之间的差异，较为有效的办法是将总体依照与调查研究最为关注的变量高度相关的指标划分成几个子总体，这些子总体与通常的组只是叫法不同，同样满足组内差异小、组间差异大的分组原则，所以必将大幅减小各个子总体内的单元之间的差异。依照相关指标将总体划分成若干子总体并不太难。例如，当我们最为关注的变量是居民收入时，可供选择的相关指标可以是居民的籍贯，也可以是城乡属性，甚至可以是性别、学历等。

假如在各个子总体内已经满足实施简单随机抽样的条件，则可以通过两个步骤来实现既定目标：一是在各个子总体内独立地进行简单随机抽样，以较高的精度估计出所在子总体的参数；二是将各个子总体参数的估计值进行加权，最终整合得到总体参数的估计。这就是分层随机抽样的思路。

3.1 概　述

3.1.1 定义

定义 3.1 层：如果一个包含 N 个单位的总体可以分成“不重不漏”的 L 个子总体，即每个单元必属于且仅属于一个子总体，则称这样的子总体为层（stratum）。设 L 个子总

体所包含的单位数分别为 N_1，N_2，…，N_L，则有

$$N_1+N_2+\cdots+N_L=N$$

定义 3.2 分层抽样（stratified sampling）：又称为类型抽样或分类抽样，即在每一层中独立进行抽样，总的样本由各层样本组成，总体参数则根据各层样本参数的汇总作出估计，这种抽样就称为分层抽样，所得样本称为分层样本。设总的样本量为 n，从 L 个子总体中所抽取的样本量分别为 n_1，n_2，…，n_L，则有

$$n_1+n_2+\cdots+n_L=n$$

定义 3.3 分层随机抽样（stratified random sampling）：如果每层中的抽样都是独立地按照简单随机抽样进行的，那么这样的分层抽样称为分层随机抽样，所得的样本称为分层随机样本。

注意分层随机抽样的三个必要条件：（1）每层都抽样；（2）各层都独立地抽样；（3）各层的抽样都是简单随机抽样。由于"层"具有层内差异小、层间差异大的性质，其含义与"类"十分相似，因此分层抽样在某些统计文献中被称为类型抽样。

分层抽样是一种很重要的抽样技术，在那些区域跨度很大的如全球性、全国性的调查中尤其受到瞩目。以分层抽样替代简单随机抽样的理由具体可以总结为如下几个方面：

（1）由于每层都进行抽样，这使得样本在总体中分布更加均匀、更具代表性。例如为了解我国居民的人均年收入水平，倘若采用简单随机抽样的方法来实施调查，对于某些人口数较少的省市或民族地区，很可能会出现样本量过小甚至没有样本点的现象。

（2）由于抽样在每一层中独立进行，所以一则允许各层选择适合本层的不同抽样方法；二则可同时对各子总体（层）进行参数估计，而不仅仅是对整个总体的参数进行估计。这在大区域且依托行政管理机构实施的调查里，优势更为明显。仍以旨在了解我国居民的人均年收入水平的全国性调查为例，倘若按照省级行政区进行分层，一方面每个省区只需负责该省区的调查工作，可以根据具体情况采用适合自身的抽样方法；另一方面可以得到各省级行政区的人均年收入水平。

（3）由于各层的总体方差因层内单元之间差异小，其加权平均肯定小于总体方差，而抽样精度与此成正比，所以分层抽样可以提高估计精度。事实上，只要准确选择分层依据的指标，则分层抽样的精度既高于简单随机抽样，也高于其他抽样方式。

3.1.2 符号

为了方便讨论问题，表 3-1 对分层抽样的相关符号进行了界定。所有总体参数的估计量都采用下标"st"以示区别，st 是 stratified 一词的简写，意为分层。

表 3-1 相关符号说明

符号	h	i	N_h	n_h	Y_{hi}	y_{hi}
代表的含义	下标"第 h 层"	下标"层内单位号"	第 h 层的单位总数	第 h 层的样本数	第 h 层第 i 个总体单元的取值	第 h 层第 i 个样本单元的取值

续表

符号	W_h	f_h	$\bar{Y}_h$	$\bar{y}_h$
公式	$\frac{N_h}{N}$	$\frac{n_h}{N_h}$	$\frac{1}{N_h}\sum_{i=1}^{N_h} Y_{hi}$	$\frac{1}{n_h}\sum_{i=1}^{n_h} y_{hi}$
代表的含义	第 h 层的层权	第 h 层的抽样比	第 h 层的总体均值	第 h 层的样本均值
符号	Y_h	y_h	S_h^2	s_h^2
公式	$\sum_{i=1}^{N_h} Y_{hi}=N_h\bar{Y}_h$	$\sum_{i=1}^{n_h} y_{hi}=n_h\bar{y}_h$	$\frac{\sum_{i=1}^{N_h}(Y_{hi}-\bar{Y}_h)^2}{N_h-1}$	$\frac{\sum_{i=1}^{n_h}(y_{hi}-\bar{y}_h)^2}{n_h-1}$
代表的含义	第 h 层的总体总量	第 h 层的样本总量	第 h 层的总体方差	第 h 层的样本方差

3.2 简单估计量及其性质

分层抽样首先根据各层的样本计算出各层均值 $\bar{Y}_h$ 的某个适当的估计值$\hat{\bar{Y}}_h$，然后由层估计$\hat{\bar{Y}}_h$ 对总体层权 W_h 的加权平均得到总体均值 $\bar{Y}$ 的估计，即

$$\hat{\bar{Y}}_{st}=\sum_{h=1}^{L} W_h\hat{\bar{Y}}_h=\frac{1}{N}\sum_{h=1}^{L} N_h\hat{\bar{Y}}_h \tag{3.1}$$

对于分层随机抽样来说，由于每层中的抽样都独立地按照简单随机抽样进行，$\hat{\bar{Y}}_h$ 就取为 h 层的样本均值 $\bar{y}_h$，设将 $\bar{Y}$ 的简单估计记为$\hat{\bar{Y}}_{st}$，则有

$$\hat{\bar{Y}}_{st}=\sum_{h=1}^{L} W_h\bar{y}_h=\frac{1}{N}\sum_{h=1}^{L} N_h\bar{y}_h \tag{3.2}$$

定理 3.1 对于分层随机抽样，$\hat{\bar{Y}}_{st}$是 $\bar{Y}$ 的无偏估计。

证明： 由于每层中的抽样都是独立地按照简单随机抽样进行的，根据式（3.2），必有 $E(\hat{\bar{Y}}_{st})=E(\sum_{h=1}^{L} W_h\hat{\bar{Y}}_h)$。注意 W_h 为总体层权，不是随机变量，而是一个取决于总体规模的常数，所以根据期望的线性性质，则有

$$E(\sum_{h=1}^{L} W_h\hat{\bar{Y}}_h)=\sum_{h=1}^{L} E(W_h\hat{\bar{Y}}_h)=\sum_{h=1}^{L} W_hE(\hat{\bar{Y}}_h)$$

由于$\hat{\bar{Y}}_h$ 是 $\bar{Y}_h$ 的无偏估计，$E(\hat{\bar{Y}}_h)=\bar{Y}_h$，故有 $\sum_{h=1}^{L} W_hE(\hat{\bar{Y}}_h)=\sum_{h=1}^{L} W_h\bar{Y}_h=\bar{Y}$，于是

$$E(\hat{\bar{Y}}_{st})=\bar{Y} \tag{3.3}$$

定理 3.2 对于分层抽样，有

$$V(\hat{\bar{Y}}_{st})=\sum_{h=1}^{L}W_h^2V(\hat{\bar{Y}}_h) \tag{3.4}$$

证明： $V(\hat{\bar{Y}}_{st})=V(\sum_{h=1}^{L}W_h\hat{\bar{Y}}_h)$

$$=\sum_{h=1}^{L}W_h^2V(\hat{\bar{Y}}_h)+2\sum_{h=1}^{L}\sum_{j>h}^{L}W_hW_j\text{Cov}(\hat{\bar{Y}}_h,\hat{\bar{Y}}_j) \tag{3.5}$$

因为各层的抽样是相互独立的，所以$\hat{\bar{Y}}_h(h=1,2,\cdots,L)$也相互独立，于是有$\text{Cov}(\hat{\bar{Y}}_h,\hat{\bar{Y}}_j)=0(j\neq h)$，因而$V(\hat{\bar{Y}}_{st})=\sum_{h=1}^{L}W_h^2V(\hat{\bar{Y}}_h)$成立。

定理 3.3 对于分层随机抽样，$\bar{Y}$的估计量$\bar{y}_{st}$具有如下性质：

$$E(\bar{y}_{st})=\bar{Y} \tag{3.6}$$

$$V(\bar{y}_{st})=\sum_{h=1}^{L}W_h^2\frac{1-f_h}{n_h}S_h^2 \tag{3.7}$$

$$=\sum_{h=1}^{L}\left(\frac{1}{n_h}-\frac{1}{N_h}\right)W_h^2S_h^2 \tag{3.8}$$

$$=\sum_{h=1}^{L}\frac{W_h^2S_h^2}{n_h}-\sum_{h=1}^{L}\frac{W_hS_h^2}{N} \tag{3.9}$$

证明： 对于分层随机抽样，由于各层内所采取的是简单随机抽样，根据简单随机抽样中简单估计量的性质，有$E(\bar{y}_h)=\bar{Y}_h$和$V(\bar{y}_h)=\frac{1-f_h}{n_h}S_h^2$，所以，根据定理3.1中的式(3.3)以及定理3.2中的式(3.4)直接可得定理3.3的结论。

其中，式(3.9)的第二项$\sum_{h=1}^{L}\frac{W_hS_h^2}{N}$代表由有限总体修正系数所引起的方差的减少。当有限总体修正系数可以忽略不计时，下面的推论3.1成立。

定理 3.4 对于分层随机抽样，$\bar{y}_{st}$的方差$V(\bar{y}_{st})$的无偏估计量为：

$$\hat{V}(\bar{y}_{st})=\sum_{h=1}^{L}W_h^2\frac{1-f_h}{n_h}s_h^2 \tag{3.10}$$

$$=\sum_{h=1}^{L}\left(\frac{1}{n_h}-\frac{1}{N_h}\right)W_h^2s_h^2 \tag{3.11}$$

$$=\sum_{h=1}^{L}\frac{W_h^2s_h^2}{n_h}-\sum_{h=1}^{L}\frac{W_hs_h^2}{N} \tag{3.12}$$

式中，$s_h^2=\frac{1}{n_h-1}\sum_{i=1}^{n_h}(y_{hi}-\bar{y}_h)^2$是第$h$层样本的样本方差。

证明： 由于各层内所采取的是简单随机抽样，由定理2.4知第h层样本方差s_h^2是第h

层总体方差 S_h^2 的无偏估计，即 $E(s_h^2)=S_h^2$，于是

$$E(\hat{V}(\bar{y}_{st}))=\sum_{h=1}^{L}W_h^2E\left(\frac{1-f_h}{n_h}s_h^2\right)=\sum_{h=1}^{L}W_h^2\left(\frac{1-f_h}{n_h}\right)E(s_h^2)$$
$$=\sum_{h=1}^{L}W_h^2\frac{1-f_h}{n_h}S_h^2=V(\bar{y}_{st})$$

由于式（3.10）至式（3.12）中含有 $s_h^2=\frac{1}{n_h-1}\sum_{i=1}^{n_h}(y_{hi}-\bar{y}_h)^2$，所以在利用 $v(\bar{y}_{st})$ 作为 $V(\bar{y}_{st})$ 的无偏估计时，要求每层的样本量 $n_h\neq 1$。倘若出现 $n_h=1$ 的情形，需要做特殊处理，相关内容将在本章后面讨论。

定理（3.3）和定理（3.4）分别给出了在分层随机抽样情况下，总体均值 $\bar{Y}$ 的无偏估计量为 $\bar{y}_{st}$，方差 $V(\bar{y}_{st})$ 的无偏估计量为 $v(\bar{y}_{st})$。因此，在正态分布的假定下，当 $v(\bar{y}_{st})$ 能够确定时，总体均值 $\bar{Y}$ 的置信水平为 $1-\alpha$ 的置信区间应为 $\bar{y}_{st}\pm z_{\alpha/2}\sqrt{v(\bar{y}_{st})}$，式中 $z_{\alpha/2}$ 为标准正态分布的上 $\alpha/2$ 分位点。

推论 3.1　对于分层随机抽样，总体总量 Y 的简单估计量 $\hat{Y}_{st}=N\bar{y}_{st}$ 有如下性质：

(1) $E(\hat{Y}_{st})=Y$

(2) $V(\hat{Y}_{st})=\sum_{h=1}^{L}N_h(N_h-n_h)\frac{S_h^2}{n_h}$

(3) $\hat{V}(\hat{Y}_{st})=\sum_{h=1}^{L}N_h(N_h-n_h)\frac{s_h^2}{n_h}$

即 $\hat{V}(\hat{Y}_{st})$ 是 $V(\hat{Y}_{st})$ 的一个无偏估计。

例 3-1

调查某地区居民的奶制品年消费支出，以居民户为抽样单元，根据收入水平将居民户划分为 4 层，每层按简单随机抽样抽取 10 户，调查所获得的数据如表 3-2 所示。请估计该地区居民奶制品的年消费总支出及其 95%的置信区间。

表 3-2　奶制品年消费支出调查数据　　单位：元

层（h）	居民户总数	样本户奶制品年消费支出（y_{hi}）									
		1	2	3	4	5	6	7	8	9	10
1	200	10	40	0	110	15	10	40	80	90	0
2	400	50	130	60	80	100	55	160	85	160	170
3	750	180	260	110	0	140	60	200	180	300	220
4	1 500	50	35	15	0	20	30	25	10	30	25

解： 根据表 3-2 给出的调查数据，经计算可得表 3-3 中的相关结果。

表 3 - 3 相关统计量的值

h	n_h	N_h	W_h	f_h	$\bar{y}_h$	$N_h\bar{y}_h$	s_h^2
1	10	200	0.070 2	0.050 0	39.5	7 900	1 624.722 2
2	10	400	0.140 4	0.025 0	105.0	42 000	2 166.666 7
3	10	750	0.263 2	0.013 3	165.0	123 750	8 205.555 6
4	10	1 500	0.526 3	0.006 7	24.0	36 000	193.333 3
总计	40	2 850	1.000 0	—	—	209 650	—

根据表 3 - 3 中所给出的各项计算结果可得 $\hat{Y}_{st}=\sum_{h=1}^{4}N_h\bar{y}_h=209\ 650$(元)。

估计量方差 $V(\hat{Y}_{st})$ 的无偏估计为 $v(\hat{Y}_{st})=\sum_{h=1}^{L}N_h(N_h-n_h)s_h^2/n_h\approx 5.386\times 10^8$，进而有 $\sqrt{v(\hat{Y}_{st})}\approx\sqrt{5.386\times 10^8}\approx 23\ 207.6$ (元)。

$\hat{Y}_{st}$ 的 95%的置信区间为 $\hat{Y}_{st}\pm z_{0.025}\sqrt{v(\hat{Y}_{st})}$，其中 $z_{0.025}-1.96$。经计算可得

$$\hat{Y}_{st}-z_{0.025}\sqrt{v(\hat{Y}_{st})}=209\ 650-1.96\times 23\ 207.6=164\ 163(\text{元})$$

$$\hat{Y}_{st}+z_{0.025}\sqrt{v(\hat{Y}_{st})}=209\ 650+1.96\times 23\ 207.6=255\ 137(\text{元})$$

因此，可以有 95%的把握认为，该地区居民奶制品的年消费总支出在 164 163～255 137 元之间。

例 3 - 2

假设 $N=8$，其总体单元数值为 2，4，4，4，6，6，6，18。假如从中抽取 $n=4$ 的分层随机样本，且像例 3 - 1 一样，我们将所关心的总体特征变量记为 Y，第 i 个单元（个体）的变量值为 Y_i，如果将此总体划分为 4 层，每层从中抽出 1 个单元，则可能的样本数 $C_1^1C_3^1C_3^1C_1^1=9$。

第一层：2；第二层：4，4，4；第三层：6，6，6；第四层：18。依分层随机抽样的定义，各层的总体层权依次为 1/8，3/8，3/8，1/8，且每个样本的构成都一样，都是 2，4，6，18（见表 3 - 4）。

表 3 - 4 相关统计量的值

h	n_h	N_h	W_h	f_h	$\bar{y}_h$	$N_h\bar{y}_h$	s_h^2
1	1	1	1/8	1/1	2	2	—
2	1	3	3/8	1/3	4	12	—
3	1	3	3/8	1/3	6	18	—
4	1	1	1/8	1/1	18	18	—
总计	4	8	1	—	—	50	—

$$\hat{\bar{Y}}_{st}=\sum_{h=1}^{L}W_h\hat{\bar{Y}}_h=\sum_{h=1}^{L}W_h\bar{y}_h=6.25 \qquad (3.13)$$

读者应特别注意几点：

（1）9 种可能样本的样本均值都是 6.25；

（2）9 种可能样本的样本均值都等于总体均值；

（3）第一层与第四层的总体规模都是极端值 1；

（4）各层的样本量也都是极端值 1；

（5）无论样本均值 $\hat{\bar{Y}}_{st}=\sum_{h=1}^{L}W_h\bar{y}_h=\frac{1}{8}\times 2+\frac{3}{8}\times 4+\frac{3}{8}\times 6+\frac{1}{8}\times 18=6.25$，还是总体均值 $\bar{Y}=\sum_{i=1}^{L}W_iY_i=\frac{1}{8}\times 2+\frac{3}{8}\times 4+\frac{3}{8}\times 6+\frac{1}{8}\times 18=6.25$，最后都与通常的加权平均数完全一样。

因此，加权平均可以看作一种特殊的分层随机抽样，而加权平均本身并无误差，这也是对分层随机抽样之所以精度最高的一种诠释。[①] 实际上，从分层随机抽样样本均值的抽样误差公式的变形 $V(\bar{y}_{st})=\sum_{h=1}^{L}W_h^2\frac{(1-f_h)}{n_h}S_h^2=\sum_{h=1}^{L}W_h^2(1-f_h)\frac{S_h^2}{n_h}$ 中可以看出，由于 $V(\bar{y}_{st})$ 正比于 $\frac{S_h^2}{n_h}$，所以只要分层合理，确保 S_h^2 足够小的前提能够成立，即使各层的样本量 n_h 小一点，也并不妨碍整个分层抽样的精度。

推论 3.2[②] 对于分层随机抽样，总体比例 P 的简单估计量 $p_{st}=\sum_{h=1}^{L}W_hp_h$ 有如下性质：

$$E(p_{st})=P \tag{3.14}$$

$$V(p_{st})=\frac{1}{N^2}\sum_{h=1}^{L}N_h^2\frac{N_h-n_h}{N_h-1}\frac{P_hQ_h}{n_h} \tag{3.15}$$

$$v(p_{st})=\frac{1}{N^2}\sum_{h=1}^{L}\frac{N_h(N_h-n_h)}{(n_h-1)}p_hq_h \tag{3.16}$$

是 $V(p_{st})$ 的一个无偏估计。

当 N_h 很大时，$N_h-1\approx N_h$，所以 $N_h/(N_h-1)\approx 1$。此时式（3.15）的结果可近似为：

$$V(p_{st})\approx\sum_{h=1}^{L}W_h^2\frac{1-f_h}{n_h}P_hQ_h \tag{3.17}$$

推论 3.3 对于分层随机抽样，总体中具有指定特征的单元总数 A 的简单估计量 $\hat{A}_{st}$ 为：

$$\hat{A}_{st}=Np_{st}=N\sum_{h=1}^{L}W_hp_h=\sum_{h=1}^{L}N_hp_h \tag{3.18}$$

具有如下性质：

---

① 见第 2 章 2.1 节脚注①。

② 前面已经提到，总体比例的实质就是总体均值，因此，关于总体比例的简单估计量及其性质与本节中总体均值的简单估计量及其性质是同理的，这里不再详述，只给出相应的结果。

$$E(\hat{A}_{st})=A \tag{3.19}$$

$$V(\hat{A}_{st}) = \sum_{h=1}^{L} N_h^2 \frac{N_h - n_h}{N_h - 1} \frac{P_h Q_h}{n_h} \tag{3.20}$$

$$v(\hat{A}_{st}) = N^2 v(p_{st}) = \sum_{h=1}^{L} \frac{N_h(N_h - n_h)}{(n_h - 1)} p_h q_h \tag{3.21}$$

是 $V(\hat{A}_{st})$ 的无偏估计。

总体比例估计与总体均值估计中相联系的统计量：

(1) 总体中具有指定特征的单元比例记为 P（相当于总体均值 $\bar{Y}$）；

(2) 总体中具有指定特征的单元总数记为 A（相当于总体总量 Y）；

(3) 第 h 层总体中具有指定特征的单元比例记为 P_h（相当于第 h 层的总体均值$\bar{Y}_h$）；

(4) 第 h 层样本中具有指定特征的单元比例记为 p_h（相当于第 h 层的样本均值$\bar{Y}_h$）；

(5) 第 h 层总体中具有指定特征的单元总数记为 A_h（相当于第 h 层的总体总量 y_h）；

(6) 第 h 层样本中具有指定特征的单元总数记为 a_h（相当于第 h 层的样本总量 y_h）；

(7) 分层随机抽样的总体比例的简单估计量记为 p_{st}（相当于总体均值估计量$\bar{y}_{st}$）；

(8) 总体中具有指定特征的单元总数 A 的估计记为$\hat{A}_{st}$（相当于总体总量估计量$\hat{Y}_{st}$）；

(9) 第 h 层的总体方差为 $S_h^2=\dfrac{N_h}{N_h-1}P_hQ_h\approx P_hQ_h$，其中 $Q_h=1-P_h$；

(10) 第 h 层的样本方差为 $s_h^2=\dfrac{n_h}{n_h-1}p_hq_h\overset{\text{def}}{=}p_hq_h$，其中 $q_h=1-p_h$。

同时，还有下面的关系式成立：

$$(1)P=\frac{A}{N},\quad (2)P_h=\frac{A_h}{N_h},\quad (3)p_h=\frac{a_h}{n_h} \tag{3.22}$$

3.3 比估计量及其性质

将比估计的思想和技术用于分层随机样本时，对总体参数的估计有两种途径：一种是对每层样本分别考虑比估计量，然后对各层的比估计量进行加权平均，即先“比”后“加权”，此时所得的估计量称为分别比估计（separate ratio estimator）；另一种是对比率的分子和分母分别加权计算出总体均值或总体总量的分层估计量，然后用对应的分层估计量来构造比估计，即先“加权”后“比”，这样所得的估计量称为联合比估计（combined ratio estimator）。

3.3.1 分别比估计

由于比估计量是有偏估计量，只有在大样本的情况下，偏倚才趋于零，所以对于分层随机抽样来说，如果想采用分别比估计，则通常要求各层的样本量 n_h 都比较大。

定义 3.4 总体均值 $\bar{Y}$ 和总体总量 Y 的分别比估计为：

$$\bar{y}_{RS}=\sum_{h=1}^{L}W_h\bar{y}_{Rh}=\sum_{h=1}^{L}W_h\frac{\bar{y}_h}{\bar{x}_h}\bar{X}_h \tag{3.23}$$

$$\hat{Y}_{RS}=N\bar{y}_{RS}=\sum_{h=1}^{L}N_h\frac{\bar{y}_h}{\bar{x}_h}\bar{X}_h=\sum_{h=1}^{L}\frac{\bar{y}_h}{\bar{x}_h}X_h=\sum_{h=1}^{L}\hat{Y}_{Rh} \tag{3.24}$$

式中，下标“RS”中的 R 代表比，S 代表分别；$\bar{y}_h$ 和 $\bar{x}_h$ 是第 h 层的 $\bar{Y}_h$ 和 $\bar{X}_h$ 的简单估计量；$\bar{y}_{Rh}$ 和 $\hat{Y}_{Rh}$ 是第 h 层的 $\bar{Y}_h$ 和 Y_h 的比估计量；$\bar{X}_h$ 和 X_h 分别为第 h 层辅助变量 X 的均值和总和；W_h 为层权。

当各层的样本量 n_h 都比较大时，我们有下面的定理 3.5。

定理 3.5 对于分层随机抽样的分别比估计，若各层的样本量 n_h 都比较大，则有

$$E(\bar{y}_{RS})\approx\bar{Y} \tag{3.25}$$

$$MSE(\bar{y}_{RS})\approx V(\bar{y}_{RS}) \tag{3.26}$$

$$\approx\sum_{h=1}^{L}\frac{W_h^2(1-f_h)}{n_h}(S_{yh}^2+R_h^2S_{xh}^2-2R_h\rho_hS_{yh}S_{xh}) \tag{3.27}$$

式中，f_h 为第 h 层的抽样比；S_{xh}^2，S_{yh}^2，ρ_h 分别为第 h 层指标 X，Y 的方差以及它们的相关系数；$R_h=\bar{Y}_h/\bar{X}_h=Y_h/X_h$，$\rho_h=S_{xyh}/(S_{xh}S_{yh})$。

证明：根据比估计量的性质，当 n_h 比较大时，有

$$E(\bar{y}_{Rh})\approx\bar{Y}_h \tag{3.28}$$

$$MSE(\bar{y}_{Rh})\approx V(\bar{y}_{Rh}) \tag{3.29}$$

$$\approx\frac{1-f_h}{n_h}(S_{yh}^2+R_h^2S_{xh}^2-2R_h\rho_hS_{yh}S_{xh}) \tag{3.30}$$

所以

$$E(\bar{y}_{RS})=\sum_{h=1}^{L}W_hE(\bar{y}_{Rh})\approx\sum_{h=1}^{L}W_h\bar{Y}_h=\bar{Y} \tag{3.31}$$

$$MSE(\bar{y}_{RS})=MSE\left(\sum_{h=1}^{L}W_h\bar{y}_{Rh}\right) \tag{3.32}$$

$$=\sum_{h=1}^{L}W_h^2MSE(\bar{y}_{Rh}) \tag{3.33}$$

$$\approx\sum_{h=1}^{L}W_h^2V(\bar{y}_{Rh}) \tag{3.34}$$

$$=V(\bar{y}_{RS}) \tag{3.35}$$

$$\approx\sum_{h=1}^{L}\frac{W_h^2(1-f_h)}{n_h}(S_{yh}^2+R_h^2S_{xh}^2-2R_h\rho_hS_{yh}S_{xh}) \tag{3.36}$$

根据定理 3.5，很容易推得在各层样本量 n_h 都比较大的情况下，有

$$E(\hat{Y}_{RS})\approx Y \tag{3.37}$$

$$MSE(\hat{Y}_{RS})\approx V(\hat{Y}_{RS}) \tag{3.38}$$

$$\approx\sum_{h=1}^{L}\frac{N_h^2(1-f_h)}{n_h}(S_{yh}^2+R_h^2S_{xh}^2-2R_h\rho_hS_{yh}S_{xh}) \tag{3.39}$$

在对分别比估计量的均方误差或方差进行估计时，通常分别用 s_{xh}^2，s_{yh}^2 来估计 S_{xh}^2，S_{yh}^2；用 r_h（r_h 代表第 h 层 Y 与 X 的样本相关系数）来估计 ρ_h；用 $\hat{R}_h=\bar{y}_h/\bar{x}_h$ 来估计 R_h。

3.3.2 联合比估计

分别比估计要求每一层的样本量 n_h 都比较大，如果不满足这个要求，同时也不具备相应 S_h^2 足够小的前提，仍采用分别比估计，那么偏倚可能会较大，此时改用联合比估计量效果会好得多。

定义 3.5 对于分层随机抽样，总体均值 $\bar{Y}$ 和总体总量 Y 的联合比估计为：

$$\bar{y}_{RC}=\frac{\bar{y}_{st}}{\bar{x}_{st}}\bar{X}\overset{\text{def}}{=}\hat{R}_c\bar{X} \tag{3.40}$$

$$\hat{Y}_{RC}=N\bar{y}_{RC}=N\frac{\bar{y}_{st}}{\bar{x}_{st}}\bar{X}=\frac{\bar{y}_{st}}{\bar{x}_{st}}X\overset{\text{def}}{=}\hat{R}_cX \tag{3.41}$$

式中，下标“RC”中的 R 代表比，C 代表联合；$\bar{y}_{st}=\sum\limits_{h=1}^{L}W_h\bar{y}_h$，$\bar{x}_{st}=\sum\limits_{h=1}^{L}W_h\bar{x}_h$ 分别是 $\bar{Y}$ 和 $\bar{X}$ 的分层简单估计量；$\hat{R}_c=\bar{y}_{st}/\bar{x}_{st}$。

从联合比估计的表达式（3.40）和式（3.41）可以看出，联合比估计的条件要比分别比估计的条件宽松得多，只需知道总体的 $\bar{X}$ 或 X，而无须像分别比估计那样，要知道每层的 $\bar{X}_h$ 或 X_h。从另一角度说，这一点也可看作选择分别比估计还是选择联合比估计的参考因素之一。

定理 3.6 对于分层随机抽样的联合比估计，若总样本量 n 比较大，则有

$$E(\bar{y}_{RC})\approx\bar{Y} \tag{3.42}$$

$$MSE(\bar{y}_{RC})\approx V(\bar{y}_{RC}) \tag{3.43}$$

$$\approx\sum_{h=1}^{L}\frac{W_h^2(1-f_h)}{n_h}(S_{yh}^2+R^2S_{xh}^2-2R\rho_hS_{yh}S_{xh}) \tag{3.44}$$

式中，f_h 为第 h 层的抽样比；S_{xh}^2，S_{yh}^2，ρ_h 分别为第 h 层指标 X，Y 的方差以及它们的相关系数；$R=\bar{Y}/\bar{X}=Y/X$，$\rho_h=S_{xyh}/(S_{xh}S_{yh})$。

证明： 根据分层随机抽样中简单估计量的性质，当总样本量 n 比较大时，有 $\bar{x}_{st}\approx\bar{X}$。所以

$$\bar{y}_{RC}-\bar{Y}=\frac{\bar{y}_{st}}{\bar{x}_{st}}\bar{X}-R\bar{X} \tag{3.45}$$

$$=\frac{\bar{X}}{\bar{x}_{st}}(\bar{y}_{st}-R\bar{x}_{st}) \tag{3.46}$$

$$\approx\bar{y}_{st}-R\bar{x}_{st} \tag{3.47}$$

于是，$E(\bar{y}_{RC}-\bar{Y})\approx E(\bar{y}_{st}-R\bar{x}_{st})=E(\bar{y}_{st})-RE(\bar{x}_{st})=\bar{Y}-R\bar{X}=0$，即 $E(\bar{y}_{RC})\approx\bar{Y}$。

令 $G_{hi}=Y_{hi}-RX_{hi}$，则 $\bar{G}_h=\bar{Y}_h-R\bar{X}_h$；又令 $\bar{g}_{st}=\bar{y}_{st}-R\bar{x}_{st}$，则 $E(\bar{g}_{st})=0$。因此

$$V(\bar{y}_{RC})\approx E(\bar{y}_{RC}-\bar{Y})^2\approx E(\bar{y}_{st}-R\bar{x}_{st})^2=E(\bar{g}_{st}^2) \tag{3.48}$$

又因为

$$V(\bar{g}_{st})=E(\bar{g}_{st}^2)-(E(\bar{g}_{st}))^2=E(\bar{g}_{st}^2)-0=E(\bar{g}_{st}^2) \tag{3.49}$$

则有

$$V(\bar{y}_{RC})\approx V(\bar{g}_{st}) \tag{3.50}$$

而

$$V(\bar{g}_{st}) = \sum_{h=1}^{L} W_h^2 \frac{1-f_h}{n_h} S_{gh}^2 \tag{3.51}$$

在式(3.51)中

$$S_{gh}^2 = \frac{1}{N_h-1}\sum_{i=1}^{N_h}(G_{hi}-\bar{G}_h)^2 \tag{3.52}$$

$$= \frac{1}{N_h-1}\sum_{i=1}^{N_h}[(Y_{hi}-\bar{Y}_h)-R(X_{hi}-\bar{X}_h)]^2 \tag{3.53}$$

$$= S_{yh}^2 + R^2 S_{xh}^2 - 2R\rho_h S_{yh} S_{xh} \tag{3.54}$$

根据定理3.6，很容易推得，在总样本量 n 较大的情况下，有

$$E(\hat{Y}_{RC})\approx Y \tag{3.55}$$

$$MSE(\hat{Y}_{RC})\approx V(\hat{Y}_{RC}) \tag{3.56}$$

$$\approx \sum_{h=1}^{L}\frac{N_h^2(1-f_h)}{n_h}(S_{yh}^2 + R^2 S_{xh}^2 - 2R\rho_h S_{yh} S_{xh}) \tag{3.57}$$

注意在对联合比估计量的均方误差或方差进行估计时，通常是分别用 s_{xh}^2，s_{yh}^2 来估计 S_{xh}^2，S_{yh}^2；用 r_h（r_h 代表第 h 层 Y 与 X 的样本相关系数）来估计 ρ_h；用$\hat{R}_c=\bar{y}_{st}/\bar{x}_{st}$来估计$R$。

将式（3.27）与式（3.44）、式（3.39）与式（3.57）进行对比可以发现，分别比估计和联合比估计的方差公式近似，唯一的不同之处在于：分别比估计方差公式中用的是 R_h，而联合比估计方差公式中用的是 R。

3.3.3 分别比估计与联合比估计的比较

当每层的样本量 n_h 都较大，相应的总样本量 n 也会比较大，此时采用分别比估计与采用联合比估计的条件都满足，究竟采用哪一种估计方式精度更高呢？可以通过比较相应的抽样估计误差来得出结论：分别比估计是 $V(\bar{y}_{RS})$，联合比估计是 $V(\bar{y}_{RC})$。

由于

$$V(\bar{y}_{RC})-V(\bar{y}_{RS})$$

$$\approx \sum_{h=1}^{L}\frac{W_h^2(1-f_h)}{n_h}[(R^2-R_h^2)S_{xh}^2-2(R-R_h)\rho_h S_{yh} S_{xh}] \tag{3.58}$$

$$= \sum_{h=1}^{L} \frac{W_h^2(1-f_h)}{n_h}\left[(R-R_h)^2 S_{xh}^2 - 2(R-R_h)(\rho_h S_{yh} S_{xh} - R_h S_{xh}^2)\right] \tag{3.59}$$

$$= \sum_{h=1}^{L} \frac{W_h^2(1-f_h)}{n_h}(R-R_h)\left[(R-R_h)S_{xh}^2 - 2(\rho_h S_{yh} S_{xh} - R_h S_{xh}^2)\right]$$

注意式中通常（$1-f_h$）>0，于是必有$\frac{W_h^2(1-f_h)}{n_h}>0$，显然：

（1）当 $R-R_h=0$，即 $R_h=R$ 或$(R-R_h)S_{xh}^2-2(\rho_h S_{yh}S_{xh}-R_hS_{xh}^2)=0$ 时，$V(\bar{y}_{RC})=V(\bar{y}_{RS})$，也就是说，每一层的总体比值都严格地等于整个总体的比值，或 $\rho_h=\frac{R+R_h}{2}\cdot\frac{S_{xh}}{S_{yh}}$时，分别比估计的精度与联合比估计的精度是一样的。

（2）当 $R-R_h\neq 0$，即 $R_h\neq R$ 时，如果 $\rho_h S_{yh}S_{xh}-R_hS_{xh}^2=0$，则有 $R_h=\rho_h S_{yh}S_{xh}/S_{xh}^2$，即 R_h 等于第 h 层 Y 对 X 的线性回归系数，此时式（3.59）中括号里的第二项：2（$R-R_h$)($\rho_h S_{yh}S_{xh}-R_hS_{xh}^2$）$=0$，于是有

$$V(\bar{y}_{RC})-V(\bar{y}_{RS})=\sum_{h=1}^{L}\frac{W_h^2(1-f_h)}{n_h}(R-R_h)^2S_{xh}^2\geqslant 0$$

这意味着分别比估计的精度不低于联合比估计的精度。

根据结论（2），$R_h=\rho_h S_{yh}S_{xh}/S_{xh}^2$ 或近似等于层内回归系数时，分别比估计的效果好于联合比估计，而要使 $R_h=\rho_h S_{yh}S_{xh}/S_{xh}^2$，前提有两个：一是研究的主变量与辅助变量存在强线性相关关系；二是各层的 n_h 都比较大（否则各层的回归系数没有代表性），然而第一个前提对任何比估计都成立，所以第二个前提在我们的讨论里才具有实质意义。因此当各层的 n_h 都比较大时，采取分别比估计更有效，即这时分别比估计要优于联合比估计。反之，当某些层的样本量 n_h 不够大时，采用联合比估计更有效，因为此时分别比估计的偏倚可能较大，这将导致总的均方误差增大。概而言之，选择分别比估计还是联合比估计的条件是：如果各层的样本量 n_h 都比较大，同时各层的比率 R_h 之间差异较大（这是 $R-R_h\neq 0$的一种解释），则分别比估计优于联合比估计；如果各层的样本量 n_h 不大（效率考虑），或者各层的比率 R_h 之间差异较小（成本考虑，$R-R_h=0$ 近似成立，联合比估计并非更好，而只是与分别比估计相当，但联合比估计本身由于只需知道辅助变量总的特征而非各层特征），则应优先采用联合比估计。

3.4 回归估计量及其性质

与比估计相似，将回归估计的思想与技术用于分层随机样本时，同样有两种可行的办法：一种是对每层样本分别求回归估计量，然后对各层的回归估计量进行加权平均，即先“回归”后“加权”，此时所得的估计量称为分别回归估计（separate regression estimator）；另

一种是对两个变量先分别计算出总体均值或总体总量的分层简单估计量，然后再对它们的分层简单估计量构造回归估计，即先“加权”后“回归”，这时所得的估计量称为联合回归估计（combined regression estimator）。

3.4.1 分别回归估计

定义 3.6 分别回归估计是指在分层随机抽样中，先在每层中对层均值或层总和作回归估计，然后再对各层的回归估计按总体层权进行加权平均。

具体地，对 $\bar{Y}$ 的分别回归估计为：

$$\bar{y}_{lrs} = \sum_{h=1}^{L} W_h \bar{y}_{lrh} \tag{3.60}$$

$$= \sum_{h=1}^{L} W_h \left[\bar{y}_h + \beta_h (\bar{X}_h - \bar{x}_h) \right] \tag{3.61}$$

对 Y 的分别回归估计为：

$$\hat{Y}_{lrs} = N \bar{y}_{lrs} \tag{3.62}$$

$$= N \sum_{h=1}^{L} W_h \left[\bar{y}_h + \beta_h (\bar{X}_h - \bar{x}_h) \right] \tag{3.63}$$

$$= \sum_{h=1}^{L} N_h \left[\bar{y}_h + \beta_h (\bar{X}_h - \bar{x}_h) \right] \tag{3.64}$$

如果认为各层的回归系数 β_h 是各不相同的，则分别回归估计量通常比较合适。讨论分两种情形：各层的回归系数 β_h 事先给定与不能事先设定各层的回归系数 β_h。

1. 各层的回归系数 β_h 事先给定

当各层的回归系数 β_h 为事先给定的常数时，分别回归估计 $\bar{y}_{lrs}$ 和 $\hat{Y}_{lrs}$ 都是无偏的，这点很容易证明。因为当各层的回归系数为常数时，根据回归估计的性质，$E(\bar{y}_{lrh}) = \bar{Y}_h$，自然有 $E(\bar{y}_{lrs}) = \sum_{h=1}^{L} W_h E(\bar{y}_{lrh}) = \sum_{h=1}^{L} W_h \bar{Y}_h = \bar{Y}$ 成立。同理可得，$E(\hat{Y}_{lrs}) = Y$。

同时，当各层的回归系数 β_h 为事先给定的常数时，还有

$$V(\bar{y}_{lrs}) = \sum_{h=1}^{L} \frac{W_h^2 (1-f_h)}{n_h} (S_{yh}^2 + \beta_h^2 S_{xh}^2 - 2\beta_h S_{xyh}) \tag{3.65}$$

证明： 当 β_h 为事先给定的常数时，对于层内的回归估计 $\bar{y}_{lrh}$ 有

$$V(\bar{y}_{lrh}) = \frac{1-f_h}{n_h} (S_{yh}^2 + \beta_h^2 S_{xh}^2 - 2\beta_h S_{xyh}) \tag{3.66}$$

因此

$$V(\bar{y}_{lrs}) = V\left(\sum_{h=1}^{L} W_h \bar{y}_{lrh} \right) \tag{3.67}$$

$$= \sum_{h=1}^{L} W_h^2 V(\bar{y}_{lrh}) \tag{3.68}$$

$$= \sum_{h=1}^{L} \frac{W_h^2(1-f_h)}{n_h}(S_{yh}^2 + \beta_h^2 S_{xh}^2 - 2\beta_h S_{xyh}) \tag{3.69}$$

由式（3.65）可推得

$$V(\hat{Y}_{lrs}) = N^2 V(\bar{y}_{lrs}) = \sum_{h=1}^{L} \frac{N_h^2(1-f_h)}{n_h}(S_{yh}^2 + \beta_h^2 S_{xh}^2 - 2\beta_h S_{xyh}) \tag{3.70}$$

根据开口向上的抛物线 $y = ax^2 + bx + c$，当且仅当 $x = -b/2a$ 时达到最小值，对应的最小值为 $y_{\min} = (4ac-b^2)/(4a)$，于是对于式（3.65），当且仅当 $\beta_h = -\frac{-2S_{xyh}}{2S_{xh}^2} = \frac{S_{xyh}}{S_{xh}^2} = B_h$（$h=1$，2，…，$L$）时，达到极小值，对应的极小值为：

$$V_{\min}(\bar{y}_{lrs}) = \sum_{h=1}^{L} \frac{W_h^2(1-f_h)}{n_h} \frac{4S_{xh}^2 S_{yh}^2 - (-2S_{xyh})^2}{4S_{xh}^2} \tag{3.71}$$

$$= \sum_{h=1}^{L} \frac{W_h^2(1-f_h)}{n_h} \frac{S_{xh}^2 S_{yh}^2 - S_{xyh}^2}{S_{xh}^2} \tag{3.72}$$

$$= \sum_{h=1}^{L} \frac{W_h^2(1-f_h)}{n_h} \left(S_{yh}^2 - \frac{S_{xyh}^2}{S_{xh}^2}\right) \tag{3.73}$$

$$= \sum_{h=1}^{L} \frac{W_h^2(1-f_h)}{n_h} S_{yh}^2 \left(1 - \frac{S_{xyh}^2}{S_{yh}^2 S_{xh}^2}\right) \tag{3.74}$$

$$= \sum_{h=1}^{L} \frac{W_h^2(1-f_h)}{n_h} S_{yh}^2 (1-\rho_h^2) \tag{3.75}$$

2. 不能事先设定各层的回归系数 β_h

若 β_h 不能事先设定，则将 β_h 取为第 h 层总体回归系数 B_h 的最小二乘估计 b_h，b_h 即为样本回归系数：

$$b_h = \frac{\sum_{i=1}^{n_h} (y_{hi} - \bar{y}_h)(x_{hi} - \bar{x}_h)}{\sum_{i=1}^{n_h} (x_{hi} - \bar{x}_h)^2} \tag{3.76}$$

当 β_h 取为 b_h 时，分别回归估计量是有偏的，但当每层的样本量 n_h 都比较大时，估计的偏倚可以忽略，此时 $\bar{y}_{lrs}$ 的方差近似为：

$$V(\bar{y}_{lrs}) \approx \sum_{h=1}^{L} \frac{W_h^2(1-f_h)}{n_h}[S_{yh}^2(1-\rho_h^2)] \tag{3.77}$$

它可以用下面的 $v(\bar{y}_{lrs})$ 来估计：

$$v(\bar{y}_{lrs}) = \sum_{h=1}^{L} \frac{W_h^2(1-f_h)}{n_h(n_h-2)} \left[\sum_{i=1}^{n_h} (y_{hi} - \bar{y}_h)^2 - b_h^2 \sum_{i=1}^{n_h} (x_{hi} - \bar{x}_h)^2\right] \tag{3.78}$$

$$= \sum_{h=1}^{L} \frac{W_h^2(1-f_h)}{n_h(n_h-2)}[(n_h-1)(s_{yh}^2 - b_h^2 s_{xh}^2)] \tag{3.79}$$

$$= \sum_{h=1}^{L} \frac{W_h^2(1-f_h)}{n_h(n_h-2)}\left[(n_h-1)s_{yh}^2\left(1-\frac{b_h^2 s_{xh}^2}{s_{yh}^2}\right)\right] \tag{3.80}$$

$$= \sum_{h=1}^{L} \frac{W_h^2(1-f_h)}{n_h(n_h-2)}\left[(n_h-1)s_{yh}^2\left(1-\frac{s_{xyh}^2}{s_{xh}^2 s_{yh}^2}\right)\right] \tag{3.81}$$

$$= \sum_{h=1}^{L} \frac{W_h^2(1-f_h)}{n_h(n_h-2)}[(n_h-1)s_{yh}^2(1-r_h^2)] \tag{3.82}$$

式中，r_h^2 是第 h 层样本相关系数的平方。

由于分层随机抽样是各层独立地进行抽样，所以上述两种情形之外的第三种情形，即部分层的回归系数 β_h 不能事先设定，另一部分层的回归系数 β_h 可事先设定，可以分别依照上述方式求出“回归系数 β_h 不能事先设定大层”与“回归系数 β_h 可事先设定大层”各自的 $v(\bar{y}_{lrs})$，然后按照各大层的总体权数（等于其中各层的权数之和）加权得到。

另外需要指出的是，分别回归估计量同样要求每层的样本量 n_h 都比较大，因为倘若这个条件不能满足，加之各层的简单随机抽样误差较大，整个分层随机抽样就会产生较大的偏倚，从而使估计的均方误差较大。因此当各层的样本量 n_h 不够大时，联合回归估计的效果更好。

3.4.2 联合回归估计

定义 3.7 联合回归估计是指在分层随机抽样中，先对 $\bar{Y}$ 和 $\bar{X}$ 作分层估计：

$$\bar{y}_{st} = \sum_{h=1}^{L} W_h \bar{y}_h, \qquad \bar{x}_{st} = \sum_{h=1}^{L} W_h \bar{x}_h$$

进而构造总体均值 $\bar{Y}$ 的联合回归估计为：

$$\bar{y}_{lrc} = \bar{y}_{st} + \beta(\bar{X} - \bar{x}_{st}) \tag{3.83}$$

总体总量 Y 的联合回归估计为：

$$\hat{Y}_{lrc} = N\bar{y}_{lrc} \tag{3.84}$$

$$= N[\bar{y}_{st} + \beta(\bar{X} - \bar{x}_{st})] \tag{3.85}$$

$$= \hat{Y}_{st} + \beta(X - \hat{X}_{st}) \tag{3.86}$$

1. 当 β 为事先设定的常数时

当 β 为常数时，联合回归估计量 $\bar{y}_{lrc}$ 和 $\hat{Y}_{lrc}$ 均为无偏估计。

由 $E(\bar{y}_{st}) = \bar{Y}$，$E(\bar{x}_{st}) = \bar{X}$，可得

$$E(\bar{y}_{lrc}) = E(\bar{y}_{st} + \beta(\bar{X} - \bar{x}_{st})) \tag{3.87}$$

$$= E(\bar{y}_{st}) + \beta\bar{X} - \beta E(\bar{x}_{st}) \tag{3.88}$$

$$= \bar{Y} + \beta\bar{X} - \beta\bar{X} \tag{3.89}$$

$$= \bar{Y} \tag{3.90}$$

从而 $\bar{y}_{lrc}$ 的无偏性得证。同理，$\hat{Y}_{lrc}$ 是总体总量 Y 的无偏估计。

当 β 为常数时

$$V(\bar{y}_{lrc}) = \sum_{h=1}^{L} \frac{W_h^2(1-f_h)}{n_h}(S_{yh}^2 + \beta^2 S_{xh}^2 - 2\beta S_{xyh}) \tag{3.91}$$

证明：令 $G_{hi} = Y_{hi} + \beta(\bar{X} - X_{hi})$，则 $\bar{G}_h = \bar{Y}_h + \beta(\bar{X} - \bar{X}_h)$。同时对于所抽取的样本，$g_{hi} = y_{hi} + \beta\ (\bar{X} - x_{hi})$，则 $\bar{G}$ 的分层简单估计量为：$\bar{g}_{st} = \bar{y}_{st} + \beta\ (\bar{X} - \bar{x}_{st}) = \bar{y}_{lrc}$。根据分层简单估计量的方差计算公式（3.7），有

$$V(\bar{g}_{st}) = \sum_{h=1}^{L} W_h^2 \frac{1-f_h}{n_h} S_{gh}^2 \tag{3.92}$$

式中：

$$S_{gh}^2 = \frac{1}{N_h - 1}\sum_{i=1}^{N_h} (G_{hi} - \bar{G}_h)^2 \tag{3.93}$$

$$= \frac{1}{N_h - 1}\sum_{i=1}^{N_h} [(Y_{hi} + \beta\bar{X} - \beta X_{hi}) - (\bar{Y}_h + \beta\bar{X} - \beta\bar{X}_h)]^2 \tag{3.94}$$

$$= \frac{1}{N_h - 1}\sum_{i=1}^{N_h} [(Y_{hi} - \bar{Y}_h) - \beta(X_{hi} - \bar{X}_h)]^2 \tag{3.95}$$

$$= S_{yh}^2 + \beta^2 S_{xh}^2 - 2\beta S_{xyh} \tag{3.96}$$

由式（3.91）容易推出

$$V(\hat{Y}_{lrc}) = N^2 V(\bar{y}_{lrc}) = \sum_{h=1}^{L} \frac{N_h^2(1-f_h)}{n_h}(S_{yh}^2 + \beta^2 S_{xh}^2 - 2\beta S_{xyh}) \tag{3.97}$$

同样，根据开口向上的抛物线 $y = ax^2 + bx + c$，当且仅当 $x = -b/2a$时达到最小值，对应的最小值为 $y_{\min} = (4ac - b^2)/(4a)$，对于式（3.91），经过变形可得

$$V(\bar{y}_{lrc}) = \sum_{h=1}^{L} \frac{W_h^2(1-f_h)}{n_h} S_{yh}^2 + \beta^2\left[\sum_{h=1}^{L} \frac{W_h^2(1-f_h)}{n_h} S_{xh}^2\right] - 2\beta\left[\sum_{h=1}^{L} \frac{W_h^2(1-f_h)}{n_h} S_{xyh}\right] \tag{3.98}$$

因此，当且仅当

$$\beta = -\frac{-2\sum_{h=1}^{L} W_h^2(1-f_h) S_{xyh}/n_h}{2\sum_{h=1}^{L} W_h^2(1-f_h) S_{xh}^2/n_h} = \frac{\sum_{h=1}^{L}[W_h^2(1-f_h) S_{xyh}/n_h]}{\sum_{h=1}^{L}[W_h^2(1-f_h) S_{xh}^2/n_h]} = B_c \tag{3.99}$$

时，$V(\bar{y}_{lrc})$ 达到最小值。

上面的式（3.99）可以写成

$$B_c \stackrel{\text{def}}{=} \frac{\sum_{h=1}^{L} a_h B_h}{\sum_{h=1}^{L} a_h} \tag{3.100}$$

式中：

$$a_h \stackrel{\text{def}}{=} \frac{W_h^2(1-f_h)}{n_h}S_{xh}^2, \qquad B_h = \frac{S_{xyh}}{S_{xh}^2}$$

可见，B_c 是各层总体回归系数 B_h 的加权平均，权重为 a_h。

此时，根据 $y_{\min}=(4ac-b^2)/(4a)$，可得 $V(\bar{y}_{lrc})$ 的最小值为：

$$V_{\min}(\bar{Y}_{lrc}) = \frac{4\left[\sum_{h=1}^{L}\frac{W_h^2(1-f_h)}{n_h}S_{xh}^2\right]\left[\sum_{h=1}^{L}\frac{W_h^2(1-f_h)}{n_h}S_{yh}^2\right]-4\left[\sum_{h=1}^{L}\frac{W_h^2(1-f_h)}{n_h}S_{xyh}\right]^2}{4\left[\sum_{h=1}^{L}\frac{W_h^2(1-f_h)}{n_h}S_{xh}^2\right]} \tag{3.101}$$

$$= \sum_{h=1}^{L}\frac{W_h^2(1-f_h)}{n_h}S_{yh}^2 - \left(\sum_{h=1}^{L}a_hB_h\right)^2\Big/\sum_{h=1}^{L}a_h \tag{3.102}$$

$$= \sum_{h=1}^{L}\frac{W_h^2(1-f_h)}{n_h}S_{yh}^2 - \left(B_c\sum_{h=1}^{L}a_h\right)^2\Big/\sum_{h=1}^{L}a_h \tag{3.103}$$

$$= \sum_{h=1}^{L}\frac{W_h^2(1-f_h)}{n_h}S_{yh}^2 - B_c^2\sum_{h=1}^{L}a_h \tag{3.104}$$

$$= \sum_{h=1}^{L}\frac{W_h^2(1-f_h)}{n_h}S_{yh}^2 - B_c^2\sum_{h=1}^{L}\frac{W_h^2(1-f_h)}{n_h}S_{xh}^2 \tag{3.105}$$

$$= \sum_{h=1}^{L}\frac{W_h^2(1-f_h)}{n_h}(S_{yh}^2 - B_c^2S_{xh}^2) \tag{3.106}$$

2. 当回归系数 β 不能事先设定时

当回归系数 β 未知时，取 B_c 的样本估计 b_c。

$$b_c = \frac{\sum_{h=1}^{L}[W_h^2(1-f_h)s_{xyh}/n_h]}{\sum_{h=1}^{L}[W_h^2(1-f_h)s_{xh}^2/n_h]} \tag{3.107}$$

$$= \frac{\sum_{h=1}^{L}\frac{W_h^2(1-f_h)}{n_h(n_h-1)}\sum_{i=1}^{n_h}(y_{hi}-\bar{y}_h)(x_{hi}-\bar{x}_h)}{\sum_{h=1}^{L}\frac{W_h^2(1-f_h)}{n_h(n_h-1)}\sum_{i=1}^{n_h}(x_{hi}-\bar{x}_h)^2} \tag{3.108}$$

当各层样本量采取比例分配（$W_h=n_h/n$，$f_h=f$），同时将式（3.108）中的 n_h-1 近似成 n_h 时，式（3.108）就可以简化为：

$$b'_c = \frac{\sum_{h=1}^{L}\sum_{i=1}^{n_h}(y_{hi}-\bar{y}_h)(x_{hi}-\bar{x}_h)}{\sum_{h=1}^{L}\sum_{i=1}^{n_h}(x_{hi}-\bar{x}_h)^2} \tag{3.109}$$

当 B_c 用样本估计 b_c 来代替时，有

$$\bar{y}_{lrc} = \bar{y}_{st} + b_c(\bar{X}-\bar{x}_{st}) \tag{3.110}$$

$$= [\bar{y}_{st} + B_c(\bar{X}-\bar{x}_{st})] + (b_c-B_c)(\bar{X}-\bar{x}_{st}) \tag{3.111}$$

在式（3.111）中，中括号里是总体均值 $\bar{Y}$ 的无偏估计量，而（b_c-B_c）（$\bar{X}-\bar{x}_{st}$）的存在使得此时的联合回归估计变成有偏的，但当样本量 n 较大时，估计量的偏倚趋于 0。即此时的联合回归估计是渐近无偏的，而且当 b_c 的抽样误差可以忽略时，有

$$V(\bar{y}_{lrc})\approx\sum_{h=1}^{L}\frac{W_h^2(1-f_h)}{n_h}(S_{yh}^2+B_c^2S_{xh}^2-2B_cS_{xyh})\tag{3.112}$$

它可以用下面的 $v(\bar{y}_{lrc})$ 进行估计：

$$v(\bar{y}_{lrc})\approx\sum_{h=1}^{L}\frac{W_h^2(1-f_h)}{n_h(n_h-1)}\sum_{i=1}^{n_h}[(y_{hi}-\bar{y}_h)-b_c(x_{hi}-\bar{x}_h)]^2\tag{3.113}$$

$$=\sum_{h=1}^{L}\frac{W_h^2(1-f_h)}{n_h}(s_{yh}^2+b_c^2s_{xh}^2-2b_cs_{xyh})\tag{3.114}$$

3.4.3 分别回归估计与联合回归估计的比较

为了简单起见，这里只针对分别回归估计和联合回归估计的最小方差 $V_{\min}(\bar{y}_{lrs})$ 和 $V_{\min}(\bar{y}_{lrc})$ 进行比较。

根据式(3.73)：$V_{\min}(\bar{y}_{lrs})=\sum\limits_{h=1}^{L}\frac{W_h^2(1-f_h)}{n_h}\left(S_{yh}^2-\frac{S_{xyh}^2}{S_{xh}^2}\right)$

根据式(3.106)：$V_{\min}(\bar{y}_{lrc})=\sum\limits_{h=1}^{L}\frac{W_h^2(1-f_h)}{n_h}(S_{yh}^2-B_c^2S_{xh}^2)$

因此， $V_{\min}(\bar{y}_{lrc})-V_{\min}(\bar{y}_{lrs})$

$$=\left[\sum_{h=1}^{L}\frac{W_h^2(1-f_h)}{n_h}(S_{yh}^2-B_c^2S_{xh}^2)\right]-\left[\sum_{h=1}^{L}\frac{W_h^2(1-f_h)}{n_h}\left(S_{yh}^2-\frac{S_{xyh}^2}{S_{xh}^2}\right)\right]\tag{3.115}$$

$$=\sum_{h=1}^{L}\frac{W_h^2(1-f_h)}{n_h}\left(\frac{S_{xyh}^2}{S_{xh}^2}-B_c^2S_{xh}^2\right)\tag{3.116}$$

$$=\sum_{h=1}^{L}\frac{W_h^2(1-f_h)}{n_h}(B_h^2S_{xh}^2-B_c^2S_{xh}^2)\tag{3.117}$$

$$=\sum_{h=1}^{L}a_hB_h^2-(\sum_{h=1}^{L}a_hB_c^2)\tag{3.118}$$

$$=\sum_{h=1}^{L}a_hB_h^2-2(\sum_{h=1}^{L}a_hB_c^2)+(\sum_{h=1}^{L}a_hB_c^2)\tag{3.119}$$

$$=\sum_{h=1}^{L}a_hB_h^2-2(B_c\sum_{h=1}^{L}a_h)B_c+(\sum_{h=1}^{L}a_hB_c^2)\tag{3.120}$$

$$=\sum_{h=1}^{L}a_hB_h^2-2(\sum_{h=1}^{L}a_hB_h)B_c+(\sum_{h=1}^{L}a_hB_c^2)\tag{3.121}$$

$$=\sum_{h=1}^{L}a_hB_h^2-2\sum_{h=1}^{L}a_hB_hB_c+\sum_{h=1}^{L}a_hB_c^2\tag{3.122}$$

$$=\sum_{h=1}^{L}a_h(B_h-B_c)^2\tag{3.123}$$

可见， $V_{\min}(\bar{y}_{lrc})-V_{\min}(\bar{y}_{lrs})=\sum\limits_{h=1}^{L}a_h\,(B_h-B_c)^2\geqslant 0$ （3.124）

式（3.124）表明：当 β_h 和 β 均取最优值时，分别回归估计优于联合回归估计，尤其

是当各层的回归系数相差较大时，分别回归估计的优越性更加明显。

应当指出，判断分别回归估计量和联合回归估计量孰优孰劣，没有一条严格的、金科玉律般的规则可遵照。通常认为，当回归系数需要由样本进行估计时，如果各层的样本量不太小，而且各层的回归系数之间的差异较大，采用分别回归估计较为适宜；如果各层的样本量不大，而且各层的回归系数大致相同，采用联合回归估计较为适宜；如果各层的回归系数差别不是太大，而且每层的样本量 n_h 不是相当大，联合回归估计可能更保险一些。其中的道理与比估计的相应问题非常类似，完全可以进行类比。

例 3-3

已知某公司一般职员（包括办事员和保管人员）及高级管理（经理）人员刚进入公司时的工资总额，欲通过抽样调查估计当前该公司职员的工资总额 Y。抽样按照一般职员层与高管层进行分层随机抽取。一般职员层抽取 $n_1=15$ 名职员，高管层抽取 $n_2=10$ 名职员。同时还知道一般职员层人员总数 $N_1=390$ 名，该类职员进入公司时工资总额为 $X_1=5\ 523\ 965$ 元；高管层人员总数 $N_2=84$ 名，该类职员进入公司时工资总额为 $X_2=2\ 541\ 660$ 元。经过分层随机抽样调查所得的数据如表 3-5 所示。请分别采取分别比估计、联合比估计、分别回归估计、联合回归估计以及差估计方法，对该公司当前职员工资总额 Y 作出估计，同时计算出各个估计量的精度。

表 3-5　某公司职员工资总额调查数据

一般职员层（$h=1$）			高管层（$h=2$）		
i	x_{hi}	y_{hi}	i	x_{hi}	y_{hi}
1	8 000	19 200	1	26 250	64 750
2	16 500	34 800	2	22 750	46 000
3	10 500	22 950	3	20 000	41 500
4	15 550	34 400	4	29 400	80 250
5	18 000	38 350	5	37 500	87 500
6	16 500	37 800	6	23 250	49 625
7	14 250	31 650	7	31 500	79 500
8	13 500	32 550	8	34 200	83 500
9	15 000	36 050	9	33 000	82 250
10	10 200	27 450	10	35 540	85 500
11	15 000	35 750			
12	15 750	36 750			
13	13 750	33 250			
14	21 240	44 875			
15	10 750	21 300			

说明：x_{hi} 代表第 h 层第 i 个职员刚进入公司的工资收入；y_{hi} 代表第 h 层第 i 个职员当前的工资收入。

解：首先根据表 3－5 中的调查数据，计算得出表 3－6 中的相关统计量的值。

表 3－6 根据调查数据计算出的相关统计量的值

指标	一般职员层（$h=1$）	高管层（$h=2$ ）	总计
N_h	390	84	$N=474$
n_h	15	10	$n=25$
$W_h=N_h/N$	0.822 78	0.177 22	1
$(1-f_h)/n_h$	0.064 11	0.088 09	—
X_h	5 523 965	2 541 660	$X=8\ 065\ 625$
$\overline{X}_h=X_h/N_h$	14 164.01	30 257.86	$\overline{X}=17\ 016.09$
$\overline{y}_h=\sum_{i=1}^{n_h}y_{hi}/n_h$	32 475	70 038	—
$\overline{x}_h=\sum_{i=1}^{n_h}x_{hi}/n_h$	14 299	29 339	—
s_{yh}^2	48 992 410.71	322 784 895.83	—
s_{xh}^2	11 476 149.52	36 001 098.89	—
$s_{xyh}=r_hs_{yh}s_{xh}$	22 691 356.15	103 904 069.44	—
$\hat{R}_h=\overline{y}_h/\overline{x}_h$	2.271 09	2.387 18	—
b_h ［式（3.76）］	1.977 27	2.886 14	—
r_h^2	0.915 79	0.929 04	—

根据表 3－6 中的相关数据可得：

（1）分别比估计。

$$\begin{aligned}\hat{Y}_{RS}&=\sum_{h=1}^{2}\frac{\overline{y}_h}{\overline{x}_h}X_h=\sum_{h=1}^{2}\hat{R}_hX_h\\&=2.271\ 09\times5\ 523\ 965+2.387\ 18\times2\ 541\ 660\\&=18\ 612\ 821.59\\&\approx18\ 612\ 822\end{aligned}$$

$$\begin{aligned}v(\overline{y}_{RS})\approx&\sum_{h=1}^{2}\frac{W_h^2(1-f_h)}{n_h}(s_{yh}^2+\hat{R}_h^2s_{xh}^2-2\hat{R}_hs_{xyh})\\&=0.822\ 78^2\times0.064\ 11\times(48\ 992\ 410.71+2.271\ 09^2\times11\ 476\ 149.52\\&\quad-2\times2.271\ 09\times22\ 691\ 356.15)+0.177\ 22^2\times0.088\ 09\\&\quad\times(322\ 784\ 895.83+2.387\ 18^2\times36\ 001\ 098.89\\&\quad-2\times2.387\ 18\times103\ 904\ 069.44)\\&=222\ 053.603+88\ 162.590\\&\approx310\ 216.19\end{aligned}$$

所以

$$\sqrt{v(\hat{Y}_{RS})}=N\sqrt{v(\overline{y}_{RS})}=474\times\sqrt{310\ 216.19}\approx264\ 004.04$$

（2）联合比估计。

$$\bar{y}_{st} = \sum_{h=1}^{2} W_h \bar{y}_h$$
$$= 0.822\ 78 \times 32\ 475 + 0.177\ 22 \times 70\ 038$$
$$\approx 39\ 131.91$$

$$\bar{x}_{st} = \sum_{h=1}^{2} W_h \bar{x}_h$$
$$= 0.822\ 78 \times 14\ 299 + 0.177\ 22 \times 293\ 39$$
$$\approx 16\ 964.39$$

所以

$$\hat{R}_c = \bar{y}_{st} / \bar{x}_{st} = 39\ 131.91/16\ 964.39 \approx 2.306\ 71$$

$$\hat{Y}_{RC} = \frac{\bar{y}_{st}}{\bar{x}_{st}} X = \hat{R}_c X$$
$$= 2.306\ 71 \times 8\ 065\ 625$$
$$= 18\ 605\ 057.84 \approx 18\ 605\ 058$$

$$v(\bar{y}_{RC}) \approx \sum_{h=1}^{2} \frac{W_h^2(1-f_h)}{n_h}(s_{yh}^2 + \hat{R}_c^2 s_{xh}^2 - 2\hat{R}_c s_{xyh})$$
$$= 0.822\ 78^2 \times 0.064\ 11 \times (48\ 992\ 410.71 + 2.306\ 71^2 \times 11\ 476\ 149.52$$
$$- 2 \times 2.306\ 71 \times 22\ 691\ 356.15) + 0.177\ 22^2 \times 0.088\ 09$$
$$\times (322\ 784\ 895.83 + 2.306\ 71^2 \times 36\ 001\ 098.89$$
$$- 2 \times 2.306\ 71 \times 103\ 904\ 069.44)$$
$$= 233\ 113.040 + 96\ 805.788$$
$$\approx 329\ 918.83$$

所以

$$\sqrt{v(\hat{Y}_{RC})} = N\sqrt{v(\bar{y}_{RC})} = 474 \times \sqrt{329\ 918.83} \approx 272\ 258.78$$

（3）分别回归估计（β_h 用样本回归系数 b_h 来估计）。

$$\hat{Y}_{lrs} = \sum_{h=1}^{2} N_h \bar{y}_{lrh}$$
$$= \sum_{h=1}^{2} N_h [\bar{y}_h + b_h(\bar{X}_h - \bar{x}_h)]$$
$$= 390 \times [32\ 475 + 1.977\ 27 \times (14\ 164.01 - 14\ 299)]$$
$$+ 84 \times [70\ 038 + 2.886\ 14 \times (30\ 257.86 - 293\ 39)]$$
$$= 12\ 561\ 154.451 + 6\ 105\ 956.522$$
$$= 18\ 667\ 110.97$$
$$\approx 18\ 667\ 111$$

$$v(\bar{y}_{lrs}) = \sum_{h=1}^{L} \frac{W_h^2(1-f_h)}{n_h(n_h-2)}(n_h-1)s_{yh}^2\ (1-r_h^2)$$

$$= 0.822\ 78^2 \times 0.064\ 11 \times \frac{15-1}{15-2} \times 48\ 992\ 410.71 \times (1-0.915\ 79)$$

$$+0.177\ 22^2 \times 0.088\ 09 \times \frac{10-1}{10-2} \times 322\ 784\ 895.83 \times (1-0.929\ 04)$$

$$= 192\ 828.130 + 71\ 290.459$$

$$\approx 264\ 118.59$$

所以

$$\sqrt{v(\hat{Y}_{lrs})} = N\sqrt{v(\bar{y}_{lrs})} = 474 \times \sqrt{264\ 118.59} \approx 243\ 600.3$$

(4) 联合回归估计（β 用样本数据来估计，即采用系数 b_c）。

$$b_c = \frac{\sum_{h=1}^{L}(W_h^2(1-f_h)s_{xyh}/n_h)}{\sum_{h=1}^{L}(W_h^2(1-f_h)s_{xh}^2/n_h)}$$

$$= \frac{(0.822\ 78^2 \times 0.064\ 11 \times 22\ 691\ 356.15) + (0.177\ 22^2 \times 0.088\ 09 \times 103\ 904\ 069.44)}{(0.822\ 78^2 \times 0.064\ 11 \times 11\ 476\ 149.52) + (0.177\ 22^2 \times 0.088\ 09 \times 36\ 001\ 098.89)}$$

$$= \frac{1\ 272\ 277.57}{597\ 670.85}$$

$$\approx 2.128\ 73$$

$$\hat{Y}_{lrc} = N\bar{y}_{lrc}$$

$$= N[\bar{y}_{st} + b_c(\bar{X} - \bar{x}_{st})]$$

$$= 474 \times [39\ 131.91 + 2.128\ 73 \times (17\ 016.09 - 16\ 964.39)]$$

$$= 18\ 600\ 693.88$$

$$\approx 18\ 600\ 694$$

$$v(\bar{y}_{lrc}) = \sum_{h=1}^{L}\frac{W_h^2(1-f_h)}{n_h}(s_{yh}^2 + b_c^2 s_{xh}^2 - 2b_c s_{xyh})$$

$$= 0.822\ 78^2 \times 0.064\ 11 \times (48\ 992\ 410.71 + 2.128\ 73^2 \times 11\ 476\ 149.52$$

$$- 2 \times 2.128\ 73 \times 22\ 691\ 356.15) + 0.177\ 22^2 \times 0.088\ 09$$

$$\times (322\ 784\ 895.83 + 2.128\ 73^2 \times 36\ 001\ 098.89 - 2 \times 2.128\ 73$$

$$\times 103\ 904\ 069.44)$$

$$= 190\ 481.642 + 120\ 504.018$$

$$\approx 310\ 985.66$$

所以

$$\sqrt{v(\hat{Y}_{lrc})} = N\sqrt{v(\bar{y}_{lrc})} = 474 \times \sqrt{310\ 985.66} \approx 264\ 331.26$$

(5) 差估计（β 或 β_h 设定为常数 1）。

$$\hat{Y}_d = N\bar{y}_d$$

$$= N[\bar{y}_{st} + (\bar{X} - \bar{x}_{st})]$$

$$= 474 \times [39\ 131.91 + (17\ 016.09 - 16\ 964.39)]$$

$$=18\ 573\ 033.44$$
$$\approx 18\ 573\ 033$$

$$v(\bar{y}_d)=\sum_{h=1}^{L}\frac{W_h^2(1-f_h)}{n_h}(s_{yh}^2+s_{xh}^2-2s_{xyh})$$
$$=0.822\ 78^2\times 0.064\ 11\times(48\ 992\ 410.71+11\ 476\ 149.52$$
$$-2\times 22\ 691\ 356.15)+0.177\ 22^2\times 0.088\ 09$$
$$\times(322\ 784\ 895.83+36\ 001\ 098.89-2\times 103\ 904\ 069.44)$$
$$=654\ 731.077+417\ 700.820$$
$$\approx 1\ 072\ 431.90$$

所以

$$\sqrt{v(\hat{Y}_d)}=N\sqrt{v(\bar{y}_d)}=474\times\sqrt{1\ 072\ 431.90}\approx 490\ 866.28$$

将上面五种估计方法所得出的结果总结于表 3-7 中进行比较。

表 3-7　不同估计方法的结果对比

估计方法	估计值 $\hat{Y}$	$\hat{Y}$ 标准差的估计
分别比估计	18 612 822	264 004.04
联合比估计	18 605 058	272 258.78
分别回归估计	18 667 111	243 600.3
联合回归估计	18 600 694	264 331.26
差估计	18 573 033	490 866.28

从表 3-7 可以看出，对于本例来说，有：(1) 联合比估计与联合回归估计的效果基本一致，原因在于 $\hat{R}_c$ 与 b_c 的数值比较接近；(2) 分别估计的效果好于联合估计的效果，原因在于 $\hat{R}_1$ 与 $\hat{R}_2$ 之间（b_1 与 b_2 之间）有一定差别。

但要注意，此时的比估计和回归估计（回归系数采用样本回归系数进行估计）均为有偏估计，并且考虑到各层的样本量都不大，回归估计的偏倚有可能更大，所以此时采用比估计，特别是联合比估计会更保险。而差估计虽然标准差相对较大，却是无偏的，均方误差并不一定大，所以仍然有采用的价值。

3.4.4　比估计与回归估计小结

在分层随机抽样中，当辅助变量可加以利用时，为了提高估计量的精度，可以采用分别比估计、联合比估计、分别回归估计以及联合回归估计等估计方法。

在比估计中，分别比估计与联合比估计均为有偏估计量，当各层样本量都较大时，分别比估计与联合比估计近似无偏；当某些层的样本量不够大，而总样本量较大时，联合比估计近似无偏。

在回归估计中，少数情况下，回归系数可以是事先设定的常数，其估计量无偏；多数情况下，回归系数需利用样本回归系数进行估计，其估计有偏，但在大样本的情况下近似无偏。

当Y与X高度相关时，分别比估计、联合比估计、分别回归估计以及联合回归估计等产生的估计量都是有效的。在选择估计方法时，大致应遵循下面的原则：

(1) 由于分别估计（无论是分别比估计还是分别回归估计）要求各层的样本量都比较大，所以当某些层的样本量不够大时，建议采用联合估计。

(2) 当回归系数需要由样本进行估计时，回归估计量是有偏的，尤其当样本量较小的时候，回归估计量的偏倚可能会更大，从而导致均方误差增大，因此在这种情况下，采取比估计尤其是联合比估计也许更保险。

(3) 如果各层的样本量都比较大，同时每层的比估计或回归估计也比较有效（即ρ_h均比较大），而且各层的R_h之间（或β_h之间）差异较大，则此时分别估计优于联合估计，估计量的方差更小。

(4) 如果各层的样本量不大，而且各层的R_h之间（或β_h之间）差异较小，则采用联合估计较为适宜。

(5) 如果各层的R_h之间（或β_h之间）差别不是太大，而且并不是每层的样本量都相当大，则联合估计可能更保险一些。

如果各层的回归系数都接近于1，则可以采用差估计。虽然有时差估计量的方差偏大，但由于它是无偏估计量，所以总的均方误差不一定大。

3.5 各层样本量的分配

若总的样本量n固定，接下来的一个问题就是如何把这n个样本合理地分配到各层。在分层随机抽样中，样本量在各层中的不同分配方式会对估计量的精度产生一定的影响，这一方面是由于层的规模大小不同或在总体中所占有的“地位”不同，另一方面是因为各层的层内方差S_h^2不同，所有这些都会影响估计量的精度。

首先来回顾一下分层随机抽样中总体均值估计量的方差的表达式：

$$V(\bar{y}_{st}) = \sum_{h=1}^{L} \frac{W_h^2 S_h^2}{n_h} - \sum_{h=1}^{L} \frac{W_h S_h^2}{N} \tag{3.125}$$

从上式可以看出，只有等式右端的第一项与各层的样本量n_h有关，该项同时还与$W_h^2 S_h^2$有关。那么n_h的分配遵循怎样的规则才能使$V(\bar{y}_{st})$尽可能小呢？通常会有以下几种分配思路：(1) 常数分配；(2) 与层内方差S_h^2成比例地分配；(3) 与层权W_h成比例地分配；(4) 与$W_h S_h$成比例地分配。实际研究表明，等额分配的效果相对较差；与层内方差S_h^2成比例地分配适用于要求每层的估计量都达到相当精度的情况；与层权W_h成比例地分配（比例分配）和与$W_h S_h$成比例地分配（内曼最优分配）效果相对较好。但这几种分配方式都没有考虑各层抽样调查费用的影响，实际中，我们会尽可能地避免在单位调查费用较高的层中抽取过多的样本。本节接下来将主要针对(3)和(4)两种分配思路展开讨论，并在其基础上进行拓展。

3.5.1 比例分配

定义 3.8 比例分配（proportional allocation）：在分层抽样中，若每层的样本量 n_h 都与层的大小 N_h 成比例，即

$$\frac{n_h}{N_h}=\frac{n}{N} \text{ 或记为 } f_h=f, \quad h=1,2,\cdots,L \tag{3.126}$$

则称样本量的这种分配方式为比例分配。比例分配最早是由鲍利（Bowley）于 1926 年提出的。

对式（3.126）稍加变形，可得

$$\frac{n_h}{n}=\frac{N_h}{N}=W_h$$

即

$$\frac{n_h}{N_h}=\frac{n}{N}=f \text{ 或 } n_h=nW_h \tag{3.127}$$

由式（3.127）可以看出，任何一层中的样本被抽中的概率均为 f，可见，比例分配的分层抽样是一种等概率抽样。

下面来看比例分配情况下总体均值 $\bar{Y}$ 的估计量的表达式：

$$\bar{y}_{prop}=\sum_{h=1}^{L}W_h\bar{y}_h=\sum_{h=1}^{L}\frac{n_h}{n}\left(\frac{1}{n_h}\sum_{i=1}^{n_h}y_{hi}\right)=\frac{1}{n}\sum_{h=1}^{L}\sum_{i=1}^{n_h}y_{hi}=\bar{y} \tag{3.128}$$

式中，下标“prop”是“proportional allocation”的缩写。

由式（3.128）可以看出，此时的总体均值 $\bar{Y}$ 的估计量就是样本均值 $\bar{y}$。由式（3.128）很容易推出总体总量 Y 的估计：

$$\hat{Y}_{prop}=N\bar{y}_{prop}=\frac{N}{n}\sum_{h=1}^{L}\sum_{i=1}^{n_h}y_{hi}\overset{\text{def}}{=}\frac{N}{n}y=\frac{1}{f}y \tag{3.129}$$

式中，y 为 n 个样本的总量。

可见，比例分配的分层随机抽样对应的估计量具有很简单的形式，均为自加权的形式。

定义 3.9 自加权：若总体总量（或总体均值）的一个无偏估计量可以表示成样本基本单元的变量值总量（或均值）的一个常数倍，即

$$\hat{Y}=ky(\text{或}\hat{\bar{Y}}=k\bar{y}) \tag{3.130}$$

式中，y 为样本基本单元的变量值总量；$\bar{y}$ 为样本基本单元的变量值均值。则称这种估计量为自加权（self-weighting）或等加权（equi-weighting）。

尽管等概率抽样方法所得到的估计量通常是自加权的，但两者的概念不一样。由于自加权样本估计量的形式特别简单，因此可以大大简化调查以后的数据处理，特别是对于大

规模的多变量的调查，自加权样本的优点尤其明显。但是在大规模抽样调查中，特别是在涉及多阶段抽样的调查中，要保证最终获得的样本是严格自加权的很困难，因为在实际实施抽样时，经常会发生偏离原定设计的情况。

比例分配的分层随机抽样的均值估计量的方差形式也比较简单，将 $n_h=nW_h$ 代入式（3.125），可得

$$V_{prop}(\bar{y}_{st})=\frac{1-f}{n}\sum_{h=1}^{L}W_hS_h^2 \tag{3.131}$$

式(3.131)中的 $\sum_{h=1}^{L}W_hS_h^2$ 是各层方差的加权平均，权重为各层的层权 W_h。令 $S_w^2=\sum_{h=1}^{L}W_hS_h^2$，则 $V_{prop}(\bar{y}_{st})=\frac{1-f}{n}S_w^2$。

式（3.131）所给出的是待估参数为总体均值时的估计量方差，倘若待估参数为总体总量或总体比例①，相应的公式可通过对式（3.131）略作变形得到。

3.5.2 最优分配

定义 3.10 最优分配（optimum allocation）：在分层随机抽样中，对于给定的费用，使估计量的方差 $V(\bar{y}_{st})$ 达到最小，或者对于给定的估计量方差 V，使总费用达到最小的各层样本量的分配，称为最优分配。

由定义 3.10 可以看出，在最优分配中，不仅要考虑调查的精度，而且把费用也纳入考虑的范围之内，这在实际中是相当重要的。随之而来的一个问题就是费用函数应如何定义。在实际的调查项目中，费用函数可能是线性的，也可能是非线性的。为了研究方便，本节主要考虑费用函数为线性的情况。

设总费用函数为：

$$C_T=c_0+\sum_{h=1}^{L}c_hn_h \tag{3.132}$$

式中，C_T 为总费用；c_0 为与样本量无关的固定费用；c_h 为在第 h 层中抽取一个单元的平均费用。c_0 通常是由组织宣传费用、编制抽样框费用以及分层费用等组成；c_h 通常包括调查员工资、差旅费、调查测试费等费用。

从式（3.132）可以看出，只有 $\sum_{h=1}^{L}c_hn_h$ 是与各层样本量 n_h 有关的费用。我们的目标是同时权衡费用和方差两个指标，在方差给定时使费用尽可能小，或在费用给定时使方差尽可能小，因此构造目标函数如下：

$$C'V'=(C_T-c_0)\left(V+\sum_{h=1}^{L}\frac{W_hS_h^2}{N}\right) \tag{3.133}$$

---

① 注意：总体比例的实质依然是总体均值，只是变量 Y 的取值只有 0 和 1 两个值。0 代表不具有考虑特性，1 代表具有考虑特性。

式中，(C_T-c_0) 代表总费用中受各层样本量 n_h 影响的部分；$\left(V+\sum\limits_{h=1}^{L}\frac{W_hS_h^2}{N}\right)$ 代表方差中受各层样本量 n_h 影响的部分。通过极小化目标函数（3.133），可同时达到给定方差下费用最小和给定费用下方差最小的效果。最终得到下面的定理 3.7。

定理 3.7 对于分层随机抽样，若费用函数为式（3.132），则最优分配为：

$$\frac{n_h}{n}=\frac{W_hS_h/\sqrt{c_h}}{\sum\limits_{h=1}^{L}W_hS_h/\sqrt{c_h}}=\frac{N_hS_h/\sqrt{c_h}}{\sum\limits_{h=1}^{L}N_hS_h/\sqrt{c_h}},\quad h=1,2,\cdots,L \tag{3.134}$$

证明： 式（3.133）进一步可以写成

$$C'V'=\left(\sum_{h=1}^{L}c_hn_h\right)\left(\sum_{h=1}^{L}\frac{W_h^2S_h^2}{n_h}\right)=\left[\sum_{h=1}^{L}\left(\sqrt{c_hn_h}\right)^2\right]\left[\sum_{h=1}^{L}\left(\frac{W_hS_h}{\sqrt{n_h}}\right)^2\right] \tag{3.135}$$

根据 Cauchy-Schwarz 不等式，对于任意的 $a_h\geqslant 0$，$b_h\geqslant 0$，有

$$\left(\sum_h a_h^2\right)\left(\sum_h b_h^2\right)\geqslant\left(\sum_h a_hb_h\right)^2 \tag{3.136}$$

当且仅当$\frac{a_h}{b_h}=K$（K 为常数）时，式（3.136）中的等号成立。所以对于目标函数 $C'V'$，有

$$C'V'\geqslant\left[\sum_{h=1}^{L}\left(\sqrt{c_hn_h}\frac{W_hS_h}{\sqrt{n_h}}\right)\right]^2=\left(\sum_{h=1}^{L}\sqrt{c_h}W_hS_h\right)^2 \tag{3.137}$$

式（3.137）等号成立的条件是：

$$\frac{\sqrt{c_hn_h}}{W_hS_h/\sqrt{n_h}}=\frac{\sqrt{c_h}n_h}{W_hS_h}=K,\quad K\text{ 为常数} \tag{3.138}$$

所以

$$n_h=KW_hS_h/\sqrt{c_h},\quad h=1,2,\cdots,L \tag{3.139}$$

进而有

$$n=\sum_{h=1}^{L}n_h=K\sum_{h=1}^{L}W_hS_h/\sqrt{c_h} \tag{3.140}$$

所以，使目标函数 $C'V'$ 达到最小时对应的最优分配为：

$$\frac{n_h}{n}=\frac{W_hS_h/\sqrt{c_h}}{\sum\limits_{h=1}^{L}W_hS_h/\sqrt{c_h}}=\frac{N_hS_h/\sqrt{c_h}}{\sum\limits_{h=1}^{L}N_hS_h/\sqrt{c_h}},\quad h=1,2,\cdots,L$$

最优分配表达式（3.134）中的 n 需由所研究的问题予以确定。

(1) 研究目的：在给定方差 $V(\bar{y}_{st})$ 的情况下，使得总费用最小。

此时需要把 $n_h=KW_hS_h/\sqrt{c_h}$代入 $V(\bar{y}_{st})$ 的表达式中，通过计算可得

$$K=\frac{\sum_{h=1}^{L}W_hS_h\sqrt{c_h}}{V+\sum_{h=1}^{L}W_hS_h^2/N} \tag{3.141}$$

将式（3.141）代入式（3.140），即得 n 的表达式：

$$n=\frac{\left(\sum_{h=1}^{L}W_hS_h\sqrt{c_h}\right)\left(\sum_{h=1}^{L}W_hS_h/\sqrt{c_h}\right)}{V+\sum_{h=1}^{L}W_hS_h^2/N} \tag{3.142}$$

(2) 研究目的：在给定总费用 C_T 的情况下，使得方差 $V(\bar{y}_{st})$ 最小。

此时需要把 $n_h=KW_hS_h/\sqrt{c_h}$ 代入 C_T 的表达式中，通过计算可得

$$K=\frac{C_T-c_0}{\sum_{h=1}^{L}W_hS_h\sqrt{c_h}} \tag{3.143}$$

将式（3.143）代入式（3.140），可得此时 n 的表达式：

$$n=\frac{(C_T-c_0)\left(\sum_{h=1}^{L}W_hS_h/\sqrt{c_h}\right)}{\sum_{h=1}^{L}W_hS_h\sqrt{c_h}} \tag{3.144}$$

最优分配的结果说明：n_h 与 N_h，S_h 成正比，而与$\sqrt{c_h}$成反比。由此得出以下行动准则：倘若（1）第 h 层所含有的单元数较多；（2）第 h 层内部单元的差异程度较大；（3）第 h 层每个样本所需的费用较低，则对第 h 层需要抽取一个含量较多的样本。

3.5.3 内曼最优分配

上面讨论的最优分配是一般情况下的最优分配。如果假定各层的单位抽样费用相等，即 $c_h=c$，那么费用函数就变为 $C_T=c_0+cn$。此时，分配$\frac{n_h}{n}$的表达式将大大地简化：

$$\frac{n_h}{n}=\frac{W_hS_h}{\sum_{h=1}^{L}W_hS_h}=\frac{N_hS_h}{\sum_{h=1}^{L}N_hS_h} \tag{3.145}$$

这种形式的分配被称为内曼分配（Neyman allocation）。事实上，这一结论早在 1923 年就由苏联学者楚波罗（Tschuprow）给出了证明，但一直没有引起注意，直到 1934 年内曼重新给出它的证明，它才逐渐引起人们的重视，因此这种形式的最优分配常被称为内曼分配。

在内曼分配的情况下，有下面的定理 3.8 成立。

定理 3.8 在分层随机抽样中，当样本量 n 固定的情况下，如果

$$n_h = n \frac{W_h S_h}{\sum_{h=1}^{L} W_h S_h} = n \frac{N_h S_h}{\sum_{h=1}^{L} N_h S_h} \tag{3.146}$$

则此时的 $V(\bar{y}_{st})$ 达到最小值：

$$V_{\min}(\bar{y}_{st}) = \frac{1}{n}\left(\sum_{h=1}^{L} W_h S_h\right)^2 - \frac{1}{N}\sum_{h=1}^{L} W_h S_h^2 \tag{3.147}$$

如果待估参数为总体总量或总体比例，相应的最小方差计算公式可通过对式（3.147）略加变形得到。

例 3-4

某市有甲、乙两个地区，现要进行家庭收入的调查。令 $n=500$，已知甲地区共有 20 000 户居民，乙地区共有 50 000 户居民；甲地居民和乙地居民年收入标准差估计分别为 $S_1=2\ 500$，$S_2=2\ 000$；同时对甲地和乙地每户的平均抽样费用之比为 2∶3，请分别计算出在甲地和乙地进行比例分配、一般最优分配（考虑费用因素）以及内曼分配（不考虑费用因素）的样本量。

解：根据已知的数据，通过计算整理可得表 3-8 中的结果。

表 3-8　关于样本量分配的计算

h	N_h	W_h	S_h	c_h	$W_h S_h$	$W_h S_h/\sqrt{c_h}$
1	20 000	0.285 7	2 500	2	714.285 7	505.076 3
2	50 000	0.714 3	2 000	3	1 428.571 4	824.786 1
总计	70 000	1.000 0	—	—	2 142.857 1	1 329.862 4

（1）比例分配。

$$n_1 = nW_1 = 500 \times 0.285\ 7 = 142.86 \approx 143$$

$$n_2 = nW_2 = 500 \times 0.714\ 3 = 357.14 \approx 357$$

（2）一般最优分配。

$$n_1 = n \frac{W_1 S_1/\sqrt{c_1}}{\sum_{h=1}^{2} W_h S_h/\sqrt{c_h}} = 500 \times \frac{505.08}{1\ 329.86} = 500 \times 0.380$$

$$= 190$$

$$n_2 = n \frac{W_2 S_2/\sqrt{c_2}}{\sum_{h=1}^{2} W_h S_h/\sqrt{c_h}} = 500 \times \frac{824.79}{1\ 329.86} = 500 \times 0.620$$

$$= 310$$

(3) 内曼分配。

$$n_1 = n\frac{W_1S_1}{\sum_{h=1}^{2}W_hS_h} = 500\times\frac{714.286}{2\ 142.857} = 500\times 0.333 = 167$$

$$n_2 = n\frac{W_2S_2}{\sum_{h=1}^{2}W_hS_h} = 500\times\frac{1\ 428.571}{2\ 142.857} = 500\times 0.667 = 334$$

对比上面三组结果可以发现，一般最优分配在乙地所抽取的样本量是最小的。这是因为一般最优分配考虑了费用的因素，在乙地抽样的单位平均费用较高，所以最优的原则应是适当增加甲地的样本量，减少乙地的样本量。

将表 3 - 8 中的相关数据代入式（3.147），可以计算出内曼分配下估计量的最小方差。当然，这一方差也可以将内曼分配下 n_1 和 n_2 直接代入式（3.125）求得。通过这两种方法求得的最小方差理论上应该是相等的。但有一点需要注意，因为在计算各层样本量的时候有一个取整的过程，从而使实际分配的样本量与理论最优分配的样本量有所偏离，因此用式（3.125）所求得的实际最小方差往往会比利用式（3.147）所求得的理论最小方差偏大。

3.5.4 某些层需要进行大于 100%抽样的修正

在具体实施最优分配方案时，可能会遇到意想不到的麻烦。不妨回忆一下最优分配中 n_h 的计算公式（3.134），我们已经知道 n_h 与 N_h，S_h 成正比，而与$\sqrt{c_h}$成反比。假如某些层的标准差 S_h 特别大，而 N_h 相对于总样本量 n 又小得多，同时这些层的平均单位抽样费用 c_h 较低，那么此时按照最优分配 n_h 的计算公式（3.134）得出的 n_h 很可能会超过 N_h [注：通过对式（3.134）的讨论，可以得出，当$nS_h/\sqrt{c_h} > \sum_{h=1}^{L}(N_hS_h/\sqrt{c_h})$时，$n_h > N_h$]，这时对这些层至少要实施 100%的抽样，即对这些层进行普查，然后再将剩下的样本量按最优分配方式在其余各层进行分配。下面以内曼最优分配为例，具体讲述需要进行大于 100%抽样的实施步骤。

假设通过内曼分配的计算公式得出某层（不妨设为第一层）的最优分配样本量 $n_1 > N_1$，则应该令第一层的实际抽样量 $\tilde{n}_1 = N_1$，同时，对于其余各层

$$\tilde{n}_h = (n - N_1)\frac{W_hS_h}{\sum_{h=2}^{L}W_hS_h},\quad h = 2,3,\cdots,L \tag{3.148}$$

这实质上是按照内曼分配的原则，将 $n - N_1$ 个样本分配到其余各层。如果通过式（3.148）计算出的所有 $\tilde{n}_h$ 都满足 $\tilde{n}_h \leqslant N_h$（$h=2$，3，…，$L$），那么样本分配到此结束。如果仍有 $\tilde{n}_h$ 超过 N_h，这里不妨设 $\tilde{n}_2 > N_2$，则令 $\tilde{n}_1' = N_1$，$\tilde{n}_2' = N_2$，对于其余各层

$$\tilde{n}_h' = (n - N_1 - N_2)\frac{W_hS_h}{\sum_{h=3}^{L}W_hS_h},\quad h = 3,4,\cdots,L \tag{3.149}$$

如果通过式（3.149）计算出来的所有 $\tilde{n}'_h$ 都满足 $\tilde{n}'_h \leqslant N_h$（$h=3, 4, \cdots, L$），那么样本分配完毕。如果仍有 $\tilde{n}'_h$ 超过 N_h，则需要重复上面的过程，直到各层所分配的样本量 $\tilde{n}_h$ 都不超过该层的 N_h 为止。

在这种情况下，对于方差 $V(\bar{y}_{st})$ 的一般公式（3.125），可以直接将修正后的最优分配所得出的 $\tilde{n}_h$ 代入。而内曼最优分配的最小方差公式（3.147）则需作出必要的调整：

$$V'_{\min}(\bar{y}_{st}) = \frac{1}{n'}\left(\sum_h{}' W_h S_h\right)^2 - \frac{1}{N}\sum_h{}' W_h S_h^2 \tag{3.150}$$

式中，$\sum_h{}'$ 是仅对最后实际分配的样本量 $\tilde{n}_h$ 严格小于 N_h 的各层求和；n' 也只是这些层中抽取的单元总数。这里我们不去证明公式（3.150），但可以直观地理解一下它的含义：因为对于那些实施普查（$\tilde{n}_h = N_h$）的层来说，已经不存在所谓的抽样误差了，自然需要从原来的公式（3.147）中将它们舍弃。

例 3-5

假设某个模拟的总体分为四层，N_h 和 S_h 的值列于表 3-9 中，假定样本量 $n=100$，应如何进行内曼最优分配？

表 3-9　一个模拟总体的分层情况

h	N_h	S_h	N_hS_h
1	6	500	3 000
2	20	600	12 000
3	300	20	6 000
4	500	30	15 000
总计	826	—	36 000

解：第 1 步：根据表 3-9 中的数据计算内曼最优分配下各层的样本量。$n_1 = n \times \frac{N_1S_1}{\sum_{h=1}^{4} N_hS_h} = 100 \times \frac{3\,000}{36\,000} = 8.33 \approx 8$，而 $N_1=6$，可见 $n_1 > N_1$，因此，令 $\tilde{n}_1 = N_1 = 6$。

第 2 步：将 $n-\tilde{n}_1=94$ 个待分配的样本量再按照内曼最优分配的原则分配到第 2 层到第 4 层。则 $\tilde{n}_2 = (n-\tilde{n}_1)\frac{N_2S_2}{\sum_{h=2}^{4} N_hS_h} = 94 \times \frac{12\,000}{33\,000} \approx 34.18 = 34$，而 $N_2=20$，可见 $\tilde{n}_2 > N_2$，因此，再令 $\tilde{n}'_1 = N_1 = 6$，$\tilde{n}'_2 = N_2 = 20$。

第 3 步：将 $n-\tilde{n}'_1-\tilde{n}'_2 = 74$ 个待分配的样本量按照内曼最优分配的原则分配到第 3 层和第 4 层。则 $\tilde{n}'_3 = (n-\tilde{n}'_1-\tilde{n}'_2)\frac{N_3S_3}{\sum_{h=3}^{4} N_hS_h} = 74 \times \frac{6\,000}{21\,000} \approx 21.14 = 21$，而 $N_3=300$，满

足 $\tilde{n}'_3 < N_3$。且 $\tilde{n}'_4 = (n - \tilde{n}'_1 - \tilde{n}'_2)\dfrac{N_4 S_4}{\sum_{h=3}^{4} N_h S_h} = 74 \times \dfrac{15\ 000}{21\ 000} \approx 52.85 \approx 53$，$N_4 = 400$，也满足 $\tilde{n}'_4 < N_4$。

第 4 步：确定各层最终所分配的样本量。$\tilde{n}'_1 = 6$，$\tilde{n}'_2 = 20$，$\tilde{n}'_3 = 21$，$\tilde{n}'_4 = 53$。

第 5 步：根据式（3.150）计算此时总体均值估计量 $\bar{y}_{st}$ 的最小方差。

$$
\begin{aligned}
V'_{\min}(\bar{y}_{st}) &= \frac{1}{n'}\Big(\sum_h{}' W_h S_h\Big)^2 - \frac{1}{N}\sum_h{}' W_h S_h^2 \\
&= \frac{1}{74} \times \left(\frac{300}{826} \times 20 + \frac{500}{826} \times 30\right)^2 - \frac{1}{826} \times \left(\frac{300}{826} \times 20^2 + \frac{500}{826} \times 30^2\right) \\
&\approx 8.734\ 7 - 0.835\ 4 \\
&\approx 7.899\ 3 = 7.9
\end{aligned}
$$

从本例可以看出，对于可能需要进行 100%抽样的问题来说，正确的做法是逐步逐层进行计算，一旦发现计算出来的 $n_h > N_h$，则令 $\tilde{n}_h = N_h$，然后调整剩下的样本量，将剩下的样本量在剩余各层中进行最优分配，直到各层所分配的样本量 $\tilde{n}_h$ 都不超过该层的 N_h 为止。

3.6 总样本量的确定

分层随机抽样中总样本量 n 的确定相对于简单随机抽样来说变得复杂，因为它不仅与调查的精度要求、费用的限制以及所估计的统计量有关，而且与如何分层以及各层样本量的分配方式有关。本节将逐一讨论这些问题。

3.6.1 估计总体均值时样本量的确定

1. 精度要求是以 $V(\bar{y}_{st})$ 的上限 V 的形式给出的

$$V = \sum_{h=1}^{L} \frac{W_h^2 S_h^2}{n_h} - \sum_{h=1}^{L} \frac{W_h S_h^2}{N} \tag{3.151}$$

（1）确定的样本量分配：$n_h = n w_h$（$h=1, 2, \cdots, L$）。

将 n_h 的表达式代入式（3.151），得

$$V = \frac{1}{n}\sum_{h=1}^{L} \frac{W_h^2 S_h^2}{w_h} - \sum_{h=1}^{L} \frac{W_h S_h^2}{N} \tag{3.152}$$

由式（3.152）可求得

$$n = \frac{\sum_{h=1}^{L} W_h^2 S_h^2 / w_h}{V + \frac{1}{N}\sum_{h=1}^{L} W_h S_h^2} \tag{3.153}$$

令

$$n_0=\frac{1}{V}\sum_{h=1}^{L}(W_h^2S_h^2/w_h) \tag{3.154}$$

则

$$n=\frac{n_0}{1+\frac{1}{NV}\sum_{h=1}^{L}W_hS_h^2} \tag{3.155}$$

（2）比例分配：$w_h=W_h$。

将 $w_h=W_h$ 代入式（3.154），可得

$$n_0=\frac{1}{V}\sum_{h=1}^{L}W_hS_h^2 \tag{3.156}$$

$$n=\frac{n_0}{1+n_0/N} \tag{3.157}$$

（3）内曼分配：$w_h=W_hS_h\Big/\sum_{h=1}^{L}W_hS_h$。

将 $w_h=W_hS_h\Big/\sum_{h=1}^{L}W_hS_h$ 代入式(3.154)，可得

$$n_0=\frac{1}{V}\left(\sum_{h=1}^{L}W_hS_h\right)^2 \tag{3.158}$$

将 $w_h=W_hS_h\Big/\sum_{h=1}^{L}W_hS_h$ 代入式(3.153)，可得

$$n=\frac{\left(\sum_{h=1}^{L}W_hS_h\right)^2}{V+\frac{1}{N}\sum_{h=1}^{L}W_hS_h^2}=\frac{n_0}{1+\frac{1}{NV}\sum_{h=1}^{L}W_hS_h^2} \tag{3.159}$$

值得注意的是，虽然式（3.159）的右端在形式上与式（3.155）是相同的，但 n_0 的内容是有差异的。

（4）一般最优分配：$w_h=(W_hS_h)/\sqrt{c_h}\Big/\sum_{h=1}^{L}(W_hS_h/\sqrt{c_h})$。

将此时 w_h 的表达式代入式（3.153），可得

$$n=\frac{\sum_{h=1}^{L}(W_hS_h\sqrt{c_h})\sum_{h=1}^{L}(W_hS_h/\sqrt{c_h})}{V+\frac{1}{N}\sum_{h=1}^{L}W_hS_h^2} \tag{3.160}$$

2. 精度要求是以 $\bar{y}_{st}$ 的绝对误差限度 d（在给定的置信水平 $1-\alpha$ 下）的形式给出的

此时要求：

$$P(|\bar{y}_{st}-\bar{Y}|\leqslant d)=1-\alpha\Leftrightarrow P\left(\left|\frac{\bar{y}_{st}-\bar{Y}}{\sqrt{V(\bar{y}_{st})}}\right|\leqslant\frac{d}{\sqrt{V(\bar{y}_{st})}}\right)=1-\alpha$$

于是

$$\frac{d}{\sqrt{V(\bar{y}_{st})}}=z_{\alpha/2}$$

即 $V(\bar{y}_{st})=d^2/(z_{\alpha/2})^2$。所以，此时的精度要求也相当于是以 $V(\bar{y}_{st})$ 的上限 V 的形式给出的：$V=d^2/(z_{\alpha/2})^2$，式中 $z_{\alpha/2}$ 代表标准正态分布的右 $\alpha/2$ 分位点。

(1) 确定的样本量分配形式：$n_h=nw_h$。

将 $V=d^2/(u_{\alpha/2})^2$ 代入式 (3.153)，得

$$n=\frac{\sum_{h=1}^{L}W_h^2S_h^2/w_h}{\frac{d^2}{(z_{\alpha/2})^2}+\frac{1}{N}\sum_{h=1}^{L}W_hS_h^2} \tag{3.161}$$

(2) 比例分配：$w_h=W_h$。

将 $w_h=W_h$ 代入式 (3.161)，可得

$$n=\frac{\sum_{h=1}^{L}W_hS_h^2}{\frac{d^2}{(z_{\alpha/2})^2}+\frac{1}{N}\sum_{h=1}^{L}W_hS_h^2} \tag{3.162}$$

(3) 内曼分配：$w_h=W_hS_h\Big/\sum_{h=1}^{L}W_hS_h$。

将此时 w_h 的表达式代入式 (3.161)，可得

$$n=\frac{\left(\sum_{h=1}^{L}W_hS_h\right)^2}{\frac{d^2}{(z_{\alpha/2})^2}+\frac{1}{N}\sum_{h=1}^{L}W_hS_h^2} \tag{3.163}$$

(4) 一般最优分配：$w_h=(W_hS_h)/\sqrt{c_h}\Big/\left(\sum_{h=1}^{L}W_hS_h/\sqrt{c_h}\right)$。

将此时 w_h 的表达式代入式 (3.161)，可得

$$n=\frac{\sum_{h=1}^{L}(W_hS_h\sqrt{c_h})\sum_{h=1}^{L}(W_hS_h/\sqrt{c_h})}{\frac{d^2}{(z_{\alpha/2})^2}+\frac{1}{N}\sum_{h=1}^{L}W_hS_h^2} \tag{3.164}$$

3. 精度要求是以 $\bar{y}_{st}$ 的相对误差限度 r（在给定的置信水平 $1-\alpha$ 下）的形式给出的

此时要求：

$$P\left(\left|\frac{\bar{y}_{st}-\bar{Y}}{\bar{Y}}\right|\leqslant r\right)=1-\alpha \Leftrightarrow P(|\bar{y}_{st}-\bar{Y}|\leqslant r\bar{Y})=1-\alpha$$

表达式 $P(|\bar{y}_{st}-\bar{Y}|\leqslant r\bar{Y})=1-\alpha$ 相当于绝对误差限度 $d=r\bar{Y}$。所以，此时的精度要求

也相当于是以 $\bar{y}_{st}$ 的绝对误差限度 d 的形式给出的：$d=r\bar{Y}$。

（1）确定的样本量分配形式：$n_h=nw_h$。

将 $d=r\bar{Y}$ 代入式（3.161），可得

$$n=\frac{\sum_{h=1}^{L}W_h^2S_h^2/w_h}{\left(\frac{r\bar{Y}}{z_{\alpha/2}}\right)^2+\frac{1}{N}\sum_{h=1}^{L}W_hS_h^2} \tag{3.165}$$

（2）比例分配：$w_h=W_h$。

将 $w_h=W_h$ 代入式（3.165），可得

$$n=\frac{\sum_{h=1}^{L}W_hS_h^2}{\left(\frac{r\bar{Y}}{z_{\alpha/2}}\right)^2+\frac{1}{N}\sum_{h=1}^{L}W_hS_h^2} \tag{3.166}$$

（3）内曼分配：$w_h=W_hS_h\Big/\sum_{h=1}^{L}W_hS_h$。

将此时 w_h 的表达式代入式（3.165），可得

$$n=\frac{\left(\sum_{h=1}^{L}W_hS_h\right)^2}{\left(\frac{r\bar{Y}}{z_{\alpha/2}}\right)^2+\frac{1}{N}\sum_{h=1}^{L}W_hS_h^2} \tag{3.167}$$

（4）一般最优分配：$w_h=\dfrac{W_hS_h/\sqrt{c_h}}{\sum_{h=1}^{L}W_hS_h/\sqrt{c_h}}$。

将此时 w_h 的表达式代入式（3.165），可得

$$n=\frac{\sum_{h=1}^{L}(W_hS_h\sqrt{c_h})\sum_{h=1}^{L}(W_hS_h/\sqrt{c_h})}{\left(\frac{r\bar{Y}}{z_{\alpha/2}}\right)^2+\frac{1}{N}\sum_{h=1}^{L}W_hS_h^2} \tag{3.168}$$

值得注意的是，当精度要求是以 $\bar{y}_{st}$ 的相对误差限度 r 的形式给出时，不仅需要对 S_h 进行估计，而且需要对 $\bar{Y}$ 进行估计。

例 3-6[①]

某工厂生产的机器供应全国 219 家用户，现在想请用户对该厂机器进行评分。现将这

① 冯士雍，倪加勋，邹国华．抽样调查理论与方法．北京：中国统计出版社，1998．此处在该书第 4 章 116 页课后习题 3.3 的基础上增加了一个问题。

些用户分成本地区、本省外地区以及外省三层，相关资料如表 3－10 所示（其中，c_h 为在第 h 层中调查一个用户的平均费用）。

表 3－10 关于层的数据资料

本地区	本省外地区	外省
$N_1=112$ $S_1^2=2.25$ $c_1=9$	$N_2=68$ $S_2^2=3.24$ $c_2=25$	$N_3=39$ $S_3^2=3.24$ $c_3=36$

现在要求评分均值的估计量的方差 $V(\bar{y}_{st})=0.1$，同时还要求费用最省（$c_0=0$，且费用为线性形式），求样本量 n 及其在各层的分配，并计算对应的最低费用。

分析：从本例所要达到的目的可以看出，这个问题属于“对于给定的估计量方差，使总费用达到最小”的一般最优分配问题。因此，总样本量 n 的确定应该采用式（3.160）。

解：根据表 3－10 中的数据资料可得出下面的结果（见表 3－11）。

表 3－11 根据数据资料而进行相关的计算

h	W_h	S_h	$\sqrt{c_h}$	$W_hS_h\sqrt{c_h}$	$W_hS_h/\sqrt{c_h}$	$W_hS_h^2$	w_h
1	0.511 4	1.500 0	3	2.301 3	0.255 7	1.150 7	0.607 5
2	0.310 5	1.800 0	5	2.794 5	0.111 8	1.006 0	0.265 6
3	0.178 1	1.800 0	6	1.923 5	0.053 4	0.577 0	0.126 9
总计	1.000 0	—	—	7.019 2	0.420 9	2.733 7	1.000 0

将表中的计算结果代入下面的公式

$$n=\frac{\sum_{h=1}^{L}(W_hS_h\sqrt{c_h})\sum_{h=1}^{L}(W_hS_h/\sqrt{c_h})}{V+\frac{1}{N}\sum_{h=1}^{L}W_hS_h^2}$$

则

$$n=\frac{7.019\,2\times0.420\,9}{0.1+2.733\,7\div219}=26.26\approx26$$

根据 $w_h=(W_hS_h/\sqrt{c_h})\Big/\sum_{h=1}^{L}(W_hS_h/\sqrt{c_h})$，可得 $w_1=0.607\,5$，$w_2=0.265\,6$，$w_3=0.126\,9$，进而有

$$n_1=nw_1=16,\ n_2=nw_2=7,\ n_3=nw_3=3$$

此时对应的最低费用为：

$$C_{\min}=16\times9+7\times25+3\times36=427$$

3.6.2 总费用给定时总样本量的确定

这里仅考虑简单的线性费用函数的情况。设费用函数为：

$$C_T = c_0 + \sum_{h=1}^{L} c_h n_h \tag{3.169}$$

式中，C_T 为总费用；c_0 为与样本量无关的固定费用；c_h 为在第 h 层中抽取一个单元的平均费用。假设 C_T，c_0 和 c_h 均已知，根据最优分配的结论，有

$$C_T - c_0 = \sum_{h=1}^{L} c_h \left(kW_h S_h / \sqrt{c_h}\right) = k\sum_{h=1}^{L} \sqrt{c_h} W_h S_h \tag{3.170}$$

所以，$k = \dfrac{C_T - c_0}{\sum\limits_{h=1}^{L} \sqrt{c_h} W_h S_h}$，进而有 $n_h = \dfrac{(C_T - c_0) W_h S_h / \sqrt{c_h}}{\sum\limits_{h=1}^{L} \sqrt{c_h} W_h S_h}$，从而总的样本量 n 为：

$$n = \sum_{h=1}^{L} n_h = (C_T - c_0) \frac{\sum\limits_{h=1}^{L} W_h S_h / \sqrt{c_h}}{\sum\limits_{h=1}^{L} \sqrt{c_h} W_h S_h} \tag{3.171}$$

本节讨论了各种情况下关于总样本量的确定问题。不难发现，几乎在所有计算总样本量 n 的公式中都包含 S_h，有些甚至还含有 $\bar{Y}$，这些统计量的值在实际操作中需要对其进行估计。具体来说，可以根据经验或通过预调查来给它们一个初始值，进而确定 n。

3.7 分层抽样的其他方面

本章前面的内容大部分是基于简单的分层随机抽样而进行的讨论，在本节中，我们将在前面内容的基础上作进一步的扩充，简要介绍一下分层抽样的其他方面。

3.7.1 多重分层

定义 3.11 当调查指标 ψ 与两个或多个辅助变量 x_1，x_2，…都存在相关关系时，为了提高分层的效益，需要按每一个辅助变量进行分层，通常的做法是先按最主要的变量分成大层，在大层中再按第二主要变量分成子层，从而形成交叉分层。当存在多个分层变量时，这种分层方式称为多重分层（multiple stratification）。

举例来说，在对某市消费者进行有关软饮料消费支出的调查时，可以首先把消费者按照居住地分成大层，然后在每个地区内按照消费者的年龄分成子层，还可以对每个地区、每个年龄段的消费者再按照职业继续分成更小的子层，如此就形成了多重分层。

对于多重分层，当子层划分好以后，就要考虑样本量在各子层的分配问题。最简单常

用的样本量分配方法是按照与每一子层大小成比例的原则进行分配。为了叙述方便，下面以只有两个分层变量（变量1和变量2）为例来具体说明这一过程。

设按照变量1分层可以分成R大层，每大层的层权为$W_{k.}$（$k=1, 2, \cdots, R$）；按照变量2分层可以分成C大层，每大层的层权为$W_{.l}$（$l=1, 2, \cdots, C$）。倘若按照变量1和变量2进行交叉分层，则每个子层的层权为$W_{kl}=W_{k.}W_{.l}$（$k=1, 2, \cdots, R$；$l=1, 2, \cdots, C$）。设总样本量为n，则kl子层（"kl子层"代表变量1取第k个值，变量2取第l个值的子层）的样本量为$n_{kl}=nW_{kl}$。各子层的样本量确定以后，就可以在子层内随机抽取样本了。

然而在多重分层中，有时会出现这样一个问题：当总样本量n相对于子层总数RC不够大时，会出现某些子层分配不到样本的情况。这种现象在实际中很可能出现，这是由于当总样本量n受到费用等因素的限制不能取得很大，但子层总数RC又较大时，问题就会出现。下面举一个简单的例子来具体说明此时的样本量分配问题。

若$n<\max(R, C)$，则此时应当考虑重新确定分层变量或者不采用分层抽样，否则这种分层的效益是很难保证的。

若$n<RC$，同时还满足$n\geq\max(R, C)$，就可以考虑用试验设计的思想来进行样本量的分配。具体操作过程参见下面的例3-7。

例3-7①

某城镇进行货车运输量的抽样调查。分层变量1是货车的吨位大小；分层变量2是车辆所属部门及营业性质。倘若按照变量1分层，可以分成6大层（这里称为"行层"），即$R=6$；倘若按照变量2分层，可以分成5大层（这里称为"列层"），即$C=5$。有关各子层规模的数据N_{kl}（$k=1, 2, \cdots, 6$；$l=1, 2, \cdots, 5$）列在表3-12中，$N=977$。现在要抽取的总样本量$n=9$，请问应如何确定各子层的样本量？

表3-12 某城镇货车按两个分层变量交叉分层后，各子层的规模N_{kl}

k \ l		分层变量2（列层）					$N_{k.}$
		1	2	3	4	5	
分层变量1（行层）	1	32	44	40	85	16	217
	2	10	8	21	12	13	64
	3	24	14	27	54	8	127
	4	54	13	35	18	32	152
	5	48	26	148	24	42	288
	6	65	15	28	9	12	129
$N_{.l}$		233	120	299	202	123	$N=977$

① 冯士雍，施锡铨．抽样调查：理论、方法与实践．上海：上海科学技术出版社，1996．此处在该书第3章85页例3.8的基础上进行了修正和扩充。

根据表 3-12 中给出的子层规模数据可以计算出各子层在总体中所占的比例 P_{kl} 以及行层和列层在总体中所占的比例 $P_{k\cdot}$ 和 $P_{\cdot l}$，计算结果和计算公式如表 3-13 所示。

表 3-13　各子层、行层及列层在总体中所占的比例，以及行层和列层的样本量分配

k \ l		分层变量 2（列层）					P_k $=N_{k\cdot}/N$	$n'_{k\cdot}=nP_{k\cdot}$	$n_{k\cdot}=[n'_{k\cdot}]$
		1	2	3	4	5			
分	1	0.032 8	0.045 0	0.040 9	0.087 0	0.016 4	0.222 1	1.999 0	2
层	2	0.010 2	0.008 2	0.021 5	0.012 3	0.013 3	0.065 5	0.589 6	1
变	3	0.024 6	0.014 3	0.027 6	0.055 3	0.008 2	0.130 0	1.169 9	1
量	4	0.055 3	0.013 3	0.035 8	0.018 4	0.032 8	0.155 6	1.400 2	1
1	5	0.049 1	0.026 6	0.151 5	0.024 6	0.043 0	0.294 8	2.653 0	3
（行层）	6	0.066 5	0.015 4	0.028 7	0.009 2	0.012 3	0.132 0	1.188 3	1
$P_{\cdot l}=N_{\cdot l}/N$		0.238 5	0.122 8	0.306 0	0.206 8	0.125 9	1	—	—
$n'_{\cdot l}=nP_{\cdot l}$		2.146 4	1.105 4	2.754 4	1.860 8	1.133 1	—	—	—
$n_{\cdot l}=[n'_{\cdot l}]$		2	1	3	2	1	—	—	9

从表 3-13 中得出的行层样本量 $n_{k\cdot}$ 及列层样本量 $n_{\cdot l}$ 可以看出，行层和列层的样本量根本不足以在对应的子层中进行全面分配。举例来说，行层 1 的样本量为 2，而与行层 1 交叉的列层有 5 个，所以根本不可能面面俱到地在每个交叉子层中都分配样本量，那么当行层和列层的样本量确定以后，应如何将较少的行层及列层的样本量分配到相对较多的子层呢？其分配原则是：kl 子层被分配到一个样本单元的概率为 $n_{k\cdot}n_{\cdot l}/n^2$。具体的实施办法是引入一个 $n\times n$ 的方阵，使这个方阵的第 1 行到第 $n_{1\cdot}$ 行对应于第 1 个行层，第 $n_{1\cdot}+1$ 行到第 $n_{1\cdot}+n_{2\cdot}$ 行对应于第 2 个行层，如此下去，使这个方阵的 n 行从上到下依次对应于第 1 个行层，第 2 个行层……第 R 个行层。同理，也使这个方阵的 n 列从左到右依次对应于第 1 个列层，第 2 个列层……第 C 个列层。接下来就开始抽取能被分配到样本单元的子层。先在 $n\times n$ 方阵的第 1 行随机抽取一列，在对应的格子处划上标记，然后在第 2 行的其余 $n-1$ 列再随机抽取一列，在对应的格子处也划上标记，再在第 3 行的其余 $n-2$ 列随机抽取一列，同样在对应的格子处划上标记，依此类推。最终的结果是：方阵中的每一行都有一个格子被抽中，而且一行只有一个格子被抽中；方阵中的每一列也都有一个格子被抽中，而且一列只有一个格子被抽中。然后再把抽中的格子对应上具体的行层和列层，于是被抽中的子层就唯一确定了。下面采用例 3-7 来具体演示这个过程。

对于例 3-7，需要构造一个 9×9 的方阵，然后根据表 3-14 中得出的行层及列层的样本量以及上面介绍的步骤可得下面的图 3-1。

在图 3-1 中，行层 1 对应方阵的第 1，2 两行，行层 2 对应方阵第 3 行，行层 3 对应方阵的第 4 行，行层 4 对应方阵的第 5 行，行层 5 对应方阵第 6，7，8 三行，行层 6 对应方阵的第 9 行。列层 1 对应方阵的第 1，2 两列，列层 2 对应方阵第 3 列，列层 3 对应方阵的第 4，5，6 列，列层 4 对应方阵的第 7，8 列，列层 5 对应方阵第 9 列。

		l	分层变量 2(列层)								
		列层号 →	1		2	3			4		5
	k	列号 →	1	2	3	4	5	6	7	8	9
分层变量 1(行层)	1	1						*			
		2				*					
	2	3									*
	3	4			*						
	4	5	*								
	5	6								*	
		7					*				
		8							*		
	6	9		*							
	↑ 行层号	↑ 行号									

图 3-1　子层的抽取示意图

首先在第 1 行中随机抽取一列，抽到的是第 6 列，然后在第 2 行的剩余 8 列（去掉第 6 列）中随机抽取一列，抽到的是第 4 列……在第 8 行的剩余两列（去掉前 7 行所抽到的列之后）中随机抽取一列，抽到的是第 7 列，于是第 9 行就只剩第 2 列了。图 3-1 中的“*”代表被抽中的格子，最后把每个被抽中的格子对应上具体的行层和列层，就可以得出各个子层需要抽取的单元数，本例的具体结果参见表 3-14。

表 3-14　各个子层需要抽取的样本单元数

k \ l		分层变量 2（列层）					$n_{k\cdot}$
		1	2	3	4	5	
分层变量 1（行层）	1	0	0	2	0	0	2
	2	0	0	0	0	1	1
	3	0	1	0	0	0	1
	4	1	0	0	0	0	1
	5	0	0	1	2	0	3
	6	1	0	0	0	0	1
$n_{\cdot l}$		2	1	3	2	1	$n=9$

这样，就完成了样本量 n 在各子层的分配工作。上述在 $n\times n$ 的方阵中抽取 n 个格子的过程相当于试验设计中在一个 n 阶拉丁方中随机地抽取一个字母或数字，该字母或数字所占有的 n 个格子即为所需，同时要求拉丁方本身字母或数字的排列是经过随机化的。

上面的讨论是基于只有两个分层变量的简单情况，当分层变量有三个或更多个的时候，可以借助 n 阶正交拉丁方，采用与上面类似的步骤完成样本量在各个子层的分配工作。

各个子层的样本量确定之后，就可以在相应的子层内随机抽取样本了。当某个子层内所分配到的样本量不止一个时，可以通过简单随机抽样的方式进行抽取。在这种情况下，

kl 子层内的某个单元被抽中的概率为$P_{kl}/(n_{.l}n_{k.})$，可以看出，此时的抽样属于不等概抽样。当对于所有的 k 和 l 都满足 $P_{kl}\approx n_{.l}n_{k.}/n^2$ 时，$P_{kl}/(n_{.l}n_{k.})\approx 1/n^2$，此时可以近似看成是等概率抽样，也只有在这种情况下，样本均值可以作为总体均值的估计，否则，应该按照不等概抽样方法进行总体均值（或总体总量）的估计。同时还需要指出，只有当每个行层和列层中至少有两个样本单元时，才能进行方差的估计。

3.7.2　事后分层

对于分层抽样，首先需要将总体中的每个单元按照某种准则划归到一个层中，然后准备好各层的抽样框，再在各层内进行独立的抽样。在实际中，有时进行事先分层会存在一定的困难。例如：

（1）各层的抽样框无法得到。

（2）几个变量都适宜于分层，而要进行事先的多重交叉分层存在一定困难，同时也不需要了解交叉分层后每个子层的信息。

（3）一个单位到底属于哪一层要在收集到样本数据以后才知道。

（4）总体规模 N 太大，事先分层太费事等。

在这些情况下，如果还想利用分层抽样在精度上的得益或者想得到每个子总体的估计，就可以采用事后分层（post-stratification）技术。

事后分层技术要求层权 W_h 已知或者可以通过某种途径获得，当层权 W_h 未知而需要进行估计时，应当确保层权的估计值与实际的层权相差甚小，否则将达不到提高估计量精度的目的。同时，在使用事后分层技术时还应该注意事后分层的数目不宜太多。

事后分层的具体实施办法是：先采用简单随机抽样的方法从总体中抽取一个样本量为 n 的样本，然后对样本中的单元按某些特征进行分层。假设在 n 个样本中，落入第 h 层的样本数为 m_h，有 $\sum_{h=1}^{L} m_h=n$，则此时对总体均值 $\bar{Y}$ 的事后分层估计为：

$$\bar{y}_{pst}=\sum_{h=1}^{L} W_h\bar{y}_h=\sum_{h=1}^{L} W_h\left(\frac{1}{m_h}\sum_{i=1}^{m_h} y_{hi}\right) \tag{3.172}$$

式中，下标“pst”代表“post-stratification”；层权 W_h 已知；y_{hi}代表落入第h 层的第i 个样本的指标值。

由于 m_h 代表n 个样本中落入第h 层的样本数，所以 m_h 会随抽取样本的不同而发生变化，同时 m_h（$h=1$，2，…，L）中的一个或更多个可能等于 0，如果出现这种情况，在估计之前就需要对层进行合并。

性质 3.1　在 m_h 固定而且都大于 0 的条件下，$\{y_{h1}, y_{h2}\cdots, y_{hm_h}\}(h=1, 2, \cdots, L)$ 可以看成是独立地从各层中抽取的简单随机样本。

下面以层数 $L=2$ 为例来证明这一性质。

证明：令事件 A 表示“在第 1 层中抽到 y_{11}，y_{12}，…，y_{1m_1}”；事件 B 表示“在第 2 层中抽到 y_{21}，y_{22}，…，y_{2m_2}”；事件 B'表示“在第 2 层中抽到 m_2 个单元”，则有

$$P(A|B)=\frac{P(AB)}{P(B)}=\frac{1\Big/\binom{N}{n}}{\binom{N_1}{m_1}\Big/\binom{N}{n}}=\frac{1}{\binom{N_1}{m_1}} \tag{3.173}$$

式中，$n=m_1+m_2$。

同理可证

$$P(A|B')=\frac{P(AB')}{P(B')}=\frac{\binom{N_2}{m_2}\Big/\binom{N}{n}}{\binom{N_1}{m_1}\binom{N_2}{m_2}\Big/\binom{N}{n}}=\frac{1}{\binom{N_1}{m_1}} \tag{3.174}$$

故有

$$P(A|B)=P(A|B')=1\Big/\binom{N_1}{m_1} \tag{3.175}$$

式（3.175）表明在第1层中抽到$\{y_{11}, y_{12}, \cdots, y_{1m_1}\}$的概率与第2层中哪$m_2$个单元被抽到无关。

倘若令事件A'表示“在第1层中独立地以简单随机抽样的方式抽取m_1个样本，抽到的样本为$y_{11}, y_{12}, \cdots, y_{1m_1}$”，则有

$$P(A')=1\Big/\binom{N_1}{m_1} \tag{3.176}$$

综合式（3.175）和式（3.176），有

$$P(A|B)=P(A|B')=P(A') \tag{3.177}$$

式（3.177）说明，通过事后分层落入第1层的样本$\{y_{11}, y_{12}, \cdots, y_{1m_1}\}$可以看成是独立地从第1层中抽取的简单随机样本。

由性质3.1可得，在m_h固定且皆大于0的条件下，有

$$V(\bar{y}_{pst})=\sum_h \frac{W_h^2S_h^2}{m_h}-\frac{1}{N}\sum_h W_hS_h^2 \tag{3.178}$$

式中：

$$S_h^2=\frac{1}{N_h-1}\sum_{i=1}^{N_h}(Y_{hi}-\bar{Y}_h)^2 \tag{3.179}$$

定理3.9 当n充分大时，事后分层估计量$\bar{y}_{pst}$及其方差$V(\bar{y}_{pst})$有如下性质：

(1) $E(\bar{y}_{pst})=\bar{Y}$ (3.180)

(2) $E(V(\bar{y}_{pst}))\approx\frac{1-f}{n}\sum_h W_hS_h^2+\frac{1}{n^2}\sum_h(1-W_h)S_h^2$ (3.181)

证明： 当n充分大时，落入第h层的样本量m_h为0的概率就会变得很小，此时可以

认为：

$$m_h>0, \quad h=1,2,\cdots,L \tag{3.182}$$

根据性质 3.1，当 m_h 固定时，$\{y_{h1}，y_{h2}\cdots，y_{hm_h}\}$（$h=1，2，\cdots，L$）可以看成是独立地从各层中抽取的简单随机样本，所以此时 $\bar{y}_h$ 是 $\bar{Y}_h$ 的无偏估计，即

$$E(\bar{y}_h|m_h \text{ 固定})=\bar{Y}_h \tag{3.183}$$

所以

$$\begin{aligned}E(\bar{y}_{pst}) &= E\Big(\sum_{h=1}^{L} W_h\bar{y}_h\Big) = \sum_{h=1}^{L} W_h E(\bar{y}_h) = \sum_{h=1}^{L} W_h E\,(E\,(\bar{y}_h\,|m_h))\\ &= \sum_{h=1}^{L} W_h E\,(\bar{Y}_h) = \sum_{h=1}^{L} W_h\bar{Y}_h = \bar{Y}\end{aligned}$$

从而均值估计量的无偏性得证。

下面证明方差 $V(\bar{y}_{pst})$ 的期望公式（3.181）。

由于 m_h 会随抽取样本的不同而发生变化，所以当反复抽取含量为 n 的样本时，必须计算 $V(\bar{y}_{pst})$ 的均值。为此，需要利用斯蒂芬（Stephan）于 1945 年曾经证明的达到阶为 n^{-2}项的结果，当 n 充分大时：

$$E\left(\frac{1}{m_h}\right)=\frac{1}{nW_h}+\frac{1-W_h}{n^2W_h^2} \tag{3.184}$$

所以

$$E\,(V(\bar{y}_{pst})) = E\left(\sum_h \frac{W_h^2S_h^2}{m_h}-\frac{1}{N}\sum_h W_hS_h^2\right) \tag{3.185}$$

$$= E\left(\sum_h \frac{W_h^2S_h^2}{m_h}\right)-E\left(\frac{1}{N}\sum_h W_hS_h^2\right) \tag{3.186}$$

$$= \sum_h W_h^2S_h^2E\left(\frac{1}{m_h}\right)-\frac{1}{N}\sum_h W_hS_h^2 \tag{3.187}$$

$$\approx \sum_h W_h^2S_h^2\left(\frac{1}{nW_h}+\frac{1-W_h}{n^2W_h^2}\right)-\frac{1}{N}\sum_h W_hS_h^2 \tag{3.188}$$

$$= \frac{1}{n}\sum_h W_hS_h^2+\frac{1}{n^2}\sum_h (1-W_h)S_h^2-\frac{1}{N}\sum_h W_hS_h^2 \tag{3.189}$$

$$= \frac{1-f}{n}\sum_h W_hS_h^2+\frac{1}{n^2}\sum_h (1-W_h)S_h^2 \tag{3.190}$$

$$= V_{prop}+\frac{1}{n^2}\sum_h (1-W_h)S_h^2 \tag{3.191}$$

从而方差 $V(\bar{y}_{pst})$ 的期望公式（3.181）得证。

在式（3.191）中，第一项恰好是比例分配分层随机抽样估计量的方差；第二项表示由于事后分层的各层样本量 m_h 与比例分配的各层样本量 $n_h=nW_h$ 发生偏离所引起的方差增量，该项方差增量与 n^{-2}同阶，所以，当 n 充分大时，事后分层的精度相当于比例分配分层随机抽样的精度。

事后分层均值估计量 $\overline{y}_{pst}$ 的方差 $V(\overline{y}_{pst})$ 可以用式(3.192)估计：

$$v(\overline{y}_{pst})=\frac{1-f}{n}\sum_h W_h s_h^2+\frac{1}{n^2}\sum_h(1-W_h)s_h^2 \tag{3.192}$$

式中：

$$s_h^2=\frac{1}{m_h-1}\sum_{i=1}^{m_h}(y_{hi}-\overline{y}_h)^2 \tag{3.193}$$

事后分层技术还适用于这样的情况：先将目标总体按照某个指标进行分层，然后采取严格的比例分配的分层随机抽样抽取出样本量为 n 的样本，根据前面讲过的关于比例分配分层随机抽样的性质，此时所得的样本是自加权的，总体中每个单元被抽中的概率都相等，因此可以将这个样本看成是简单随机样本，也正因为如此，还可以对这个样本按照其他指标做进一步的事后分层。

习 题

3.1 某高校欲了解教职工对某项津贴与职务、职称挂钩的分配制度改革的态度，准备在全校教职工中进行抽样调查。为了提高抽样效率，准备进行分层抽样，请判断下面的几种分层方法是否合适：

(1) 按性别分层；

(2) 按教师、行政管理人员、职工分层；

(3) 按职称（正高、副高、中级、初级、其他）分层；

(4) 按部门（如系、所、处）分层。

3.2 某学院4个专业的新生举行元旦晚会，组织者为了活跃气氛，欲在800名学生中抽出8名作为“幸运星”。为示公平，要求每位学生被抽中的概率相同。组织者知道利用简单随机抽样的方法可以满足要求，你能不能帮助组织者再设计几种方案？

3.3 某居委会辖有三个居民新村，居委会欲对居民购买彩票的情况进行调查。调查者考虑以新村分层，在每个新村中随机抽取了10个居民户并调查每户最近一个月购买彩票所花费的金额（元），下表是每个新村及调查的情况：

新村	居民户数	1	2	3	4	5	6	7	8	9	10
1	256	10	10	2	0	20	10	0	10	30	20
2	420	20	35	10	50	0	40	50	10	20	20
3	168	0	20	0	30	30	50	40	0	30	0

(1) 试估计该居委会居民户购买彩票的平均支出，并给出估计的标准差。

(2) 当置信度为95%，要求相对误差限度不超过10%时，按比例分配和内曼分配时总样本量及各层的样本量分别为多少？

3.4 随着经济发展，某市居民正在悄悄改变他们过年的习惯，虽然大多数居民选择除夕夜在家吃年夜饭、看电视节目，但也有一些家庭到饭店吃年夜饭，或逛夜市，或利用春节假期到外地旅游。为研究这种现象，某研究机构以市中心165万居民户作为研究对象，将居民户按6个行政区分层，在每个行政区随机抽出30户居民户进行了调查（各层抽样比可以忽略），每个行政区的情况以及在家（或亲戚家）吃年夜饭、看电视节目的居民户数见下表：

行政区 h	居民户比例 W_h	在家居民户 n_h
1	0.18	27
2	0.21	28
3	0.14	27
4	0.09	26
5	0.16	28
6	0.22	29

(1) 试估计该市居民在家吃年夜饭的比例，并给出估计的标准差。

(2) 当置信度为95%，要求绝对误差限度不超过1%时，按比例分配和内曼分配时总样本量及各层的样本量分别为多少？

3.5 某开发区利用电话调查（RDD）对区内居民消费冷冻食品情况进行调查。他们将电话号码（六位数字）的前两位作为一部分，后四位作为一部分，前两位代表局号，局号及每个局号中拥有的电话数可以找到，按局号分层，按每个局号（剔除商户后）拥有的电话数比例分配样本量（各层抽样比可以忽略）。调查后各层样本户购买冷冻食品支出的中间结果见下表：

局号	层权（%）	样本量	样本平均（元）	样本标准差
1	8.2	16	89	105
2	6.5	13	56	74
3	13.7	27	102	186
4	5.6	11	76	97
5	11.8	24	97	106
6	11.6	23	79	89
7	17.0	34	83	112
8	9.8	20	52	73
9	8.8	18	36	44
10	7.0	14	52	65

试估计该开发区居民户购买冷冻食品的平均支出，以及估计的95%置信区间。

3.6 某单位欲估计职工的离职意愿，聘请了专业公司来进行调研，公司人员按高级职称、中级职称和初级职称分为3层，已知层权分别为0.2，0.3，0.5，预先猜测各层的总体比例为0.1，0.2，0.4。如果采用按比例分配的分层抽样，要求估计的方差与样本量为100的简单随机样本相当，则样本量应为多少？（不考虑有限总体校正系数。）

3.7 如果一个大的简单随机样本按类别分为6组，然后按照层的实际大小重新进行加权，这一过程称为事后分层，采用这种方法是由于（判断以下说法的对错）：

(1) 它能比简单随机抽样产生更精确的结果；

(2) 它能比比例分配产生更精确的结果；

(3) 它能比最优分配产生更精确的结果；

(4) 在抽样时不能得到分层变量；

(5) 它的估计量的方差与真正按比例分层随机抽样的方差差不多。

3.8 某公司进行财务审计，需要对原始凭证进行审核。该公司先后有两名出纳，由A出纳登记的原始凭证占70%，B出纳登记的原始凭证占30%。审计人员从原始凭证中随机抽出100份，结果发现，由A，B出纳登记的原始凭证分别为43份和57份，差错分别为1份和2份。

(1) 用简单随机抽样的公式估计登记原始凭证的差错率，并计算估计的标准差；

(2) 用事后分层的公式估计登记原始凭证的差错率，并计算估计的标准差。

有限总体校正系数 $1-f\approx1$。

3.9 下列数据是 $N=6$，两层单元数相同的人为总体。

第一层		第二层	
x_{1i}	y_{1i}	x_{2i}	y_{2i}
3	0	8	6
5	3	15	9
10	6	25	15

对 $n_1=n_2=2$ 的一个分层随机样本：

(1) 列出所有可能的样本；

(2) 用分别比估计和联合比估计来估计 $\bar{Y}$，计算估计的偏差及 MSE；

(3) 对上述结果进行比较分析。

3.10 基于附录Ⅱ“企业抽样案例背景介绍”的实践题：

(1) 以企业规模（scale）为分层变量，按比例分配各层样本量，分层随机抽取2 000家企业，估计该省份企业经营收入（income）的均值、抽样相对标准误差，以及95%置信水平下的置信区间。将结果和第2章简单随机抽样的估计结果（见习题2.11 (1)）进行对比分析，计算该分层随机抽样的设计效应。

(2) 使用（1）抽取的样本数据，自选辅助信息，分别用分别比估计量和联合比估计量估计该省份企业经营收入（income）的均值及其抽样相对标准误差，以及95%置信水平下的置信区间，并计算设计效应。

(3) 使用（1）抽取的样本数据，自选辅助信息，分别用分别回归估计量和联合回归估计量估计该省份企业经营收入（income）的均值及其抽样相对标准误差，以及95%置信水平下的置信区间。计算设计效应，并结合案例对简单估计、比估计、回归估计进行比较分析。

(4) 以企业规模 (scale) 为分层变量，按内曼分配各层样本量，分层随机抽取 2 000 家企业，估计该省份企业经营收入的均值、抽样相对标准误差，以及 95%置信水平下的置信区间。计算该分层随机抽样的设计效应，并将结果和 (1) 的估计结果进行对比分析。

(5) 以企业主营业地的城乡类型 (location) 为分层变量，分层随机抽取 2 000 家企业，分别按最优分配、内曼分配和比例分配这三种方法分配各层样本量，估计该省份企业经营收入 (income) 的均值及其抽样相对标准误差，比较这三种方案的设计效应。

(6) 若在 95%的置信水平下，要求抽样调查所得企业经营收入均值的估计值的相对误差限度不超过 10%，以企业规模 (scale) 为分层变量，分别使用比例分配和内曼分配的分层随机抽样，抽取企业的最小样本量为多少?

(7) 若在 95%的置信水平下，要求抽样调查地级市代码 (city) 为“A”的企业比例估计值的绝对误差限度不超过 3%，以企业规模 (scale) 为分层变量，分别使用比例分配和内曼分配的分层随机抽样，抽取企业的最小样本量为多少?

(8) 选择雇员人数 (employees) 作为分层变量，用累积平方根方法进行分层设计，分别使用比例分配和内曼分配，用分层随机抽样方法抽取样本量为 2 000 的样本。估计该省份企业经营收入的均值及其抽样相对标准误差，以及 95%置信水平下的置信区间。

(9) 假设给定 5 万元调查经费，自己进行分层抽样设计，估计该省份企业经营收入的均值及其抽样相对标准误差。

(10) 使用习题 2.11 (1) 的简单随机抽样抽取的样本数据，自选辅助信息，用事后分层估计量估计该省份企业经营收入 (income) 的均值、抽样相对标准误差，以及 95%置信水平下的置信区间。计算该事后分层估计量的设计效应。

第4章 等概率整群抽样和两阶段抽样

前面两章抽样方法中的抽样单元，都是组成总体的基本单元，即抽样单元和基本单元是一致的。然而，抽样单元并不一定是基本单元，本章即讨论此类问题。由若干有联系的基本单元所组成的集合称为群。抽样时抽取群，并对入选群的所有基本单元进行调查，这种方法就是整群抽样。由于群内单元通常具有相似性，尤其当群规模比较大时，对群内单元进行再抽样，这就是实际调查中常用的两阶段抽样，其中的群也称为初级抽样单元，群内再抽样的单元称为二级抽样单元。

群（初级抽样单元）的规模相等时经常采用等概率抽样，群（初级抽样单元）的规模不等时也可以使用等概率抽样，但实际应用中常采用不等概抽样。不等概抽样将在下一章进行专门介绍，本章主要介绍等概率抽取群（初级抽样单元）的抽样方法，其中4.1节介绍整群抽样的定义、特点和符号说明；4.2节介绍群规模相等条件下和群规模不等条件下等概率整群抽样的估计；4.3节介绍等概率两阶段抽样的估计；4.4节介绍等概率两阶段抽样设计。

4.1 概　述

4.1.1 定义

整群抽样（cluster sampling）是将总体划分为若干群，然后以群（cluster）为抽样单元，从总体中随机抽取一部分群，对入选群内的所有单元进行调查的一种抽样方法。

例如，欲估计某高校大学生的月平均消费支出。假定该大学共有40 000个大学生、10 000个学生宿舍（每个宿舍住4人）。方案1是根据学生名录，采用简单随机抽样方法抽取400个大学生；方案2是根据学生宿舍名录随机抽取100个宿舍，并调查被抽宿舍中的每一个学生；方案3是先根据学生宿舍名录随机抽取400个宿舍，再在每个被抽中的宿舍内随机抽取1个学生。以上三种抽样方案虽然都是等概率抽样，样本量都是400，但是抽样误差不同，抽样单元也不相同。方案1抽取的样本单元就是接受调查的基本单元——学生；方案2采用的是整群抽样，抽取的样本单元是若干个基本单元所组成的集合——学生宿舍，也称为群；方案3采用的是两阶段抽样，第一阶段抽取的样本单元（初级抽样单元）为学生宿舍，第二阶段抽取的样本单元（二级抽样单元）为学生。

从方法上看，整群抽样是由一阶段抽样向多阶段抽样过渡的桥梁。在第一阶段抽样中，如果随机抽取样本群后，对群内的所有单元进行调查，即（一阶段）整群抽样，该阶段的群即为初级抽样单元（primary sampling unit，PSU）。如果随机抽取样本群后，进一步从中按照低一级的二级抽样单元（second-stage sampling unit，SSU）抽取子样本，即两阶段抽样；也可以进一步在抽出的二级抽样单元中按照更低一级的三级抽样单元（third-stage sampling unit，TSU）再抽取子样本，即三阶段抽样；以此类推。最后一个阶段所抽出的单元可以是最终基本单元，也可以仍然是群体（基本单元的集合）。对于前者称为多阶段抽样，对于后者称为多阶段整群抽样。事实上，多阶段整群抽样是多阶段抽样中的一种情形，本章着重介绍一阶段整群抽样和两阶段抽样。

4.1.2 整群抽样的特点

整群抽样具有如下优点：

（1）抽样框编制得以简化。抽样调查中需要有包括所有总体单元的抽样框，才能应用前几章所介绍的抽样方式抽取样本。但在实践中，常出现没有相应的资料的情况，有时是因为不可能构造这样的抽样框，有时虽然可以构造这样的抽样框，但工作量极大。比较而言，构造群的抽样框则更容易、简便。例如对北京市小学生的视力状况进行抽样调查，要获得北京市所有小学生的名单十分困难，但若以学校作为群，得到北京市所有小学的名单则要容易得多。

（2）实施调查便利、节省费用。在总体单元分布很广的情形下，简单随机抽样会使样本分布非常分散，给调查带来不便，并使调查费用增加。而整群抽样调查单元的分布相对集中，调查人员能节省大量来往于调查单元间的时间和费用。而且，如果群是以行政单元划分的，调查时得到行政单元的配合，更有助于调查的实施，得到较高质量的原始数据。

整群抽样的主要不足是，通常情况下其抽样误差较大。因为抽取的样本单元比较集中，一般群内单元之间的差异比较小，而不同群之间的差异比较大，这样每个样本单元所提供的信息价值量就很有限，因此抽样误差常常大于简单随机抽样。但由于整群抽样省时省力，每个单元的平均调查费用较少，故可以通过适当增大样本量的方法弥补抽样精度的损失。

但是，对于某些特殊结构的总体，整群抽样反而有较高的精度。这种特殊结构是指总体中各个群的结构相似，例如一般家庭成员中都有男性、女性，如果估计男女性别比例，以家庭作为群，采用整群抽样，估计的精度要比直接抽取个人进行估计的精度高。

4.1.3 群的划分

整群抽样中的“群”大致可分为两类：一类是根据行政或地域形成的群体，如学校、企业或街道，对此采用整群抽样是为了方便调查、节省费用；另一类则是调查人员人为确定的，如将一大块面积划分为若干块较小面积的群。这时就需要考虑如何划分群，以使在相同调查费用下抽样误差最小。

分群的一般原则可以用方差分析的原理说明。当总体划分为群以后，总体方差可以分解为群间方差和群内方差两部分，这两部分是此消彼长的关系：若群间方差大则群内方差小；反之，群间方差小则群内方差大。由于整群抽样对入选群中的所有单元都进行调查，因此影响整群抽样误差大小的主要因素是群间方差。为了提高整群抽样估计的精度，划分群时就应使群内方差尽可能大，群间方差尽可能小。换句话说，划分群时应使同一群内各单元之间的差异尽可能大，以避免同一群内各单元提供重复信息。这个原则与分层抽样中划分层的原则恰好相反。由此看来，整群抽样和分层抽样是针对不同总体结构而提出的两种不同抽样方式。当然，对于一些复杂结构的总体，也可以把两种抽样方式结合起来，以发挥各自的特长。

4.1.4 群的规模

群的规模是指组成群的单元的数量。在整群抽样中，群的规模具有相当的灵活性，可大可小。群的规模大，估计的精度差但费用省；群的规模小，估计的精度可以提高但费用增大。实践中确定群的规模涉及多种因素，如群的具体结构、精度费用、调查实施的组织管理等。在正常情况下，群的规模不宜过大，对于规模很大的群，通常需要采用多阶段抽样。本章 4.4 节会介绍利用方差函数与费用函数确定群最优规模的方法。

群的规模又有两种情况，一种是总体中的各群规模相等，一种是总体中的各群规模不等。在群规模相等的条件下，一般采用等概率抽样方法抽取群；在群规模不等的条件下，多采用不等概抽样方法，这部分内容将在下一章介绍。

4.1.5 符号说明

符号说明如表 4-1 所示。

表 4-1 符号说明

总体	样本
总体群（PSU）数：N 第 i 个群中的单元（SSU）数量：M_i 各群规模相等时，各 M_i 相等记作 M，即 $M_1=M_2=\cdots=M_N=M$ 总体中 SSU 总数：$M_0=\sum_{i=1}^{N}M_i$	样本群数：n 第 i 个群中的样本单元（SSU）数量：m_i 一阶整群抽样中：$m_i=M_i$

续表

总体	样本
总体第 i 个群中第 j 个 SSU 的取值：Y_{ij}	样本第 i 个群中第 j 个 SSU 的取值：y_{ij}
总体中第 i 个群的总值：$Y_i=\sum_{j=1}^{M_i} Y_{ij}$	样本中第 i 个群总值的估计：$\hat{Y}_i$ 整群抽样中：$\hat{Y}_i=y_i=\sum_{j=1}^{M_i} y_{ij}$
总体总值：$Y=\sum_{i=1}^{N} Y_i=\sum_{i=1}^{N}\sum_{j=1}^{M_i} Y_{ij}$	总体总值的估计：$\hat{Y}$
总体中的群总值的均值：$\bar{Y}=\sum_{i=1}^{N} Y_i/N$	样本中的群总值的均值：$\bar{y}=\sum_{i=1}^{n} y_i/n$
总体中第 i 个群的个体均值：$\bar{Y}_i=Y_i/M_i$	样本中第 i 个群的个体均值：$\bar{y}_i=y_i/m_i$
总体中的个体均值：$\bar{\bar{Y}}=\sum_{i=1}^{N}\sum_{j=1}^{M_i}\frac{Y_{ij}}{M_0}$	总体均值的估计：$\bar{\bar{y}}$
总体方差：$S^2=\frac{1}{M_0-1}\sum_{i=1}^{N}\sum_{j=1}^{M_i}(Y_{ij}-\bar{\bar{Y}})^2$	样本方差：$s^2=\frac{1}{\sum_{i=1}^{n} m_i-1}\sum_{i=1}^{n}\sum_{j=1}^{m_i}(y_{ij}-\bar{\bar{y}})^2$
总体群间方差：$S_b^2=\frac{1}{N-1}\sum_{i=1}^{N}\sum_{j=1}^{M_i}(\bar{Y}_i-\bar{\bar{Y}})^2$ 群规模相等时一阶段整群抽样： $S_b^2=\frac{M}{N-1}\sum_{i=1}^{N}(\bar{Y}_i-\bar{\bar{Y}})^2$	样本群间方差：$s_b^2=\frac{1}{n-1}\sum_{i=1}^{n}\sum_{j=1}^{m_i}(\bar{y}_i-\bar{\bar{y}})^2$ 群规模相等时一阶段整群抽样： $s_b^2=\frac{M}{n-1}\sum_{i=1}^{n}(\bar{y}_i-\bar{\bar{y}})^2$
总体第 i 个群群内方差：$S_i^2=\sum_{j=1}^{M_i}\frac{(Y_{ij}-\bar{Y}_i)^2}{M_i-1}$	样本第 i 个群群内方差：$s_i^2=\sum_{j=1}^{m_i}\frac{(y_{ij}-\bar{y}_i)^2}{m_i-1}$
群规模相等时一阶段整群抽样总体群内方差： $S_w^2=\sum_{i=1}^{N}\sum_{j=1}^{M}\frac{(Y_{ij}-\bar{Y}_i)^2}{N(M-1)}$	群规模相等时一阶段整群抽样样本群内方差： $s_w^2=\sum_{i=1}^{n}\sum_{j=1}^{M}\frac{(y_{ij}-\bar{y}_i)^2}{n(M-1)}$

4.2 等概率整群抽样

假定在 N 个 PSU（初级抽样单元）组成的总体中，第 i 个 PSU 包含 M_i 个 SSU（二级抽样单元）。对于整群抽样而言，被选中的群（PSU）中所有 SSU 全部入样，因此 $M_i=m_i$。

4.2.1 群规模相等时的估计

考虑最简单的情形：总体 N 个群中，每个群所包含的单元数 M 相等，即有 $M_i=m_i=M$，则称群规模相等。实际问题中只要群规模接近，就可视为群规模相等。在群规模相等的情况下，整群抽样一般采用简单随机抽样方法抽取群，这时对总体均值或总值的估计十分简单，只要把群均值或总值作为观测值，抽样比 $f=\frac{n}{N}$，直接应用简单随机抽样估计量即可。

1. 均值估计量 $\bar{\bar{y}}$ 及其方差

采用整群抽样，若群的抽取是简单随机的，且群规模相等，皆等于 M，则对总体均值 $\bar{\bar{Y}}$ 的估计为：

$$\bar{\bar{y}}=\sum_{i=1}^{n}\sum_{j=1}^{M}\frac{y_{ij}}{nM}=\frac{1}{n}\sum_{i=1}^{n}\bar{y}_i \tag{4.1}$$

定理 4.1 $\bar{\bar{y}}$ 是 $\bar{\bar{Y}}$ 的无偏估计，即

$$E(\bar{\bar{y}})=\bar{\bar{Y}} \tag{4.2}$$

这样的结果是必然的。因为是按简单随机方法抽取群，所以样本群总值的均值 $\bar{y}$ 是总体群总值的均值 $\bar{Y}$ 的无偏估计，因而 $E(\bar{\bar{y}})=E\left(\frac{\bar{y}}{M}\right)=\frac{\bar{Y}}{M}=\bar{\bar{Y}}$。

定理 4.2 $\bar{\bar{y}}$ 的方差为：

$$V(\bar{\bar{y}})=\frac{1-f}{n}\frac{1}{N-1}\sum_{i=1}^{N}(\bar{Y}_i-\bar{\bar{Y}})^2 \tag{4.3}$$

$$=\frac{1-f}{nM}S_b^2 \tag{4.4}$$

由于$\bar{y}=\sum_{i=1}^{n}y_i/n=M\bar{\bar{y}}$，又 $M^2V(\bar{\bar{y}})=V(\bar{y})=\frac{1-f}{n}\frac{\sum_{i=1}^{N}(Y_i-\bar{Y})^2}{N-1}$，故

$$V(\bar{\bar{y}})=\frac{1-f}{nM^2}\frac{\sum_{i=1}^{N}(Y_i-\bar{Y})^2}{N-1}$$

$$=\frac{1-f}{n}\frac{\sum_{i=1}^{N}(\bar{Y}_i-\bar{\bar{Y}})^2}{N-1}=\frac{1-f}{nM}S_b^2$$

定理 4.3 $V(\bar{\bar{y}})$ 的样本估计为：

$$v(\bar{\bar{y}})=\frac{1-f}{nM}s_b^2 \tag{4.5}$$

由于 s_b^2 是 S_b^2 的无偏估计，因而 $v(\bar{\bar{y}})$ 是 $V(\bar{\bar{y}})$ 的无偏估计。

总体总值 $Y=NM\bar{\bar{Y}}$ 的估计量及相应的方差可以根据前面结果直接推出，即

$$\hat{Y} = NM\bar{\bar{y}} = \frac{N}{n}\sum_{i=1}^{n} y_i \tag{4.6}$$

$$V(\hat{Y}) = V(NM\bar{\bar{y}}) = N^2M^2V(\bar{\bar{y}}) = N^2M\left(\frac{1-f}{n}\right)S_b^2 \tag{4.7}$$

$$v(\hat{Y}) = N^2M^2v(\bar{\bar{y}}) = N^2M\left(\frac{1-f}{n}\right)s_b^2 \tag{4.8}$$

例 4－1

在一次对某中学在校生零花钱的调查中，以宿舍作为群进行整群抽样。每个宿舍都有 $M=6$ 名学生。用简单随机抽样在全部 $N=315$ 个宿舍中抽取 $n=8$ 个宿舍。全部 48 名学生上周每人的零花钱 y_{ij} 及相关计算数据如表 4－2 所示。试估计该学校学生平均每周的零花钱 $\bar{\bar{Y}}$，并给出其 95%的置信区间。

表 4－2　8 个宿舍 48 名学生每周零花钱支出额

i	y_{ij}（元）						$\bar{y}_i$（元）	s_i^2
1	58	83	74	82	66	87	75.00	125.60
2	91	83	79	111	101	69	89.00	233.60
3	123	89	94	109	79	80	95.67	299.07
4	99	105	98	107	129	90	104.67	177.87
5	110	99	132	87	99	124	108.50	287.50
6	111	100	116	99	107	105	106.33	42.27
7	120	115	117	99	106	120	112.83	72.57
8	96	80	63	130	105	86	93.33	527.87

解：已知 $N=315$，$n=8$，$M=6$，$f=\frac{n}{N}=0.025\,4$，故

$$\bar{\bar{y}} = \frac{1}{n}\sum_{i=1}^{n}\bar{y}_i = \frac{75+89+\cdots+93.33}{8} = 98.17$$

$$s_b^2 = \frac{M}{n-1}\sum_{i=1}^{n}(\bar{y}_i - \bar{\bar{y}})^2$$

$$= \frac{6}{8-1}\left[(75-98.17)^2+\cdots+(93.33-98.17)^2\right] = 926.63$$

由式（4.5）有

$$v(\bar{\bar{y}}) = \frac{1-f}{nM}s_b^2 = \frac{1-0.025\,4}{8\times 6}\times 926.63 = 18.81$$

$$s(\bar{\bar{y}}) = \sqrt{v(\bar{\bar{y}})} = \sqrt{18.81} = 4.34$$

于是 $\bar{\bar{Y}}$ 置信度为 95%的置信区间为 $98.17\pm 1.96\times 4.34$，也即 [89.66 元，106.68 元]。

2. 整群抽样效率分析

观察总体的 ANOVA（方差分析）表（见表 4－3）。分层抽样中估计量 $\bar{y}_{st}$ 的方差取决于层内差异性；如果层均值之间的差异性大于层内差异性（$\frac{S_b^2}{S_w^2}$取值较大），则分层抽样就会提高精度。整群抽样的情形则相反，在整群抽样中，由于 $V(\bar{y})=\frac{1-f}{nM}S_b^2$，估计量的方差依赖于群间的差异性。故如果整群抽样中$\frac{S_b^2}{S_w^2}$较大，则整群抽样就会损失精度。

表 4－3　总体 ANOVA 表——群规模相等时的整群抽样

来源	自由度	平方和	均方
群间	$N-1$	$SSB=\sum_{i=1}^{N}\sum_{j=1}^{M}(\bar{Y}_i-\bar{\bar{Y}})^2$	$S_b^2=\frac{SSB}{N-1}$
群内	$N(M-1)$	$SSW=\sum_{i=1}^{N}\sum_{j=1}^{M}(Y_{ij}-\bar{Y}_i)^2$	$S_w^2=\frac{SSW}{N(M-1)}$
总计	$NM-1$	$SST=\sum_{i=1}^{N}\sum_{j=1}^{M}(Y_{ij}-\bar{\bar{Y}})^2$	$S^2=\frac{SST}{NM-1}$

下面来对比整群抽样和简单随机抽样的估计误差。假定直接从总体中抽取一个样本量为 nM 的简单随机样本，则样本均值 $\bar{y}$ 的方差为：

$$V_{srs}(\bar{y})=\left(1-\frac{nM}{NM}\right)\frac{S^2}{nM}=\frac{1-f}{nM}S^2$$

如果该总体被等分为 N 个规模均为 M 的群，定义 ρ_c 为群内相关系数，描述同一群内成对个体单元之间的相关程度，表达式为：

$$\rho_c=\frac{E(Y_{ij}-\bar{\bar{Y}})(Y_{ik}-\bar{\bar{Y}})}{E(Y_{ij}-\bar{\bar{Y}})^2} \tag{4.9}$$

式中，分子是对每个群中 M 个个体单元两两配对的离差乘积求平均，然后再就 N 个群求平均，因此这样的离差乘积的个数共有 $NC_M^2=NM(M-1)/2$ 个。于是式(4.9) 中的分子为 $\frac{\sum_{i=1}^{N}\sum_{j<k}^{M}(Y_{ij}-\bar{\bar{Y}})(Y_{ik}-\bar{\bar{Y}})}{NM(M-1)/2}$。

式（4.9）中的分母是对 NM 个个体单元的离差平方项求平均，故可以写为：

$$\frac{\sum_{i=1}^{N}\sum_{j<k}^{M}(Y_{ij}-\bar{\bar{Y}})^2}{NM}=\frac{NM-1}{NM}S^2$$

于是 ρ_c 又可以写为：

$$\rho_c = \frac{2\sum_{i=1}^{N}\sum_{j<k}^{M}(Y_{ij}-\bar{\bar{Y}})(Y_{ik}-\bar{\bar{Y}})}{(M-1)(NM-1)S^2} \tag{4.10}$$

用简单随机抽样方法抽取 n 个群，每个群内的 M 个单元全部进入样本，则整群抽样（群规模相等）均值估计量 $\bar{\bar{y}}$ 的方差可以近似表示为：

$$\begin{aligned} V(\bar{\bar{y}}) &= \frac{1}{M^2}V(\bar{y}) \\ &= \frac{1-f}{nM^2}\frac{1}{N-1}\sum_{i=1}^{N}(Y_i-\bar{Y})^2 \\ &= \frac{1-f}{n}\frac{1}{M^2(N-1)}\sum_{i=1}^{N}\left[\sum_{j=1}^{M}(Y_{ij}-\bar{\bar{Y}})\right]^2 \\ &= \frac{1-f}{n}\frac{NM-1}{M^2(N-1)}S^2\left[1+(M-1)\rho_c\right] \\ &\approx \frac{1-f}{nM}S^2\left[1+(M-1)\rho_c\right] \end{aligned} \tag{4.11}$$

由此，整群抽样（群规模相等）的设计效应

$$deff = \frac{V(\bar{\bar{y}})}{V_{srs}(\bar{\bar{y}})} \approx 1+(M-1)\rho_c \tag{4.12}$$

这说明，相同样本量下整群抽样方差约为简单随机抽样方差的 $1+(M-1)\rho_c$ 倍。也就是说，为了得到相同的估计精度，整群抽样的样本量是简单随机抽样样本量的 $1+(M-1)\rho_c$ 倍。

整群抽样的估计效率与群内相关系数 ρ_c 关系密切。如果群内各单元的值都相等，则群内方差 $S_w^2=0$，$\rho_c=1$ 为最大值，在这种情况下 $deff=M$，即整群抽样的估计量方差是简单随机抽样估计量方差的 M 倍；若群内方差与总体方差相等，意味着分群是完全随机的，这时 $\rho_c\approx 0$，$deff=1$，整群抽样与简单随机抽样估计效率相同；当群内方差大于总体方差时，ρ_c 的取值为负，这时 $deff<1$，整群抽样的效率高于简单随机抽样。当群间方差 $S_b^2=0$，即各群均值 $\bar{Y}_i$ 都相等时，ρ_c 有极小值 $-\frac{1}{M-1}$，所以 ρ_c 的取值范围是 $\left[-\frac{1}{M-1},\ 1\right]$。

要提高整群抽样估计的效率，就要通过分群尽可能降低 ρ_c 值，一般情况下可以通过增大群内单元之间的差异实现。这个结论也正是前面所谈及的群的划分原则。当然，对于自然形成的群而言，无法通过调整群内单元而控制 ρ_c 的取值。这时，要想减少抽样误差，就只能增大样本量。

另外，群内相关系数 ρ_c 也可以用群内方差 S_w^2 和群间方差 S_b^2 表示，并由样本统计量 s_w^2，s_b^2 估计：

$$\hat{\rho}_c = \frac{s_b^2 - s_w^2}{s_b^2+(M-1)s_w^2} \tag{4.13}$$

式中，$s_b^2 = \frac{M}{n-1}\sum_{i=1}^{n}(\bar{y}_i-\bar{\bar{y}})^2$，$s_w^2 = \sum_{i=1}^{n}\sum_{j=1}^{M}\frac{(y_{ij}-\bar{y}_i)^2}{n(M-1)}$。

例 4-2

估计例 4-1 中以宿舍为群的群内相关系数与设计效应。

解：由例 4-1 已计算出样本群间方差 $s_b^2=926.63$，而样本群内方差为：

$$
\begin{aligned}
s_w^2 &= \frac{1}{n(M-1)}\sum_{i=1}^{n}\sum_{j=1}^{M}(y_{ij}-\bar{y}_i)^2 \\
&= \frac{1}{n}\sum_{i=1}^{n}\frac{1}{M-1}\sum_{j=1}^{M}(y_{ij}-\bar{y}_i)^2 \\
&= \frac{1}{n}\sum_{i=1}^{n}s_i^2 \\
&= \frac{1}{8}(125.6+233.60+\cdots+527.87)=220.79
\end{aligned}
$$

由式（4.13），得

$$
\begin{aligned}
\hat{\rho}_c &= \frac{s_b^2-s_w^2}{s_b^2+(M-1)s_w^2}=\frac{926.63-220.79}{926.63+(6-1)\times 220.79} \\
&=0.348
\end{aligned}
$$

由式（4.12），得

$$deff=1+(M-1)\hat{\rho}_c=1+(6-1)\times 0.348=2.74$$

设计效应 $deff=2.74$ 表明，在这项调查中，为达到同样的估计精度，整群抽样的样本量大约为简单随机抽样样本量的 2.74 倍。若令 n_{srs} 为简单随机抽样的样本量，则

$$n_{srs}=\frac{nM}{deff}=\frac{8\times 6}{2.74}\approx 18$$

即可达到与整群抽样 48 名学生样本量相同的估计精度。

4.2.2 群规模不等时的估计

在实际的社会调查中，群规模不等的情况更为常见。从 N 个群中等概率抽取 n 个群的整群样本，如果各群规模 M_i 不等，前面式(4.1)的简单估计量是有偏的，尤其是当各群规模 M_i 差异很大，且 $\bar{y}_i$ 与 M_i 存在较高相关性时，估计量的偏差会很大。下面介绍这种情况下常用的两种估计方法：无偏估计和比率估计。

1. 等概率抽样，无偏估计

其基本思路是，以群规模 M_i 为权数，乘以各群均值 $\bar{y}_i$，得到群观测值总值 y_i，再将样本中 n 个群的群总和平均，求得群总和均值 $\bar{y}$，再除以群平均规模 $\overline{M}=\frac{\sum_{i=1}^{N}M_i}{N}$，求得均值估计。其估计公式为：

$$\bar{y} = \sum_{i=1}^{n} \frac{M_i \bar{y}_i}{n\bar{M}} = \frac{1}{n\bar{M}} \sum_{i=1}^{n} y_i = \frac{\bar{y}}{\bar{M}}$$
$$= \frac{\bar{y}N}{\bar{M}N} = \frac{\hat{Y}}{M_0} \tag{4.14}$$

由式（4.14），很容易得到总体总值 Y 的估计：

$$\hat{Y} = M_0 \bar{y} \tag{4.15}$$

式中，$M_0 = \sum_{i=1}^{N} M_i$ 为总体中的基本单元总数。

估计总体总值 Y，需要 M_0，但使用整群抽样往往是因为没有总体中基本单元的抽样框，而由于总体的群数 N 是已知的，因此可以采用另一个公式：

$$\hat{Y} = \frac{N}{n} \sum_{i=1}^{n} y_i \tag{4.16}$$

可以看出，式（4.15）与式（4.16）是等价的。实际上，先利用式（4.16）求 $\hat{Y}$，再利用式（4.14）对总体均值进行估计是比较方便的做法。若 M_0 未知，对总体均值进行估计可采用式（4.14）。

上述估计量的方差分别为：

$$V(\hat{Y}) = \frac{N^2(1-f)}{n} \frac{\sum_{i=1}^{N} (Y_i - \bar{Y})^2}{N-1} \tag{4.17}$$

它的无偏估计为：

$$v(\hat{Y}) = \frac{N^2(1-f)}{n} \frac{\sum_{i=1}^{n} (y_i - \bar{y})^2}{n-1} \tag{4.18}$$

对均值估计 $\bar{y}$ 而言：

$$V(\bar{y}) = \frac{1}{M_0^2} V(\hat{Y})$$
$$= \frac{N^2(1-f)}{M_0^2 n} \frac{\sum_{i=1}^{N} (Y_i - \bar{Y})^2}{N-1} \tag{4.19}$$

这种估计方法考虑了群规模 M_i，所以估计量 $\bar{y}$ 和 $\hat{Y}$ 分别是 $\bar{\bar{Y}}$ 和 Y 的无偏估计。但是从方差公式（4.17）和式（4.19）可以看出，估计量的方差与群总值 Y_i 之间的差异有关。如果群规模 M_i 差别很大，通常会造成 Y_i 差异很大，导致估计量 $\bar{y}$ 和 $\hat{Y}$ 的估计精度较差。

2. 等概率抽样，比估计

我们通常预期 y_i 与 M_i 是相关的，以 M_i 为辅助变量，总体均值的比估计量为：

$$\bar{\bar{y}}_R = \frac{\sum_{i=1}^{n} y_i}{\sum_{i=1}^{n} M_i} \tag{4.20}$$

从比估计量的性质可知，它是一个有偏估计。当样本群数 n 很大时，其偏倚很小，可以忽略不计。

总体总值 Y 的比估计量为：

$$\hat{Y}_R = M_0 \bar{\bar{y}}_R = M_0 \frac{\sum_{i=1}^{n} y_i}{\sum_{i=1}^{n} M_i} \tag{4.21}$$

根据比估计量的方差公式，估计量 $\bar{\bar{y}}$ 与 $\hat{Y}$ 的方差分别为：

$$V(\bar{\bar{y}}_R) \approx \frac{1-f}{n\bar{M}^2} \frac{\sum_{i=1}^{N} (Y_i - \bar{\bar{Y}} M_i)^2}{N-1}$$

$$= \frac{1-f}{n\bar{M}^2} \frac{\sum_{i=1}^{N} M_i^2 (\bar{Y}_i - \bar{\bar{Y}})^2}{N-1} \tag{4.22}$$

$$V(\hat{Y}_R) \approx M_0^2 V(\bar{\bar{y}}_R) = N^2 \bar{M}^2 V(\bar{\bar{y}}_R)$$

$$\approx \frac{N^2(1-f)}{n} \frac{\sum_{i=1}^{N} (Y_i - \bar{\bar{Y}} M_i)^2}{N-1}$$

$$= \frac{N^2(1-f)}{n} \frac{\sum_{i=1}^{N} M_i^2 (\bar{Y}_i - \bar{\bar{Y}})^2}{N-1} \tag{4.23}$$

由式（4.22）和式（4.23）看出，估计量 $\bar{\bar{y}}_R$ 与 $\hat{Y}_R$ 的方差取决于群的个体均值 $\bar{Y}_i$ 之间的差异。所以，尽管群规模 M_i 差异可能很大，但 $\bar{Y}_i$ 之间的差异却比 Y_i 之间的差异要小得多。因此，与前面的无偏估计量相比，在大样本量情况下，比估计量的精度更高。

$V(\bar{\bar{y}}_R)$ 与 $V(\hat{Y}_R)$ 的样本估计分别为：

$$v(\bar{\bar{y}}_R) = \frac{1-f}{n\bar{M}^2} \frac{\sum_{i=1}^{n} (y_i - M_i \bar{\bar{y}})^2}{n-1}$$

$$= \frac{1-f}{n\bar{M}^2} \frac{1}{n-1} \left(\sum_{i=1}^{n} y_i^2 + \bar{\bar{y}}^2 \sum_{i=1}^{n} M_i^2 - 2\bar{\bar{y}} \sum_{i=1}^{n} M_i y_i \right) \tag{4.24}$$

$$v(\hat{Y}_R) = \frac{N^2(1-f)}{n} \frac{\sum_{i=1}^{n} (y_i - M_i \bar{\bar{y}})^2}{n-1}$$

$$= \frac{N^2(1-f)}{n} \frac{1}{n-1} \left(\sum_{i=1}^{n} y_i^2 + \bar{y}^2 \sum_{i=1}^{n} M_i^2 - 2\bar{y} \sum_{i=1}^{n} M_i y_i \right) \tag{4.25}$$

如果总体群平均规模 $\bar{M}=M_0/N$ 未知，可以用样本群平均规模 $\bar{m} = \frac{\sum_{i=1}^{n} M_i}{n}$ 代替。

例 4-3

某县有 33 个乡，共 726 个村，某一年度某农作物总种植面积为30 525亩。现采用等概率抽样随机抽出 10 个乡进行该种作物的产量调查，要求利用无偏估计量和比估计量分别估计全县总产量，并计算估计量标准差。

表 4-4　10 个乡的调查数据

样本乡 编号	村庄数 M_i	乡农作物总产量 y_i（万公斤）	乡种植面积 x_i（亩）	$\bar{y}_i = y_i/M_i$
1	15	22.0	800	1.466 7
2	18	22.8	780	1.266 7
3	26	30.2	1 000	1.161 5
4	14	21.7	700	1.55
5	20	25.3	880	1.265
6	28	31.2	1 100	1.114 3
7	21	26.0	850	1.238 1
8	19	20.5	800	1.079
9	31	33.8	1 200	1.090 3
10	17	23.6	830	1.388 2
合计	209	257.1	8 940	—

资料来源：李金昌．抽样调查与推断．北京：中国统计出版社，1996：215.

解：（1）无偏估计。

$$\hat{Y} = \frac{N}{n} \sum_{i=1}^{n} y_i = \frac{33}{10}(22.0 + \cdots + 23.6) = 848.43(\text{万公斤})$$

$$\bar{y} = \frac{1}{n} \sum_{i=1}^{n} y_i = 25.71$$

$$v(\hat{Y}) = \frac{N^2(1-f)}{n} \frac{\sum_{i=1}^{n} (y_i - \bar{y})^2}{n-1}$$

$$= \frac{33^2 \times 0.697}{10} \times 20.657 = 1\ 567.9$$

$$s(\hat{Y}) = \sqrt{v(\hat{Y})} = 39.6(\text{万公斤})$$

评价：此种方法虽可获得无偏估计量，但其估计方差与 y_i 之间的差异有关。它适用

于 y_i 之间差异不大的整群抽样。

（2）以群规模为辅助变量的比估计。

$$\hat{Y}_R = M_0 \frac{\sum_{i=1}^{n} y_i}{\sum_{i=1}^{n} M_i} = 726 \times \frac{257.1}{209} = 893.08(\text{万公斤})$$

$$v(\hat{Y}_R) = \frac{N^2(1-f)}{n} \frac{\sum_{i=1}^{n}(y_i - M_i\bar{y})^2}{n-1}$$

$$= \frac{33^2 \times 0.697}{10} \times 9.061 = 687.8$$

$$s(\hat{Y}_R) = \sqrt{v(\hat{Y}_R)} = 26.2(\text{万公斤})$$

评价：比估计将群规模 M_i 作为辅助变量引入估计，其估计方差取决于群均值 $\bar{Y}_i$ 的差异。$\bar{Y}_i$ 的差异比 Y_i 的差异小，所以比估计比前一种方法获得更好的估计效果。但比估计是有偏估计，适用于样本群数 n 较大的情况。

（3）以种植面积为辅助变量的比估计。

进一步分析发现，影响目标变量 Y_i 的因素不仅有村庄数（群规模）M_i，还有种植面积 X_i，而且后者与 Y_i 的关系更为紧密。于是，用种植面积 X_i 作为辅助变量，代替 M_i 的位置，进行比估计。

已知全县该作物的种植面积总共有 $X = 30\,525$ 亩。采用种植面积为辅助变量的估计结果为：

$$\hat{Y}_R = X \frac{\sum_{i=1}^{n} y_i}{\sum_{i=1}^{n} x_i} = X\hat{R} = 30\,525 \times \frac{257.1}{8\,940} = 877.85(\text{万公斤})$$

$$v(\hat{Y}_R) = \frac{N^2(1-f)}{n} \frac{\sum_{i=1}^{n}(y_i - \hat{R}x_i)^2}{n-1}$$

$$= \frac{33^2 \times 0.697}{10} \times \frac{15.1578}{9} = 127.84$$

$$s(\hat{Y}_R) = \sqrt{v(\hat{Y}_R)} = 11.3(\text{万公斤})$$

评价：与前面几种方法相比，估计量的估计误差最小，估计效果最好。究其原因，作物的乡产量 y_i 不仅与该乡规模（村庄数）M_i 有关，更与该乡的种植面积 x_i 有关。同 $\sum_{i=1}^{n}(y_i - M_i\bar{y})^2$ 相比，$\sum_{i=1}^{n}(y_i - \hat{R}x_i)^2$ 更小，所以，这种方法在本例中不仅优于无偏估计，也优于以群规模 M_i 为辅助变量的比估计。而且，采用这种方法估计时不涉及群规模的大小，所以既可以用于群规模不等时的估计，也可以用于群规模相等时的估计。这种方法的使用前提是要掌握辅助变量 X 的总体信息，并在调查中能够获取与目标变量关系密切的辅助变量的资料。

4.3 等概率两阶段抽样

4.3.1 多阶段抽样

在整群抽样中，被抽中群中的 SSU 全部进入样本。但在很多情况下，群中单元具有相似性，尤其在群比较大时，显然没有必要调查 PSU 中的所有 SSU，而是在每个被抽中 PSU 中对 SSU 再抽取子样本，这就是两阶段抽样。同样的道理，还可以有三阶段抽样、四阶段抽样等，统称为多阶段抽样。

多阶段抽样是一种常用的抽样技术。多阶段抽样一方面保持了整群抽样的样本比较集中、便于调查、节省费用等优点，另一方面又避免了对群内单元的过多调查造成的浪费，充分发挥了抽样调查的优点。多阶段抽样还有一个优点是不需要编制所有群内单元的抽样框。抽取初级单元时，只需要编制初级单元的抽样框，对被抽中的初级单元，再去编制二级单元抽样框，依此类推，每阶段只需编制该阶段的抽样框，从而大大减少了编制抽样框的工作量。大规模的调查一般都会用到多阶段抽样技术。对一家调查公司而言，即使是在某个城市范围内的居民调查，不可能也没有必要编制全市的居民名单抽样框，多阶段抽样方法就可以解决这一问题。

多阶段抽样每一个阶段的抽样可以相同，也可以不同，它通常与分层抽样、整群抽样、系统抽样结合使用。

如果两阶段抽样中所有初级单元都被抽中，在每个初级单元中抽取部分二级单元，则这时的抽样就成为分层抽样。如果对初级单元进行抽样，并且样本初级单元中的所有二级单元都被抽中，则这时的抽样成为整群抽样。实际工作中，多阶段抽样通常和整群抽样结合使用，即前几阶段是多阶段抽样，最后一阶段为整群抽样。例如，关于居民对香皂颜色喜好的调查，第一阶段抽街道，第二阶段抽居委会，第三阶段也是最后一阶段抽居民户，并对样本居民户中的所有居民都进行调查，这时的居民户就是由其所包含的居民组成的一个群，这种抽样方法称为三阶段整群抽样。一般来说，当初级单元大小相同时，第一阶段的抽样常采用简单随机抽样，当初级单元大小不同时，第一阶段的抽样常采用不等概抽样。不等概多阶段抽样将在下一章讨论，本节主要介绍等概率抽取 PSU 和 SSU 的两阶段（整群）抽样的估计。

4.3.2 两阶段抽样估计量 $\hat{\theta}$ 的均值和方差

定理 4.4 对于两阶段抽样，有

$$E(\hat{\theta})=E_1E_2(\hat{\theta}) \tag{4.26}$$

$$V(\hat{\theta})=V_1(E_2(\hat{\theta}))+E_1(V_2(\hat{\theta})) \tag{4.27}$$

式中，E_2，V_2 分别表示在固定初级单元时对第二阶段抽样求均值和方差；E_1，V_1 分别表示对第一阶段抽样求均值和方差。

证明：对于均值公式 $E(\hat{\theta})=E_1E_2(\hat{\theta})$ 可以理解为对所有可能样本的平均，可以分两步进行。在给定的一个样本量为 n 的初级单元样本中，对所有两阶段抽样可能的样本估计量进行平均，然后再对所有一阶段抽样可能的样本估计量进行平均。

记 $E(\hat{\theta})=\tilde{\theta}$，$V(\hat{\theta})=E(\hat{\theta}-\tilde{\theta})^2=E_1E_2(\hat{\theta}-\tilde{\theta})^2$，由 $E_2(\hat{\theta}-\tilde{\theta})^2=E_2(\hat{\theta})^2-2\tilde{\theta}E_2(\hat{\theta})+\tilde{\theta}^2=(E_2(\hat{\theta}))^2+V_2(\hat{\theta})-2\tilde{\theta}E_2(\hat{\theta})+\tilde{\theta}^2$，对两边求 E_1，得

$$\begin{aligned}V(\hat{\theta})&=E_1(E_2(\hat{\theta}))^2+E_1(V_2(\hat{\theta}))-2\tilde{\theta}E_1E_2(\hat{\theta})+\tilde{\theta}^2\\&=E_1(E_2(\hat{\theta}))^2+E_1(V_2(\hat{\theta}))-2\tilde{\theta}^2+\tilde{\theta}^2\\&=E_1(E_2(\hat{\theta}))^2+E_1(V_2(\hat{\theta}))-\tilde{\theta}^2\\&=E_1(E_2(\hat{\theta}))^2+E_1(V_2(\hat{\theta}))-(E_1E_2(\hat{\theta}))^2\\&=V_1(E_2(\hat{\theta}))+E_1(V_2(\hat{\theta}))\end{aligned}$$

4.3.3 等概率两阶段抽样的符号说明

等概率两阶段抽样的符号说明如表 4-5 所示。

表 4-5 符号说明

总体	样本
总体中 PSU 个数：N	样本中 PSU 个数：n 第一阶段抽样比：$f_1=\frac{n}{N}$
总体中第 i 个 PSU 中 SSU 个数：M_i 各 PSU 规模相等时，各 M_i 相等记作 M，即 $M_1=M_2=\cdots=M_N=M$	样本中第 i 个 PSU 内的 SSU 个数：m_i 第二阶段抽样比：$f_{2i}=\frac{m_i}{M_i}$ 各 PSU 规模相等时，第二阶段样本量各 m_i 相等，记作 m；抽样比 f_{2i} 相等，记为 f_2
总体中 SSU 个数：$M_0=\sum_{i=1}^{N}M_i$	样本中 SSU 个数：$\sum_{i=1}^{n}m_i$
总体中第 i 个 PSU 中的第 j 个 SSU 的观测值：Y_{ij}	样本中第 i 个 PSU 中的第 j 个 SSU 的观测值：y_{ij}
总体总值 $Y=\sum_{i=1}^{N}\sum_{j=1}^{M_i}Y_{ij}$	样本总值 $y=\sum_{i=1}^{n}\sum_{j=1}^{m_i}y_{ij}$
总体中第 i 个 PSU 的总值 $Y_i=\sum_{j=1}^{M_i}Y_{ij}$	样本中第 i 个 PSU 的总值 $y_i=\sum_{j=1}^{m_i}y_{ij}$
总体中第 i 个 PSU 按 SSU 的平均值： $\bar{Y}_i=\frac{1}{M_i}\sum_{j=1}^{M_i}Y_{ij}=\frac{Y_i}{M_i}$	样本中第 i 个 PSU 按 SSU 的平均值： $\bar{y}_i=\frac{1}{m_i}\sum_{j=1}^{m_i}y_{ij}=\frac{y_i}{m_i}$

续表

总体	样本
总体按 SSU 的平均值：$\bar{\bar{Y}}=\frac{1}{M_0}\sum_{i=1}^{N}\sum_{j=1}^{M_i}Y_{ij}=\frac{Y}{M_0}$	样本按 SSU 的平均值：$\bar{\bar{y}}=\sum_{i=1}^{n}\sum_{j=1}^{m_i}y_{ij}\Big/\sum_{i=1}^{n}m_i=y\Big/\sum_{i=1}^{n}m_i$
总体 PSU 间的方差：$S_1^2=\frac{1}{N-1}\sum_{i=1}^{N}(\bar{Y}_i-\bar{\bar{Y}})^2$	样本 PSU 间的方差：$s_1^2=\frac{1}{n-1}\sum_{i=1}^{n}(\bar{y}_i-\bar{\bar{y}})^2$
总体第 i 个 PSU 内 SSU 间的方差：$S_{2i}^2=\frac{1}{M_i-1}\sum_{j=1}^{M_i}(Y_{ij}-\bar{Y}_i)^2$	样本第 i 个 PSU 内 SSU 间的方差：$s_{2i}^2=\frac{1}{m_i-1}\sum_{j=1}^{m_i}(y_{ij}-\bar{y}_i)^2$

4.3.4 初级单元规模相等的两阶段抽样

我们首先考虑初级单元中二级单元个数相等的情形，即初级单元规模相等的两阶段抽样。第一阶段从包含 N 个初级单元的总体中以简单随机抽样抽取 n 个初级单元，第二阶段在每个被抽中的初级单元所包含的 M 个二级单元中，以简单随机抽样抽取 m 个二级单元。

例如，某个新开发的小区拥有相同户型的 15 个单元的楼盘，居民已经陆续搬入新居，每个单元住有 12 户居民。为调查居民家庭装修情况，准备从 180 户居民户中抽取 20 户进行调查（见表 4－6）。

表 4－6　抽样数据

编号	单元	房号											
1	一栋 A 座	1	2*	3*	4*	5	6	7	8	9	10*	11	12
2	一栋 B 座	1	2	3	4	5	6	7	8	9	10	11	12
3	一栋 C 座	1	2	3	4	5	6	7	8	9	10	11	12
4	二栋 A 座	1	2	3	4	5	6	7	8	9	10	11	12
5	二栋 B 座	1	2	3	4	5	6	7	8	9	10	11	12
6	二栋 C 座	1*	2	3	4	5	6*	7	8	9*	10	11*	12
7	三栋 A 座	1	2	3	4	5	6	7	8	9	10	11	12
8	三栋 B 座	1	2	3	4	5	6	7	8	9	10	11	12
9	三栋 C 座	1	2	3	4	5*	6	7*	8*	9	10*	11	12
10	四栋 A 座	1	2	3	4	5	6	7	8	9	10	11	12
11	四栋 B 座	1	2	3	4	5	6	7	8	9	10	11	12
12	四栋 C 座	1	2	3	4	5*	6	7*	8*	9	10	11*	12
13	五栋 A 座	1	2	3	4*	5	6*	7*	8	9	10	11*	12
14	五栋 B 座	1	2	3	4	5	6	7	8	9	10	11	12
15	五栋 C 座	1	2	3	4	5	6	7	8	9	10	11	12

* 为被抽中的房号。

我们可以利用两阶段抽样方法。这时，初级单元有 15 个，每个初级单元拥有的二级单元为 12 个。首先将单元从 1 到 15 编号，在 15 个单元中随机抽取 5 个单元，结果分别是 1，6，9，12，13 号；然后在被抽中的单元中，分别独立地随机抽取若干户并进行调查，即在这 5 个单元中，分别在 12 户居民中随机抽取 4 户。

定理 4.5 对于初级单元规模相等的两阶段抽样，如果两个阶段都是简单随机抽样，且对每个初级单元，第二阶段抽样是相互独立进行的，则对总体均值 $\bar{\bar{Y}}$ 的无偏估计为：

$$\hat{\bar{\bar{Y}}}=\bar{\bar{y}}=\frac{1}{n}\sum_{i=1}^{n}\bar{y}_i=\frac{1}{nm}\sum_{i=1}^{n}\sum_{j=1}^{m}y_{ij} \tag{4.28}$$

其方差为：

$$V(\bar{\bar{y}})=\frac{1-f_1}{n}S_1^2+\frac{1-f_2}{nm}S_2^2 \tag{4.29}$$

$V(\bar{\bar{y}})$ 的无偏估计为：

$$v(\bar{\bar{y}})=\frac{1-f_1}{n}s_1^2+\frac{f_1(1-f_2)}{nm}s_2^2 \tag{4.30}$$

式中，$S_2^2=\frac{1}{N}\sum_{i=1}^{N}S_{2i}^2$，$s_2^2=\frac{1}{n}\sum_{i=1}^{n}s_{2i}^2$。

证明： 根据定理 4.4：$E(\bar{\bar{y}})=E_1E_2(\bar{\bar{y}})$。

由于两个阶段都是简单随机抽样，因此由简单随机抽样的性质，有

$$E(\bar{\bar{y}})=E_1(E_2(\bar{\bar{y}}))=E_1\left(E_2\left(\frac{1}{n}\sum_{i=1}^{n}\bar{y}_i\right)\right)$$

$$=E_1\left(\frac{1}{n}\sum_{i=1}^{n}E_2(\bar{y}_i)\right)=E_1\left(\frac{1}{n}\sum_{i=1}^{n}\bar{Y}_i\right)=\bar{\bar{Y}}$$

由于每个初级单元中对二级单元的抽样是相互独立的，因此 $\bar{\bar{y}}$ 的方差为：

$$V(\bar{\bar{y}})=V_1(E_2(\bar{\bar{y}}))+E_1(V_2(\bar{\bar{y}}))$$

$V(\bar{\bar{y}})$ 的第一项：

$$V_1(E_2(\bar{\bar{y}}))=V_1\left(E_2\left(\frac{1}{n}\sum_{i=1}^{n}\bar{y}_i\right)\right)=V_1\left(\frac{1}{n}\sum_{i=1}^{n}\bar{Y}_i\right)$$

$$=\frac{1-f_1}{n}\frac{1}{N-1}\sum_{i=1}^{N}(\bar{Y}_i-\bar{\bar{Y}})^2=\frac{1-f_1}{n}S_1^2$$

$V(\bar{\bar{y}})$ 的第二项：

$$E_1(V_2(\bar{\bar{y}}))=E_1\left(V_2\left(\frac{1}{n}\sum_{i=1}^{n}\bar{y}_i\right)\right)=E_1\left(\frac{1}{n^2}\sum_{i=1}^{n}V_2(\bar{y}_i)\right)$$

$$=E_1\left(\frac{1}{n^2}\sum_{i=1}^{n}\left[\frac{1-f_2}{m}\frac{1}{M-1}\sum_{j=1}^{M}(Y_{ij}-\bar{Y}_i)^2\right]\right)$$

$$=E_1\left(\frac{1}{n^2}\sum_{i=1}^{n}\left(\frac{1-f_2}{m}S_{2i}^2\right)\right)$$

$$=\frac{1-f_2}{nm}E_1\left(\frac{1}{n}\sum_{i=1}^{n}S_{2i}^2\right)=\frac{1-f_2}{nm}\left(\frac{1}{N}\sum_{i=1}^{N}S_{2i}^2\right)=\frac{1-f_2}{nm}S_2^2$$

得 $$V(\bar{y})=\frac{1-f_1}{n}S_1^2+\frac{1-f_2}{nm}S_2^2$$

下面证明 $E(v(\bar{y}))=V(\bar{y})$，这需要先求得 $E(s_1^2)$ 和 $E(s_2^2)$。注意到每个初级单元中二级单元的抽样是相互独立的，因此有

$$\begin{aligned}E_2((n-1)s_1^2)&=E_2\left(\sum_{i=1}^{n}(\bar{y}_i-\bar{y})^2\right)=\sum_{i=1}^{n}E_2(\bar{y}_i^2)-nE_2(\bar{y}^2)\\&=\sum_{i=1}^{n}\left[(E_2(\bar{y}_i))^2+V_2(\bar{y}_i)\right]-n\left[(E_2(\bar{y}))^2+V_2(\bar{y})\right]\\&=\sum_{i=1}^{n}\left(\bar{Y}_i^2+\frac{1-f_2}{m}S_{2i}^2\right)-n\left(\frac{1}{n}\sum_{i=1}^{n}\bar{Y}_i\right)^2-\frac{1-f_2}{nm}\sum_{i=1}^{n}S_{2i}^2\end{aligned}$$

记 $\bar{\bar{Y}}_n=\frac{1}{n}\sum_{i=1}^{n}\bar{Y}_i$（注意 $\bar{\bar{Y}}_n\neq\bar{\bar{Y}}$），则

$$\begin{aligned}E_2((n-1)s_1^2)&=\sum_{i=1}^{n}(\bar{Y}_i^2)-n(\bar{\bar{Y}}_n)^2+\frac{1-f_2}{m}\sum_{i=1}^{n}S_{2i}^2-\frac{1-f_2}{nm}\sum_{i=1}^{n}S_{2i}^2\\&=\sum_{i=1}^{n}(\bar{Y}_i-\bar{\bar{Y}}_n)^2+\frac{(n-1)(1-f_2)}{nm}\sum_{i=1}^{n}S_{2i}^2\end{aligned}$$

于是有

$$\begin{aligned}E(s_1^2)&=E_1(E_2(s_1^2))=E_1\left(\frac{1}{n-1}\sum_{i=1}^{n}(\bar{Y}_i-\bar{\bar{Y}}_n)^2\right)+\frac{1-f_2}{m}E_1\left(\frac{1}{n}\sum_{i=1}^{n}S_{2i}^2\right)\\&=S_1^2+\frac{1-f_2}{m}S_2^2\end{aligned}$$

对于 s_2^2，有

$$\begin{aligned}E(s_2^2)&=E_1(E_2(s_2^2))=E_1\left(E_2\left(\frac{1}{n(m-1)}\sum_{i=1}^{n}\sum_{j=1}^{m}(y_{ij}-\bar{y}_i)^2\right)\right)\\&=E_1\left(\frac{1}{n}\sum_{i=1}^{n}E_2\left(\frac{1}{m-1}\sum_{j=1}^{m}(y_{ij}-\bar{y}_i)^2\right)\right)\\&=E_1\left(\frac{1}{n}\sum_{i=1}^{n}\frac{1}{M-1}\sum_{j=1}^{M}(Y_{ij}-\bar{Y}_i)^2\right)=E_1\left(\frac{1}{n}\sum_{i=1}^{n}S_{2i}^2\right)\\&=\frac{1}{N}\sum_{i=1}^{N}S_{2i}^2=S_2^2\end{aligned}$$

将 $E(s_1^2)$，$E(s_2^2)$ 代入 $E(v(\bar{y}))$，得

$$\begin{aligned}E(v(\bar{y}))&=\frac{1-f_1}{n}\left(S_1^2+\frac{1-f_2}{m}S_2^2\right)+\frac{f_1(1-f_2)}{nm}S_2^2\\&=\frac{1-f_1}{n}S_1^2+\frac{1-f_2}{nm}S_2^2=V(\bar{y})\end{aligned}$$

例 4-4

欲调查 4 月 100 家企业的某项指标，首先从 100 家企业中抽取了一个含有 5 家样本企业的简单随机样本。由于填报一个月的数据需要每天填写流水账，为了减轻样本企业的负担，调查人员对这 5 家企业分别在调查月内随机抽取 3 天作为调查日，要求样本企业只填写这 3 天的流水账。调查的结果见表 4-7。

表 4-7 调查结果

样本企业	第一日	第二日	第三日
1	57	59	64
2	38	41	50
3	51	60	63
4	48	53	49
5	62	55	54

要求根据这些数据推算 100 家企业该指标的总值，并给出估计的 95%置信区间。

解：对这个问题，可以利用两阶段抽样的思路解决。首先将企业作为初级单元，将每一天看作二级单元，每个企业在调查月内都拥有 30 天（即拥有 30 个二级单元）。

在这个问题中，调查人员首先在初级单元中抽取了一个 $n=5$ 的简单随机样本，然后对每个样本的二级单元分别独立抽取了一个 $m=3$ 的简单随机样本，这就是初级单元大小相等的两阶段抽样问题。

由题意：$N=100$，$M=30$，$n=5$，$m=3$

$$f_1=\frac{n}{N}=\frac{5}{100}=0.05,\ f_2=\frac{m}{M}=\frac{3}{30}=0.1$$

首先计算样本初级单元的均值$\bar{y}_i$ 和方差 s_{2i}^2（见表 4-8）。

表 4-8 初级单元的均值 $\bar{y}_i$ 和方差 s_{2i}^2

样本企业	$\bar{y}_i$	s_{2i}^2
1	60	13
2	43	39
3	58	39
4	50	7
5	57	19

于是得到

$$\bar{\bar{y}}=\frac{1}{n}\sum_{i=1}^{n}\bar{y}_i=\frac{1}{5}(60+43+58+50+57)=53.6$$

$$s_1^2=\frac{1}{n-1}\sum_{i=1}^{n}(\bar{y}_i-\bar{\bar{y}})^2=49.3$$

$$s_2^2 = \frac{1}{n}\sum_{j=1}^{n} s_{2i}^2 = 23.4$$

$$v(\bar{y}) = \frac{1-f_1}{n}s_1^2 + \frac{f_1(1-f_2)}{nm}s_2^2 = \frac{1-0.05}{5}\times 49.3 + \frac{0.05(1-0.1)}{5\times 3}\times 23.4$$
$$= 9.367\,0 + 0.070\,2 = 9.437\,2$$

计算 $\hat{Y}$ 及 $v(\hat{Y})$：

$$\hat{Y} = NM\bar{y} = 100\times 30\times 53.6 = 160\,800$$
$$v(\hat{Y}) = N^2M^2v(\bar{y}) = 100^2\times 30^2\times 9.437\,2 = 84\,934\,800$$

$\hat{Y}$ 的标准差为：

$$s(\hat{Y}) = \sqrt{v(\hat{Y})} = \sqrt{84\,934\,800} \approx 9\,216$$

在置信度 95%的条件下，对应的 $t=1.96$，因此，$\hat{Y}$ 的 95%置信区间为：

$$160\,800 \pm 1.96\times 9\,216$$

或者说在 142 736.6～178 863.4 之间。

值得注意的是，如例 4－4 所示，方差估计式中，第一项是主要的，第二项要小得多，这是因为第二项的分母是第一项分母的 m 倍，而且它还要乘以小于 1 的 f_1。在最终样本量 $n\times m$ 确定的条件下，提高 n 并减少 m 可以大大提高估计精度。

如果第一阶段的抽样比 f_1 可以忽略，则方差的估计式有如下简单的结果：

$$v(\bar{y}) = \frac{s_1^2}{n} = \frac{1}{n}\,\frac{1}{n-1}\sum_{i=1}^{n}(\bar{y}_i - \bar{y})^2 \tag{4.31}$$

这个结果在实际工作中非常有用，因为第二阶段抽样采用等距抽样或某些复杂抽样时，方差 S_2^2 的无偏估计很难得到，当 f_1 可以忽略时，只需有初级单元的均值 $\bar{y}_i$ 就可以得到方差的近似估计。当然，从另外一个方面看，f_1 可以忽略意味着总体中初级单元 N 很大而选出的 n 很小，结果势必增大抽样误差。

4.3.5 初级单元规模不等的两阶段抽样

一般来说，初级单元中的二级单元数是不相等的，即初级单元规模不等。对于这种情况，可以通过分层，将大小近似的初级单元分到一层，则层内的两阶段抽样就可以按 PSU 规模相等的方式来处理。如果按初级单元的大小分层后，层内初级单元的大小差别仍很大，或者分层是按其他指标进行的，则经常采用不等概抽样，这种方法将在下一章讨论。下面介绍当初级单元大小不等时，仍然等概率抽取初级单元和二级单元的方法。

如果两阶段抽样中每个阶段都采用简单随机抽样，并且每个初级单元中二级单元的抽样是相互独立的，则对总体总值的估计可以采用简单估计，也可以考虑采用比估计。

1. 简单估计量

直观地看，对两个阶段都采用简单随机抽样的两阶段抽样，对总体总值的估计可以采用简单估计：

$$\hat{Y}_u=\frac{N}{n}\sum_{i=1}^{n}\hat{Y}_i=\frac{N}{n}\sum_{i=1}^{n}M_i\bar{y}_i \tag{4.32}$$

这个估计量是无偏的，它的方差为：

$$V(\hat{Y}_u)=\frac{N^2(1-f_1)}{n}\frac{1}{N-1}\sum_{i=1}^{N}(Y_i-\overline{Y})^2+\frac{N}{n}\sum_{i=1}^{N}\frac{M_i^2(1-f_{2i})}{m_i}S_{2i}^2 \tag{4.33}$$

$V(\hat{Y}_u)$的一个无偏估计为：

$$v(\hat{Y}_u)=\frac{N^2(1-f_1)}{n}\frac{1}{n-1}\sum_{i=1}^{n}(\hat{Y}_i-\hat{\overline{Y}}_u)^2+\frac{N}{n}\sum_{i=1}^{n}\frac{M_i^2(1-f_{2i})}{m_i}s_{2i}^2 \tag{4.34}$$

式中：

$$\hat{\overline{Y}}_u=\frac{1}{n}\sum_{i=1}^{n}\hat{Y}_i \tag{4.35}$$

若一个估计量可以表示成样本观测值总值的常数倍，则称这个样本（或者估计量）是自加权的。对于自加权样本，其估计量的表示形式非常简单，所以实际工作中，人们通常喜欢将样本构造成自加权的形式。

由式（4.32）可知，当M_i/m_i（或者说 $f_{2i}=m_i/M_i$）为常数时，估计量 $\hat{Y}_u$ 就是自加权的。

2. 比估计量

如果二级单元 Y_{ij} 近似，由于初级单元的大小 M_i 不同，则往往造成初级单元的观测值 Y_i 差异很大，使得估计量方差 $V(\hat{Y}_u)$的第一项很大，从而使估计量的方差也变得很大。这时可以考虑将初级单元的大小 M_i 作为辅助变量，采用比估计量对总体总值进行估计。

总体总值的比估计量为：

$$\hat{Y}_R=M_0\frac{\sum_{i=1}^{n}M_i\bar{y}_i}{\sum_{i=1}^{n}M_i}=M_0\frac{\sum_{i=1}^{n}\hat{Y}_i}{\sum_{i=1}^{n}M_i} \tag{4.36}$$

这是一个典型的比估计量，它是有偏的，但随着样本量的增加，其偏倚将趋于0。其近似均方误差为：

$$MSE(\hat{Y}_R)\approx\frac{N^2(1-f_1)}{n}\frac{1}{N-1}\sum_{i=1}^{N}M_i^2(\overline{Y}_i-\overline{\overline{Y}})^2+\frac{N}{n}\sum_{i=1}^{N}\frac{M_i^2(1-f_{2i})}{m_i}S_{2i}^2 \tag{4.37}$$

$MSE(\hat{Y}_R)$ 的样本估计为：

$$v(\hat{Y}_R)=\frac{N^2(1-f_1)}{n}\frac{1}{n-1}\sum_{i=1}^{n}M_i^2(\bar{y}_i-\hat{\bar{\bar{Y}}}_R)^2+\frac{N}{n}\sum_{i=1}^{n}\frac{M_i^2(1-f_{2i})}{m_i}s_{2i}^2 \tag{4.38}$$

式中：

$$\hat{\bar{\bar{Y}}}_R=\frac{\hat{Y}_R}{M_0}=\frac{\sum_{i=1}^{n}M_i\bar{y}_i}{\sum_{i=1}^{n}M_i} \tag{4.39}$$

4.4 等概率两阶段抽样设计

要实施昂贵的、大规模的调查，相关人员与机构需要花费大量的时间去设计有效的调查方案。对于总体的了解越多，越有助于设计有效的抽样方案。在设计一个两阶段样本时，需要考虑以下四个问题：

(1) 大体需要多高的精度？

(2) PSU 的规模应该有多大？

(3) 在每个入样的 PSU 中应该抽取多少个 SSU？

(4) 应该抽取多少个 PSU？

问题(1)是在任何调查设计中都要面临的，PSU 通常是自然单位，比如县级市、居委会、班级、企业、农场等。要回答问题(3)和(4)，则需要了解 PSU 的平均调查成本、SSU 的平均调查成本、PSU 间的差异等信息。

对于初级单元大小相等的二阶抽样，如何设计两个阶段的样本量，即如何确定最优的 n 和 m？由于影响精度的主要原因是初级单元之间的差异，所以多抽一些初级单元、少抽一些二级单元比较好，虽然初级单元的调查费用通常比二级单元的高。好的设计可以在调查总费用一定的情况下，使估计的精度最高；或在一定的精度条件下，使调查总费用最省，这也就是最优样本量的配置或最优抽样比 f_1 和 f_2 的确定问题。

假定 PSU 规模相等，考虑费用函数为最简单的一种形式：

$$C=c_0+c_1n+c_2nm \tag{4.40}$$

式中，c_0 为与样本量无关的固定费用，如公司的办公费、场租费等；c_1 为每调查一个初级单元的费用；c_2 为每调查一个二级单元的费用。则 m 的最优值为：

$$m_{opt}=\frac{S_2}{S_u}\sqrt{\frac{c_1}{c_2}} \tag{4.41}$$

式中：

$$S_u^2 = S_1^2 - \frac{S_2^2}{M}$$

求出 m 之后，根据总费用函数，就可以确定 n，从而确定最优抽样比 f_1 和 f_2。

例 4-5

（续例 4-4）　若$c_1/c_2=10$，$V(\bar{y})=15$，确定最优 m，n。

解：由例 4-4 的计算：

$$s_1^2=49.3，\quad s_2^2=23.4$$

有

$$\hat{S}_1^2 = s_1^2 - \frac{1-f_2}{m}s_2^2 = 49.3 - \frac{1-0.1}{3}\times 23.4 = 42.28$$

$$\hat{S}_2^2 = s_2^2 = 23.4$$

$$\hat{S}_u^2 = \hat{S}_1^2 - \frac{\hat{S}_2^2}{M} = 42.28 - \frac{23.4}{30} = 41.5$$

因此

$$m_{opt} = \frac{\hat{S}_2}{\hat{S}_u}\sqrt{\frac{c_1}{c_2}} = \sqrt{\frac{23.4}{41.5}\times 10} \approx 2.37$$

因而取最优的 $m=2$。进一步计算 n_{opt}。

由 $V(\bar{y}) = \frac{1}{n}\left(S_1^2 - \frac{S_2^2}{M}\right) + \frac{S_2^2}{nm} - \frac{S_1^2}{N}$，因此 $15 = \frac{1}{n_{opt}}\left(42.28 - \frac{23.4}{30}\right) + \frac{23.4}{n_{opt}\times 2} - \frac{42.28}{100}$，整理得到 $n_{opt}\approx 3.449$，因而可以取$n=4$。

习题

4.1　邮局欲估计某辖区每个家庭的平均订报份数，该辖区共有 4 000 户，划分为 400 个群，每群 10 户，现随机抽取 4 个群，取得资料如下表所示。

群	各户订报数 y_{ij}	y_i
1	1，2，1，3，3，2，1，4，1，1	19
2	1，3，2，2，3，1，4，1，1，2	20
3	2，1，1，1，1，3，2，1，3，1	16
4	1，1，3，2，1，5，1，2，3，1	20

试估计每个家庭的平均订报份数及总的订报份数，以及估计量的方差。

4.2　某工业系统准备实行一项改革措施。该系统共有 87 个单位，现采用整群抽样，用简单随机抽样抽取 15 个单位作样本，征求入选单位中每个工人对改革措施的意见，结果如下：

单位	总人数	赞成人数
1	51	42
2	62	53
3	49	40
4	73	45
5	101	63
6	48	31
7	65	38
8	49	30
9	73	54
10	61	45
11	58	51
12	52	29
13	65	46
14	49	37
15	55	42

(1) 估计该系统同意这一改革人数的比例，并计算估计标准误。

(2) 在调查的基础上对方案做了修改，拟再一次征求意见，要求估计比例的允许误差不超过8%，则应抽取多少个单位作样本?

4.3 某集团的财务处共有48个抽屉，里面装有各种费用支出的票据。财务人员欲估计办公费用支出的数额，随机抽取了其中的10个抽屉，经过清点，整理出办公费用的票据，得到下表资料：

抽屉编号	票据数 M_i	费用额 y_i（百元）
1	42	83
2	27	62
3	38	45
4	63	112
5	72	96
6	12	58
7	24	75
8	14	58
9	32	67
10	41	80

要求以95%的置信度估计该集团办公费用总支出额的置信区间（$\alpha=0.05$）。

4.4 为了便于管理，将某林区划分为386个小区域。现采用简单随机抽样方法，从中抽出20个小区域，测量树的高度，得到如下资料：

区域编号	树木株数 M_i	平均高度 $\bar{y}_i$（尺）	区域编号	树木株数 M_i	平均高度 $\bar{y}_i$（尺）
1	42	6.2	11	60	6.3
2	51	5.8	12	52	6.7
3	49	6.7	13	61	5.9
4	55	4.9	14	49	6.1
5	47	5.2	15	57	6.0
6	58	6.9	16	63	4.9
7	43	4.3	17	45	5.3
8	59	5.2	18	46	6.7
9	48	5.7	19	62	6.1
10	41	6.1	20	58	7.0

估计整个林区树的平均高度及95%的置信区间。

4.5　某高校学生会欲对全校女生拍摄过个人艺术照的比例进行调查。全校共有女生宿舍200间，每间6人。学生会的同学运用两阶段抽样法设计了抽样方案，从200间宿舍中抽取10间样本宿舍，在每间样本宿舍中抽取3位同学进行访问，两个阶段的抽样都是简单随机抽样，调查结果如下：

样本宿舍	拍照人数	样本宿舍	拍照人数
1	2	6	1
2	0	7	0
3	1	8	1
4	2	9	1
5	1	10	0

试估计拍摄过个人艺术照的女生比例，并给出估计的标准差。

4.6　习题4.5中，在学生会对女生勤工助学月收入的一项调查中，根据以往同类问题的调查，宿舍间的标准差为 $S_1=326$ 元，宿舍内同学之间的标准差为 $S_2=188$ 元。以一位同学进行调查来计算，调查每个宿舍的时间 c_1 为10分钟，调查每一位学生的时间 c_2 为1分钟，为了调查需要做各方面的准备及数据计算等工作，所花费的时间 c_0 为4小时，如果总的时间控制在8小时内，则最优的样本宿舍和样本学生数为多少？

4.7　某居委会欲了解居民健身活动情况，如果已知该居委会有500名居民，居住在10个单元中。现先抽取4个单元，然后在样本单元中分别抽出若干居民，两个阶段的抽样都是简单随机抽样，调查得到的样本居民每天用于健身锻炼的时间结果如下（以10分钟为1个时间单位）：

单元 i	居民人数 M_i	样本量 m_i	健身锻炼时间 y_{ij}
1	32	4	4，2，3，6
2	45	5	2，2，4，3，6
3	36	4	3，2，5，8
4	54	6	4，3，6，2，4，6

试估计居民平均每天用于锻炼的时间，并给出估计的标准差。

（1）简单估计量；

（2）比估计量；

（3）对两种估计方法及估计结果进行评价。

4.8 基于附录Ⅱ“企业抽样案例背景介绍”的实践题：

（1）采用等概率整群抽样方法估计该省份企业经营收入的均值。首先将按照企业的所属街道乡镇（town）将企业分为2 495个群，即AA_01～RA_16，作为PSU。其次，使用简单随机抽样方法抽取50个PSU，对抽取的50个PSU包含的所有企业（SSU）进行问卷调查。试执行上述抽样设计并利用所得样本数据，用无偏估计量估计该省份企业经营收入的均值及其抽样相对标准误差，以及95%置信水平下的置信区间。

（2）利用（1）抽取的样本，选择合适的辅助变量，采用比估计法估计该省份企业经营收入的均值及其抽样相对标准误差，以及95%置信水平下的置信区间，并将所得结果与（1）中所得结果进行比较。

（3）利用（1）抽取的样本，自选估计方法估计该省份企业雇员人数（employees）的总量和E行业企业经营收入的总量，以及相应的抽样相对标准误差。说明选择该估计方法的理由。

（4）现采用两阶段抽样方法估计该省份企业经营收入的均值。首先，按照企业的所属街道乡镇（town）将企业分为2 495个群，即AA_01～RA_16，作为PSU。其次，使用简单随机抽样方法抽取200个PSU，在抽取的每个PSU中用简单随机抽样方法抽取25%的企业（SSU）进行问卷调查。试按照上述设计进行抽样，并利用样本数据用无偏估计方法估计该省份企业经营收入的均值及其抽样相对标准误差，以及95%置信水平下的置信区间。

（5）使用（4）抽取的样本数据，自选辅助信息，用比估计方法估计该省份企业经营收入的均值及其抽样相对标准误差，以及95%置信水平下的置信区间。并将所得结果与（4）所得结果进行比较。

（6）利用（4）抽取的样本，自选估计方法估计该省份企业雇员人数（employees）的总量和E行业企业经营收入的总量，以及相应的抽样相对标准误差，说明选择该估计方法的理由。

（7）根据以上实践结果，比较两阶段抽样设计和一阶段整群抽样的效果。

（8）自己设计一个两阶段抽样方案，估计该省份所有企业经营收入的均值及其抽样相对标准误差，要求估计相对标准误差小于3%。

（9）假设给定5万元调查经费，自己进行两阶段分层等概率抽样设计，估计该省份企业经营收入的均值及其抽样相对标准误差。

（10）比较分析习题3.10（10）、4.8（8）和4.8（9）的方案。

第5章 不等概抽样

前面讨论的抽样方法多是等概率抽样，即每个总体单元都具有相同的入样概率。等概率抽样方法容易设计和解释，但有时不如不等概抽样有效率。尤其在抽样单元规模差异很大时，经常采用不等概抽样，即每个单元入样的概率不相等。本章将介绍不等概抽样方法，5.1 节介绍不等概抽样概念，5.2 节介绍一阶段放回不等概抽样，5.3 节介绍多阶段放回不等概抽样，5.4 节介绍不放回不等概抽样。

5.1 概 述

5.1.1 不等概抽样的概念

前面讨论的抽样方法多是等概率抽样，例如在简单随机抽样、按比例分配的分层抽样、等概率抽取的整群抽样等抽样方法中，每个总体单元都具有相同的入样概率。等概率抽样的特点是总体中每个单元地位都相同，在抽样时对每个单元均采取不偏不倚的态度。

当总体单元之间差异不大时，简单随机抽样简便、有效。但当总体单元之间差异非常大时，简单随机抽样效果并不好。例如，对船舶运输量进行调查时，作为抽样单元的船舶，有的是从事远洋运输的万吨巨轮，更多的是从事内河河网运输的上百吨甚至几十吨的小船，这时，总体差异大必然导致简单随机抽样的精度较差。又如，欲调查某城市住院病人对于某项医疗服务的偏好，目标总体是某一时段该城市所有医院的病人。调查者采用等概率两阶段抽样的方式，先从所有的医院抽取一个简单随机样本，然后在每个样本医院中按照简单随机抽样方法抽取病人。该方案的第一阶段中拥有 20 个病床的医院和拥有 1 000

个病床的医院被抽中的概率是一样的。而第二阶段中为保证每个病人的入样概率相同（自加权样本），各医院的病人样本规模必须和医院的病床总体规模成比例，比如 20 个病床的医院要抽取 2 个病人，1 000 个病床的医院要抽取 100 个病人，这样每个样本单元（病人）会代表相同数量的总体单元。这种等概率两阶段抽样方法在第 4 章曾讨论过，如果医院中愿意接受该项医疗服务的病人数量与医院病床数量成正比，无偏估计量可能有较大的方差。此外，不同规模医院的病人样本调查难易度和单元成本不同，而抽样前大医院样本数量未知，因此会给调查的管理造成困难。

当出现总体单元差异特别大的情况时，通常是牺牲“简单”来提高抽样效率。一种做法是将总体单元按规模（大小）分层，对较大单元的层抽样比高一些，特大层的抽样比甚至可以是 100%，而较小单元的层抽样比低一些。另一种做法是采用不等概抽样来减少抽样方差而不采用清晰的分层，即赋予每个单元与其规模（或辅助变量）成比例的入样概率，这样一来，大单元入样概率大，小单元入样概率小，然后在估计中采用不同的权数来进行弥补。例如上面关于医疗服务偏好的调查中，可以采用与医院病床数量成比例的方法抽取医院，然后从每个样本医院中抽取相同数量的样本床位。如果病人数等于床位数，并且医院实际的床位数和抽样时依据的病床数据一致，则每个病人都会有相同的入样概率。这种抽样方法下总体总量的方差很可能小于等概率整群抽样下的估计量方差，而且由于每个医院内调查的病人数量是相同的，调查费用在实施前就已知。

5.1.2 不等概抽样的适用情况

实际工作中，不等概抽样还适用于下面几种情况：

（1）抽样单元在总体中所占的地位不一致。例如，对某市商业销售额进行调查时，以商场为抽样单元。虽然大型或特大型的商场数量不多，但占总销售额的份额较大；而小商店数量多，市场份额却不大。对于这种情况，将大型商场和小商店同等对待并不合理；另外，由于规模和管理水平的原因，对大型商场的调查往往比较容易，可以做得细致一些，而对小商店的调查往往比较困难，也没有必要对占市场份额不大的这部分单元花太大的精力做过多的调查，因此在调查时，大型商场应该处于更重要的地位。

（2）调查的总体单元与抽样总体的单元不一致。例如，某大型单位准备对职工家庭情况进行调查，一种自然的办法是以人事部门的职工花名册作为抽样框进行抽样，该单位中的少数家庭有两名职工在该单位工作，如果对职工进行简单随机抽样，则双职工家庭被抽中的概率大，而调查者希望对家庭进行等概率抽样。除了对抽样框进行整理，将双职工家庭中的一名成员从抽样框中剔除，还可以对职工采用不等概抽样，一种做法是对每名职工记录其家庭成员在该单位工作的人数，然后对每名职工按与人数成反比的概率进行抽样。

（3）改善估计量。不等概抽样可用于对估计量进行改善，例如简单随机抽样比估计量是渐近无偏的，要使它成为无偏估计，只要每个大小为 n 的样本被抽中的概率与其辅助变

量的和 $\sum_{i=1}^{n} x_i$ 成比例（例如水野法），这时的比估计量就是无偏估计量，这个样本并不是简单随机样本，而是一个不等概抽样获得的样本。

不等概抽样除了应用于上述几种情况，还广泛应用于整群抽样、多阶段抽样中初级单元规模相差较大的情形。

不等概抽样的优点主要是大大提高了估计精度，减少抽样误差，但使用它有前提条件，即必须要有说明每个单元规模大小的辅助变量来确定每个单元入样的概率，这在抽样设计及估计时都是必须的。有些情况下，对应于每个单元的辅助变量比较容易或方便获得，例如，管理部门在车船登记台账中，车船名及其载重吨位是同时登记的，以载重吨位作为辅助变量时，抽样框的编制几乎与简单随机抽样一样方便。但有些问题要复杂一些，例如将某县的农田划分成地块后，以地块的面积作为辅助变量，则这时除了对地块进行编号，还要对地块的面积进行丈量，因此，和简单随机抽样相比，不等概抽样编制抽样框的过程有时要复杂一些。

5.1.3 不等概抽样的分类

布鲁尔（Brewer）和哈尼夫（Hanif）在《不等概率抽样》（1983）中列举了 50 多种不等概抽样方法，但常用的只有大约 10 种。对不等概抽样的分类可以有多种原则，如按样本单元是否放回可以分为放回不等概抽样和不放回不等概抽样。

1. 放回不等概抽样

每次在总体中对每个单元按入样概率进行抽样，抽取出来的样本单元放回总体，然后进行下一次抽样，这样，每次抽样过程都是从同一个总体独立进行的，这种不等概抽样称为（有）放回不等概抽样。放回不等概抽样的实施及估计过程相对来说比不放回抽样简单。但由于抽样是放回的，因此某个单元可能在样本中出现多次，出现这种情况时，对这个单元的调查只进行一次，但计算时按抽中几次计算几次的原则进行。

放回不等概抽样中，最常用的是按照总体单元的规模大小来确定单元每次入样的概率。假设总体中第 i 个单元的大小或规模的度量为 M_i，总体的总规模为 $M_0=\sum_{i=1}^{N} M_i$，每次抽样中第 i 个单元被抽中的概率用 Z_i 表示，如果

$$Z_i=\frac{M_i}{M_0}=\frac{M_i}{\sum_{i=1}^{N} M_i} \tag{5.1}$$

则这种不等概抽样称作放回的与规模大小成比例的概率抽样（probability proportional to size），简称 PPS 抽样。实际问题中总体单元大小的度量往往不止一个，比如企业员工数量、产值、销售量、利润等都可以度量企业规模的大小。

PPS 抽样的实施主要有两种方法：代码法与拉希里（Lahiri）法。

（1）代码法。在 PPS 抽样中，赋予每个单元与 M_i 相等的代码数，将代码数累加得到 M_0，每次抽样都产生一个［1，M_0］之间的随机数，设为 m，则代码所对应的单元被抽

中。如此进行 n 次抽取，就构成了 PPS 抽样的样本。

如果 M_i 不是整数，则乘以某个倍数，使 M_0Z_i 为整数，每个单元赋予与 M_0Z_i 相等的代码数，然后进行代码法抽样。

例 5-1

设某个总体有 $N=10$ 个单元，相应的单元大小 M_i 及其代码数如表 5-1 所示，采用 PPS 方法抽取一个 $n=3$ 的样本。

表 5-1　利用代码法进行 PPS 抽样

i	M_i	$M_i\times10$	累计 $M_i\times10$	代码
1	0.6	6	6	1～6
2	14.5	145	151	7～151
3	1.5	15	166	152～166
4	13.7	137	303	167～303
5	7.8	78	381	304～381
6	15	150	531	382～531
7	10	100	631	532～631
8	3.6	36	667	632～667
9	6	60	727	668～727
10	1.1	11	738	728～738
$\sum$	$M_0=73.8$	738		

表 5-1 中，$M_i\times10$ 是由于 M_i 不是整数，乘以某个倍数后 M_0Z_i 变为整数，这样就可以给每个单元赋予与 M_0Z_i 相等的代码数，然后实施代码法抽样。先在［1，738］中产生第一个随机数为 354，再在［1，738］中产生第二个随机数为 553，最后在［1，738］中产生第三个随机数为 493，则它们所对应的第 5，7，6 号单元被抽中。

（2）拉希里法。令 $M^*=\max\limits_{1\leqslant i\leqslant N}\{M_i\}$，即所有 M_i 中最大值，每次抽样都分别产生一个［1，N］之间的随机数 i 和［1，M^*］之间的随机数 m，如果 $M_i\geqslant m$，则第 i 个单元被抽中；否则，重抽一组（i，m）。反复进行以上操作，直至抽满 n 个样本为止。

在例 5-1 中，$M^*=150$，$N=10$。在［1，10］和［1，150］中分别产生（n，m）：

（3，121），$M_3=15<m=121$，舍弃，重抽；

（8，50），$M_8=36<m=50$，舍弃，重抽；

（7，77），$M_7=100\geqslant m=77$，第 7 号单元入样；

（5，127），$M_5=78<m=127$，舍弃，重抽；

（4，77），$M_4=137\geqslant m=77$，第 4 号单元入样；

（9，60），$M_9=60\geqslant m=60$，第 9 号单元入样。

因此，第 4，7，9 号单元被抽中。

2. 不放回不等概抽样

对于放回抽样，对总体参数的估计及其方差估计比较简单，但样本单元中可能有单元被抽中多次。直观上看，没有必要对同一个单元调查多次，因此可以考虑不放回不等概抽样，即每次在总体中对每个单元按入样概率进行抽样，抽取出来的样本单元不再放回总体，对总体中剩下的单元进行下一次抽样。不放回不等概抽样的效率比放回时的效率高，但是样本不独立会加大抽样实施、参数估计以及精度计算的难度。

对于不放回不等概抽样，样本的抽取可以有以下几种方法：

（1）逐个抽取法。每次从总体未被抽中的单元中以一定的概率抽取一个样本单元，通常这个概率与已被抽中的样本单元有关。

（2）重抽法。以一定的概率逐个进行放回抽样，如果抽到重复单元，则放弃所有抽到的样本单元，重新抽取，直至抽到规定的样本量且所有样本单元不重复。

（3）全样本抽取法。对总体每个单元分别按一定概率决定其是否入样。这种方法的样本量是随机的，事先不能确定，而且可能出现总体中全体单元都入样或都未入样的情况。

（4）系统抽样法。将总体单元按某种顺序排列，将规定的入样概率汇总，根据样本量确定抽样间距 k，在 1～k 产生一个随机数，并确定相应的初始单元，以后在总体中每隔 k 个单元抽出一个作为样本单元。

不放回不等概抽样中，假设总体中第 i 个单元被包含到样本的概率用 π_i 表示($\pi_i=nZ_i$)，如果包含概率 π_i 与单元规模大小成比例，则这种不放回不等概抽样称为 πPS 抽样。严格的 πPS 抽样实施起来相当复杂，本章 5.4 节会介绍几种实施办法。

5.2 放回不等概抽样

5.2.1 只抽取一个样本单元的不等概抽样

为便于演示不等概抽样的基本思想，我们先来看一个总体已知，只抽取一个样本单元（$n=1$）的例子。[①] 一个城市有 4 个超市，营业面积从 100 平方米到 1 000 平方米不等（见表 5－2）。我们的目标是通过抽取一家超市来估计这 4 个超市上个月的总销售量（本案例只是为演示，所以不是采用普查并且假设已知所有超市的销售额 Y_i）。

因为只抽取一个超市，所以超市第一次被抽中的概率 Z_i 等于超市进入样本的包含概率 π_i。通常，超市面积越大则销售量越大，同时大超市销售量的方差也会大于小超市。因此，我们选择的包含概率与超市营业面积成正比：

$$\pi_i=Z_i=P(\text{超市 } i \text{ 被选中})$$

比如，超市 A 占 4 个超市营业面积的 1/16，所以它的抽选概率为 1/16。

① 洛尔. 抽样：设计与分析：英文影印版. 北京：中国统计出版社，2002：391-392.

表 5-2　4 个超市的背景数据

超市	营业面积（平方米）	Z_i	Y_i（万元）
A	100	1/16	11
B	200	2/16	20
C	300	3/16	24
D	1 000	10/16	245
总计	1 600	1	300

在估计中，可以使用包含概率来弥补不等概抽样。如果超市的营业面积近似与超市的销售额成正比，那么超市 A 的销售额就占所有超市销售额的 1/16，因此超市 A 的销售额乘以权重 16（包含概率的倒数）可以近似地估计所有超市的销售额。因此，样本量为 1 的不等概抽样的总体总值估计量为：

$$\hat{Y}=\sum_{i\in S}w_iy_i=\sum_{i\in S}\frac{y_i}{Z_i}$$

式中：

$$w_i=\frac{1}{P(\text{单元 } i \text{ 在样本中})}=\frac{1}{Z_i}$$

4 个 $n=1$ 的可能的不等概样本如表 5-3 所示。

表 5-3　4 个 $n=1$ 的可能的不等概样本

样本	Z_i	y_i	$\hat{Y}_S$	$(\hat{Y}_S-Y)^2$
[A]	1/16	11	176	15 376
[B]	2/16	20	160	19 600
[C]	3/16	24	128	29 584
[D]	10/16	245	392	8 464

$$E(\hat{Y})=\sum_{\text{可能样本}}P(S)\hat{Y}_S=\frac{1}{16}\times 176+\frac{2}{16}\times 160+\frac{3}{16}\times 128+\frac{10}{16}\times 392$$
$$=300(\text{万元})$$

$\hat{Y}$ 总是无偏估计量，因为

$$E(\hat{Y})=\sum_{i=1}^{N}Z_i\frac{Y_i}{Z_i}=Y \tag{5.2}$$

$\hat{Y}$ 的方差为：

$$V(\hat{Y})=E((\hat{Y}-Y)^2)=\sum_{S}P(S)(\hat{Y}_S-Y)^2=\sum_{i=1}^{N}Z_i(Y_i/Z_i-Y)^2 \tag{5.3}$$

例如

$$V(\hat{Y})=\frac{1}{16}\times 15\ 376+\frac{2}{16}\times 19\ 600+\frac{3}{16}\times 29\ 584+\frac{10}{16}\times 8\ 464=14\ 248$$

与 $n=1$ 的 SRS 样本相比，SRS 样本的 $Z_i=1/4$，$1/Z_i=4=N$，所有的可能样本见表 5-4。

表 5-4　4 个可能的简单随机样本的计算数据

样本	Z_i	y_i	$\hat{Y}_{SRS}$	$(\hat{Y}_{SRS}-Y)^2$
[A]	1/4	11	44	65 536
[B]	1/4	20	80	48 400
[C]	1/4	24	96	41 616
[D]	1/4	245	980	462 400

$$V(\hat{Y}_{SRS})=65\,536/4+48\,400/4+41\,616/4+462\,400/4=154\,488>14\,248$$

$\hat{Y}_{SRS}$是无偏估计量，期望为 300 万元，但是方差大于不等概抽样，这是因为不等概抽样利用了辅助信息，即与销售额相关的超市面积。

5.2.2　放回不等概抽样

采用放回不等概抽选样本量为 n 的样本，总体总值的估计量为样本中所有 y_i/Z_i 的平均，我们得到汉森-赫维茨（Hansen-Hurwitz）估计量：

$$\hat{Y}_{HH}=\frac{1}{n}\sum_{i=1}^{n}\frac{y_i}{Z_i} \tag{5.4}$$

上式是总体总值的无偏估计量。

如果采用的是 PPS 抽样，即 $Z_i=\dfrac{M_i}{M_0}$，则

$$\hat{Y}_{HH}=\frac{1}{n}\sum_{i=1}^{n}\frac{y_i}{Z_i}=\frac{M_0}{n}\sum_{i=1}^{n}\frac{y_i}{M_i} \tag{5.5}$$

注意式（5.4）的估计量是 n 个独立观测值的平均，由式（5.3）可知每个单元的总值估计量方差是 $\sum_{i=1}^{N}Z_i\left(\dfrac{Y_i}{Z_i}-Y\right)^2$，所以 $\hat{Y}_{HH}$ 的方差 $V(\hat{Y}_{HH})$ 为：

$$V(\hat{Y}_{HH})=\frac{1}{n}\sum_{i=1}^{N}Z_i\left(\frac{Y_i}{Z_i}-Y\right)^2 \tag{5.6}$$

$V(\hat{Y}_{HH})$ 的无偏估计为：

$$v(\hat{Y}_{HH})=\frac{1}{n}\frac{1}{n-1}\sum_{i=1}^{n}\left(\frac{y_i}{Z_i}-\hat{Y}_{HH}\right)^2 \tag{5.7}$$

如果采用的是 PPS 抽样，则

$$v(\hat{Y}_{HH})=\frac{1}{n}\frac{1}{n-1}\sum_{i=1}^{n}\left(\frac{y_i}{Z_i}-\hat{Y}_{HH}\right)^2=\frac{M_0^2}{n(n-1)}\sum_{i=1}^{n}\left(\frac{y_i}{M_i}-\frac{\hat{Y}_{HH}}{M_0}\right)^2 \tag{5.8}$$

例 5-2

某部门要了解所属 8 500 家生产企业当月实现的利润，该部门手头已有一份上年各企业完成产量的报告，将其汇总得到所属企业上年完成的产量为3 676万吨。考虑到时间紧，准备采用抽样调查来推算当月实现的利润。根据经验，企业的产量和利润相关性比较强，且企业的特点是规模和管理水平差异比较大，通常大企业的管理水平较高，因此采用与上年产量成比例的 PPS 抽样，从所属企业中抽出一个样本量为 30 的样本，调查结果如表 5-5 所示。

表 5-5　样本数据

i	M_i	y_i	i	M_i	y_i	i	M_i	y_i
1*	38.23	10 926	10	5.50	1 900	19	1.50	10
2	13.70	1 024	11	15.00	864	20	8.00	80
3	0.75	13	12	7.00	17	21	28.42	13 672
4	2.85	30	13	15.00	1 045	22*	9.01	3 845
5	2.00	1 102	14	12.30	220	23	0.75	480
6	5.00	600	15	3.86	4 600	24	5.00	311
7	10.80	290	16	15.80	2 370	25	28.43	9 284
8	2.00	430	17	9.00	940	26	9.97	842
9	8.81	992	18*	21.00	640	27	6.20	510

说明：标明“*”的样本单元被抽中两次，在估计时要计算两次；M_i 为企业上年完成的产量（单位：万吨）；y_i 为企业当月完成的利润（单位：百元）。

根据以上调查结果估计该部门所属企业当月完成的利润，并给出 95%置信度下估计的相对误差。如果要求在相同条件下相对误差达到 20%，所需的样本量应该是多少？

解：由上述条件知 $n=30$，$M_0=3\ 676$，估计当月完成的利润：

$$\hat{Y}_{HH}=\frac{M_0}{n}\sum_{i=1}^{n}\frac{y_i}{M_i}=\frac{3\ 676}{30}\left(\frac{10\ 926}{38.23}+\frac{10\ 926}{38.23}+\frac{1\ 024}{13.70}+\cdots+\frac{510}{6.20}\right)\approx 765\ 404(\text{百元})$$

$\hat{Y}_{HH}$ 方差及标准差的估计：

$$v(\hat{Y}_{HH})=\frac{M_0^2}{n(n-1)}\sum_{i=1}^{n}\left(\frac{y_i}{M_i}-\frac{\hat{Y}_{HH}}{M_0}\right)^2$$
$$=\frac{3\ 676^2}{30\times 29}\left[\left(\frac{10\ 926}{38.23}-\frac{757\ 087}{3\ 676}\right)^2\times 2+\left(\frac{1\ 024}{13.70}-\frac{757\ 087}{3\ 676}\right)^2+\cdots+\left(\frac{510}{6.20}-\frac{757\ 087}{3\ 676}\right)^2\right]=\frac{3\ 676^2}{30\times 29}\times 1\ 959\ 429.28$$
$$\approx 30\ 434\ 161\ 880$$

$$s(\hat{Y}_{HH})=\sqrt{v(\hat{Y}_{HH})}\approx 174\ 454(\text{百元})$$

在置信度为 95%时，对应的 $t=1.96$，$\hat{Y}_{HH}$ 的相对误差为：

$$r=t\frac{s(\hat{Y}_{HH})}{\hat{Y}_{HH}}=1.96\times\frac{174\ 454}{765\ 404}\approx 44.67\%$$

因此，在置信度仍为 95%，相对误差 r_1 为 20%时，所需样本量为：

$$n_1=\frac{r^2}{r_1^2}n=\left(\frac{0.446\ 7}{0.2}\right)^2\times 30\approx 150$$

5.2.3 放回不等概整群抽样

在群规模不等的整群抽样中，如果群规模差异较大，各个群对总体的影响则会不同。这时可以采用不等概方式抽取群。它的好处是把群的规模作为抽取样本的辅助信息，提高了估计的效果，而且方差估计有比较简单的形式。这里主要讨论以 PPS 抽样抽取群的情况。

群的抽取是按与 M_i 成比例的 PPS 抽样，每次按 $Z_i=\frac{M_i}{M_0}(i=1,2,\cdots,N)$的概率抽取第 i 个群。由于群内的单元全部参与调查，第 i 个群的总值为：$y_i=\sum_{j=1}^{M_i}y_{ij}$。

根据汉森-赫维茨估计量，PPS 整群抽样的总体总值估计量为：

$$\hat{Y}=\frac{1}{n}\sum_{i=1}^{n}\frac{y_i}{Z_i}=\frac{M_o}{n}\sum_{i=1}^{n}\frac{y_i}{M_i}=M_o\bar{\bar{y}} \tag{5.9}$$

由汉森-赫维茨估计量的性质知，$\hat{Y}$ 是 Y 的无偏估计。

估计量的方差为：

$$V(\hat{Y})=\frac{1}{n}\sum_{i=1}^{N}Z_i\left(\frac{Y_i}{Z_i}-Y\right)^2 \tag{5.10}$$

$$=\frac{M_0}{n}\sum_{i=1}^{N}M_i(\bar{Y}_i-\bar{\bar{Y}})^2 \tag{5.11}$$

方差估计量的估计为：

$$v(\hat{Y})=\frac{1}{n(n-1)}\sum_{i=1}^{n}\left(\frac{y_i}{Z_i}-\hat{Y}\right)^2$$

$$=\frac{M_0^2}{n(n-1)}\sum_{i=1}^{n}(\bar{y}_i-\bar{\bar{y}})^2 \tag{5.12}$$

例 5-3

某企业欲估计上季度每位职工的平均病假天数。该企业共有 8 个分厂（见表 5-6），现用不等概整群抽样拟抽取三个分厂为样本，并以 95%的置信度计算其置信区间。有关数据及抽样过程如下：

表 5-6　8 个分厂的职工人数资料

分厂编号	职工人数 M_i	累积区间
1	1 200	1～1 200
2	450	1 201～1 650
3	2 100	1 651～3 750
4	860	3 751～4 610
5	2 840	4 611～7 450
6	1 910	7 451～9 360
7	390	9 361～9 750
8	3 200	9 751～12 950

解：由于 $n=3$，采用 PPS 抽样，在数字 1～12 950 之间，利用随机数表随机抽取 3 个数，分别是 2 011，7 972 和 10 281，于是 3 分厂、6 分厂和 8 分厂入选样本。用 y_1，y_2，y_3 分别表示三个分厂职工的病假天数，调查结果为：$y_1=4\ 320$，$y_2=4\ 160$，$y_3=9\ 790$。

估计过程如下：

$$\bar{\bar{y}}=\frac{\hat{Y}}{M_0}=\frac{1}{n}\sum_{i=1}^{n}\frac{y_i}{M_i}=\frac{1}{n}\sum_{i=1}^{n}\bar{y}_i$$

$$=\frac{1}{3}\left[(4\ 320/2\ 100)+(4\ 160/1\ 910)+(9\ 790/3\ 200)\right]=2.432(\text{天})$$

$$v(\bar{\bar{y}})=\frac{v(\hat{Y})}{M_0^2}=\frac{1}{n(n-1)}\sum_{i=1}^{n}(\bar{y}_i-\bar{\bar{y}})^2=0.099\ 8$$

其 95%的置信区间为：

$$2.43\pm1.96\sqrt{0.099\ 8}=2.43\pm0.62$$

若估计全企业因病假而损失的病假天数，则

$$\hat{Y}=M_0\bar{\bar{y}}=12\ 950\times2.43=31\ 469\ (\text{天})$$

$$v(\hat{Y})=M_0^2v(\bar{\bar{y}})=12\ 950^2\times0.099\ 8=16\ 736\ 709.5$$

其 95%的置信区间为：

$$31\ 469\pm1.96\sqrt{16\ 736\ 709.5}=31\ 469\pm8\ 018$$

对于群规模不等的整群抽样，采用不等概 PPS 抽样，可以得到总体目标量的无偏估计，估计量和估计量方差都有比较简明的形式，估计的效率也比较高，是值得优先考虑采用的方法。但此方法的使用条件是：在抽取样本前，要掌握各群规模 M_i 的信息。此外，抽样过程比等概率整群抽样更为复杂。

5.3 多阶段放回不等概抽样

5.3.1 两阶段放回不等概抽样

上一章曾提及，在多阶段抽样中初级单元规模大小不等时，经常对初级单元进行放回不等概抽样。对初级单元进行抽样时，事先规定每个初级单元被抽中的概率 $Z_i(\sum_{i=1}^{N} Z_i = 1)$ 。对被抽中的第 i 个初级单元，再抽取 m_i 个二级单元。如果某个初级单元被抽中多次，则应该对其二级单元抽取多个独立样本。例如，某个初级单元被重复抽中两次，则对其二级单元抽取一个大小为 m_i 的样本后，将这 m_i 个二级单元放回，再重新抽取一个大小为 m_i 的样本，当然，这两个样本中的二级单元可能会有重复，应记录下这些样本的情况。实际调查时，对重复的二级单元只调查一次，但计算的时候，应该按照被抽中的次数进行重复计算。

对总体总值的估计通常是先构造初级单元总值 Y_i 的无偏估计 $\hat{Y}_i$，然后用汉森-赫维茨估计量对总体总值 Y 进行估计：

$$\hat{Y}_{HH} = \frac{1}{n}\sum_{i=1}^{n}\frac{\hat{Y}_i}{Z_i} \tag{5.13}$$

由于 $\hat{Y}_i$ 是 Y_i 的无偏估计，$\hat{Y}_{HH}$ 是 Y 的无偏估计，且 $\hat{Y}_{HH}$ 的方差为：

$$V(\hat{Y}_{HH}) = \frac{1}{n}\left[\sum_{i=1}^{N} Z_i\left(\frac{Y_i}{Z_i} - Y\right)^2 + \sum_{i=1}^{N}\frac{V_2(\hat{Y}_i)}{Z_i}\right] \tag{5.14}$$

$V(\hat{Y}_{HH})$ 的一个无偏估计为：

$$v(\hat{Y}_{HH}) = \frac{1}{n}\frac{1}{n-1}\sum_{i=1}^{n}\left(\frac{\hat{Y}_i}{Z_i} - \hat{Y}_{HH}\right)^2 \tag{5.15}$$

注意上述对第二阶抽样并没有作出特别的规定，而且估计量的方差估计式与第二阶段抽样的方式无关。

如果希望 $\hat{Y}_{HH}$ 是自加权的，由 $\hat{Y}_{HH} = \frac{1}{n}\sum_{i=1}^{n}\frac{\hat{Y}_i}{Z_i} = \frac{1}{n}\sum_{i=1}^{n}\frac{M_i\bar{y}_i}{Z_i} = \frac{1}{n}\sum_{i=1}^{n}\frac{M_i}{Z_i m_i}\sum_{j=1}^{m_i} y_{ij}$，则要求：

$$\frac{M_i}{nZ_i m_i} = 常数\ K \equiv \frac{1}{f_0} \tag{5.16}$$

这里，f_0 为总体中任意一个二级单元被抽中的概率。如果 f_0 事先确定，则

$$f_{2i} = \frac{m_i}{M_i} = \frac{f_0}{nZ_i} \tag{5.17}$$

记总体中所有的二级单元数为 M_0，如果抽样时每个初级单元被抽中的概率与其拥有的二级单元数成比例，即初级单元被抽中概率为 $Z_i=M_i/M_0$，第二阶段对二级单元进行简单随机抽样，则 $m_i=m$ 时，样本是自加权的。这时，对总体总值的估计为：

$$\hat{Y}_{PPS}=M_0\bar{\bar{y}}=\frac{M_0}{n}\sum_{i=1}^{n}\bar{y}_i=\frac{M_0}{nm}\sum_{i=1}^{n}\sum_{j=1}^{m}y_{ij} \tag{5.18}$$

估计量方差的样本估计为：

$$v(\hat{Y}_{PPS})=\frac{M_0^2}{n(n-1)}\sum_{i=1}^{n}(\bar{y}_i-\bar{\bar{y}})^2 \tag{5.19}$$

实际工作中，如果初级单元大小不相等，人们通常喜欢在第一阶段抽样时按放回的与二级单元数成比例的 PPS 抽样，第二阶段抽样则进行简单随机抽样，且每个初级单元内的二级单元样本量都相同，这样得到的样本是自加权的，估计量的形式非常简单。

例 5－4

某小区拥有 10 座高层建筑，每座高层建筑拥有的楼层数如表5－7所示。

表 5－7　10 座高层建筑的层数

高层建筑	A	B	C	D	E	F	G	H	I	J
楼层	12	12	16	15	10	16	10	18	16	20

用两阶段抽样方法抽出 10 个楼层进行调查，第一阶段抽样为放回的，按与每座建筑拥有的楼层数成比例的不等概抽样抽取 5 座建筑，第二阶段按简单随机抽样对每座建筑抽取两个楼层。对 10 个楼层居民人数的调查结果如表 5－8 所示，请对小区总居民数进行估计，并给出估计的误差。

表 5－8　被选中的高层建筑序号及 10 个楼层的居民数

初级样本序号	1	2	3	4	5
居民人数	18，12	15，18	19，13	16，10	16，11

解：已知 $n=5$，$m=2$，$M_0=145$，$\sum_{i=1}^{n}\sum_{j=1}^{m}y_{ij}=148$。

由于这个样本是自加权的，根据式（5.18）和式（5.19），得

$$\hat{Y}=\frac{M_0}{nm}\sum_{i=1}^{n}\sum_{j=1}^{m}y_{ij}=\frac{145}{5\times2}\times148=2\ 146(\text{人})$$

$$\bar{\bar{y}}=\frac{\hat{Y}}{M_0}=\frac{2\ 146}{145}=14.8(\text{人})$$

估计量的方差为：

$$v(\hat{Y})=\frac{M_0^2}{n(n-1)}\sum_{i=1}^{n}(\bar{y}_i-\bar{\bar{y}})^2=\frac{145^2}{5(5-1)}[(15-14.8)^2+(16.5-14.8)^2$$

$$+(16-14.8)^2+(13-14.8)^2+(13.5-14.8)^2]$$
$$=9\ 776.625$$

估计量的标准差为：

$$s(\hat{Y})=\sqrt{v(\hat{Y})}\approx 98.88(\text{人})$$

因此，小区居民总数的估计值为 2 146 人，在置信度为 95%时，估计的相对误差为：

$$r=t\frac{s(\hat{Y})}{\hat{Y}}=1.96\times\frac{98.88}{2\ 146}\approx 9\%$$

5.3.2 多阶段放回不等概抽样

一般情况下，各级单元的大小不相等。类似对初级单元大小不等的两阶段抽样的讨论，通常这时每一阶段的抽样采用与单元大小成比例的不等概抽样，而且通常抽样是放回的，即 PPS 抽样。

以三阶段抽样为例，记：

总体拥有 N 个初级单元，每个初级单元拥有 M_i 个二级单元，每个二级单元又拥有 K_{ij} 个三级单元；

各阶段样本量分别为 n，m，k（注意 m，k 不随单元变化），即抽取 n 个初级单元，在每个样本初级单元中，抽取 m 个二级单元，在每个样本二级单元中，抽取 k 个三级单元；

每一阶段单元的抽取概率为 Z_i，Z_{ij}，Z_{iju}，它们满足 $\sum_{i=1}^{N}Z_i=1,\sum_{j=1}^{M_i}Z_{ij}=1,\sum_{u=1}^{K_{ij}}Z_{iju}=1$。这时对总体总值 $Y=\sum_{i=1}^{N}\sum_{j=1}^{M_i}\sum_{u=1}^{K_{ij}}Y_{iju}$ 的无偏估计为：

$$\hat{Y}=\frac{1}{nmk}\sum_{i=1}^{n}\frac{1}{Z_i}\sum_{j=1}^{m}\frac{1}{Z_{ij}}\sum_{u=1}^{k}\frac{y_{iju}}{Z_{iju}} \tag{5.20}$$

它的方差为：

$$V(\hat{Y})=\frac{1}{n}\left(\sum_{i=1}^{N}\frac{Y_i^2}{Z_i}-Y^2\right)+\frac{1}{nm}\sum_{i=1}^{N}\frac{1}{Z_i}\left(\sum_{j=1}^{M_i}\frac{Y_{ij}^2}{Z_{ij}}-Y_i^2\right)$$
$$+\frac{1}{nmk}\sum_{i=1}^{N}\frac{1}{Z_i}\left[\sum_{j=1}^{M_i}\frac{1}{Z_{ij}}\left(\sum_{u=1}^{K_{ij}}\frac{Y_{iju}^2}{Z_{iju}}-Y_{ij}^2\right)\right] \tag{5.21}$$

式中：

$$Y_{ij}=\sum_{u=1}^{K_{ij}}Y_{iju}$$
$$Y_i=\sum_{j=1}^{M_i}\sum_{u=1}^{K_{ij}}Y_{iju}=\sum_{j=1}^{M_i}Y_{ij} \tag{5.22}$$

$V(\hat{Y})$的一个无偏估计为：

$$v(\hat{Y})=\frac{1}{n(n-1)}\sum_{i=1}^{n}(\hat{Y}_i-\hat{Y})^2 \tag{5.23}$$

式中：

$$\hat{Y}_i=\frac{1}{Z_i m}\sum_{j=1}^{m}\frac{1}{Z_{ij}}\left(\frac{1}{k}\sum_{u=1}^{k}\frac{y_{iju}}{Z_{iju}}\right)$$

实际工作中，通常的做法是前两阶段抽样采用 PPS 抽样，即对初级单元和二级单元的抽样按放回的，与其单元大小成比例的概率抽样；最后一阶段抽样按等概率抽选。如果每一阶段抽样单元的样本量都相同（即 $m_i=m$，$k_j=k$），则样本是自加权的。

这时

$$Z_i=\frac{\sum_{j=1}^{M_i}K_{ij}}{\sum_{i=1}^{N}\sum_{j=1}^{M_i}K_{ij}}=\frac{\sum_{j=1}^{M_i}K_{ij}}{M_0},\ Z_{ij}=\frac{K_{ij}}{\sum_{j=1}^{M_i}K_{ij}},\ Z_{iju}=\frac{1}{K_{ij}}$$

注意：这时第三阶段抽样也是放回的，各阶段单元的大小是以最小单元数计算的。

将其代入式（5.20），则总体总值的估计为：

$$\hat{Y}=\frac{M_0}{nmk}\sum_{i=1}^{n}\sum_{j=1}^{m}\sum_{u=1}^{k}y_{iju}=M_0\bar{\bar{y}} \tag{5.24}$$

$\bar{\bar{y}}$ 是以三级单元计算的样本简单平均数。$\hat{Y}$ 的表达式正好说明这时估计量是自加权的。

$\hat{Y}$ 方差的样本估计为：

$$v(\hat{Y})=\frac{M_0^2}{n(n-1)}\sum_{i=1}^{n}(\bar{\bar{y}}_i-\bar{\bar{y}})^2 \tag{5.25}$$

式中：

$$\bar{\bar{y}}_i=\frac{1}{mk}\sum_{j=1}^{m}\sum_{u=1}^{k}y_{iju}$$

如果对三级单元的抽样采用不放回简单随机抽样，上述公式仍然成立，只是估计量的理论方差比放回的情形小一些。

类似地，对于更多阶段的情形，除了最后一阶段采用等概率抽样（放回的或不放回的均可），前几阶段均采用 PPS 抽样，并且自第二阶段开始，每一阶段各样本单元的样本量相同（即 $m_i=m$，$k_j=k$，…），则样本是自加权的，其估计量的形式非常简单。

例 5-5

某调查公司接受了一项关于全国城市成年居民人均奶制品消费情况的调查。

解：确定抽样范围为全国地级及以上城市中的成年居民。成年居民指年满 18 周岁的居民。

第 1 步：确定抽样方法。调查公司决定采用多阶段抽样方法进行方案设计，调查的最小单元为成年居民，调查的各个阶段为城市、街道、居委会、居民户，在居民户内利用二维随机表抽取成年居民。

第 2 步：确定样本量及各阶段样本量的配置。按简单随机抽样时，在 95%的置信度下，绝对误差限度为 5%，取使方差达到最大的（消费奶制品的居民）比例 50%，则全国样本量应为：

$$n_0=\frac{u_a^2 PQ}{d^2}=\frac{2^2\times 0.5\times 0.5}{0.05^2}=400(\text{人})$$

根据以往调查经验，估计回答率 $b=80\%$，因此调整样本量为：

$$n_1=\frac{n_0}{b}=\frac{400}{0.8}=500(\text{人})$$

由于多阶段抽样的效率比简单随机抽样的效率低，因此，取设计效应 $deff=3.2$，则在全国范围内应调查的样本居民为：

$$n_2=n_0\times deff=500\times 3.2=1\ 600(\text{人})$$

各阶段的样本量配置为：

初级单元：20 个城市；

二级单元：80 个街道，每个样本市内抽 4 个街道；

三级单元：160 个居委会，每个样本街道内抽 2 个居委会；

四级单元：1 600 个居民户，每个样本居委会内抽 10 个居民户；

在每个样本居民户内，利用二维随机表抽取 1 名成年居民。

第 3 步：抽样方法。

第一阶段，在全国城市中按与人口数成比例的放回的不等概抽样，即 PPS 抽样，抽取 20 个城市。

第二阶段到第三阶段分别按与人口数成比例的不等概等距抽样。

以第二阶段为例，在某个被抽中的样本城市中，将其所属的街道编号，收集各街道的人口数，赋予每个街道与其人口数相同的代码数；根据该市总人口数除以样本量 4，确定抽样间距；然后对代码进行随机起点的等距抽样，则被抽中代码所在的街道为样本街道。

第四阶段，分别在每个样本居委会中，按等距抽样抽出 10 个居民户，即根据居委会拥有的居民户数除以样本量得到抽样间距，然后随机起点地等距抽样。

在每个样本居民户中，调查员按入户选样表抽取一名成年居民。

第 4 步：推算方法。对总体比例的推算可以借用对均值的推算公式。记各样本城市的 80 位样本居民中每天至少消费一次奶制品的人数为 a_i，则各样本城市每天至少消费一次奶制品的人数所占比例为 $p_i=a_i/80$（$i=1$，2，…，n）。全国 1 600 名居民组成的样本中，每天至少消费一次奶制品的总人数为 $a=\sum_{i=1}^{n} a_i$，则成年居民中每天至少消费一次奶制品的人数所占比例为 $p=\frac{a}{1\ 600}=\frac{1}{1\ 600}\sum_{i=1}^{n} a_i$。

p 的方差的估计为 $v(p)=\frac{1}{n(n-1)}\sum_{i=1}^{n}(p_i-p)^2$，以上公式中 $n=20$。

5.4 不放回不等概抽样

5.4.1 不放回不等概抽样

通常来说，放回抽样比不放回抽样的效率低。使用放回抽样主要是因为放回抽样容易实现，便于分析。不放回的不等概抽样实施起来相当困难，方差估计也非常复杂。

在不放回不等概抽样中，每个单元入样的概率 π_i 及任意两个单元同时入样的概率 π_{ij} 统称为包含概率。

对固定的 n，包含概率满足：

$$\sum_{i=1}^{N}\pi_i = n \tag{5.26}$$

$$\sum_{i\neq j}^{N}\pi_{ij} = (n-1)\pi_i \tag{5.27}$$

$$\sum_{i=1}^{N}\sum_{j>i}^{N}\pi_{ij} = \frac{1}{2}n(n-1) \tag{5.28}$$

特别地，如果每个单元入样概率与其大小或规模的度量 M_i 严格成比例，记 $Z_i=M_i/M_0$，则对于固定的 n，有

$$\pi_i=nZ_i \tag{5.29}$$

称这种情形的抽样为严格的 πPS 抽样。

严格的 πPS 抽样实施起来非常复杂，π_{ij} 不易求得，因此方差的估计也相当困难。它只有在 $n=2$ 时才有一些简单实用的方法，对于 $n>2$ 的情形，严格的 πPS 抽样则相当复杂。实际工作中，可以通过分层，在每层中进行严格的 $n=2$ 的 πPS 抽样。

5.4.2 霍维茨-汤普森估计量

对于不放回不等概抽样，对总体总值 Y 的估计采用霍维茨-汤普森（Horvitz-Thompson）估计量：

$$\hat{Y}_{HT} = \sum_{i=1}^{n}\frac{y_i}{\pi_i} = \sum_{i=1}^{N}\alpha_i\frac{y_i}{\pi_i} \tag{5.30}$$

式中，$\alpha_i=1$ 表示第 i 个单元入样，$\alpha_i=0$ 表示第 i 个单元没有入样。$p(\alpha_i=1)=\pi_i$，π_i 为第 i 个单元的包含概率。

如果 $\pi_i>0$（$i=1$，2，…，N），则 $\hat{Y}_{HT}$ 是 Y 的无偏估计：

$$E(\hat{Y}_{HT}) = \sum_{i=1}^{N}E(\alpha_i)\frac{y_i}{\pi_i} = \sum_{i=1}^{N}y_i = Y$$

$\hat{Y}_{HT}$的方差为：

$$V(\hat{Y}_{HT})=\sum_{i=1}^{N}\frac{1-\pi_i}{\pi_i}Y_i^2+2\sum_{i=1}^{N}\sum_{j>i}^{N}\frac{\pi_{ij}-\pi_i\pi_j}{\pi_i\pi_j}Y_iY_j \tag{5.31}$$

进一步，如果 n 固定，则

$$V(\hat{Y}_{HT})=\sum_{i=1}^{N}\sum_{j>i}^{N}(\pi_i\pi_j-\pi_{ij})\left(\frac{Y_i}{\pi_i}-\frac{Y_j}{\pi_j}\right)^2 \tag{5.32}$$

由方差表达式可知，要使估计量的方差 $V(\hat{Y}_{HT})$小，应使$\frac{Y_i}{\pi_i}$（$i=1, 2, \cdots, N$）之间的差别尽可能小。

如果 $\pi_i>0$，$\pi_{ij}>0$（$i, j=1, 2, \cdots, N; i\neq j$），则 $V(\hat{Y}_{HT})$ 的无偏估计为：

$$v(\hat{Y}_{HT})=\sum_{i=1}^{n}\frac{1-\pi_i}{\pi_i^2}y_i^2+2\sum_{i=1}^{n}\sum_{j>i}^{n}\frac{\pi_{ij}-\pi_i\pi_j}{\pi_i\pi_j\pi_{ij}}y_iy_j \tag{5.33}$$

如果 n 固定，则 $v(\hat{Y}_{HT})$也可用耶茨、格伦迪和森提出的

$$v_{YGS}(\hat{Y}_{HT})=\sum_{i=1}^{n}\sum_{j>i}^{n}\frac{\pi_i\pi_j-\pi_{ij}}{\pi_{ij}}\left(\frac{y_i}{\pi_i}-\frac{y_j}{\pi_j}\right)^2 \tag{5.34}$$

估计，它也是无偏估计。

在实际工作中，这两个估计式都不是特别理想，因为它们都有可能为负值。但当 $n=2$ 时，$v_{YGS}(\hat{Y}_{HT})$总是大于 0。

下面以案例来说明不等概抽样的估计精度高于简单随机抽样的情况。

例 5-6

假设有 5 个居委会，每个居委会的住户数 X 已知，但常住居民人数 Y 未知，从这 5 个居委会抽出 2 个来估计常住居民的总人数（见表 5-9）。

表 5-9　5 个居委会有关数据

i	住户数 X	常住居民人数 Y	包含概率 π_i
1	400	1 100	0.8
2	250	600	0.5
3	200	500	0.4
4	100	240	0.2
5	50	80	0.1
$\sum$	1 000	2 520	

表 5-9 中的包含概率为：

$$\pi_i = n\frac{X_i}{\sum_{i=1}^{N} X_i} = n\frac{X_i}{X_0}$$

从 5 个居委会中不放回地抽出 2 个居委会，不论是不放回不等概抽样还是简单随机抽样，共有 10 种不同的样本，我们对这些样本分别利用霍维茨-汤普森估计量及简单随机抽样简单估计对总人数进行估计（见表 5 - 10）。

表 5 - 10　不同估计量的估计结果

样本	$\hat{Y}_{\pi ps}$	$\hat{Y}_{srs}$
1，2	2 575	4 250
1，3	2 625	4 000
1，4	2 575	3 350
1，5	2 175	2 950
2，3	2 450	2 750
2，4	2 400	2 100
2，5	2 000	1 700
3，4	2 450	1 850
3，5	2 050	1 450
4，5	2 000	800

从理论上说，$\hat{Y}_{\pi ps}$ 和 $\hat{Y}_{srs}$ 都是无偏估计，它们的期望都等于总体总人数 2 520。为比较估计量的优劣，需计算估计量的方差，这也用到每个样本被抽出的概率。从上例可以看出，$\hat{Y}_{\pi ps}$ 比 $\hat{Y}_{srs}$ 更集中于总体均值，因此，不放回不等概霍维茨-汤普森估计量比简单随机抽样简单估计更精确，出现这种结果是因为 X 和 Y 之间有较强的相关关系。

5.4.3　不同情况下的 πPS 抽样

上面提到的严格的 πPS 抽样就是指 n 固定、严格不放回、包含概率 π_i 与单元大小严格成比例，即 $\pi_i = nZ_i$。下面简单介绍几种 πPS 抽样。

1. 布鲁尔方法

对于 $n=2$ 的情形，在总体中只抽取两个单元，因此，通常用逐个抽取法来保证抽样是不放回的。可以采用几种不同的抽样方法。对总体所有的单元，如果有 $Z_i \leqslant \frac{1}{2}$，就可以采用布鲁尔（Brewer）方法。

布鲁尔方法的两个样本单元的抽取方法是：按与 $\frac{Z_i(1-Z_i)}{1-2Z_i}$ 成比例的概率抽取第一个单元，记第一个被抽出的单元为 j；按与 $\frac{Z_i}{1-Z_j}$ 成比例的概率抽取第二个单元。

布鲁尔方法的包含概率为：

$$\pi_i = 2Z_i$$

$$\pi_{ij}=\frac{4Z_iZ_j(1-Z_i-Z_j)}{(1-2Z_i)(1-2Z_j)\left(1+\sum_{i=1}^{N}\frac{Z_i}{1-2Z_i}\right)} \tag{5.35}$$

于是对总体总量估计可采用霍维茨-汤普森估计量：

$$\hat{Y}_B=\frac{y_i}{\pi_i}+\frac{y_j}{\pi_j}=\frac{1}{2}\left(\frac{y_i}{Z_i}+\frac{y_j}{Z_j}\right) \tag{5.36}$$

$$v_{YGS}(\hat{Y}_B)=\frac{\pi_i\pi_j-\pi_{ij}}{\pi_{ij}}\left(\frac{y_i}{\pi_i}-\frac{y_j}{\pi_j}\right)^2 \tag{5.37}$$

例 5-7

对于例 5-6，如果抽样是按布鲁尔方法的，则其所有可能样本的 π_{ij} 如表 5-11 所示。

表 5-11 所有可能样本的相关数据

样本	$\hat{Y}_{\pi ps}$	π_{ij}
1，2	2 575	0.348 79
1，3	2 625	0.265 74
1，4	2 575	0.124 57
1，5	2 175	0.060 90
2，3	2 450	0.091 35
2，4	2 400	0.040 48
2，5	2 000	0.019 38
3，4	2 450	0.029 07
3，5	2 050	0.013 84
4，5	2 000	0.005 88

于是，可以按下列公式

$$E(\hat{Y}_{\pi ps})=\sum\hat{Y}_{\pi ps}\pi_{ij}$$

$$V(\hat{Y}_{\pi ps})=\sum(\hat{Y}_{\pi ps}-Y)^2\pi_{ij}$$

计算 $\hat{Y}_{\pi ps}$ 的均值及方差，它们分别是 2 520 和 22 670.93。与简单随机抽样估计 $\hat{Y}_{srs}$ 的方差 1 151 100 相比，$\hat{Y}_{\pi ps}$ 比 $\hat{Y}_{srs}$ 精确得多。

2. 水野法

对于 $n>2$ 的情形，也有几种不同的抽样方法，例如布鲁尔方法就可以从 $n=2$ 推广到 $n>2$ 的情形，但其 π_{ij} 计算相当复杂。这里介绍一种比较方便的方法——水野(Midzunol) 法。

水野法也是一种逐个抽取的方法，它以概率

$$Z_i^* = \frac{n(N-1)Z_i}{N-n} - \frac{n-1}{N-1}, \quad i=1,2,\cdots,N \tag{5.38}$$

抽取第一个样本单元，在剩下的 $N-1$ 个单元中，不放回、等概率地抽出$n-1$个样本单元。为了保证每个 $Z_i^* \geqslant 0$，要求每个单元的大小满足

$$M_i \geqslant \frac{(n-1)M_0}{n(N-1)} \tag{5.39}$$

为满足这一点，必须避免 M_i 相差过大，我们可以通过分层，将大小相似的单元分到同一个层来解决这个问题。

对于水野法，其包含概率为：

$$\pi_i = nZ_i \tag{5.40}$$

$$\pi_{ij} = \frac{n-1}{N-1}\left[\frac{N-n}{N-2}(Z_i^* + Z_j^*) + \frac{n-2}{N-n}\right] \tag{5.41}$$

将其代入霍维茨-汤普森估计量就可对总体总量进行估计。

3. 非严格的 πPS 抽样

在实际工作中，有时采用非严格的 πPS 抽样，就是指 n 不固定，是随机的；或不是严格不放回的；或包含概率 π_i 与单元大小并非严格成比例，即$\pi_i = nZ_i$ 不严格成立。

耶茨-格伦迪（Yates-Grundy）逐个抽取法，每次都以与未入样的单元的 Z_i 成比例的概率抽样，即以 Z_i 抽取第一个样本单元，不妨记被抽中的单元为第 1 个；以 $Z_i/(1-Z_1)$ 在剩下的 $N-1$ 个单元中抽取第二个样本单元，不妨记被抽中的单元为第 2 个；以 $Z_i/(1-Z_1-Z_2)$ 在剩下的 $N-2$ 个单元中抽取第三个样本单元；依此类推，直到抽出 n 个样本单元。这种方法中，π_i 与单元大小显然不是严格成比例的，但它在不放回不等概抽样中操作最简单，因而在实践中经常使用。

耶茨-格伦迪方法的 π_i 不易计算，因而不能用霍维茨-汤普森估计量。可以采用 Raj 估计量。

设 y_1，y_2，…，y_n 为按抽中顺序排列的样本单元的指标值，相应的 Z 值为 Z_1，Z_2，…，Z_n，令

$$\begin{cases} t_1 = \dfrac{y_1}{Z_1} \\ t_2 = y_1 + \dfrac{y_2}{Z_2}(1-Z_1) \\ \cdots\cdots \\ t_n = y_1 + y_2 + \cdots + y_{n-1} + \dfrac{y_n}{Z_n}(1-Z_1-Z_2-\cdots-Z_{n-1}) \end{cases} \tag{5.42}$$

则 Raj 估计量为：

$$\hat{Y}_{Raj} = \frac{1}{n}\sum_{i=1}^{n} t_i \tag{5.43}$$

它是总体总值 Y 的无偏估计，对其方差 $V(\hat{Y}_{Raj})$ 的无偏估计为：

$$v(\hat{Y}_{Raj})=\frac{1}{n(n-1)}\sum_{i=1}^{n}(t_i-\hat{Y}_{Raj})^2 \tag{5.44}$$

例 5-8

总体由 $N=10$ 个单元组成，$M_0=30$，要在总体中按不等概逐个抽取法抽出 $n=3$ 个样本单元，并在调查后对总体进行推算。

解：（1）首先利用代码法进行抽样（见表 5-12）。

表 5-12　利用代码法抽取样本单元

i	抽取第一个样本单元 代码 M_i	抽取第二个样本单元 代码 M_i	抽取第三个样本单元 代码 M_i
1	3	3	3
2	1	1	1
3	6	6	6*
4	4*		
5	7	7	7
6	3	3	3
7	1	1	1
8	2	2*	
9	2	2	2
10	1	1	1
$\sum$	$M_0=30$	$M_0-M_4=26$	$M_0-M_4-M_8=24$

如果在［1，30］的范围内产生的随机数为 12，则代码 12 所在的 4 号单元被抽中。

如果在［1，26］的范围内产生的随机数为 23，则代码 23 所在的 8 号单元被抽中。

如果在［1，24］的范围内产生的随机数为 5，则代码 5 所在的 3 号单元被抽中。

（2）接下来由样本推算总体。按被抽出的顺序排列，样本单元为 4，8，3 号单元，相应的 Z_i 值为 4/30，2/30，6/30。

调查完毕后，如果相应的指标值为 y_4，y_8，y_3，先计算

$$t_1=\frac{y_4}{Z_4}=\frac{y_4}{4/30}=7.5y_4$$

$$t_2=y_4+\frac{y_8}{Z_8}(1-Z_4)=y_4+\frac{y_8}{2/30}(1-\frac{4}{30})=y_4+13y_8$$

$$t_3=y_4+y_8+\frac{y_3}{Z_3}(1-Z_4-Z_8)=y_4+y_8+\frac{y_3}{6/30}(1-\frac{4}{30}-\frac{2}{30})$$
$$=y_4+y_8+4y_3$$

将 $n=3$ 及 t_1，t_2，t_3 代入

$$\hat{Y}_{Raj}=\frac{1}{n}\sum_{i=1}^{n}t_i$$

$$v(\hat{Y}_{Raj})=\frac{1}{n(n-1)}\sum_{i=1}^{n}(t_i-\hat{Y}_{Raj})^2$$

则得到总体总值的估计及其方差的样本估计。

5.4.4 两阶段不放回不等概抽样

在两阶段抽样中，假设第一阶段采用不放回不等概抽样方法抽取初级抽样单元(PSU)，第 i 个 PSU 的包含概率为 π_i，第 i 个 PSU 和第 j 个 PSU 同时入样的包含概率为 π_{ij}；第二阶段采用简单随机抽样，并且对不同 PSU 的抽样是独立的。

总体总值 Y 的霍维茨-汤普森估计量为：

$$\hat{Y}_{HT}=\sum_{i=1}^{n}\frac{\hat{Y}_i}{\pi_i}=\sum_{i=1}^{N}\alpha_i\frac{\hat{Y}_i}{\pi_i} \tag{5.45}$$

式中，$\alpha_i=1$ 表示第 i 个 PSU 入样，$\alpha_i=0$ 表示第 i 个 PSU 没有入样。

可以证明 $\hat{Y}_i$ 是 Y_i 的无偏估计，$\hat{Y}_{HT}$ 是 Y 的无偏估计。

$$E(\hat{Y}_{HT})=E_1E_2\left(\sum_{i=1}^{N}\alpha_i\frac{\hat{Y}_i}{\pi_i}\right)=E_1\left(\sum_{i=1}^{N}\alpha_i\frac{E_2(\hat{Y}_i)}{\pi_i}\right)=\sum_{i=1}^{N}E_1(\alpha_i)\frac{Y_i}{\pi_i}=\sum_{i=1}^{N}Y_i=Y$$

$\hat{Y}_{HT}$ 的方差为：

$$V(\hat{Y}_{HT})=\sum_{i=1}^{N}\frac{1-\pi_i}{\pi_i}Y_i^2+2\sum_{i=1}^{N}\sum_{j>i}^{N}\frac{\pi_{ij}-\pi_i\pi_j}{\pi_i\pi_j}Y_iY_j+\sum_{i=1}^{N}\frac{V(\hat{Y}_i)}{\pi_i} \tag{5.46}$$

如果 n 固定，$\hat{Y}_{HT}$ 的方差也可以表示为：

$$V_{YGS}(\hat{Y}_{HT})=\sum_{i=1}^{N}\sum_{j>i}^{N}(\pi_i\pi_j-\pi_{ij})\left(\frac{Y_i}{\pi_i}-\frac{Y_j}{\pi_j}\right)^2+\sum_{i=1}^{N}\frac{V(\hat{Y}_i)}{\pi_i} \tag{5.47}$$

$V(\hat{Y}_{HT})$ 的无偏估计为：

$$v(\hat{Y}_{HT})=\sum_{i=1}^{n}\frac{1-\pi_i}{\pi_i^2}\hat{Y}_i^2+2\sum_{i=1}^{n}\sum_{j>i}^{n}\frac{\pi_{ij}-\pi_i\pi_j}{\pi_{ij}}\frac{\hat{Y}_i}{\pi_i}\frac{\hat{Y}_j}{\pi_j}+\sum_{i=1}^{n}\frac{\hat{V}(\hat{Y}_i)}{\pi_i} \tag{5.48}$$

$V_{YGS}(\hat{Y}_{HT})$ 的无偏估计为：

$$v_{YGS}(\hat{Y}_{HT})=\sum_{i=1}^{n}\sum_{j>i}^{n}\frac{\pi_i\pi_j-\pi_{ij}}{\pi_{ij}}\left(\frac{\hat{Y}_i}{\pi_i}-\frac{\hat{Y}_j}{\pi_j}\right)^2+\sum_{i=1}^{n}\frac{\hat{V}(\hat{Y}_i)}{\pi_i} \tag{5.49}$$

习 题

5.1 对于下面的 25 个 PSU 单元，研究人员希望抽取 10 个不等概的无放回的样本。

PSU	Z_i	PSU	Z_i
1	0.000 110	14	0.014 804
2	0.018 556	15	0.005 577
3	0.062 999	16	0.070 784
4	0.078 216	17	0.069 635
5	0.075 245	18	0.034 650
6	0.073 983	19	0.069 492
7	0.076 580	20	0.036 590
8	0.038 981	21	0.033 853
9	0.040 772	22	0.016 959
10	0.022 876	23	0.009 066
11	0.003 721	24	0.021 795
12	0.024 971	25	0.059 185
13	0.040 654		

(1) 采用代码法抽取容量为10的不放回的样本；

(2) 采用拉希里法抽取容量为10的不放回的样本。

5.2 下表给出了一个整群的总体：

PSU	M_i	y_{ij}	t_i
1	5	3，5，4，6，2	20
2	4	7，4，7，7	25
3	8	7，2，9，4，5，3，2，6	38
4	5	2，5，3，6，8	24
5	3	9，7，5	21

不放回地选择两个PSU单元，入样概率正比于M_i。使用布鲁尔方法构建所有可能样本的π_{ij}的表格。计算霍维茨-汤普森估计量的方差。

5.3 对某个总体的调查，事先规定了每个单元被抽中的概率，试利用代码法抽出一个$n=3$的PPS样本。

i	Z_i	i	Z_i
1	0.104	6	0.147
2	0.192	7	0.089
3	0.138	8	0.038
4	0.062	9	0.057
5	0.052	10	0.121

5.4 如果上题中，被抽中的是3，4，10号单元，调查得到它们的值分别是320，120，290，试估计总体总量并计算估计的标准差。

5.5　假设总体大小为 $N=6$，说明单元大小的指标值分别为 2，9，3，2，1，6，拟采用 $n=2$ 的 πPS 抽样，试列出所有可能的样本，计算每个单元的入样概率 π_i 及每对单元入样的概率 π_{ij}，并验证式（5.5）和式（5.6）。

5.6　对于下列人为总体：

i	1	2	3	4	5
Y_i	10	9	5	2	4
X_i	7	5	3	1	2

如果 $n=1$，试计算下列估计量，并对各种估计量的均方误差进行比较。

(1) 简单随机抽样简单估计；

(2) 简单随机抽样比估计；

(3) PPS 抽样汉森-赫维茨估计。

5.7　某公司欲了解职工上班交通所需的时间，该公司共有 5 个部门，根据每个部门的人数采用 PPS 抽样抽出 2 个部门，并在 2 个部门中采用简单随机抽样分别抽出 5 名职工，调查结果如下：

部门 i	职工人数 M_i	时间 y_{ij}（分钟）
1	20	40，10，20，30，40
2	35	60，30，20，60，30

试估计该公司职工上班交通平均所需的时间，并计算估计的标准差。

5.8　某市建筑行业集团共有 48 个单位，有载货汽车 186 辆。按与每个单位的车辆拥有量成比例的概率进行放回的 PPS 抽样，共抽取 10 次。对抽中单位的所有车辆调查季度运量（单位：吨）。样本数如下表所示（其中有 1 家单位被抽中两次，即 $i=3$，7）。试估计全集团的季度总运量及 95%的置信区间。

单位编号	车辆数 M_i	单位运量总和 y_i	平均每车运量 $\bar{y}_i$
1	5	14 230	2 846
2	8	21 336	2 667
3	5	13 650	2 730
4	4	11 568	2 892
5	6	15 216	2 536
6	9	23 049	2 566
7	5	13 650	2 730
8	3	7 443	2 481
9	7	16 723	2 389
10	3	8 391	2 797

5.9　基于附录Ⅱ“企业抽样案例背景介绍”的实践题：

(1) 以企业雇员人数（employees）为辅助信息，使用放回不等概抽样（PPS）抽取 2 000 家企业，估计该省份企业经营收入的均值及其抽样相对标准误差，以及 95%置信水平下的置信区间。

(2) 以企业雇员人数(employees)为辅助信息，使用放回不等概抽样(PPS)抽取企业，若要求相对误差限度不超过5%，计算所需样本量。

(3) 采用放回不等概两阶段抽样方法估计该省份企业经营收入的均值。首先，按照企业的所属街道乡镇(town)将企业分为2 495个群，即AA_01～RA_16，作为PSU。其次，使用以企业雇员人数(employees)为辅助信息的不等概抽样(PPS)方法抽取200个PSU，在抽取的200个PSU中用简单随机抽样方法抽取10个企业(SSU)进行问卷调查。试执行上述抽样设计并利用所得样本数据，估计该省份企业经营收入的均值及其抽样相对标准误差，以及95%置信水平下的置信区间。

(4) 比较分析习题4.8 (1)、(4)、(5) 与本题 (1)、(3) 的方案。

(5) 假设给定5万元调查经费，试选择合适的指标，设计一个分层两阶段不等概抽样方案，估计该省份企业经营收入的均值及其抽样相对标准误差，并和习题4.8 (9) 的方案进行比较。

第6章 系统抽样

系统抽样与先前介绍的其他抽样方法有很大不同。按照这种方法进行抽样时，首先将总体的全部单元按某一已知变量排队，接着依据简单随机抽样方法从总体中抽取第一个（或第一组）样本点（所谓随机起点），然后按某种固定的顺序和规律依次抽取其余样本点，最终构成样本。

这种抽样被称作系统抽样有两种解释。一种解释是这种抽样除第一个样本点的抽取明显是随机的，其余样本点的抽取都不是随机的，因而是系统的。另一种解释是，由于第一个样本点一经抽出，其他样本点的抽取就完全确定了，这种“牵一发而动全身”的整体性正是通常所谓系统的特点。

系统抽样的优点主要表现在两点。一是简便易行，对抽样框的要求不高，在某些场合下甚至可以不需要抽样框，这与其他概率抽样方法形成非常鲜明的对比。其他概率抽样方法往往需要先对总体单元编号，然后才能利用随机数表等方法抽取样本。当总体规模很大（甚至规模本身无从确切知道）时，仅仅进行编号已经相当烦琐，何况还要抽选诸多样本点。而系统抽样只需确定总体单元的排列顺序（在大多数场合就是自然顺序，如对城市居民户的抽样，不必直接对总体的所有居民户进行编号，而是根据这些居民户的地理位置进行顺序排列），然后根据随机确定的一个起始单元和固定的间隔，整个样本就构造成功了。二是系统抽样可以使样本单元在总体中分布均匀，因而一般具有较好的代表性，特别是当总体结构有辅助变量的信息可以利用时，则可采用有序系统抽样，提高估计的精度。

系统抽样的实际应用非常广泛，例如，工业企业为检查产品质量，在连续的生产流水线上每隔 20 分钟或 45 个工件抽选一个或若干个样品进行检验；农业上为估计农作物产量或病虫害危害情况，对一大片农田每隔一定距离（例如纵横各 10 米）抽取一小块（例如 0.25 平方米）进行实际测量或调查；图书馆对图书借阅情况进行调查，在一堆按书名字母排列的图书目录卡片中，每隔一定厚度（例如 2 厘米）或一定的张数抽取一张卡片等，都是系统抽样的直观例子。此外，对于一批散料（所谓“散料”，是指连续松散的、不易区分个体或抽样单元的材料，例如粮食、矿石、化肥、水泥等），比如一批分袋装的化肥，要估计该化肥氮元素的含量，往往采用系统抽样。先从这批化肥（看作总体）中抽取若干袋，再采用系统抽样从每个被抽中的麻袋中的不同部位抽取一定数量的化肥样品（份样）进行测试。

系统抽样的主要缺点是：由于样本量（因而抽样分布）有时不唯一，所以不存在严格意义上的无偏估计量，从而导致难以估计抽样误差。

6.1 定义与实施方法

定义 6.1 设总体中的 N 个单元按某种顺序（通常是依照有关标志排队，即按某个在比估计和回归估计中提到的辅助变量的顺序排列，但也可以是依照无关标志排队，即按不完全满足辅助变量定义的某个已知变量排列，这种排列近似于随机排列），编号为 1，2，…，N。抽样程序是首先抽取一个或一组起始单元的编号，然后按某种确定的规则选取其他单元的编号，直到满 n 个为止，则这种抽样称为系统随机抽样，简称系统抽样。

系统抽样的突出特点表现在两个方面：一是抽样之前需要将 N 个单元排序；二是第一个或第一组样本点之外的其他样本点的选取规则不同于第一个或第一组样本点，这些都不是随机的。

定义 6.2 设总体中的 N 个单元按某种顺序，编号为 1，2，…，N。如抽样程序是先按简单随机抽样方式抽取一个起始单元的编号，然后按照固定间隔 k 选取其他单元的编号，直到满 n 个为止，则这种抽样称为等距系统抽样，简称等距抽样。

其中，固定的间隔 k 称为抽样间隔（sampling interval），一般取不大于但最接近于 $\left[\frac{N}{n}\right]$ 的一个整数（“不大于”符合样本量宁大勿小的稳健原则，这样估计精度将更高，对委托调查者的服务质量也更高）。然而，N 不一定是 n 的整数倍，因而最终抽取的样本点数可能是 $\left[\frac{N}{k}\right]$，也可能是 $\left[\frac{N}{k}\right]+1$，即样本量 n 不确定。这在实际情况中不会产生太大困扰，但在理论分析的时候，样本量 n 不确定将导致很大不便。为此，通常的处理手段是将 $n=\left[\frac{N}{k}\right]$ 与 $n=\left[\frac{N}{k}\right]+1$ 两种情形分开讨论、区别对待。注意：$n=\left[\frac{N}{k}\right]$ 相当于 $N=nk$，$n=\left[\frac{N}{k}\right]+1$ 相当于 $N\neq nk$。

在系统抽样中，等距抽样最简单也最常用，所以我们将主要对等距抽样的理论与实施要点给予介绍。

定义 6.3 $N=nk$ 情形：直线等距抽样。

假设总体单元数为 N，样本量为 n，$N=nk$，且总体中的 N 个单元已按某种确定顺序编号为 1，2，…，N。抽样程序是先从头 k 个单元编号中随机抽出一个单元编号，然后每隔 k 个单元编号抽出一个单元编号，直到抽出 n 个单元编号为止，则这种等距抽样称为直线等距抽样。

直线等距抽样的具体实施步骤可以归纳如下：

（1）首先计算抽样间距 $k=N/n$；

（2）将 N 个单元按某种顺序依次编号为 1，2，…，N；

（3）从 $1\sim k$ 个单元编号中随机抽出一个单元编号，假设为 r；

（4）每隔 k 个单元编号抽出一个单元编号，直到抽出 n 个单元。

这样最终抽出的样本是由以下编号的单元组成的：$r+(j-1)k$ $(j=1,2,\cdots,n)$。

例 6-1

某学校高中二年级共有 880 个学生，要以直线等距抽样抽选 200 个学生组成样本，调查其课外体育锻炼情况。

解： 首先将 880 个学生依次编号为 1～880，然后计算抽样间距 $k=\left[\dfrac{N}{n}\right]=\left[\dfrac{880}{200}\right]=[4.4]=4$，然后在 1～4 中随机抽取一个数字，假设抽中的是 4，则其余样本点依次为第 8，12，16，20，…，876，880 号的学生。220 个进入样本的学生编号可以表示为：$4+(j-1)\times 4$ $(j=1,\ 2,\ \cdots,\ 220)$。

当 N 不是 n 的整数倍，即抽样间距 $k=N/n$ 不是整数时（只能取一个最接近且不大于 N/n 的整数），实际抽取的样本量与计划的样本量是不一致的，本例多了 20 个样本量，超出 10%。此外注意，在本例中如果 $N=882$，那么 n 可能是 220，也可能是 221，这取决于随机起点是 1，2 还是 3，4。受此影响，每个总体单元入样的概率也是不等的，这意味着假如采用直线等距抽样就有可能产生偏倚。为了弥补这些缺陷，使样本均值为总体均值的无偏估计，拉希里于 1952 年提出了下面的圆形等距抽样方法。

定义 6.4　$N\neq nk$ 情形：圆形等距抽样。

假设总体单元数为 N，样本量为 n，$N\neq nk$，总体中的 N 个单元已按某种确定顺序编号为 1，2，…，N，如将这些编号看成首尾相接的一个环，并从 1 到 N 中按简单随机抽样方式抽取一个单元编号作为随机起点 r，然后每隔 k 抽取一个单元编号，直到抽满 n 个单元为止，则这种等距抽样称为圆形等距抽样。

圆形等距抽样与直线等距抽样的区别在于两个方面：一是编号不是直线排列而是环状（圆形）排列；二是随机起点的选择范围由 $1\sim k$ 扩展到 $1\sim N$。这些区别似乎微不足道，却不仅可以使样本量保持固定，不随随机起点而变化，而且可以保证每个单元被抽中的概率严格相等。

对于圆形等距抽样，可以证明，入样单元编号可表示为：

$$\begin{cases} i=r+(j-1)k, & \text{当 } r+(j-1)k-N\leqslant 0 \\ i=\min\{r+(j-1)k, r+(j-1)k-N\}, & \text{当 } r+(j-1)k-N>0 \end{cases}$$
$$(j=1,2,\cdots,n)$$

例 6-2

假设总体有 27 个单元，拟以圆形等距抽样方式抽取 $n=5$ 个单元。

解：首先将 27 个单元依次编号为 1～27，并将这些编号看作首尾相接的一个环；然后计算抽样间距 $k=N/n=5.4$，取与之最接近且不大于 5.4 的整数 $k=5$，相应的 n 调整为 6；最后在 1～27 中随机抽取一个数字，假设抽中的号是 16，则其余样本点依次为第 21，26，4，9，14 号单元。

从上述实施方法可以看出，在等距抽样过程中，一旦起始单元确定，整个样本就完全确定了，这是整个系统抽样有别于其他随机抽样方式的一个显著特点。另外，注意当 $N=nk$ 时，无论直线还是圆形等距抽样，总体中每个单元的入样概率都相等，因而这是一种严格的等概率抽样。而当 $N\neq nk$ 时，按直线等距抽样每一个单元的入样概率依赖于随机起点 r，对不同的 r，各个单元的入样概率会有所不同；但按圆形等距抽样时，各个单元的入样概率都相等，因而圆形等距抽样总是一种严格的等概率抽样。

考虑到在实际情况中，n 通常比较大（$n\geqslant 50$），多一个少一个无关宏旨，因此不必考虑 N/n 不是整数的影响。为了处理方便，以下假定 N 总是 n 的整数倍。注意：这相当于讨论只限于 $N=nk$ 的情形。事实上，人们在实际情况下常常采用简单的处理手法：随机选出 k_d（$k_d=N-nk$，注意 $k_d<k$）个单元“扔掉”，使总体规模略微缩减。这种做法虽然略显粗暴，但从效果上看并无大碍。

6.2 等概率情形：估计量及其性质

为了加深印象，我们重申一下前面的约定：为处理方便起见，以下只讨论等距抽样（尽管也时常被称为系统抽样，但通常不会引起混淆），且总是假定 N 是 n 的整数倍，即 $N=nk$ 的情形。在这一情形之下，直线和圆形等距抽样的结果一致，样本量一样，尤其关键的是这可以保证各个单元的入样概率都相等。

6.2.1 符号说明

为了方便讨论，将总体的 N 个单元（实际上是抽样框的 N 个抽样单元）排列成 k 行 n 列，如表 6-1 所示。

表 6-1 等距系统抽样的总体单元排列表

	1	2	…	j	…	n	行平均
1	Y_1	Y_{k+1}	…	$Y_{(j-1)k+1}$	…	$Y_{(n-1)k+1}$	$\bar{Y}_{1.}$
2	Y_2	Y_{k+2}	…	$Y_{(j-1)k+2}$	…	$Y_{(n-1)k+2}$	$\bar{Y}_{2.}$
⋮							

续表

	1	2	…	j	…	n	行平均
r	Y_r	Y_{k+r}	…	$Y_{(j-1)k+r}$	…	$Y_{(n-1)k+r}$	$\bar{Y}_{r.}$
⋮							
k	Y_k	Y_{2k}	…	Y_{jk}	…	Y_{nk}	$\bar{Y}_{k.}$
列平均	$\bar{Y}_{.1}$	$\bar{Y}_{.2}$	…	$\bar{Y}_{.j}$	…	$\bar{Y}_{.n}$	$\bar{Y}$

各符号的含义如下：

总体单元数：N

样本单元数：n

第 r 行第 j 列的单元变量值：$Y_{(j-1)k+r}$

第 r 行对应变量的总体均值：$\bar{Y}_{r.}$，$\bar{Y}_{r.}=\dfrac{1}{n}\sum\limits_{j=1}^{n}Y_{(j-1)k+r}$

第 j 列对应变量的总体均值：$\bar{Y}_{.j}$，$\bar{Y}_{.j}=\dfrac{1}{k}\sum\limits_{r=1}^{k}Y_{(j-1)k+r}$

注意表 6-1 中主区（上下左右去掉一行或一列剩余的部分）共有 k 行 n 列，显然每行都是系统抽样的一个可能样本，所以系统抽样可以看作按简单随机抽样方式（由随机起点的抽法以及牵一发而动全身的特性所决定）从 k 行中抽出一行，每行被抽中的概率都等于 $\dfrac{1}{k}$。这种说法与第 2 章里关于简单随机抽样是从所有（等概率的）可能样本中随机抽出一个样本的第一种定义是吻合的。

如果表 6-1 中的第 r 行第 j 列的单元变量值改记为 Y_{rj}，则

$$Y_{rj}=Y_{(j-1)k+r},\quad r=1,2,\cdots,k;\ j=1,2,\cdots,n$$

则表 6-1 的内容就将变成表 6-2。

表 6-2　等距系统抽样的总体单元的“群”“层”排列表

	1	2	…	j	…	n	群平均
1	Y_{11}	Y_{12}	…	Y_{1j}	…	Y_{1n}	$\bar{Y}_{1.}$
2	Y_{21}	Y_{22}	…	Y_{2j}	…	Y_{2n}	$\bar{Y}_{2.}$
⋮							
r	Y_{r1}	Y_{r2}	…	Y_{rj}	…	Y_{rn}	$\bar{Y}_{r.}$
⋮							
k	Y_{k1}	Y_{k2}	…	Y_{kj}	…	Y_{kn}	$\bar{Y}_{k.}$
层平均	$\bar{Y}_{.1}$	$\bar{Y}_{.2}$	…	$\bar{Y}_{.j}$	…	$\bar{Y}_{.n}$	$\bar{Y}$

这一变换将导致一系列令人兴奋的结果：如果将每一行的单元视为群，总体由 k 个群组成，每个群的大小都是 n，则系统抽样可以看作从 k 个群中随机抽取一个群的特殊整群抽样。而如果将每一列单元视为一层，则总体由 n 个层组成，每个层的大小都是 k，则系统抽样可以看作从 n 个层中各取一个单元的特殊分层抽样。所谓特殊是指这里的群与层更多是形式上的而不是本质上的，不是自然存在的，而是完全取决于单元的排序结果。例如，由于上述系统抽样的样本单元在各层的位置相同，就和分层随机抽样中层的构成有很

大不同。同时，由于系统抽样的所有可能样本对应于总体全部单元的某一排列顺序，而简单随机抽样的所有可能样本则对应于总体全部单元的所有而非某一排列顺序；系统抽样的所有可能样本的数目只有 k 个，而简单随机抽样的所有可能样本的数目有 C_N^n 个，因而系统抽样的所有可能样本属于简单随机抽样的所有可能样本的一个特殊部分，故系统抽样又可以看作一种特殊的简单随机抽样。

总体均值：$\overline{Y}=\dfrac{1}{N}\sum\limits_{r=1}^{k}\sum\limits_{j=1}^{n}Y_{rj}=\dfrac{1}{nk}\sum\limits_{r=1}^{k}\sum\limits_{j=1}^{n}Y_{rj}$

总体方差：$S^2=\dfrac{1}{N-1}\sum\limits_{r=1}^{k}\sum\limits_{j=1}^{n}(Y_{rj}-\overline{Y})^2=\dfrac{1}{nk-1}\sum\limits_{r=1}^{k}\sum\limits_{j=1}^{n}(Y_{rj}-\overline{Y})^2$

总体“群”平均：$\overline{Y}_r=\overline{Y}_{r\cdot}=\dfrac{1}{n}\sum\limits_{j=1}^{n}Y_{rj}\ (r=1,2,\cdots,k)$

样本“群”平均：$\overline{y}_r=\dfrac{1}{n}\sum\limits_{j=1}^{n}y_{rj}=\dfrac{1}{n}\sum\limits_{j=1}^{n}Y_{rj}=\overline{Y}_r(r=1,2,\cdots,k)$

注意：这里隐含着抽样类文献的一个普遍假设，变量值的取得过程即实地调查环节不产生任何误差。如果缺乏这一假设，根据误差公理 $y_{rj}=Y_{rj}$，因而 $\overline{y}_r=\overline{Y}_{r\cdot}$ 是根本不可能的。

（系统）样本均值：$\overline{y}_{sy}=\dfrac{1}{n}\sum\limits_{j=1}^{n}y_{rj}=\overline{y}_r=\overline{Y}_{r\cdot}$

“系统样本”（群）内方差：$S_{wsy}^2=\dfrac{1}{k(n-1)}\sum\limits_{r=1}^{k}\sum\limits_{j=1}^{n}(y_{rj}-\overline{y}_r)^2$

“系统样本”（群）内相关系数：$\rho_{wsy}=\dfrac{E(y_{rj}-\overline{Y})(y_{ru}-\overline{Y})}{E\,(y_{rj}-\overline{Y})^2}$

总体“层”均值：$\overline{Y}_{\cdot j}=\dfrac{1}{k}\sum\limits_{r=1}^{k}Y_{rj}\ (j=1,2,\cdots,n)$

总体“层”内方差：$S_{wst}^2=\dfrac{1}{n(k-1)}\sum\limits_{j=1}^{n}\sum\limits_{r=1}^{k}(y_{rj}-\overline{y}_{\cdot j})^2$

总体“层”内相关系数：$\rho_{wst}=\dfrac{E(y_{rj}-\overline{y}_{\cdot j})(y_{ru}-\overline{y}_{\cdot u})}{E\,(y_{rj}-\overline{y}_{\cdot j})^2}$

6.2.2 估计量的性质

同其他抽样方式一样，系统抽样的整个目标仍是估计总体均值、总体总值、总体比例和总体比率四个方面的总体特征，且因为比估计与回归估计一般可以借助数学变换转化为简单估计（$\overline{y}_R=\overline{X}\hat{R}$，$\overline{y}_{lr}=\overline{y}+\beta(\overline{X}-\overline{x})$）问题，所以人们的兴趣只集中在对这四个总体特征的简单估计，尤其是总体均值的简单估计上，而核心估计量依然是样本均值。

根据前面的符号，系统抽样的样本均值为：

$$\overline{y}_{sy}=\overline{y}_r=\frac{1}{n}\sum_{j=1}^{n}y_{rj}=\frac{1}{n}\sum_{j=1}^{n}Y_{rj}=\overline{Y}_r \tag{6.1}$$

将其定义为总体均值 $\overline{Y}=\dfrac{1}{nk}\sum\limits_{r=1}^{k}\sum\limits_{j=1}^{n}Y_{rj}$ 的估计量，即

$$\hat{\bar{Y}} = \bar{y}_{sy} = \bar{y}_r = \bar{Y}_r = \frac{1}{n}\sum_{j=1}^{n} Y_{rj} \tag{6.2}$$

总体总值 Y 的简单估计量为：

$$\hat{Y}=N\bar{y}_{sy}=nk\bar{y}_{sy} \tag{6.3}$$

引进第 2 章的 0－1 变换后，依 2.1 节的记号方式，此时

$$Y_{rj}=\begin{cases}1, & \text{若总体中第 } r\text{“群”第 } j \text{ 个单元具有所研究的特征} \\ 0, & \text{若总体中第 } r\text{“群”第 } j \text{ 个单元不具有所研究的特征}\end{cases}$$

则总体中具有这种特征的单元总数为：

$$A=\sum_{r=1}^{k}\sum_{j=1}^{n} Y_{rj} = Y \tag{6.4}$$

总体中具有这种特征的比例为：

$$P=\frac{A}{nk}=\bar{Y} \tag{6.5}$$

这时总体比例 P 的简单估计量为：

$$\hat{P} = p = \frac{a}{n} = \frac{1}{n}\sum_{j=1}^{n} y_{rj} = \bar{y}_{sy} \tag{6.6}$$

也就是说，对总体比例的估计也可转化成总体均值的估计。

至于总体两个不同变量的总值或均值之比

$$R=\frac{Y}{X}=\frac{\bar{Y}}{\bar{X}} \tag{6.7}$$

其简单估计量为：

$$\hat{R}=r=\frac{\bar{y}_{sy}}{\bar{x}_{sy}} \tag{6.8}$$

定理 6.1 对于系统抽样，作为 $\bar{Y}$ 的简单估计，$\bar{y}_{sy}$ 是 $\bar{Y}$ 的无偏估计量。

证明： 当 $N=nk$ 时，有 k 个可能样本，每个可能样本的抽中概率都是 $\frac{1}{k}$，于是

$$E(\bar{y}_{sy}) = \sum_{r=1}^{k}\bar{y}_r\left(\frac{1}{k}\right)= \frac{1}{k}\sum_{r=1}^{k}\bar{y}_r = \frac{1}{nk}\sum_{r=1}^{k}\sum_{j=1}^{n} y_{rj} = \frac{1}{N}\sum_{r=1}^{k}\sum_{j=1}^{n} y_{rj} = \bar{Y}$$

即 $\bar{y}_{sy}$ 是无偏估计量。

$\bar{y}_{sy}$ 的方差定义为：

$$V(\bar{y}_{sy}) = E(\bar{y}_{sy} - \bar{Y})^2 = \frac{1}{k}\sum_{r=1}^{k}(\bar{y}_r - \bar{Y})^2 \tag{6.9}$$

定理 6.2 对于系统抽样，作为 $\bar{Y}$ 的简单估计，$\bar{y}_{sy}$ 的方差为：

$$V(\bar{y}_{sy})=\frac{N-1}{N}S^2-\frac{k(n-1)}{N}S_{wsy}^2 \tag{6.10}$$

式中，$S^2=\frac{1}{N-1}\sum_{r=1}^{k}\sum_{j=1}^{n}(y_{rj}-\overline{Y})^2$ 为总体方差；$S_{wsy}^2=\frac{1}{k(n-1)}\sum_{r=1}^{k}\sum_{j=1}^{n}(y_{rj}-\bar{y}_r)^2$ 为“系统样本”（群）内方差。

证明：将总体平方和按照全部可能的系统样本（即表 6－2 中的行，注意这里系统样本的提法，系统并不意味着违反随机抽样的铁律）进行分解，可以得到

$$
\begin{aligned}
(N-1)S^2 &= \sum_{r=1}^{k}\sum_{j=1}^{n}(y_{rj}-\overline{Y})^2\\
&=\sum_{r=1}^{k}\sum_{j=1}^{n}(y_{rj}-\bar{y}_r)^2+\sum_{r=1}^{k}\sum_{j=1}^{n}(\bar{y}_r-\overline{Y})^2\\
&=n\sum_{r=1}^{k}(\bar{y}_r-\overline{Y})^2+\sum_{r=1}^{k}\sum_{j=1}^{n}(y_{rj}-\bar{y}_r)^2\\
&=\frac{nk}{k}\sum_{r=1}^{k}(\bar{y}_r-\overline{Y})^2+\sum_{r=1}^{k}\sum_{j=1}^{n}(y_{rj}-\bar{y}_r)^2
\end{aligned}
$$

$$
\frac{1}{k}\sum_{r=1}^{k}(\bar{y}_r-\overline{Y})^2=\frac{1}{nk}\left[(N-1)S^2-\sum_{r=1}^{k}\sum_{j=1}^{n}(y_{rj}-\bar{y}_r)^2\right]
$$

根据 $V(\bar{y}_{sy})$ 的定义，且 $nk=N$，有

$$
V(\bar{y}_{sy})=\frac{1}{k}\sum_{r=1}^{k}(\bar{y}_r-\overline{Y})^2=\frac{N-1}{N}S^2-\frac{1}{N}\sum_{r=1}^{k}\sum_{j=1}^{n}(y_{rj}-\bar{y}_r)^2
$$

令

$$
S_{wsy}^2=\frac{1}{k(n-1)}\sum_{r=1}^{k}\sum_{j=1}^{n}(y_{rj}-\bar{y}_r)^2
$$

则有

$$
V(\bar{y}_{sy})=\frac{N-1}{N}S^2-\frac{k(n-1)}{N}S_{wsy}^2
$$

式中，$S_{wsy}^2=\frac{1}{k(n-1)}\sum_{r=1}^{k}\sum_{j=1}^{n}(y_{rj}-\bar{y}_r)^2$ 为“系统样本”（群）内方差。

读者务必要注意“系统样本”（群）内方差 S_{wsy}^2 的含义，S_{wsy}^2 原本是总体值而非样本值，但这里的特殊性在于所谓“系统样本”实际是表 6－2 中行所表示的总体群。

由该定理的结果可知，系统样本内的方差越大，则估计量的方差越小，若将式（6.10）与简单随机抽样的方差公式（简单估计情形）$V(\bar{y}_{srs})=\frac{1-f}{n}S^2$ 相比：

$$
\begin{aligned}
V(\bar{y}_{sy})-V(\bar{y}_{sys}) &= \frac{N-1}{N}S^2-\frac{k(n-1)}{N}S_{wsy}^2-\frac{1-f}{n}S^2\\
&=\frac{N-1}{N}S^2-\frac{N-n}{Nn}S^2-\frac{k(n-1)}{N}S_{wsy}^2\\
&=\frac{N-N/n}{N}S^2-\frac{k(n-1)}{N}S_{wsy}^2\\
&=\frac{N-k}{N}S^2-\frac{k(n-1)}{N}S_{wsy}^2=\frac{k(n-1)}{N}(S^2-S_{wsy}^2)
\end{aligned}
$$

立即可得到系统抽样比简单随机抽样更为精确，即 $V(\bar{y}_{sy})-V(\bar{y}_{srs})<0$ 的条件为：

$$S_{wsy}^2>S^2$$

因此为了提高系统抽样的精度，应精心选择总体单元的排列顺序，尽可能增大“系统样本”（群）内方差 S_{wsy}^2，使每个“系统样本”都接近理想的群：群内差异大，群间差异小。而要做到这一点，关键是找到好的排序辅助变量。

定理 6.3 对于系统抽样，作为 $\bar{Y}$ 的简单估计，$\bar{y}_{sy}$ 的方差可表示为：

$$V(\bar{y}_{sy})=\frac{S^2}{n}\left(\frac{N-1}{N}\right)[1+(n-1)\rho_{wsy}]$$

式中，ρ_{wsy} 为样本（群）内相关系数。

证明：考虑到系统抽样是一种特殊的且群规模大小都相等的整群抽样，所以可以利用整群抽样的结果。

系统抽样与整群抽样的符号对应关系如表 6－3 所示。

表 6－3　系统抽样与整群抽样的符号对应关系

整群抽样	NM	M	N	n	f	$\bar{\bar{y}}$	ρ_c
系统抽样	N	n	k	1	$1/k$	$\bar{y}_{sy}$	ρ_{wsy}

整群抽样总体均值的估计量 $\bar{\bar{y}}$ 的方差可表示为：

$$V(\bar{\bar{y}})=\frac{1-f}{n}\frac{NM-1}{M^2(N-1)}S^2[1+(M-1)\rho_c]$$

将上式中的有关符号换成上表中系统抽样的对应符号，可得

$$\begin{aligned}
V(\bar{y}_{sy})&=\frac{1-1/k}{1}\frac{N-1}{n^2(k-1)}S^2[1+(n-1)\rho_{wsy}]\\
&=\frac{k-1}{k}\frac{N-1}{n^2(k-1)}S^2[1+(n-1)\rho_{wsy}]\\
&=\frac{1}{k}\frac{N-1}{n^2}S^2[1+(n-1)\rho_{wsy}]\\
&=\frac{1}{nk}\frac{N-1}{n}S^2[1+(n-1)\rho_{wsy}]\\
&=\frac{N-1}{Nn}S^2[1+(n-1)\rho_{wsy}]\\
&=\frac{S^2}{n}\left(\frac{N-1}{N}\right)[1+(n-1)\rho_{wsy}]
\end{aligned}$$

定理 6.4 对于系统抽样，作为 $\bar{Y}$ 的简单估计，$\bar{y}_{sy}$ 的方差可表示为：

$$V(\bar{y}_{sy})=\frac{1-f}{n}S_{wst}^2[1+(n-1)\rho_{wst}]$$

式中，S_{wst}^2 为层内方差，$S_{wst}^2=\frac{1}{n(k-1)}\sum_{j=1}^{n}\sum_{r=1}^{k}(y_{rj}-\bar{y}_{.j})^2$；$\rho_{wst}$ 为同一系统样本内对层均值

离差的相关系数。

证明：与上一定理的证明相似，既然系统抽样可看作特殊的分层抽样，则完全可以用分层抽样的参数 $\bar{y}_{sy}$ 的方差。

已知

$$\bar{y}_r=\frac{1}{n}\sum_{j=1}^{n} y_{rj}$$

$$\bar{Y}=\frac{1}{nk}\sum_{r=1}^{k}\sum_{j=1}^{n} y_{rj}=\frac{1}{nk}\sum_{j=1}^{n}\sum_{r=1}^{k} y_{rj}=\frac{1}{n}\sum_{j=1}^{n}\left(\frac{1}{k}\sum_{r=1}^{k} y_{rj}\right)=\frac{1}{n}\sum_{j=1}^{n}\bar{y}_{.j}$$

即有 $$n^2\sum_{r=1}^{k}(\bar{y}_r-\bar{Y})^2=\sum_{r=1}^{k}(n\bar{y}_r-n\bar{Y})^2=\sum_{r=1}^{k}\left[\sum_{j=1}^{n}(y_{rj}-\bar{y}_{.j})\right]^2$$

而 $$\sum_{r=1}^{k}\left[\sum_{j=1}^{n}(y_{rj}-\bar{y}_{.j})\right]^2=\sum_{r=1}^{k}\sum_{j=1}^{n}(y_{rj}-\bar{y}_{.j})^2+2\sum_{r=1}^{k}\sum_{j<u}^{n}(y_{rj}-\bar{y}_{.j})(y_{ru}-\bar{y}_{.u})$$

但按照前面的定义

$$S_{wst}^2=\frac{1}{n(k-1)}\sum_{j=1}^{n}\sum_{r=1}^{k}(y_{rj}-\bar{y}_{.j})^2$$

$$\begin{aligned}\rho_{wst}&=\frac{E(y_{rj}-\bar{y}_{.j})(y_{ru}-\bar{y}_{.u})}{E(y_{rj}-\bar{y}_{.j})^2}\\&=\frac{2}{n(n-1)(k-1)S_{wst}^2}\sum_{r=1}^{k}\sum_{j<u}^{n}(y_{rj}-\bar{y}_{.j})(y_{ru}-\bar{y}_{.u})\end{aligned}$$

因此

$$\begin{aligned}V(\bar{y}_{sy})&=\frac{1}{k}\sum_{r=1}^{k}(\bar{y}_r-\bar{Y})^2=\frac{1}{k}\frac{1}{n^2}\sum_{r=1}^{k}\left[\sum_{j=1}^{n}(y_{rj}-\bar{y}_{.j})\right]^2\\&=\frac{1}{k}\frac{1}{n^2}\left[\sum_{r=1}^{k}\sum_{j=1}^{n}(y_{rj}-\bar{y}_{.j})^2+2\sum_{r=1}^{k}\sum_{j<u}^{n}(y_{rj}-\bar{y}_{.j})(y_{ru}-\bar{y}_{.u})\right]\\&=\frac{1}{k}\frac{1}{n^2}\left[n(k-1)S_{wst}^2+n(n-1)(k-1)S_{wst}^2\rho_{wst}\right]\\&=\frac{1}{nk}(k-1)S_{wst}^2\left[1+(n-1)\rho_{wst}\right]\\&=\frac{1-f}{n}S_{wst}^2\left[1+(n-1)\rho_{wst}\right]\end{aligned}$$

比较系统抽样的方差 $V(\bar{y}_{sy})$ 与比例分层抽样总体均值估计量的方差 $V(\bar{y}_{st})=\frac{1-f}{n}S_{wst}^2$，则有 $\frac{V(\bar{y}_{sy})}{V(\bar{y}_{st})}=1+(n-1)\rho_{wst}$。

因此，当 $\rho_{wst}>0$ 时，系统抽样的精度低于分层抽样；当 $\rho_{wst}=0$ 时，系统抽样的精度与各层随机抽取一个单元的分层随机抽样相同；当 $\rho_{wst}<0$ 时，系统抽样的精度高于分层随机抽样。

定理 6.5 对固定的有限总体 $(Y_1, Y_2, \cdots, Y_N)$，以 $V(\bar{y})$ 表示简单随机抽样的样本均值方差，以 $V(\bar{y}_{sy})$ 表示对同一总体的某个确定单元排列顺序进行系统抽样的样本均值方

差，如果样本量 n 相等，则对应于 N 个单元的所有可能排列顺序的 $V(\bar{y}_{sy})$，有

$$E(V(\bar{y}_{sy}))=V(\bar{y}) \tag{6.11}$$

证明：根据排列组合理论，易知 N 个单元的所有可能排列顺序共有 $N!$ 种，对每一个确定的单元排列顺序，仍按表 6－2 的形式排成 k 行 n 列，第 r 行第 j 列的单元变量值仍记为 Y_{rj}，则

$$V(\bar{y}_{sy})=\frac{1}{k}\sum_{r=1}^{k}(\bar{Y}_r-\bar{Y})^2=\frac{1}{k}\sum_{r=1}^{k}\bar{Y}_r^2-\bar{Y}^2$$

式中，$\bar{Y}_r=\frac{1}{n}\sum_{j=1}^{n}Y_{rj}$。

若将对所有单元全部 $N!$ 种不同排列求和记为 $\sum_{A!}$，对取遍 N 个总体单元 Y_u 求和记为 $\sum_{A}$，对取遍 N 个总体单元中任意两个单元 Y_u 和 Y_v 共 $N(N-1)$ 个排列求和，记为 $\sum_{AB}$，则

$$\begin{aligned}
E(V(\bar{y}_{sy}))&=\frac{1}{N!}\sum_{A!}\left(\frac{1}{k}\sum_{r=1}^{k}\bar{Y}_r^2-\bar{Y}^2\right)\\
&=\frac{1}{N!}\left[\frac{1}{k}\sum_{A!}\sum_{r=1}^{k}\left(\frac{1}{n}\sum_{j=1}^{n}Y_{rj}\right)^2-N!\bar{Y}^2\right]\\
&=\frac{1}{N!kn^2}\sum_{r=1}^{k}\sum_{A!}\left(\sum_{j=1}^{n}Y_{rj}^2+\sum_{j\neq l}Y_{rj}Y_{rl}\right)-\bar{Y}^2\\
&=\frac{1}{N!kn^2}\sum_{r=1}^{k}\left(\sum_{j=1}^{n}\sum_{A!}Y_{rj}^2+\sum_{j\neq l}\sum_{A!}Y_{rj}Y_{rl}\right)-\bar{Y}^2\\
&=\frac{1}{N!kn^2}\sum_{r=1}^{k}\left[\sum_{j=1}^{n}(N-1)!\sum_{A}Y_u^2+\sum_{j\neq l}(N-2)!\sum_{AB}Y_uY_v\right]-\bar{Y}^2\\
&=\frac{1}{N!kn^2}\sum_{r=1}^{k}\left[n(N-1)!\sum_{A}Y_u^2+n(n-1)(N-2)!\sum_{AB}Y_uY_v\right]-\bar{Y}^2\\
&=\frac{1}{Nn}\sum_{A}Y_u^2+\frac{n-1}{N(N-1)n}\sum_{AB}Y_uY_v-\bar{Y}^2\\
&=\left[\frac{1}{Nn}-\frac{n-1}{N(N-1)n}\right]\sum_{A}Y_u^2+\frac{n-1}{N(N-1)n}\left(\sum_{A}Y_u\right)^2-\bar{Y}^2\\
&=\frac{N-n}{Nn(N-1)}\sum_{A}Y_u^2-\frac{N-n}{(N-1)n}\bar{Y}^2\\
&=\frac{N-n}{Nn}\frac{1}{N-1}\left(\sum_{A}Y_u^2-N\bar{Y}^2\right)\\
&=\frac{N-n}{Nn}S^2=V(\bar{y})
\end{aligned}$$

那些目光锐利的读者也许早有疑惑：一个系统抽样竟与另外三种抽样方式都相似，这可能吗？

首先，这里隐含着一个秘密：从本质上说，随机抽样其实只有一种，那就是简单随机抽样。整群抽样是单元大些的简单随机抽样；分层抽样是各层各自独立进行的简单随机抽样，在此基础上由各层样本均值加权得到整个样本均值；系统抽样是一种简化的简单随机抽样。

其次，接下来的合乎逻辑的问题自然是系统抽样究竟更像哪一种抽样方式，是简单随机抽样，还是整群抽样，抑或是分层抽样？

这是一个难以回答的复杂问题，答案不可能是无假设和无条件的。我们的结论是：根据逻辑和常识，需考虑一个具体的系统抽样样本究竟更像其他哪一种抽样方式的样本。一般来说，当总体单元的排列顺序与我们要研究的总体特征变量的大小高度相关时，不管它是正相关还是负相关，则系统抽样更接近于分层抽样；当总体单元的排列顺序与我们要研究的总体特征变量的大小相关程度极低时，则系统抽样更接近于简单随机抽样；当总体单元的排列顺序与我们要研究的总体特征变量的大小相关程度介于两者之间时，则很难知道系统抽样到底与其他三种抽样方式的哪一种更相似。此时按简单随机抽样进行估计是一种以不变应万变的方法。

下面通过一个模拟的例子说明系统抽样与其他抽样方法的联系，以及不同抽样方法的效果。

例 6-3

假设总体拥有表 6-4 中的 30 个单元，欲抽取其中 5 个（或 6 个）构成一个系统样本，试与其他抽样方法的结果进行比较。

表 6-4　80 个单元抽取 5 个（或 6 个）构成的系统样本

r	j						
	1	2	3	4	5	群平均	群内方差
1	11	12	13	14	15	13.00	2.50
2	11	12	13	14	15	13.00	2.50
3	11	12	13	14	15	13.00	2.50
4	11	12	13	14	15	13.00	2.50
5	11	12	13	14	15	13.00	2.50
6	11	12	13	14	15	13.00	2.50
层平均	11.00	12.00	13.00	14.00	15.00	13.00	
层内方差	0.00	0.00	0.00	0.00	0.00		2.07

解：根据表 6-4，有

总体方差 $S^2=2.07$

平均群(行)内方差 $\overline{S}_r^2=\frac{1}{6}(2.5+2.5+\cdots+2.5)=\frac{1}{6}\times 15=2.5$

平均层(列)内方差 $\overline{S}_{\cdot j}^2=\frac{1}{5}(0+0+\cdots+0)=0$

计算每种抽样的总体均值估计量的方差。

(1) 以行为群的整群抽样或以行为“系统样本”的系统抽样：$k=6$，$n=5$。

$$V(\bar{y}_{sy})=\frac{N-1}{N}S^2-\frac{k(n-1)}{N}S_{wsy}^2=\frac{N-1}{N}S^2-\frac{k(n-1)}{N}\overline{S}_r^2\approx 0$$

(2) 以列为群的整群抽样或以列为“系统样本”的系统抽样：$k=5$，$n=6$。

$$V(\bar{y}_{sy})=\frac{N-1}{N}S^2-\frac{k(n-1)}{N}S_{wsy}^2=\frac{N-1}{N}S^2-\frac{k(n-1)}{N}\overline{S}_{\cdot j}^2\approx 2$$

(3) 以行为层的分层随机抽样（每层抽 1 个单元）：$L=6$，$n=6$，$f=6/30$。

$$V(\bar{y}_{st})=\frac{1-f}{n}\sum_{h=1}^{L}W_hS_h^2=\frac{1-f}{n}\overline{S}_r^2\approx 0.333$$

(4) 以列为层的分层随机抽样（每层抽 1 个单元）：$L=5$，$n=5$，$f=5/30$。

$$V(\bar{y}_{st})=\frac{1-f}{n}\sum_{h=1}^{L}W_hS_h^2=\frac{1-f}{n}\overline{S}_{\cdot j}^2=0$$

(5) 简单随机抽样：$n=5$，$f=5/30$。

$$V(\bar{y})=\frac{1-f}{n}S^2\approx 0.345$$

(6) 简单随机抽样：$n=6$，$f=6/30$。

$$V(\bar{y})=\frac{1-f}{n}S^2\approx 0.276$$

从上述结果可以看出：

(1) 和整群抽样一样，系统抽样的估计精度几乎完全取决于其“系统样本”（群）内的差异与总体差异的对比。

(2) 系统抽样与其他抽样方法相比优劣难以定论，可能好也可能差，这完全取决于其“系统样本”（群）内的差异与总体差异的对比，而这个对比则取决于系统抽样中的总体单元排列顺序。另外三种方法的比较同样难定优劣，都需要具体情况具体分析。任何笼统地说这些方法孰优孰劣的做法都容易误导读者，因而绝不可取。

为了加深读者对“系统抽样的估计精度几乎完全取决于总体单元排列顺序”结论的印象，下面将表 6－4 中总体单元的顺序重新排列形成表 6－5，来研究总体单元不同排列对系统抽样的影响。表 6－5 与表 6－4 单元按大小顺序逐列排列的做法不同，可以看作从表 6－4 出发依某种随机化程序将单元重新排列的结果。为使比较结果更清楚，总体完全是同一个，总体单元排列顺序的变动也不大。

例 6-4

表 6-4 中的 30 个总体单元经重新排列形成表 6-5，抽取其中 5 个（或 6 个）构成一个系统样本，试与其他抽样方法的结果进行比较。

表 6-5 依某种随机化程序将单元重新排列

r	j						
	1	2	3	4	5	平均	群内方差
1	11	12	11	12	15	12.20	2.69
2	11	12	11	12	15	12.20	2.69
3	11	12	13	14	15	13.00	2.50
4	11	12	13	14	15	13.00	2.50
5	13	14	13	14	15	13.80	0.70
6	13	14	13	14	15	13.80	0.70
层平均	11.67	12.67	12.33	13.33	15.00	13.00	
层内方差	1.07	1.07	1.07	1.07	0.00		2.07

解：根据表 6-5，有

总体方差 $S^2=2.07$

平均群（行）内方差 $\bar{S}_r^2=\frac{1}{6}\times(2.69+2.69+\cdots+0.70)=1.96$

平均层（列）内方差 $\bar{S}_{\cdot j}^2=\frac{1}{5}\times(1.07+1.07+\cdots+0)=0.86$

计算每种抽样的总体均值估计量的方差。

(1) 以行为群的整群抽样或以行为“系统样本”的系统抽样：$k=6$，$n=5$。

$$V(\bar{y}_{sy})=\frac{N-1}{N}S^2-\frac{k(n-1)}{N}S_{wsy}^2=\frac{N-1}{N}S^2-\frac{k(n-1)}{N}\bar{S}_r^2\approx 0.43$$

(2) 以列为群的整群抽样或以列为“系统样本”的系统抽样：$k=5$，$n=6$。

$$V(\bar{y}_{sy})=\frac{N-1}{N}S^2-\frac{k(n-1)}{N}S_{wsy}^2=\frac{N-1}{N}S^2-\frac{k(n-1)}{N}\bar{S}_{\cdot j}^2\approx 1.28$$

(3) 以行为层的分层随机抽样（每层抽 1 个单元）：$L=6$，$n=6$，$f=6/30$。

$$V(\bar{y}_{st})=\frac{1-f}{n}\sum_{h=1}^{L}W_hS_h^2=\frac{1-f}{n}\bar{S}_r^2\approx 0.26$$

(4) 以列为层的分层随机抽样（每层抽 1 个单元）：$L=5$，$n=5$，$f=5/30$。

$$V(\bar{y}_{st})=\frac{1-f}{n}\sum_{h=1}^{L}W_hS_h^2=\frac{1-f}{n}\bar{S}_{\cdot j}^2=0.14$$

(5) 简单随机抽样：$n=5$，$f=5/30$。

$$V(\bar{y})=\frac{1-f}{n}S^2\approx 0.345$$

（6）简单随机抽样：$n=6$，$f=6/30$。

$$V(\bar{y})=\frac{1-f}{n}S^2\approx 0.276$$

将此结果与上例结果比较，不难发现，简单随机抽样的方差未变，说明简单随机抽样的结果与顺序无关；而系统抽样、整群抽样以及分层抽样的结果都与单元的顺序或组合结构有关。同时，本例中的结果相对于上例的极好与极差都有一定的距离，这提示我们在选择抽样方式时，必须多掌握有关单元的顺序或组合结构特点方面的信息，才可作出良好判断。还需引起注意的是，本例中分层抽样的结果优于简单随机抽样，而简单随机抽样的结果优于系统抽样和整群抽样。这后一半结论可以算是简单随机抽样科学性的一个注解。

6.3 不等概率系统抽样

不等概率系统抽样属于不放回不等概率抽样，具有系统抽样方便易行与不等概率抽样效率较高的双重优势。特别是其中的 πPS 系统抽样，由于能够同时适用于任意样本量 n 的情形，常常受到人们的欢迎，因而应用最为广泛，完全弥补了系统抽样方差估计较为困难的缺憾。以下的介绍主要是围绕着 πPS 系统抽样进行的。

对总体 N 个初级单元的某种确定排列顺序，设第 i 个初级单元所包含的次级或基本单元数为 M_i，令 $M_0=\sum\limits_{i=1}^{N}M_i$ 表示总体所包含的全部级或基本单元数。$\pi_i=\dfrac{nM_i}{M_0}$，则 $\{\pi_i,\ i=1,2,\cdots,N\}$ 是一组包含概率，显然满足条件 $\sum\limits_{i=1}^{N}\pi_i=n$。$\pi$PS 系统抽样的原理是先在 $[0,1]$ 范围内随机地抽取一个实数 r，然后使满足条件 $\sum\limits_{j=1}^{ik-1}\pi_j<r+k$，$\sum\limits_{j=1}^{ik}\pi_j\geqslant r+k$ $(k=0,1,\cdots,n-1)$ 的第 $i_0,i_1,\cdots,i_{n-1}$ 个初级单元进入样本。

具体进行抽样时，通常首先使用 PPS 抽样的代码法进行编号，即对第一个初级单元赋予 $1\sim M_1$ 共 M_1 个代码，对第二个初级单元赋予 $(M_1+1)\sim(M_1+M_2)$ 共 M_2 个代码……对第 i 个初级单元赋予 $\left(\sum\limits_{j=1}^{i-1}M_j+1\right)\sim\sum\limits_{j=1}^{i}M_j$ 共 M_i 个代码；然后令 k 为最接近但不大于 $\dfrac{M_0}{n}$ 的整数（不失一般性，我们总假定 M_i 都为整数）；最后从 $1\sim k$ 范围内随机抽出 r，于是像普通等距抽样一样，确定代码 r，$r+k$，…，$r+(n-1)k$ 所属的初级单元构成样本。

例 6-5

设总体由表 6-6 中 $N=10$ 个初级单元组成，$M_0=80$，若 $n=5$，$k=16$，又在 1～16 范围内抽出的随机数 $r=7$，则代码 7，23，39，55，71 所在的第 3，5，6，9 等四个初级单元入样。

表 6-6　一个 πPS 系统抽样示例

i	M_i	$\sum_{j=1}^{i} M_j$
1	2	2
2	4	6
3	5	11（√）
4	10	21
5	15	36（√）
6	20	56（√）（√）
7	8	64
8	6	70
9	5	75（√）
10	5	80

例 6-6

设一个乡镇由 10 个行政村组成，每个行政村的人数不同（见表 6-7）。利用 πPS 系统抽样抽取 3 个行政村。

表 6-7　采用 πPS 系统抽样抽选行政村

行政村编号	人数	累计人数	抽中代码
1	134	134	100
2	376	510	
3	202	712	
4	106	818	
5	634	1 452	1128
6	397	1 849	
7	306	2 155	
8	247	2 402	2156
9	95	2 497	
10	588	3 085	

解： $M_0=\sum_{i=1}^{N} M_i=3\ 085$，$k=\dfrac{M_0}{n}=1\ 028$，$n=3$

从$[1, k]$中随机抽取一个整数譬如 $r=100$，则代码 $r=100$，$r+k=1128$，$r+2k=$

2156所对应的行政村入样，其序号依次为1，5，8。

在πPS系统抽样中，对于特别大的单元一定要注意，如果出现$M_i>k$，该单元肯定被抽入样本，而且还可能被重复抽到（上个例子就是如此）。为避免这种情况，可以事先将这些单元从抽样框中提出直接放入样本，再对由剩余单元组成的总体实施抽样。在许多领域里常见的所谓重点调查，从本质上说与这里的πPS抽样道理基本相同。

习 题

6.1　论述系统抽样设计的原理。系统抽样与整群抽样、分层抽样有什么样的关系？

6.2　假定系统样本的平均数为$\bar{y}_{sy}$。

（1）试证明：$V(\bar{y}_{sy})=\frac{N-1}{N}S^2-\frac{k(n-1)}{N}S_{wsy}^2$

式中，S^2表示总体方差；$S_{wsy}^2=\frac{1}{k(n-1)}\sum_{r=1}^{k}\sum_{j=1}^{n}(y_{rj}-\bar{y}_r)^2$表示样本内方差。

（2）试证明：在样本量相同的情况下，当且仅当$S_{wsy}^2>S^2$时，系统抽样法优于简单随机抽样。

6.3　某班级共40人，若样本量$n=7$，随机起点$r=5$，请用循环等距抽样方法列出样本单元序号。

6.4　某地有360户（编号1～360）的总体。在档案中按户主的姓氏字母次序排列。下列编号是户主为汉族的住户的编号：

28，31～33，36～41，44，45，47，55，56，58，68，69，82，83，
85，86，89～94，98，99，101，107～110，114，154，156，178，
223，224，296，298～300，302～304，306～323，325～331，333，
335～339，341，342

为了估计户主为汉族的住户在全部住户中所占的比重，每8户抽1户，取得一个等距样本。试将这一等距样本的精确度与同样含量的简单随机样本的精确度加以比较。

6.5　三个紧邻地区的居民分别是汉族、回族和蒙古族。还有一个最新版本的户口册，册内每一户人口依照如下顺序登记：丈夫、妻子、孩子（按年龄排列）、其他人，各户依照街道的顺序排列，平均每户有5口人。有两种抽样方案：

（1）在户口册中每5人抽1人，可以得到一个系统样本；

（2）按20%的比例抽取一个简单随机样本。

现在要从这两种样本中选择一种样本。在下列三种指标中，你认为哪一种指标采用等距样本，可以取得更高的精确度？请说明理由。

（1）汉族所占的比例；

（2）男性所占的比例；

（3）孩子所占的比例。

6.6 在一本有关在同一条街道上居住的13户居民的户口册中，将所有的居民列成下表（M是男性成人，F是女性成人，m是男孩，f是女孩）：

1	2	3	4	5	6	7	8	9	10	11	12	13
M	M	M	M	M	M	M	M	M	M	M	M	M
F	F	F	F	F	F	F	F	F	F	F	F	F
f	f	m		m	f	f	m	m	m	f	f	
m	m	f		m	m	f	f		f	m		
f	f			f			m					

为了估计下列各项指标：(1) 男性所占比例；(2) 孩子所占比例；(3) 具有某种职业的住户中人员的比例（1，2，3，12，13这几户是职业性住户），现从每5个人中抽1人得到一个系统样本，又按20%的比例抽取一个简单随机样本。请比较这两种样本的方差。这些结果能否说明习题6.5中你的回答是正确的？系统样本的排列方法是每户从上到下依次排列。

6.7 假设总体 $N=15$，相应指标值排列顺序为1，2，3，4，5，6，7，8，9，10，11，12，13，14，15。

(1) 考虑 $n=3$ 的直线系统抽样，计算系统抽样的实际方差，并与样本量相同的简单随机抽样进行比较；

(2) 若要求抽样间距 $k=4$，样本均值是否为总体均值的无偏估计？它在何时有偏？何时无偏？

6.8 检查某书稿中的错字，每5页检查一页上的错字数，系统抽取30页样品后的检查结果如下：

10	8	6	5	9	8	8	5	9	9
9	10	4	3	1	2	3	4	0	6
3	5	0	3	0	0	4	0	8	0

试估计这本书稿的平均错字数。

6.9 基于附录Ⅱ“企业抽样案例背景介绍”的实践题：

(1) 将企业按照编码（id）进行排序，用系统抽样方法抽取2 000家企业，估计该省份企业经营收入的均值及其抽样相对标准误差，以及95%置信水平下的置信区间。

(2) 将企业按照企业雇员人数（employees）进行排序，用系统抽样方法抽取2 000家企业，估计该省份企业经营收入的均值及其抽样相对标准误差，以及95%置信水平下的置信区间，并和(1)的方案进行比较。

(3) 将企业按照行业和雇员人数（employees）进行排序，使用系统抽样方法抽取2 000家企业，估计该省份企业经营收入的均值及其抽样相对标准误差，以及95%置信水平下的置信区间，并和按照行业作为分层变量的按比例分层随机抽样方案进行比较。

(4) 将企业按照所在地级市（city）和雇员人数（employees）进行排序，使用系统抽样方法抽取2 000家企业，估计该省份企业经营收入的均值及其抽样相对标准误差，以及95%置信水平下的置信区间，并与(2)和(3)的结果进行比较。

第7章 其他抽样方法

7.1 二重抽样

前面介绍的抽样技术中，大多需要事先了解关于总体的信息，例如分层抽样需要事先知道各层权重，比率估计和回归估计需要知道总体的某些辅助信息，但在有些情况下，这些信息在调查前无法预知。这时，可以先从总体中抽取一个大的初始样本，获得总体的辅助信息，然后再从初始样本或总体中抽取一个子样本，这种方法就是二重抽样。

7.1.1 概述

二重抽样（double sampling），也称二相抽样或两相抽样（two-phase sampling），是指在抽样时分两步抽取样本，每一步抽取一个样本。一般情况下，先从总体 N 中抽取一个较大的样本 n'，称为第一重（相）样本（the first phase sample），对其进行调查以获取总体的某些辅助信息，为下一步的抽样估计提供条件。然后进行第二重（相）抽样（the second phase sampling），第二重抽样所抽的样本 n 相对较小，但第二重抽样调查才是主调查。一般，第二重样本是从第一重样本中抽取的，即第一重样本的子样本，但有时也可以从总体中独立抽取。由于样本是分两次抽取的，因此称为二重抽样。

例如，欲对某城市体育场馆的营业状况进行抽样调查，鉴于不同场馆功能和面积的差异较大，拟采用分层抽样。但由于缺乏分层资料，故先随机抽选一个较大的样本，仅对该样本进行分层估计，因而费用相对较低；然后利用第一次调查获得的分层资料，进行一次较小样本的分层抽样，对该样本进行一次详细调查。这就是二重抽样。

显然，二重抽样方法可以推广到多次抽取样本，然后结合起来对总体的有关标志值进行估计，即多重抽样或多相抽样。本节主要讨论二重抽样。

二重抽样与两阶段抽样在概念上很容易引起混淆。虽然二者都可视为分阶段抽样方法，但是二重抽样与两阶段抽样的差异还是很显著的。首先，两阶段抽样是先从总体 N 个单元（初级单元）中抽出 n 个样本单元，但并不对这 n 个样本单元中的所有小单元（二级单元）都进行调查，而是在其中再抽出若干个二级单元进行调查；二重抽样则不同，要对第一重（相）样本进行调查以获取总体的某些辅助信息，并且要利用这些辅助信息进行排序、分层、抽样或估计。其次，两阶段抽样的第一阶段抽样单元和第二阶段抽样单元往往是不同的，比如第一阶段抽样单元是居委会，第二阶段抽样单元是住户；而二重抽样的第二重样本则往往是第一重样本的子样本，两次抽样的单元是相同的。也就是说，二重抽样要有一份最终单元的完整名册（总体所有单元的抽样框），而两阶段抽样只需要第一阶段单元名册（第一阶段抽样框），然后在中选的第一阶段单元中构造第二阶段抽样的抽样框。

例如，在某城市做一个消费调查，只有一份总户册，没有任何住户的分类信息，调查时先取一个住户的大样本调查分层信息，再利用分层信息从中抽取小样本进行详细调查，这是二重抽样。如果该市没有总户册，但有居委会名册，抽样时先抽取居委会，再从居委会中抽取住户，对其进行调查，这是两阶段抽样。

7.1.2 为分层的二重抽样

进行分层抽样有一个前提，即需要将总体 N 个单元划分成 L 个互不重叠的层，而且需要知道各层的权重 $W_h=\dfrac{N_h}{N}$。如果事先无法知道总体的层权，则可采用二重分层抽样方法。

1. 符号说明

用下标 h 表示层数，$h=1, 2, \cdots, L$

N_h——总体第 h 层的单元数

总体单元数 $N=\sum\limits_{h=1}^{L} N_h$

n'_h——第一重样本第 h 层的单元数

第一重样本单元数 $n'=\sum\limits_{h=1}^{L} n'_h$

n_h——第二重样本第 h 层的单元数

第二重样本单元数 $n=\sum\limits_{h=1}^{L} n_h$

总体单元第 h 层的权重 $W_h=\dfrac{N_h}{N}$

第一重样本第 h 层的权重 $w'_h=\dfrac{n'_h}{n'}$

第二重样本第 h 层的抽样比 $f_{hD}=\dfrac{n_h}{n'_h}$，$0<f_{hD}\leqslant 1$

第二重样本第 h 层 j 单元的观测值 y_{hj}，$j=1, 2, \cdots, n_h$；$h=1, 2, \cdots, L$

第二重样本第 h 层样本单元的平均数 $\bar{y}_h=\frac{1}{n_h}\sum_{j=1}^{n_h} y_{hj}$

S^2——总体方差

S_h^2——第 h 层的总体方差

$s_h'^2$——第一重样本第 h 层方差

第二重样本第 h 层方差 $s_h^2=\frac{1}{n_h-1}\sum_{j=1}^{n_h}(y_{hj}-\bar{y}_h)^2$

2. 抽样方法

第 1 步：利用简单随机抽样，从总体的 N 个单元中随机抽取第一重样本，样本单元数为 n'；根据已知的分层标志将第一重样本分层，令 $w'_h=\frac{n'_h}{n'}$（$h=1, 2, \cdots, L$），则 w'_h 是总体层权 W_h 的无偏估计。

第 2 步：利用分层随机抽样，从第一重样本中抽取出第二重样本，样本单元数为 n，第 h 层样本单元数为 n_h，$n=\sum_{h=1}^{L} n_h$ 。

3. 估计量及其性质

采用二重分层抽样，对总体均值 $\bar{Y}$ 的估计量为：

$$\bar{y}_{stD}=\sum_{h=1}^{L} w'_h\bar{y}_h \tag{7.1}$$

估计量 $\bar{y}_{stD}$ 的性质如下：

定理 7.1 估计量 $\bar{y}_{stD}$ 是 $\bar{Y}$ 的无偏估计，即

$$E(\bar{y}_{stD})=\bar{Y} \tag{7.2}$$

证明：第二重样本是利用分层随机抽样从第一重样本中抽出的子样本，因此第二重样本第 h 层样本均值 $\bar{y}_h$ 是第一重样本第 h 层均值 $\bar{y}'_h$ 的无偏估计，即 $E(\bar{y}_h)=\bar{y}'_h$。则在两次抽样下：

$$\begin{aligned}E(\bar{y}_{stD}) &= E_1(E_2(\bar{y}_{stD}))=E_1\Big(E_2\Big(\sum_{h=1}^{L} w'_h\bar{y}_h\Big)\Big)\\ &= E_1\Big(\sum_{h=1}^{L} w'_h\bar{y}'_h\Big)=E_1(\bar{y}')=\bar{Y}\end{aligned}$$

定理 7.2 $\bar{y}_{stD}$ 的方差为：

$$V(\bar{y}_{stD})=\Big(\frac{1}{n'}-\frac{1}{N}\Big)S^2+\sum_{h=1}^{L}\frac{W_hS_h^2}{n'}\Big(\frac{1}{f_{hD}}-1\Big) \tag{7.3}$$

式中，S^2 是总体方差；S_h^2 是第 h 层的总体方差；f_{hD} 是第二重样本第 h 层的抽样比。

证明：$V(\bar{y}_{stD})=V_1\Big(E_2\Big(\sum_{h=1}^{L} w'_h\bar{y}_h\Big)\Big)+E_1\Big(V_2\Big(\sum_{h=1}^{L} w'_h\bar{y}_h\Big)\Big)$

当 w'_h 固定时，$E_2(\bar{y}_h) = \bar{y}'_h$。故有

$$V_1\left(E_2\left(\sum_{h=1}^{L} w'_h \bar{y}_h\right)\right) = V_1\left(\sum_{h=1}^{L} w'_h \bar{y}'_h\right) = V_1(\bar{y}') = \left(\frac{1}{n'} - \frac{1}{N}\right)S^2$$

式中，S^2 为总体方差。

当 w'_h 固定时，对第一重样本第 h 层方差 s'^2_h，有 $E_1(s'^2_h) = S^2_h$。

$$\begin{aligned} E_1\left(V_2\left(\sum_{h=1}^{L} w'_h \bar{y}_h\right)\right) &= E_1\left(\sum_{h=1}^{L} w'^2_h V_2(\bar{y}_h)\right) \\ &= E_1\left(\sum_{h=1}^{L} w'^2_h s'^2_h \left(\frac{1}{n_h} - \frac{1}{n'_h}\right)\right) \\ &= E_1\left(\sum_{h=1}^{L} \frac{w'_h s'^2_h}{n'}\left(\frac{1}{f_{hD}} - 1\right)\right) \\ &= \frac{1}{n'}\sum_{h=1}^{L}\left(\frac{1}{f_{hD}} - 1\right)E_1(w'_h s'^2_h \mid w'_h \text{ 固定}) \\ &= \frac{1}{n'}\sum_{h=1}^{L}\left(\frac{1}{f_{hD}} - 1\right)E_1(w'_h S^2_h) \\ &= \sum_{h=1}^{L}\frac{W_h S^2_h}{n'}\left(\frac{1}{f_{hD}} - 1\right) \end{aligned}$$

因此

$$V(\bar{y}_{stD}) = \left(\frac{1}{n'} - \frac{1}{N}\right)S^2 + \sum_{h=1}^{L}\frac{W_h S^2_h}{n'}\left(\frac{1}{f_{hD}} - 1\right)$$

定理 7.3 $V(\bar{y}_{stD})$ 的样本估计量为：

$$v(\bar{y}_{stD}) = \sum_{h=1}^{L}\left(\frac{1}{n_h} - \frac{1}{n'_h}\right)w'^2_h s^2_h + \left(\frac{1}{n'} - \frac{1}{N}\right)\sum_{h=1}^{L} w'_h(\bar{y}_h - \bar{y}_{stD})^2 \tag{7.4}$$

$v(\bar{y}_{stD})$是$V(\bar{y}_{stD})$的近似无偏估计。

当二重抽样比 $\frac{n_h}{n'_h}$和 $\frac{n'}{N}$都可以忽略不计时，式（7.4）可简化为：

$$v(\bar{y}_{stD}) \approx \sum_{h=1}^{L}\frac{w'^2_h s^2_h}{n_h} + \frac{1}{n'}\sum_{h=1}^{L} w'_h(\bar{y}_h - \bar{y}_{stD})^2 \tag{7.5}$$

例 7-1

某银行要调查其客户的资产情况。已知该银行的客户数为 8 000，针对客户规模差异较大的特点，拟采用分层抽样。但由于缺乏现有的分层资料，决定采用二重分层抽样方法，第一重样本量 $n'=1\ 000$，根据其自报的资产情况可分为 4 层：第一层为 300 万元以下；第二层为 300 万～1 000 万元；第三层为 1 000 万～2 000 万元；第四层为 2 000 万元以上。然后在第一重样本分层的基础上，在各层分别抽取第二重样本。第二重样本量 $n=\sum_{h=1}^{4} n_h=200$。通过对这 200 位客户进行详细的调查，取得有关数据整理成表 7-1，试

估计该银行所有客户的资产总额及其抽样标准误差。

表 7-1　某银行客户的样本数据

分层	第一重样本	第二重样本	样本均值 $\bar{y}_h$（百万元）	$\sum_j y_{hj}^2$	s_j^2
300 万元以下	540	80	2	400	1.01
300 万～1 000 万元	320	60	7	3 100	2.71
1 000 万～2 000 万元	100	40	15	9 600	15.38
2 000 万元以上	40	20	40	45 120	690.53
合计	1 000	200			

解：根据表 7-1，可计算各层的权重：

$$w'_1=0.54，w'_2=0.32，w'_3=0.10，w'_4=0.04$$

（1）根据式（7.1），该银行客户的平均资产额估计为：

$$\bar{y}_{stD}=\sum_{h=1}^{L}w'_h\bar{y}_h=0.54\times2+0.32\times7+0.10\times15+0.04\times40=6.42(\text{百万元})$$

该银行共有 8 000 位客户，故全部客户资产总额为：

$$\hat{Y}=N\bar{y}_{stD}=8\ 000\times6.42=51\ 360(\text{百万元})$$

（2）根据式（7.4），$\bar{y}_{stD}$的方差估计为：

$$v(\bar{y}_{stD})=\sum_{h=1}^{L}\left(\frac{1}{n_h}-\frac{1}{n'_h}\right)w'^2_h s_h^2+\left(\frac{1}{n'}-\frac{1}{N}\right)\sum_{h=1}^{L}w'_h(\bar{y}_h-\bar{y}_{stD})^2$$

第一项：$\sum_{h=1}^{L}\left(\frac{1}{n_h}-\frac{1}{n'_h}\right)w'^2_h s_h^2=\left(\frac{1}{80}-\frac{1}{540}\right)\times0.54^2\times1.01+\left(\frac{1}{60}-\frac{1}{320}\right)$

$$\times0.32^2\times2.71+\left(\frac{1}{40}-\frac{1}{100}\right)\times0.1^2\times15.38$$

$$+\left(\frac{1}{20}-\frac{1}{40}\right)\times0.04^2\times690.53$$

$$=0.036\ 8$$

第二项：$\left(\frac{1}{n'}-\frac{1}{N}\right)\sum_{h=1}^{L}w'_h(\bar{y}_h-\bar{y}_{stD})^2=\left(\frac{1}{1\ 000}-\frac{1}{8\ 000}\right)[0.54\times(2-6.42)^2$

$$+0.32\times(7-6.42)^2+0.1\times(15-6.42)^2$$

$$+0.04\times(40-6.42)^2]$$

$$=0.055\ 2$$

因此　$v(\bar{y}_{stD})=0.036\ 8+0.055\ 2=0.092$

该银行客户资产总额的抽样标准误的估计：

$$s(\hat{Y})=Ns(\bar{y}_{stD})=N\sqrt{v(\bar{y}_{stD})}=2\ 426.52\ (\text{百万元})$$

4. 二重分层抽样样本量的最优分配

二重分层抽样中有两次抽样，这两次抽样的样本量，即 n' 和 n，直接影响估计的精度。第一重抽样 n' 越大，对分层信息的了解和估计就越精确，从而可以减少估计量的方差；同样，第二重抽样 n 越大，估计量的方差越小。调查经费是有限的，因此需要在给定的费用条件下，选择 n' 和 n，使得估计量的方差 $V(\bar{y}_{stD})$ 最小。

假设第一重抽样的单元平均调查费用为 c_1（一般情况下，第一重抽样的单元平均调查费用都比较小），第二重抽样第 h 层的单元平均调查费用为 c_{2h}（$h=1, 2, \cdots, L$）。忽略其他费用，则费用函数可以表示为：

$$C_T = c_1 n' + \sum_{h=1}^{L} c_{2h} n_h \tag{7.6}$$

由于 n_h 是随机变量，所以选择 n' 和 f_{hD} 的期望费用 C_T^* 为：

$$C_T^* = E(C_T) = c_1 n' + n' \sum_{h=1}^{L} c_{2h} f_{hD} W_h \tag{7.7}$$

根据式（7.3），总体均值估计量的方差为：

$$V(\bar{y}_{stD}) = \left(\frac{1}{n'} - \frac{1}{N}\right)S^2 + \sum_{h=1}^{L} \frac{W_h S_h^2}{n'}\left(\frac{1}{f_{hD}} - 1\right) \tag{7.8}$$

要在一定的费用约束下令估计方差最小化，则有

$$\begin{aligned} L &= V(\bar{y}_{stD}) + \lambda\left(C_T^* - c_1 n' - n' \sum_{h=1}^{L} c_{2h} f_{hD} W_h\right) \\ &= \left(\frac{1}{n'} - \frac{1}{N}\right)S^2 + \sum_{h=1}^{L} \frac{W_h S_h^2}{n'}\left(\frac{1}{f_{hD}} - 1\right) + \lambda\left(C_T^* - c_1 n' - n' \sum_{h=1}^{L} c_{2h} f_{hD} W_h\right) \end{aligned} \tag{7.9}$$

由 $\frac{\partial L}{\partial n'}=0$ 及 $\frac{\partial L}{\partial f_{hD}}=0$，得

$$\begin{cases} f_{hD} = S_h \sqrt{\dfrac{c_1}{c_{2h}\left(S^2 - \sum_{h=1}^{L} W_h S_h^2\right)}} \\ n' = \dfrac{C_T^*}{c_1 + \sum_{h=1}^{L} c_{2h} W_h f_{hD}} \end{cases} \tag{7.10}$$

在实际应用中，要确定最优的 n' 和 f_{hD}，需要对总体事先有一定的了解，例如对 S^2，S_h^2，W_h 有一些粗略的估计。

5. 在无回答中的应用

无回答（non-response）是指在调查中，由于种种原因未能获得按照原调查设计应获得的所有信息的现象，也称为缺失值（missing data）或不完全数据（incomplete data）。

如果无回答数据与回答数据在调查项目的数量特征上存在系统差异，即 $\bar{Y}_{回答层} \neq \bar{Y}_{无回答层}$，会使基于回答者的估计量出现偏差，即

$$E(\bar{y}_{回答})-\bar{Y}=\bar{Y}_{回答}-\left(\frac{N_{回答}}{N}\bar{Y}_{回答}+\frac{N_{无回答}}{N}\bar{Y}_{无回答}\right)$$

$$=\frac{N_{无回答}}{N}(\bar{Y}_{回答}-\bar{Y}_{无回答})$$

该偏差取决于无回答层单元数量占总体规模的比例以及回答层和无回答层的差异。显然，增加样本量仅会增加回答者数量，并不能降低无回答偏差，反而可能由于片面追求大样本量而出现无回答率高，进而导致无回答偏差增加。使用二重抽样方法对无回答样本进行二次抽样调查，其估计量优于仅根据回答数据的估计量，如果对无回答层的二重抽样中能得到完全回答，甚至可以消除无回答偏差。关于二重抽样对无回答数据的调整估计量参见第 10 章的相关内容。

7.1.3 为比率的二重抽样

一般来说，只要研究变量与辅助变量存在较强的正相关关系，比估计的估计精度就优于简单估计。但使用比估计的前提之一是已知辅助变量的有关信息。假设研究的变量为 Y，辅助变量为 X，在估计总体均值 $\bar{Y}$ 时，需要辅助变量总体均值 $\bar{X}$，才能计算 $\hat{\bar{Y}}=R\bar{X}$；在估计总体总量 Y 时，需要辅助变量总量 X，才能估计 $\hat{Y}=RX$。在实际工作中，如果辅助变量的信息未知，可以利用二重抽样进行比估计。下面以对总体均值 $\bar{Y}$ 的估计为例进行讨论。

1. 二重抽样比估计的抽样方法

第 1 步：从总体的 N 个单元中随机抽取第一重样本，样本单元数为 n'；对于第一重样本，仅观测辅助变量信息，用辅助变量的样本均值 $\bar{x}'=\frac{1}{n}\sum_{i=1}^{n'}x'_i$ 估计总体均值 $\bar{X}$。

第 2 步：从第一重样本中随机抽取出第二重样本，样本单元数为 n；对于第二重样本，观测研究变量与辅助变量，并用获得的 $\bar{y}$ 和 $\bar{x}$，计算 $\hat{R}=\frac{\bar{y}}{\bar{x}}$，构造比估计。

2. 二重抽样的比估计及其性质

（1）二重抽样比估计。二重抽样对总体均值 $\bar{Y}$ 的比估计：

$$\bar{y}_{RD}=\frac{\bar{y}}{\bar{x}}\bar{x}' \tag{7.11}$$

式中，$\bar{y}$，$\bar{x}$ 分别是第二重样本研究变量与辅助变量的样本平均数；$\bar{x}'$ 是第一重样本辅助变量的平均数。

（2）二重抽样比估计的性质。

定理 7.4 与简单随机抽样下的比估计一样，$\bar{y}_{RD}$ 是有偏估计，其偏差随着样本量的增大而缩小。当第二重样本的样本量 n 足够大时，$\bar{y}_{RD}=\frac{\bar{y}}{\bar{x}}\bar{x}'$ 是近似无偏的，即

$$E(\bar{y}_{RD})\approx\bar{Y} \tag{7.12}$$

因为在第二重样本的 n 足够大时，$E_2(\hat{R})\approx R'$，式中，$\hat{R}=\dfrac{\bar{y}}{\bar{x}}$，$R'=\dfrac{\bar{y}'}{\bar{x}'}$，所以

$$E(\bar{y}_{RD})=E_1(E_2(\bar{y}_{RD}))=E_1(\bar{x}'E_2(\hat{R}))\approx E_1(\bar{y}')=\bar{Y}$$

因此，$\bar{y}_{RD}$ 是 $\bar{Y}$ 的近似无偏估计。

定理 7.5 二重抽样比估计的方差为：

$$\begin{aligned}V(\bar{y}_{RD})&=V_1(E_2(\bar{y}_{RD}))+E_1(V_2(\bar{y}_{RD}))\\&\approx V_1(\bar{y}')+E_1((\bar{x}')^2V_2(\hat{R}))\\&\approx\left(\frac{1}{n'}-\frac{1}{N}\right)S_y^2+\left(\frac{1}{n}-\frac{1}{n'}\right)(S_y^2+R^2S_x^2-2RS_{yx})\end{aligned}\tag{7.13}$$

通常 $\dfrac{1}{N}$ 可忽略，因此

$$V(\bar{y}_{RD})\approx\frac{1}{n}S_y^2+\left(\frac{1}{n}-\frac{1}{n'}\right)(R^2S_x^2-2RS_{yx})\tag{7.14}$$

式中，S_y^2，S_x^2，S_{xy} 分别为 Y 和 X 的总体方差和总体协方差；$R=\dfrac{\bar{Y}}{\bar{X}}$。

定理 7.6 二重抽样比估计方差的样本估计为：

$$v(\bar{y}_{RD})=\frac{1}{n}s_y^2+\left(\frac{1}{n}-\frac{1}{n'}\right)(\hat{R}^2s_x^2-2\hat{R}s_{yx})\tag{7.15}$$

式中，使用 Y 的第二重样本方差 s_y^2 估计总体方差 S_y^2；使用 X 的第二重样本方差 s_x^2 估计总体方差 S_x^2；使用 Y 和 X 的第二重样本协方差 s_{xy} 估计总体协方差；使用第二重样本比率 $\hat{R}=\dfrac{\bar{y}}{\bar{x}}$ 估计总体比率 $R=\dfrac{\bar{Y}}{\bar{X}}$。

例 7-2

某住宅小区共有 200 个住户，现欲估计小区住户家庭月平均收入水平。家庭收入的数据不易调查，而家庭支出的资料相对容易获取，而且家庭月平均收入与家庭月平均支出之间强相关，因此拟采用二重抽样比估计方法。先从中随机抽取 100 个住户作为第一重样本，调查家庭月平均支出，结果家庭月平均支出的样本均值为 1 500 元；然后从这 100 个住户中随机抽选 10 个作为第二重样本，调查家庭月平均收入和家庭月平均支出，资料见表 7-2。试估计该小区家庭月平均收入，并计算估计量标准误差。

表 7-2 某小区住户家庭收支的样本数据 单位：元

样本住户	家庭月平均支出 X_i	家庭月平均收入 Y_i
1	1 500	2 000
2	1 200	1 800
3	2 000	2 800

续表

样本住户	家庭月平均支出 X_i	家庭月平均收入 Y_i
4	1 800	2 500
5	1 300	1 900
6	3 000	5 800
7	800	1 300
8	1 400	2 000
9	1 600	2 300
10	1 100	1 600

解：由题知 $\bar{x}'=1\ 500$，由表 7－2，计算得

$\bar{y}=2\ 400$，$\bar{x}=1\ 570$，$\hat{R}=1.528\ 7$

$s_y^2=1\ 613\ 333$，$s_x^2=371\ 222.2$，$s_{yx}=747\ 777.8$

根据式（7.11），该小区住户的平均家庭月收入估计为：

$$\bar{y}_{RD}=\frac{\bar{y}}{\bar{x}}\bar{x}'=1.528\ 7\times 1\ 500=2\ 293(\text{元})$$

根据式（7.15），$\bar{y}_{RD}$的方差估计为：

$$\begin{aligned}v(\bar{y}_{RD})&\approx\frac{1}{n}s_y^2+\left(\frac{1}{n}-\frac{1}{n'}\right)(\hat{R}^2s_x^2-2\hat{R}s_{yx})\\&\approx\frac{1\ 613\ 333}{10}+\left(\frac{1}{10}-\frac{1}{100}\right)(1.528\ 7^2\times 371\ 222.2-2\times 1.528\ 7\times 747\ 777.8)\\&=33\ 646.89\end{aligned}$$

$\bar{y}_{RD}$的标准差的估计为：

$$s(\bar{y}_{RD})=\sqrt{v(\bar{y}_{RD})}=183.43\ (\text{元})$$

3. 二重抽样比估计时样本量的最优分配

在给定费用的条件下，选择第一重样本量 n' 和第二重样本量 $n'f$，其中 f 为抽样比，使得估计量的方差 $V(\bar{y}_{RD})$ 最小。

假设第一重抽样的单元平均调查费用为 c_1，第二重抽样的单元平均调查费用为 c_2。假设费用函数为：

$$C_T^*=c_1n'+c_2n=c_1n'+c_2n'f \tag{7.16}$$

根据式（7.14），总体均值估计量的方差为：

$$V(\bar{y}_{RD})\approx\frac{1}{n}S_y^2+\left(\frac{1}{n}-\frac{1}{n'}\right)(R^2S_x^2-2RS_{yx}) \tag{7.17}$$

因此要在一定的费用约束下令估计方差最小化，则有

$$
\begin{aligned}
L &= V(\bar{y}_{RD}) + \lambda(C_T^* - c_1 n' - c_2 n' f) \\
&= \frac{1}{n} S_y^2 + \left(\frac{1}{n} - \frac{1}{n'}\right)(R^2 S_x^2 - 2RS_{yx}) + \lambda(C_T^* - c_1 n' - c_2 n' f)
\end{aligned} \tag{7.18}
$$

由 $\frac{\partial L}{\partial n'}=0$ 及 $\frac{\partial L}{\partial f}=0$，得

$$
\begin{cases}
f = \sqrt{\dfrac{c_1(S_y^2 + R^2 S_x^2 - 2RS_{yx})}{c_2(2RS_{yx} - R^2 S_x^2)}} \\
n' = \dfrac{C_T^*}{c_1 + c_2 f}
\end{cases} \tag{7.19}
$$

7.2 捕获再捕获抽样

7.2.1 捕获再捕获估计①

捕获再捕获抽样的基本思想是从总体中抽取一个样本，将样本的每个个体标识（做标记或加标签）后释放回总体中，经过一段时间的充分混合后，再从总体中抽取一个样本，此时，该样本将包括已标识的和未标识的个体，利用这两个样本的信息对总体数量做估计。可以看到，该方法实际上是两阶段抽样方法。彼德森（Peterson，1896）首先提出了捕获再捕获抽样方法，并将该方法用于野生动物的数量研究中。施纳贝尔（Schnabel，1938）将此方法扩展到多样本情形，即对第二次捕获的个体标识后再释放回总体中，进行第三次抽样。这种方法计算比较简单，精确度也较高，因而得到广泛的应用。

以捕鱼为例进行说明。假如我们想估计湖中鱼的数量 N。一种方法是从湖中捕获 200 条鱼做上标记后放回湖中，让它们与湖中未做标记的鱼混合。然后，从湖中再捕获 100 条鱼，这次与第一次捕获是相互独立的。假设第二次捕获的鱼中有 20 条是已经做了标记的，同时假定两次捕获期间湖中鱼的总体没有发生变化，且每次从湖中捕鱼都是简单随机抽样，那么可以得到这样的估计：湖中的鱼有 20%做了标记，这就相当于这 200 条做了标记的鱼近似代表湖中鱼总体的 20%。因此，N 的估计值就近似等于 1 000。

这种方法依赖于以下假设：

（1）总体是封闭的——两次抽样间没有鱼进入或离开。对每次抽样而言，N 是相同的。

（2）每个样本都是来自总体的简单随机抽样。湖中每条鱼都有同样的机会被捕获——有时并不是这样，比如那些小鱼或健康状况稍差的鱼比较容易被捕获，并且湖中没有不会被捕获的“隐藏的鱼”。

① 洛尔．抽样：设计与分析：英文影印版．北京：中国统计出版社，2002：387-388.

（3）两个样本是独立的。第一次捕获并被做了标记的鱼被放回湖中后跟总体再次混合，标记与否与第二次被捕获的概率没有关系。而且，第一次被捕获的鱼并不会因此而对是否再次被捕获产生喜恶，从而第二次被捕获的概率与其是否曾被捕获没有关系。

（4）鱼不会丢失其标记，从而有标记的鱼可以被识别。比如，水溶性涂料就不是做标记的好材料。

这种简单形式的捕获再捕获实际上是总体比率估计的特殊形式，当样本和总体较大时就可以使用第 2 章的结论。令 n_1 为第一次抽样的样本量，n_2 为第二次抽样的样本量，m 为第二次捕获带标记鱼的数量。在上例中，$n_1=200$，$n_2=100$，$m=20$。令

$$y_i=1,\quad \text{对于湖中每条鱼}$$

$$x_i=\begin{cases}1, & \text{如果第 } i \text{ 条鱼做过标记}\\ 0, & \text{如果第 } i \text{ 条鱼未做标记}\end{cases}$$

然后通过 $\hat{Y}_R=X\hat{R}$ 估计 $N=\hat{Y}=\sum_{i=1}^{N}y_i$，式中，$X=\sum_{i=1}^{N}x_i=n_1$，$\hat{R}=\bar{y}/\bar{x}=n_2/m$。比估计量为：

$$\hat{N}=\hat{Y}_R=\frac{n_1n_2}{m} \tag{7.20}$$

该估计量同时也是极大似然估计。将第二次简单随机抽样得到的数据代入式（2.40），同时忽略有限总体校正系数（fpc），则有

$$v(\hat{N})=X^2v(\hat{R})=\frac{n_1^2n_2(n_2-m)}{m^3}$$

但是，作为比估计量，$\hat{N}$ 是有偏的，尤其当样本量较小时偏差可能会很大。事实上，对于第二次抽样，有可能入样的鱼都未做过标记，这就会使式（7.20）中的估计变成无穷。查普曼（Chapman）提出了一个偏差较小的估计：

$$\tilde{N}=\frac{(n_1+1)(n_2+1)}{m+1}-1 \tag{7.21}$$

塞贝尔（Seber，1970）提出了 $\tilde{N}$ 的一个方差估计：

$$v(\tilde{N})=\frac{(n_1+1)(n_2+1)(n_1-m)(n_2-m)}{(m+1)^2(m+2)} \tag{7.22}$$

式（7.21）和式（7.22）常用于野生动物的估计。在捕鱼的例子中，有 $\tilde{N}\approx 966$，$v(\tilde{N})\approx 30\ 131$。

许多研究人员用下面两个式子构造了总体总量的置信区间：

$$\hat{N}\pm 1.96\sqrt{v(\hat{N})} \text{ 或 } \tilde{N}\pm 1.96\sqrt{v(\tilde{N})}$$

然而，这还不能令人十分满意，因为两者都需要 $\hat{N}$ 或 $\tilde{N}$ 近似服从正态分布，而对于小总体和小样本而言，正态分布并非 $\hat{N}$ 或 $\tilde{N}$ 真实分布的好的近似。

置信区间的一种可替代的方法是 Bootstrap 法（Buckland，1984），在本例中应用 Bootstrap 法，即从第二次抽样观测到的个体中再抽样。从观测到的 20 条有标记的鱼和 80 条未标记的鱼中有放回抽取 R 个样本量为 100 的样本。计算每个样本中 N 的估计值，记为 $\hat{N}^*$，并找出 2.5%和 97.5%的分位点。比如 $R=999$ 时，其 95%的置信区间上下限就是将 $\hat{N}^*$ 值按大小排列后的第 25 个和第 975 个值，为［714，1 538］。

7.2.2 应用：美国人口普查局的 PES 方法①

美国人口普查局在 10 年一次的人口普查中希望能调查到尽可能多的人，但不可避免有些人会被遗漏从而导致普查的人口估计要少于实际的人口总量。而且，有人认为遗漏率还不一致：城市内部地区与一些少数族裔团体的遗漏量会比较大，并且在全美不同地区的变化很大。由于国会代表席位、数十亿美元联邦基金及其他资源的分配是以普查结果为基础的，因此许多州及地方政府非常关注人口统计的准确性。捕获和再捕获估计从 1950 年开始应用于评估人口普查的覆盖程度。近几年，关于这种方法能否用于调整人口普查估计的辩论相当多。

霍甘（Hogan，1993）介绍了美国人口普查局使用的普查后调查方法（PES）。加拿大则采用一个类似的程序，称为逆登记核查法。抽取两个样本。P 样本独立于普查，直接从总体中抽出，用以估计普查中遗漏的人数；E 样本则从普查登记中抽出，用以估计普查的误差，比如无此人，或者是重复登记的情况。

单个总体估计是由 1 392 个事后分层的每一层推导出的，人口的事后分层依据地区、种族、住宅单位所有权、年龄和其他变量。之所以采用事后分层，就是希望每个事后分层能近似满足假设（2），即再捕获的概率相等。我们知道，由于普查的遗漏率是有差别的，因此总人口作为一个整体是不满足这一假设的。事后分层的总体表如表 7－3 所示。

表 7－3 事后分层的总体表

		在人口普查登记中？		
		是	否	
在普查后调查中？	是	N_{11}	N_{12}	N_{1+}
	否	N_{21}	N_{22}^*	N_{2+}^*
		N_{+1}	N_{+2}^*	N

人口普查登记、P 样本和 E 样本均用来填充上表中的单元格，于是有$\hat{N}=\dfrac{\hat{N}_{+1}\hat{N}_{1+}}{\hat{N}_{11}}$。

$\hat{N}_{1+}$和 $\hat{N}_{11}$可由 P 样本估计：$\hat{N}_{1+}$是利用 P 样本的权重对事后分层总量的估计，$\hat{N}_{11}$是 P 样本与人口普查登记间匹配者的加权估计。这里 $\hat{N}_{+1}$并非普查中的实际数，而是用 E 样本去掉那些重复计数和虚假不存在者之后对普查计数的调整。许多事后分层的样本规模较小，导致了人口总量估计较大的方差，因此就用回归模型对此进行平滑和调整。

只有满足上述假定才能使对偶系统估计给出比原普查数据更好的人口估计量，人们希望在事后分层中假设（2）得以满足。尽管 P 样本存在一些无回答，假设（3）也要一定程

① 洛尔. 抽样：设计与分析：英文影印版. 北京：中国统计出版社，2002：391-392.

度地加以考虑。弗里德曼和纳维迪（Freedman and Navidi，1992）以及布里曼（Breiman，1994）讨论此问题时，也考虑用回归调整估计量。还有一个要考虑的问题是P样本中的人与普查中的人之间的匹配能力。因为P样本中不能匹配的人被假定为普查中遗漏的人，两样本中匹配错误的人可能导致人口总数估计的偏差。

7.3 电话调查抽样

7.3.1 电话调查的抽样方法

普通住户电话调查的抽样方法主要有三大类：电话号码簿法、随机拨号法以及综合法。

1. 电话号码簿法

电话调查最初的抽样设计是直接利用现成的、被认为能代表有电话住户的电话号码簿作为抽样框，采用随机抽样或系统抽样的方式获得住宅电话号码。

（1）随机抽样法。又可分为简单随机抽样和两阶段随机抽样。简单随机抽样就是将电话号码簿上的电话号码建为一个计算机文件，在其中随机抽出所需的样本数，这是一种非常简便的做法。两阶段随机抽样是将抽样过程分为两阶段，以既定的样本大小为基础，决定抽取的号码簿页数。首先由随机数表抽取一个数字，决定抽出的电话号码簿页码，再利用随机数表决定该页码中所抽出的电话号码字段，依此类推。

（2）系统抽样法。也分为系统抽样和两阶段系统抽样。系统抽样就是根据电话号码簿上的电话号码总数，依所设定的样本量大小，每隔 k 个电话号码抽出一个样本。两阶段系统抽样是将抽样过程分为两阶段，先决定号码簿的页码，再决定抽出的电话号码。以样本大小（n）与电话号码簿页数（P）的比例（$P/n=k$），每间隔 k 个页码抽出一个电话号码。在 $1\sim k$ 的数字中，随机抽出一个数字，作为抽样的起始页，然后每隔 k 页抽出样本户所在的页码，最后再以随机方式决定抽出样本户的位置。

利用电话号码簿抽样的好处是，很少发生所拨号码为空号或所打电话为非住宅电话的情形；缺点是号码簿中会遗漏部分电话用户，导致未涵盖偏差。尤其在我国，大多数住宅电话都没有登记在住宅电话号码簿上，所以实际中很少采用这种方法。

2. 随机拨号法

由于电话号码簿有未涵盖问题，库柏（Cooper，1964）等发展了随机拨号法（random digit dialing，RDD）。常见的随机拨号法就是利用电信局局号的抽样框资料随机抽取局号，然后随机产生后四位数字。这种方法是目前国内实践中最常采用的方法。国内电话号码一般是由区号、局号和后四位尾数构成，例如某电话调查室的电话01062515146，其中前三位010为北京市区号，中间的四位6251为电话调查室所在电信局局号，后四位5146是局号下分配的尾数。常见的随机拨号法可分为简单随机拨号法与整群随机拨号法。

（1）简单随机拨号法（simple RDD）。这种方法很简单，分为两步，首先确定所调查的局号，再以随机的方式生成后四位尾数。

(2) 整群随机拨号法 (cluster RDD)。局号下可排列出来的四位数字并不都是电话号码，电信部门在发放电话号码时不会一次把所有电话号码都分配出去，通常考虑到未来的发展，会预留一定的号码；由于所处地理位置的不同，每个局号下的住宅电话的数目也不同，如商业区局号下办公电话多，住宅电话少；居民区局号下则是住宅电话多，办公电话少。为提高随机拨号法的效率，格鲁弗斯 (Groves, 1978)、库明斯 (Cummings, 1979) 提出整群随机拨号法。

典型的整群随机拨号法的步骤是：1) 以 1 000 个 (或 100 个或 10 个) 号码为一群 (cluster or bank)，在每一个局号下产生若干个群。2) 采用分层抽样法决定每一局号中应抽出若干样本群 (假设为 n)。3) 采用随机抽样法在每个局码中抽出 n 个样本群，在样本群中以随机数随机方式，产生第一个电话号码；若试打结果为有效的电话号码，则保留此样本群，并抽出群内样本，否则就放弃这个群，另外抽出一个样本群，重复以上测试。4) 所抽出的样本群全部经过测试后，得出有效样本群，以各局号中有效样本群所占比例作为抽取电话号码数量的比例。库明斯发现该种方法使得有效样本增加 1/3。但整群随机拨号法操作过程较麻烦，且每一群都需经过测试，比较费时费事。

如果有完备准确的区号名单，电话普及率也达到一定程度，随机拨号法不会出现严重的未涵盖问题。但采用随机拨号法的弊病是不合格样本的数目太大，有大量的传真、办公电话、空号等，导致电话费成本与调查员成本都大量增加。此外，地理抽样中行政区划与电信局分布并不是一一对应的，会出现某一个局号覆盖两个以上行政区现象，调查时需确认被调查住户是否在调查范围内。比如北京市城内八区的电话调查样本中，从朝阳区的某电话支局抽出的住户电话可能位于通州区，不属于调查范围。

3. 综合法

由于电话号码簿样本有未涵盖问题，遗漏部分调查单位，而随机拨号法常包含许多空号、商业电话号码或传真机的号码，专家结合两种方法之长，提出了综合法，即随机拨号与电话号码簿的抽样方法 (RDD using telephone directories)。综合法又可分为随机数法和加一法。随机数法是由电话号码簿抽出电话号码之后，随机改变后两位数字；加一法是由电话号码簿抽出电话号码之后，将电话号码的后缀加 1 或减 1，又或者加 (减) 2～9 中任何一个数字 (Blankenship, 1977)，由此产生新的电话号码样本。用这种方式产生的电话号码同样会存在空号以及办公电话的情况，但一般来说，空号发生的机会比直接的随机拨号法要少一些。

7.3.2 受访者的抽选

在电话调查中，抽中一个样本户后访问户内的哪个人呢？韦伯 (Weber, 1972) 等认为只要是户中成年人即可，即任意成人法；基什 (Kish, 1949) 认为户中每个成年人都应有相同的受访机会，并设计了一套入户随机抽样表，后来有专家进行了改进，即随机表抽选法；还有男女轮流选择法、最近过生日者法等。

从样本的代表性以及可操作性来看，每种方法都各有利弊。任意成人法只要接听电话的人符合调查的要求，那么谁接听电话就访问谁。这种方法操作方便，应用最普遍。根据吴统雄（1983）的实证研究，入户随机表法和任意成人法得到的样本在人口特征上没有显著差异，而随机表抽选法遇到被选者不在的情况比较多。中国人民大学调查技术研究所的实践也表明，在以往的调查案例中任意成人法的受访者人口特征与总体特征一般没有显著差异。当然，要系统地验证该方法的优劣还需要更多的实证研究。

随机表抽选法等其他方法考虑了户中抽样的随机性，但不仅增加了访问时间，而且多数时候要换人来接听电话，容易引起被访者反感而挂断电话，使得访问的成功率偏低。

7.3.3 样本量的确定

样本量的确定是抽样设计中的一项重要内容。样本量 n 的确定主要取决于调查精度、总体变异程度、无回答情况、总体规模 N 以及时间、经费等客观条件的制约等因素。

电话调查中，对于不同的抽样方式，样本量计算的方式是不同的。电话号码簿抽样和随机拨号抽样被视为与简单随机抽样有相同的精度，因此可以按照简单随机抽样方法确定样本量。假设调查中要估计的是总体的比例 P，如果是有放回简单随机抽样，样本量的估计公式为：

$$n_0=\frac{t^2P(1-P)}{\Delta^2}$$

式中，t 为概率度，它的数值与 α 有关，当置信度取 95%即 $\alpha=0.05$（通常取值）时，$t=1.96$；Δ 为允许的最大绝对误差；n_0 为有放回抽样条件下的样本量。

无放回简单随机抽样比例估计的样本量为：

$$n=\frac{n_0}{1+\frac{n_0}{N}}$$

t 和 Δ 则取决于设计人员对估计的精度要求，而总体比例 P 通常需要根据过去的资料进行估计。如果没有以前的信息可以利用，那么可以取 $P=0.5$，这时可以求得一个保守的样本量。

如果抽样设计不是采用简单随机抽样，可以用设计效应对简单随机抽样的样本量进行调整。设计效应是对于同样规模的样本量，其他抽样方式的估计量方差对简单随机抽样估计量方差的比值。设计效应通常是从过去相同或相似主题的调查中取得的，前提是过去调查使用的抽样设计与现在计划实施调查的抽样设计相同或相似。一般情况下，简单随机抽样的设计效应等于 1，分层抽样和系统抽样的设计效应小于 1，整群抽样和多阶段抽样的设计效应大于 1。根据设计效应的经验数据，对简单随机抽样样本量 n 进行调整，可以得到该种抽样方式所需的样本量 n'。

$$n'=deff\cdot n \tag{7.23}$$

式中，$deff$ 为设计效应。

无回答会造成样本量事实上的减少，为了弥补这种缺失，还需要根据回答率对计算结果进行再次调整，以确定最终的样本量。

$$\text{最终样本量} = \frac{n}{R} \text{或} \frac{n'}{R} \tag{7.24}$$

式中，R 为估计的回答率，通常根据以往类似调查的经验确定。

比如，在 95%的置信度下，抽样误差要在 ±3%以内，取 $P=0.5$，简单随机抽样至少需要 1 067 个样本，若已知无回答率为 75%，则需要 4 268 个样本。

7.3.4 其他问题讨论

抽样框是电话调查抽样设计的关键，抽样框的性质决定了所能使用的抽样方法类型和可行性，其质量问题也会直接导致抽样框误差。此外，抽样框中的辅助信息可用于降低无回答率，甚至减少调查成本。普通住宅电话调查常用的抽样框电话号码簿和电信局局号名录分别对应着电话号码簿抽样法和随机拨号法，其主要问题是：

(1) 不合格样本，即非住宅电话、传真、空号等。

(2) 未涵盖问题，本应属于调查范围的住户不在抽样框内，比如没有安装电话的住户、没有登记电话号码的住户等。

(3) 重复号码，同一住户申请多个电话号码。

我国的住宅电话号码簿抽样框质量较差，所以实际中很少采用电话号码簿抽样法，随机拨号法比较普遍。随机拨号法最大的问题是存在大量不合格样本，需要调查员打电话才能辨别确认，结果导致调查成本增高。此外，未涵盖误差也不容忽视。未涵盖误差主要取决于两个因素：

(1) 未涵盖人群占总体的比例，即没有电话的住户比例。

(2) 未涵盖人群与已涵盖人群的人口特征差异，即有电话人群与无电话人群间的特征差异。随着电话普及率的上升，未涵盖人群占总体的比例会越来越低，但由于我国地域辽阔，城乡与地区差异都较明显，不同地域未涵盖人口比例差异较大，因此跨地区电话调查，尤其是全国性电话调查要谨慎。未涵盖人群与已涵盖人群的人口特征如果存在显著差异，会导致估计偏差，当调查主题与收入、受教育程度等密切相关时，要着重考虑未涵盖人群与已涵盖人群特征差异造成的偏差。同样，在不同地域未涵盖人口特征可能是不同的，大规模的电话调查也要考虑到可能造成的未涵盖偏差。

因此，提出以下几点建议：

(1) 随机拨号法的样本不遗漏有电话住户的前提是有完备准确的电信局局号名单，如果遗漏一个局号，很可能导致上万个住户无法进入样本。我国地域辽阔，不同规模地区区号位数和局号位数有些差异，比如，北京、上海等大城市的区号为三位数，大部分地区的区号为四位数。就每个地区而言，区号是唯一的、固定的，局号的数目则在个位到百位之间不等，不同地区的局号位数可能是三位数，也可能是四位数。收集各地局号抽样框时，应尽量从电信部门查找最新相关资料。如果无法取得电信部门的配合，也可根据电话号码簿收集局号信息，但容易出现遗漏局号和局号重复的问题。

(2) 单一抽样法、调查法各有利弊，可考虑多种抽样方法、多种调查方法相结合。比如采用双框抽样法：分别使用随机拨号抽样法和电话号码簿抽样法各抽取一个样本，分别进行调查。最终获得的样本可分为三部分：来自号码簿的样本、来自随机拨号抽样同时也列在号码簿中的样本，以及来自随机拨号抽样但没有列在号码簿中的样本；对结果进行事后分层估计。根据格鲁弗斯和勒帕斯基（Groves and Lepkowski，1986）的研究，这种双框抽样的事后分层估计量比随机拨号样本估计量具有更小的方差，而且部分样本来自住宅电话号码簿，可以有效提高样本合格率，降低无回答率。缺点是操作比较复杂，随机拨号样本与电话号码簿目录样本要进行配对验证，估计时要采用较复杂的事后分层估计量。

（3）由于大量不合格样本以及未涵盖问题的存在，调查样本量是个随机数，不同人口特征、不同地域未涵盖比例不同，最终估计结果可能存在偏差。建议采用配额控制或事后加权调整方法，以增强样本代表性，减少估计偏差。

（4）由于电信局各局号下有效电话数量不等，必然存在大量的非住宅电话、错号与空号。为提高调查效率，建议积累辅助信息。比如从电信局获取大型机构办公电话，积累无效的电话号码等，这样每次新抽出样本后都可以进行校对，剔除无效样本，提高调查效率。

7.4 网络抽样

网络调查，又称“在线调查”，是借助互联网采集数据的一种现代统计调查方法。网络调查将具有某类特征的网民构成的总体作为研究对象，按照随机或非随机方法抽取一部分网民作为研究样本，遵循抽样估计原理来推断该类总体特征。

随着信息技术的发展和互联网的不断普及，在线网络调查已广泛应用于市场调查、民意测验和社会科学研究等领域。网络调查具备传统调查所缺乏的一些特点和优势。第一，大幅度提升调查的速度，并对调查结果进行即时分析；第二，网络调查过程不受时间和空间的限制，大大节省调查成本并保证充足的样本量；第三，良好的互动性；第四，互联网匿名机制保证了填答内容的完整性和真实性。但受限于互联网的普及率及网络用户的分布情况，网络调查往往无法覆盖完整的目标总体。而且从本质上来说，网络调查并不是基于目标总体抽样框的概率抽样，而是一种非概率抽样，直接运用传统概率抽样的估计方法可能得到有较大误差或较低有效性的估计结果。近年来，很多学者致力于研究非概率抽样的统计推断问题，主要集中在抽样技术和估计量改进两个方面。网络调查中常用的方法有匹配样本法、受访者驱动抽样方法、基于倾向得分的伪权数估计方法等。

7.4.1 匹配样本方法

网络调查中经常采用的网络固定样本（web panel surveys），又称非概率在线固定样本调查（non-probability online panels）、志愿者在线固定样本调查（volunteer online panels）等。其样本来自一个潜在受访者的样本数据库中被选择进入样本并愿意完成网络调查的网民，因此每位回答者的入样概率是未知的。匹配样本法是利用网络调查中的辅助变量，将非概率选取的每一个样本单元和另外一个来自目标总体的概率样本进行匹配，利用匹配样本实现对总体的估计。

7.4.2 受访者驱动抽样方法

社交网络调查中大多数采取滚雪球抽样方法或完全自选入样来进行调查的实施，因此也不是基于概率设计的样本。起源于隐藏人口调查的受访者驱动抽样（respondent-driven sampling，RDS）由美国学者道格拉斯·赫克索恩（Douglas Heckathorn，1997）最早提出并不断完善。其程序类似滚雪球抽样过程，首先从目标群体中选择一些受访者作为种子（第 0 轮），这些受访者接受调查同时还要邀请目标群体中一定数量的其他成员（第 1 轮）参与调查。以此类推，后续的受访者也被要求邀请一定数量的其他成员参与调查，按这样的方式样本像滚雪球一样越来越大，这个过程一直持续到样本达到某种“均衡”，即最终的样本构成达到稳定并且与种子的数目和类型无关。在一定的条件下，RDS 受访者的入样概率与受访者社交网络的度（degree）有关，因此受访者的入样概率是可计算的，因此 RDS 可视为一种概率抽样方法，能够获得渐近无偏估计量。而且受访者驱动抽样是一个正则马尔科夫过程，不管初始样本的选择如何，均会以较快的收敛速度（一般不超过 6 轮抽样）达到马尔科夫均衡。

7.4.3 基于倾向得分的伪权数估计方法

由于非概率抽样下基础权数不可得，导致后续估计及推断过程无法进行，因此可考虑对入样概率进行估计，从而得到基础权数（伪权数），结合目标变量值与伪权数，实现对目标总体参数的估计。倾向得分加权法是降低非概率样本偏差的常用加权方法之一，应用非常广泛。

倾向得分为在给定辅助变量的条件下总体单元参与调查的条件概率。数学上可以这样表示：假设每个总体单元都有观测到的辅助变量 X 和处理的示性变量 Z，其中 $Z=1$ 表示总体单元接受调查，$Z=0$ 则表示总体单元不接受调查。假设 x_i 表示第 i 个总体单元被观察到的协变量，在此条件下，总体单元 i 被选入样本（$Z_i=1$）而非（$Z_i=0$）的概率可以表示为：$\mathrm{e}(x_i)=P(Z_i=1 \mid X_i=x_i)$，即第 i 个总体单元的倾向得分。

为了估计倾向得分，可利用概率样本与非概率样本的数据，建立模型进行估计，倾向得分的倒数即为权数。倾向得分的估计首先需要选择合适的协变量，确定协变量后可通过 logistic 回归模型、分类树、Bootstrap 等方法估计倾向得分。倾向得分加权调整得到的估计量已经被证明在一定条件下具有一致性、渐近正态性和有效性，可用于减少覆盖不全、非概率抽样、无回答等问题。

习 题

7.1 某县欲调查有关棉花的播种面积，为及时获取数据，拟采用二重抽样方法。全县共有 2 000 个村，先抽取 500 个村作为第一重样本，并根据村的大小进行分层；然后在各层中等比例抽取 1/5 的村，作为第二重样本，分别调查棉花的种植面积，有关数据如下：

村规模	第一重样本	第二重样本	$\sum_j y_h$	$\sum_j y_{hj}^2$
50 户以下	85	17	490	15 574
50～99 户	125	25	1 806	135 164
100～199 户	140	28	4 423	736 075
200～299 户	110	22	5 607	1 446 987
300 户以上	40	8	4 101	2 205 691

试估计全县棉花的种植面积，并计算其抽样标准误。

7.2　现拟进行一次比例估计的调查，调查总费用为 3 000 元。假设每一个抽样单元的调查费用为 10 元，拟采用二重分层抽样，第一重样本用于分层，每个抽样单元的分层费用是 0.25 元，已知总体分为两层，而且两层的权重相等。假如第一层的真实比例为 0.2，第二层的真实比例为 0.8（假设抽样比$\frac{n'}{N}$和$\frac{n_h}{N_h}$均可忽略不计）。

（1）试确定二重抽样中最优的 n 和 n'，估计相应的 $V(p_{stD})$；

（2）试比较二重分层抽样与不分层的简单随机抽样，哪个抽样效率高。

7.3　某地区欲估计牛的年末头数，以上一次的普查数作为辅助变量。但由于行政区划的变动，上次该地区普查的总头数已不能使用，故采用二重抽样的方法，先在全地区 1 238 个村中抽 500 个村，得到上期普查的平均每村有牛 602 头，然后又抽取第二重样本为 24 个村，分别取得上次普查头数和当年的年末头数，其资料如下表：

样本	普查头数	年末头数	样本	普查头数	年末头数
1	623	654	13	706	707
2	690	696	14	1 795	1 890
3	534	530	15	1 406	1 123
4	293	315	16	118	115
5	69	78	17	330	375
6	842	640	18	218	212
7	475	692	19	160	147
8	371	292	20	210	297
9	161	210	21	262	401
10	298	555	22	204	252
11	2 045	2 110	23	185	199
12	1 069	592	24	574	564

试用二重抽样比估计方法估计该地区年末牛的总头数及其估计的标准差。

7.4　某小区欲调查居民上网情况，为估计居民平均月上网时数，现有两种抽样方案：一种是简单随机抽样，在有限的条件下，只能抽 100 个样本，$v(\bar{y}_{srs})=6.2$；另一种是二重分层抽样，第一重样本用于分层，将居民按月平均收入分为两层，中低收入层（≤1 500 元）和高收入层（>1 500 元），设第一重样本平均分层费用为 c_1。已知总体数据如下表所示：

层	W_i	S_i^2	S_i	$\bar{Y}_i$
中低收入层	0.786	312	17.7	19.404
高收入层	0.214	922	30.4	51.626
总体		620		26.300

假定总调查费用 C_T 为 100，第二重样本平均调查费用 $c_{2h}=1$，设$\frac{S^2}{N}$可以忽略不计。

(1) 如果 $c_1=\frac{c_{2h}}{100}$，试计算二重抽样的样本最优分配方案，并估计$V(\bar{y}_{stD})$。

(2) $\frac{c_1}{c_{2h}}$为何值时，二重抽样的精度高于简单随机抽样？

7.5 某野生羚羊保护区的管理部门采用捕获再捕获法估计该保护区现有羚羊总数，首先捕捉了 300 头羚羊，做上记号，然后将这些羚羊放回羚羊群。大约两周后，随机捕捉了 200 头羚羊，发现 62 头曾做过记号，要求估计该保护区现有羚羊总数，并计算抽样标准误。

7.6 美国威斯康星州自然资源部门的调查人员用捕获再捕获法估计威斯康星州某研究地域的渔民数。

(1) 第一次研究。在 1981 年 8 月 11 日至 1982 年 1 月 31 日期间共找到 7 位渔民，在 1982 年 2 月 1 日至 2 月 19 日期间共找到 12 位渔民，其中 4 位第一次就已经找到过。估计该地区渔民总数，并给出其 95%的置信区间。

(2) 第二次研究。1982 年 9 月 28 日至 10 月 31 日期间共找到 16 位渔民，1982 年 11 月 1 日至 11 月 17 日期间共找到 19 位渔民，其中 11 位在第一次就已经找到过。估计该地区渔民总数，并给出其 95%的置信区间。

(3) 作出这些估计时有什么前提假设？这些假设对渔民的行为及其“可获得性”而言意味着什么？

7.7 科奇等人（Cochi et al.，1989）从两个来源记录了先天性风疹综合征的数据。一是由国家先天性风疹综合征登记处（NCRSR）获得的数据；二是从出生缺陷监测项目（BDMP）所监控医院的医疗记录中得到的数据。下表为 1970—1985 年两个系统登记的先天性风疹综合征病例数。

年份	NCRSR	BDMP	两者均有	年份	NCRSR	BDMP	两者均有
1970	45	15	2	1978	18	9	2
1971	23	3	0	1979	39	11	2
1972	20	6	2	1980	12	4	1
1973	22	13	3	1981	4	0	0
1974	12	6	1	1982	11	2	0
1975	22	9	1	1983	3	0	0
1976	15	7	2	1984	3	0	0
1977	13	8	3	1985	1	0	0

(1) 作者声称，NCRSR 和 BDMP 两个信息来源是独立的。你认为作者的认识正确

吗？对于捕获再捕获而言其他假设如何？

（2）试估计每年的 $\widetilde{N}$ 。

（3）累计所有年份的数据，估计 1970—1985 年先天性风疹综合征的总病例数。由累计数据得到的估计与（2）相比，结果如何？你认为哪个更可信？

（4）有无证据表明先天性风疹综合征的患病人数在下降？

第 8 章 调查中的复杂样本

在前面的章节中，我们对一些抽样方法进行了讨论。从抽样调查的实践看，在一些调查中，特别是大型的抽样调查中，前面介绍的各种抽样方法都被广泛应用，而且抽样设计常常富于变化，不是单纯拘泥于某一种方法，而是多种抽样方法的结合。例如，一项调查的抽样方案中可能包括分层抽样、多阶段抽样、整群抽样、系统抽样等。对于这类由多种抽样方法结合产生的样本，我们称之为复杂样本。同时在对目标量进行估计时采用比估计、回归估计等多种估计方法，使估计公式变得非常复杂。从抽样设计的原则看，应该追求简化，从而便于掌控和操作。但有时由于条件不具备，例如没有所有总体单元的抽样框，只好采用多阶段抽样或整群抽样；为了提高估计的效率，采用分层抽样和比估计。谈及复杂样本时可以涉及三个方面的内容：第一个是如何做好复杂样本的抽样设计，这与辅助信息有关；第二个是如何简化复杂样本问题，这与设计效应和权数有关；第三个是如何利用复杂样本的数据进行分析。复杂样本的方差估计是一个专门化的问题，将在下一章进行专门讨论。本章讨论的内容主要包括：调查中的辅助信息、设计效应、样本的权数以及复杂样本的数据分析。

8.1 调查中的辅助信息

8.1.1 辅助信息的种类

在抽样中把需要通过抽样估计推断得到指标值的变量称为目标变量，辅助信息是与目标变量有关系的其他变量的信息。有些辅助信息同时也是调查中被测量的变量，可以称为内部辅助信息；有些辅助信息来自外部，称为外部辅助信息。就定量分析而言，辅助信息的样本分布或总体分布应该是已知的，这是辅助信息能够发挥作用的基础。有些场合下需要进行定性分析，例如，需要对调查数据质量进行评估，辅助信息也可以是用文字表达的资料。

1. 内部辅助信息

内部辅助信息来自本次调查，一般有三种情况。

（1）目标变量之外的其他变量。就这个意义而言，调查问卷中受访者的背景材料都可以归为辅助信息之列，因为这些数据在分析中起着重要作用。但典型的辅助信息是另外一些变量，这些变量与目标变量有密切关系，通常辅助信息的总体情况是已知的。例如，进行农作物产量抽样调查，目标变量是某种农作物产量，该农作物的播种面积就可以视为辅助变量。我们通过产量和播种面积，可以得知样本的单产情况，又知道总体的播种面积，就可以对总体产量进行推断。有时，辅助信息也是相对的，在先前情况下播种面积是辅助信息，但如果调查目标之一是估计各种农作物的播种面积，播种面积又成为目标变量，耕地面积和复种系数成为辅助信息。

（2）为改进估计而专门设计的变量。有时为了获得更好的估计效果，或者为了获取更多的信息，设计人员根据调查情况专门设置一些问题来得到相关信息。例如，为分层的二重抽样、为比估计的二重抽样就是这样。设计人员在第一次抽取的大样本中调查一些问题，这些信息用于对正式调查较小规模样本的更精美设计，或用于对正式调查样本中目标变量的比估计。出于数据处理方面的原因，设计人员在调查中可能设计一两个额外问题，如询问受访者在家的时间频率，据此作为对调查中无回答进行加权调整的依据。

（3）访问员反馈信息。有些调查要求访问员进行调查过程的信息反馈，如要求访问员在调查问卷中填写受访者对问卷的理解程度、对调查的配合程度、调查进行的时间长度等。这些信息可以用于对调查结果的质量评估，对调查问卷内容的改进。鉴于收入数据比较敏感，常常得不到准确的调查结果，在入户调查中要求访问员根据受访者的居住环境、居住面积、房间摆设等，判断受访者的经济状况，作为对收入数据的评估。这类信息的获取对访问员的要求较高，且容易有偏差，但某些特定情况下也有一定的适用性。

2. 外部辅助信息

外部辅助信息主要指二手资料。随着调查的不断普及和应用范围的推广，各级政府部门、学术团体和商业机构都会不断积累数据资料，特别是政府部门掌握了大量的行政管理数据和统计资料，这些都成为外部辅助信息的来源。具体来说，外部辅助信息有如下几种类型。

（1）普查资料。普查资料是非常好的辅助信息。普查资料具有范围广的特点，包含总体的所有单位是辅助信息最大的优点。同时，普查投入大，资料比较准确。而且普查资料是公共资源，没有商业机密，相对容易获取。一些公共数据库资源也有与普查资料相类似的特征。

（2）前期调查资料。有些调查项目是连续进行的，前期的调查资料成为很好的辅助信息。这类辅助信息的特点是相关性高，调查的总体一致，调查内容相同，指标含义一致。前期调查资料是进行比估计、回归估计和对缺失数据进行调整的最佳辅助信息。

（3）各级政府部门的统计数据。最典型的是统计局和各部委系统的统计数据，如统计年鉴、统计月报等。此外，还有为管理需要所做的行政记录数据，如公安部门的户籍管理记录、司法部门的各类案件记录、海关部门的进出口贸易记录、商业部门的商品物流记录、环境保护部门的环境监测数据等。从发展趋势看，建立并不断完善政府部门的管理信息系统是一项非常重要而又迫切的任务，而这项工作的不断发展和深入进行也为抽样调查应用的推广、抽样调查质量的提高奠定了扎实的基础。

(4) 各企事业单位的工作记录。许多调查项目直接为满足企事业单位的需求而进行，如超市销售各类商品数量和金额的数据、电信部门对客户基本情况的记录、银行系统的存贷款交易记录、证券交易所对各种证券交易所做的相关记录等。

8.1.2 辅助信息的利用

在抽样调查中，辅助信息可以用于抽样的设计、目标量的估计，还可以用于调查数据的处理。

1. 抽样设计

在抽样设计阶段，许多抽样方法都需要利用辅助信息。例如，分层抽样需要利用辅助信息进行分层，把总体各单元按相应规则分到各个层中。好的分层应该做到确定合理的层数量，即要解决把总体分为几层，层和层之间的分界点确定在哪里，总体中的单元应该分别归属于哪层，每层的样本量应该是多少等问题。采用不等概抽样方法，可以减小抽样误差，提高估计的效率。当每个单位被抽中的概率与自身规模有关时，单元规模这个辅助信息就成为进行不等概抽样设计的前提条件。再比如系统抽样具有操作简便的特点，为了在系统抽样中提高估计效率，通常采用“按有关标志排队”，即总体中各单元按某个标志由大到小或由小到大顺序排队，这也需要进行排队的辅助信息。可以说，进行任何抽样设计都需要辅助信息，抽样框是辅助信息集中的体现，辅助信息内容越多、质量越高，就为进行良好的抽样设计提供了更多更好的素材，具有充分的辅助信息也是良好抽样框的重要标志。当然，有些辅助信息在抽样前是不知道的，需要通过调查获得，然后在估计阶段利用辅助信息提高估计的精度。例如，进行公众科学素养调查的一个重要辅助变量是受访者的年龄，但构造具有总体各单元年龄的抽样框几乎是不可能的，只能通过调查获得，然后采用事后分层的方法将样本中各单元分层，再采用分层抽样的方法对目标量进行估计。

2. 估计

在抽样估计阶段，即估计量设计阶段，可以利用辅助信息改进估计方法，提高估计的精度，这一点在比估计和回归估计中表现明显。回顾前面比估计和回归估计的内容，为了估计目标变量 y，我们选择一个与之相关的辅助变量 x，建立回归估计模型（比估计是回归估计的特殊形式，是回归线通过原点的模型），其本质是利用目标变量和辅助变量的相关关系，从辅助变量中提取信息，提高对目标变量估计的精度。事后分层是在估计阶段利用辅助信息的另一种模式。通常，依据经验和常识，研究人员认为需要对调查对象进行分层，以满足对目标变量进行估计的需要，但抽样框中没有进行分层的信息，只有在调查结束后，依据抽样设计的分层目标和调查结果，将样本单元进行分层，利用辅助变量的总体信息对目标变量进行估计。

在一些大型调查中，对辅助信息的利用是贯穿抽样设计和目标变量估计整个过程的。例如，在设计阶段利用辅助信息进行多阶段分层抽样设计，在估计阶段，采用比估计或回归估计方法。这些做法体现了最大限度利用辅助信息的思想。

3. 关于数据调整

在调查数据调整中辅助信息有许多重要的应用。比如对入样单元进行权数的计算和调整。由于这个问题非常重要，所以将在本章后面部分专门论述。再如利用辅助信息减小调查中无回答的偏差。调查实践中经常会遇到“无回答”情况，例如受访者拒绝接受调查，或者访问员由于各种原因找不到受访者等，结果是调查数据无法采集，得到的数据不完全，使用这样的数据进行估计就可能出现偏差。下面以 1999 年瑞典统计局实施的收入分布调查数据①为例，说明在估计阶段引入辅助信息对无回答偏差的调整作用，以此反映辅助信息在数据调整中的重要作用。

调查的主要研究变量为受访者的年收入，用 y 表示。将收集到的 34 478 个样本单位看作一个新的总体，则该总体规模为 $N=34\ 478$，其中男性 17 062 人，女性 17 416 人。已知男性群体和女性群体在研究变量 y 上的均值分别为 196 592 和135 689，且男性的回答概率为 0.5，女性的回答概率为 0.9。收入总体总量值$Y=5\ 717\ 412\ 328$。

假定目标估计量为总体总量 Y。为了估计 Y，采用简单随机抽样从总体抽取规模为 400 的样本，其中 281 个单位有回答。由于不同性别人群回答概率有差别，因此在最终得到的 281 个回答单位中，女性比例可能高于其总体真实比例。也就是说，与理想的简单随机样本相比，该样本中女性比例偏高。此时如果采用最简单的估计量

$$\hat{Y}=\frac{N}{m}\sum\nolimits_{r} y_k \text{（} r \text{ 表示样本的回答单位集，} m \text{ 表示回答单位数）}$$

对 Y 进行估计，显然会夸大女性群体的影响力，造成总收入的估计结果偏低。

为了更直观地说明这一点，从总体中重复抽取 100 个规模为 400 的简单随机样本(SRS)，每个样本中的回答情况都符合前述假定。根据上式，分别对这 100 个样本计算总收入 Y 的简单估计值 $\hat{Y}_{EXP}$，得到结果如图 8－1 所示。

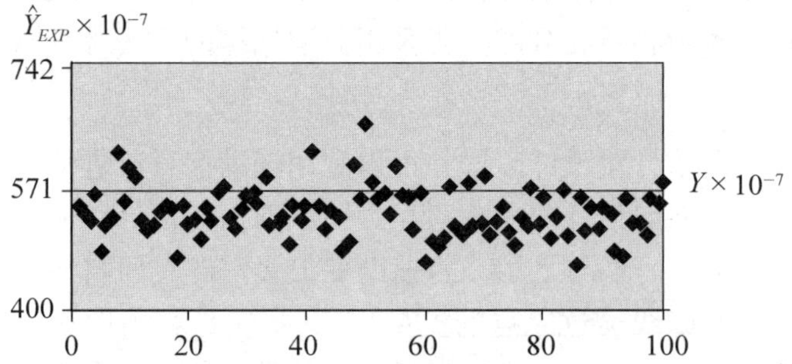

图 8－1　100 个 SRS 样本的简单估计值与总体真值比较

① Lundström S，Särndal C-E. Estimation in the Presence of Nonresponse and Frame Imperfections. Örebro：SCB-tryck，2001：27.

图 8-1 水平轴表示 1～100 的 SRS 样本编号，纵轴表示总收入估计值，而水平线则表示总体收入的真实值 Y。从图 8-1 中可以很清楚地看到，在 100 个根据回答单位计算出的估计值中，绝大多数都落入 Y 水平线以下的区域，显然它们的均值 $E(\hat{Y}_{EXP})$ 也将小于真值 Y。可见，在不考虑无回答调整的情况下，调查结果整体偏低，存在较大的负偏差。

针对这种情形，引入辅助信息。由于总体中男女人数已知，且回答单位性别已知，因此可以根据性别变量进行分层，并采用事后分层估计量

$$\hat{Y}_{PST} = \sum_{h=1}^{H} N_h \bar{y}_{rh}$$

进行估计。式中，r 表示样本中回答单位集；H 表示划分的事后层数；N_h 表示第 h 层的总体单位数。此时事后层数 $H=2$，分别为男性和女性。

对上例抽出的 100 个 SRS 样本重新计算事后分层估计量 $\hat{Y}_{PST}$，结果如图 8-2 所示。可以看到，与图 8-1 相比，绝大部分 $\hat{Y}_{PST}$ 都随机分布在总体真值 Y 上下，由它们计算出的均值 $E(\hat{Y}_{PST})$ 也与真值十分接近，偏差几乎为零。这说明，利用相关辅助信息进行分层，使原来有偏的估计得到了改善。

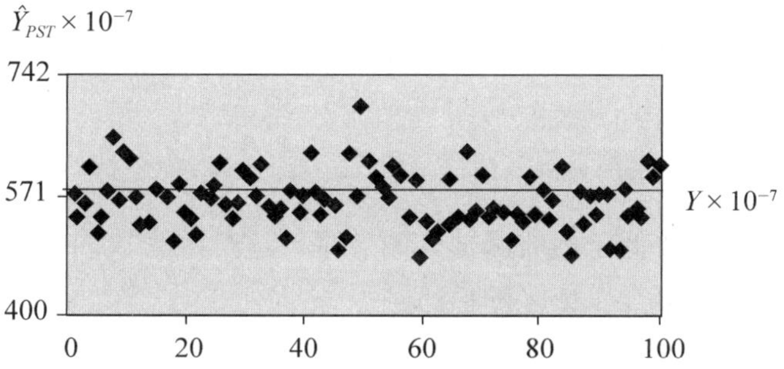

图 8-2　100 个 SRS 样本的事后分层估计值与总体真值比较

上述案例表明，辅助信息的引入减小了无回答造成的偏差，提高了估计的精度，辅助信息在无回答处理中起到了重要的作用。

8.2　设计效应

8.2.1　设计效应的概念

为比较不同抽样设计的效率，克服复杂抽样设计所遇到的困难，世界著名的抽样调查专家基什于 1965 年在《抽样调查》一书中提出了设计效应这个概念。基什在以总体均值为目标变量的场合展开研究，定义设计效应（design effect，简记为 $deff$）为一个特定的抽样设计（包括抽样方法以及对总体目标变量的估计方法）估计量的方差与相同样本量下不放回简单随机抽样的估计量的方差之比，即

$$deff=\frac{\text{所考虑的抽样设计估计量的方差}}{\text{相同样本量下简单随机抽样估计量的方差}}$$

如果设总体中 N 个单元的指标值为 Y_1，Y_2，…，Y_N，样本中 n 个单元的指标观测值为 y_1，y_2，…，y_n，则总体均值估计量的设计效应可以写为：

$$deff=\frac{V(\bar{y})}{(1-f)S^2/n} \tag{8.1}$$

式中，$S^2=\frac{1}{N-1}\sum_{i=1}^{N}(Y_i-\bar{Y})^2$；$f=\frac{n}{N}$。

设计效应值越大，说明该复杂抽样设计误差越大、精度越低，从而效率越低。若 $deff>1$，表明所考虑的抽样设计效率低于不放回简单随机抽样；若 $deff<1$，表明该抽样设计的效率高于不放回简单随机抽样。比如，放回简单随机抽样的设计效应为：

$$deff=\frac{\frac{N-1}{N}\frac{S^2}{n}}{\frac{N-n}{N}\frac{S^2}{n}}=\frac{N-1}{N-n}$$

当 N 比较大时，放回简单随机抽样的设计效应为：

$$deff=\frac{N-1}{N-n}\approx\frac{N}{N-n}=\frac{1}{1-f}>1$$

这意味着放回抽样的效率要低于不放回抽样的效率。这是因为放回抽样有可能重复抽到同一单位，而同一单位并不会提供更多的信息。

8.2.2 设计效应的应用

在复杂样本抽样设计中，设计效应可以起到简化问题的作用，这表现在两个方面：对复杂样本的抽样设计效率进行比较，以及计算复杂抽样所需要的样本量。

1. 比较复杂样本的抽样设计效率

依据设计效应的定义，可以方便地比较不同抽样设计的效率。对于分层抽样来说，设计效应通常小于 1，这表示由于分层而使得估计量方差下降，并反映了估计量方差下降的程度。例如，按比例分层抽样的设计效应，即按比例分配的随机样本的方差与相同样本量下简单随机样本的方差之比可以表达为：

$$\frac{\sum W_h S_h^2}{S^2}$$

式中，$W_h=\frac{N_h}{N}$，为层权；$S_h^2=\frac{1}{N_{h-1}}\sum_{i=1}^{N_h}(Y_{hi}-\bar{Y}_h)^2$，为第 h 层的方差；$S^2=\frac{1}{N-1}\sum_{i=1}^{N}(Y_i-\bar{Y})^2$，为总体的方差。

类似地，最优分配在不考虑费用因素分层时设计效应近似表达为：

$$\left[1-\frac{\sum W_h(\bar{Y}_h-\bar{Y})^2}{S^2}\right]-\frac{\sum W_h(S_h-\bar{S})^2}{S^2}$$

式中，$\bar{Y}_h=\frac{1}{N_h}\sum_{i=1}^{N_h}Y_{hi}$，为第 h 层均值；$\bar{Y}$ 为总体均值；$\bar{S}=\sum W_hS_h$，为各层标准差的加权平均。

对于整群抽样样本，设计效应通常大于1。一般情况下群内各单元具有同质性，整群抽样会造成估计效率的下降。群规模相等时整群抽样的设计效应近似地表达为 $1+\rho(M-1)$，其中，ρ 为群内相关系数，用来测量群内同质性的特征；M 为群规模。

根据式（8.1）设计效应的定义，还可以利用设计效应反推复杂抽样设计的估计量方差，即由

$$deff=\frac{V(\bar{y})}{(1-f)S^2/n}$$

有

$$V(\bar{y})=\frac{(1-f)S^2}{n}\cdot deff \tag{8.2}$$

如果设计人员有总体方差 S^2 的辅助信息和不同抽样设计效应的经验数据，就可以方便地计算复杂样本估计量的方差，如式（8.2）所示。实践研究中可以交替使用设计效应和方差的概念。例如，估计量方差 $V(\bar{y})=\frac{(1-f)S^2}{n}\cdot deff$ 需要有总体方差S^2 的信息，如果没有 S^2，可以通过样本方差 s^2 进行估计，即 $V(\bar{y})=\frac{(1-f)\,s^2}{n}\cdot deff$。事实上 $V(\bar{y})$ 包含了所有抽样设计错综复杂情况下对统计量 $\bar{y}$ 的方差估计。s^2 是样本方差，不论抽样设计如何，调查结束后样本方差就是一个客观存在，是可以计算的。

2. 利用设计效应计算样本量

利用设计效应可以方便地计算复杂抽样设计所需要的样本量。一般情况下，在一定精度要求的条件下，简单随机抽样所需的样本量 n'比较容易计算，如果可以估计复杂抽样的设计效应 $deff$，那么复杂抽样所需的样本量近似为：

$$n=n'\cdot deff \tag{8.3}$$

式（8.3）的来源是这样的：令 $V_{srs}(\bar{y})=(1-f)s^2/n$ 表示简单随机抽样条件下估计量方差，由设计效应定义式（8.1），有 $deff=\frac{V(\bar{y})}{V_{srs}(\bar{y})}=\frac{V(\bar{y})}{(1-f)s^2/n}$。由式（8.2）有 $V(\bar{y})=V_{srs}(\bar{y})\cdot deff=\frac{(1-f)s^2\cdot deff}{n}=\frac{(1-f)s^2}{n/deff}$。

记 $n^*=n/deff$，$V(\bar{y})=\frac{(1-f)s^2}{n^*}$，等式右边的形式可以看作样本量为 n^* 的某个简单随机抽样的估计量的方差，不妨设这个方差为 $Var^*_{srs}(\bar{y})$，则可以写为：

$$V(\bar{y})=\frac{(1-f)s^2}{n/deff}=\frac{(1-f)s^2}{n^*}=V_{srs}(\bar{y}) \tag{8.4}$$

式（8.4）中，等式左边为复杂抽样设计估计量方差，右边为简单随机抽样设计估计量方差。式（8.4）表示两种设计的精度相同，这是在 $n^*=n/deff$ 假定条件下实现的。为了达到不同抽样设计进行估计时具有相同的精度的目的，复杂设计所需样本量 n 与简单随机设计所需样本量 n^* 之间就有 $n^*=n/deff$。根据基什的定义，$n'=n^*$，从而得到式（8.3）的结论：

$$n=n'\cdot deff$$

因此，在一定精度条件下，如果可以估计复杂抽样的设计效应 $deff$，又有简单随机抽样所需的样本量 n'，复杂抽样所需的样本量就近似为 $n=n'\cdot deff$。

3. 常见抽样方式设计效应的估计

设总体中 N 个单元的指标值为 Y_1，Y_2，…，Y_N，样本中 n 个单元的指标观测值为 y_1，y_2，…，y_n。

（1）分层随机抽样的设计效应。在分层随机抽样中，样本量在各层有不同的分配形式，这里以最常见的比例分配模式作为分层随机抽样的代表。

无放回的简单随机抽样均值估计量的方差为：

$$V_{srs}(\bar{y})=\frac{1-f}{n}S^2$$

比例分配的分层随机抽样均值估计量的方差为：

$$V_{prop}(\bar{y})=\frac{1-f}{n}\sum_{h=1}^{L}W_hS_h^2$$

式中，$f=\frac{n}{N}$，为抽样比；S^2 为总体方差；L 为层数；$W_h=\frac{N_h}{N}$，为层权；S_h^2 为第 h 层的方差。

$$\begin{aligned}
\text{因为 }(N-1)S^2 &= \sum_{h=1}^{L}\sum_{i=1}^{N_h}(Y_{hi}-\bar{Y})^2 \\
&= \sum_{h=1}^{L}\sum_{i=1}^{N_h}(Y_{hi}-\bar{Y}_h)^2+\sum_{h=1}^{L}N_h(\bar{Y}_h-\bar{Y})^2 \\
&= \sum_{h=1}^{L}(N_h-1)S_h^2+\sum_{h=1}^{L}N_h(\bar{Y}_h-\bar{Y})^2
\end{aligned}$$

所以

$$S^2=\sum_{h=1}^{L}\frac{N_h-1}{N-1}S_h^2+\sum_{h=1}^{L}\frac{N_h}{N-1}(\bar{Y}_h-\bar{Y})^2$$

若所有的 N_h 都比较大，则 $\frac{N_h}{N-1}\approx\frac{N_h-1}{N-1}\approx\frac{N_h}{N}=W_h$，从而

$$S^2 \approx \sum_{h=1}^{L} W_h S_h^2 + \sum_{h=1}^{L} W_h (\bar{Y}_h - \bar{Y})^2$$

因此，分层随机抽样的设计效应为：

$$deff = \frac{V_{prop}(\bar{y})}{V_{srs}(\bar{y})} = \frac{\sum_{h=1}^{L} W_h S_h^2}{\sum_{h=1}^{L} W_h S_h^2 + \sum_{h=1}^{L} W_h (\bar{Y}_h - \bar{Y})^2} \tag{8.5}$$

注意，近似式 $S^2 \approx \sum_{h=1}^{L} W_h S_h^2 + \sum_{h=1}^{L} W_h (\bar{Y}_h - \bar{Y})^2$ 是在假定所有的 N_h 都比较大的情况下得到的。这意味着，当所有的 N_h 都比较大时，设计效应肯定小于1，比例分配的分层随机抽样的精度比简单随机抽样高。

（2）整群抽样的设计效应。整群抽样设计效应的计算与分层抽样类似，这里以群规模相等的整群抽样为例。

设总体由 N 个初级单元组成，第 i 个初级单元包含 M_i 个次级单元，从 N 个初级单元中抽取 n 个初级单元，调查每个被抽中的初级单元中所包含的全部次级单元。在群规模相等条件下，有 $M_1=M_2=\cdots=M_N=M$，设计效应为：

$$deff = \frac{V(\bar{\bar{y}})}{V_{srs}(\bar{\bar{y}})} \approx 1 + (M-1)\rho_c \tag{8.6}$$

式中，M 为群规模；$\rho_c = \frac{E(Y_{ij} - \bar{\bar{Y}})(Y_{ik} - \bar{\bar{Y}})}{E(Y_{ij} - \bar{\bar{Y}})^2}$ $(i=1,2,\cdots,N;j,k=1,2,\cdots,M)$，为群内相关系数，取值范围是 $[-\frac{1}{M-1}, 1]$。

（3）系统抽样的设计效应。

$$deff = \frac{V(\bar{y})}{(1-f)S^2/n} = \frac{N-1}{N-n}[1+(n-1)\rho_c] \tag{8.7}$$

式中，$-1/(n-1) \leqslant \rho_c \leqslant 1$，为同一系统样本内单元的相关系数。

（4）目标变量与辅助变量呈线性关系的PPS抽样的设计效应。

$$deff = \frac{V_{pps}}{V_{srs}} = \frac{X\sum_{i=1}^{N} \frac{Y_i^2}{X_i} - Y^2}{N\sum_{i=1}^{N} Y_i^2 - Y^2} \tag{8.8}$$

式中，$Y=N\bar{Y}$，为目标变量总体总值；X 为辅助变量，与 Y 成直线关系，$X = \sum_{i=1}^{N} X_i$。

8.3 样本的权数

用样本的调查结果对总体的目标变量进行估计是基于这样的原理：每个样本单元不仅

代表自己，而且代表研究总体中那些没有被选入样本的单元。抽样推断就是把样本单元的结果放大，得到总体参数的估计。通常，我们把一个样本单元所代表的总体单元的数量称为这个样本单元的设计权数，确定这些权数是估计过程的一个重要组成部分。但设计权数只是确定权数的开始，在调查中会有许多与设计之初有出入的情况发生，这时需要对设计权数进行一些调整，例如对一些特殊结构进行权数调整，对无回答情况进行权数调整等。为了追求更加稳健的样本统计量，还可以考虑自加权的抽样设计。这些内容将在本节后续部分进行讨论。

8.3.1 设计权数

设计权数是由抽样设计所规定的每个样本单元所代表研究总体的单元数，也就是样本单元入样概率的倒数。概率抽样的特征是每个样本单元入样概率都可以计算，因而是已知的。

例如，在简单随机抽样中，用 W_d 表示设计权数，总体总值的估计为 $\hat{Y}=\sum_{i=1}^{n}W_d y_i$ ，因为在简单随机抽样条件下每个单元入样概率为 $\frac{n}{N}$，则 $W_d=\frac{N}{n}$，所以总体总值的估计又可以写为 $\hat{Y}=\sum_{i=1}^{n}W_d y_i=\frac{N}{n}\sum_{i=1}^{n}y_i$ 。因为每个单元入样概率相等，又称为等概率抽样。在采用等概率抽样设计时，每个单元的设计权数是相同的。系统抽样也是等概率抽样。在系统抽样中抽样间隔就是设计权数，每隔一定间隔抽取一个单元，用抽中的单元代表该间隔所有单元的情况。对于分层抽样，如果按各层规模等比例分配样本，也是等概率抽样；如果不是按各层规模等比例分配样本，如内曼分配，则是不等概抽样。在不等概抽样条件下，每个单元的设计权数是不同的。

在多阶段抽样条件下，设计权数由每个单元在不同阶段的入样概率相乘而得。例如，对于两阶段的抽样设计，令 π_{1i}代表第 i 个单元在第一阶段的入样概率，π_{2i}代表第 i 个单元在第二阶段的入样概率，则第 i 个单元的设计权数为 $W_d=\frac{1}{\pi_{1i}\pi_{2i}}$。以此可以推演到更多阶段抽样设计的情况。

8.3.2 权数的结构调整

权数的结构调整包括的范围比较广泛，主要指调查现场出现与抽样设计不同的情况时，为了保证抽样设计方案的落实而进行的某些权数调整。结构调整可以通过我国劳动力抽样调查的例子说明。我国劳动力抽样调查是多阶段分层整群抽样，最后阶段抽取群，群由 30 个家庭户组成，对抽中群内的家庭户全部进行调查。在调查实施中，不可能保证所有的群都正好为 30 户，如在农村有自然村，对于规模很小的自然村（远少于 30 户）可以合并为群，对于规模差不多的自然村（30 户左右），该自然村就是一个群。在城市通常取某栋住宅楼或其某个单元为一个群。有些群的规模与抽样设计相同（正好 30 户）或相仿（30 户左右），有些群的规模则与抽样设计要求相差较大，这时就需要对入样单元的设计权数进行调整。在这个例子中，设群的规模为 M，如果 $M\neq 30$，则给该群的每一个家庭户都赋予一个结构调整系数 $W^* = 30/M$。例如，一个群包含 45 户，则该群的每个住户的结构调整系数 $W^* = 30/45$。

8.3.3 权数的无回答调整

调查中都会遇到无回答情况，由于这个问题非常重要，在第 10 章中有对无回答问题的专门讨论，这里只是就无回答的权数调整作些说明。在存在无回答情况时，如果不对原有的设计权数进行调整，那些无回答单位的权数就会丢失，总体的规模就会被低估，从而导致对总值的估计出现严重偏差。权数的无回答调整可以计算无回答调整系数，令 W_{nr} 为无回答调整系数，W_r 为调查中回答单元的权数和，W_n 为调查中无回答单元的权数和，则无回答调整系数 $W_{nr} = \dfrac{W_r + W_n}{W_r}$。

可以看出，调整的思路是把无回答单元的设计权数在回答单元之间进行重新分配，无回答调整系数 W_{nr} 就是分配比例。

如果是大规模调查，无回答调整系数应该分别计算，例如可以按群计算，或者按层计算。这里的假定是，群内各单元、层内各单元具有更高的相似性，用与无回答更相似的回答单元代替无回答，估计的效果会更好。

8.3.4 最终权数

最终权数是对目标变量进行估计所使用的权数，是设计权数、结构调整系数、无回答调整系数的结合体。

$$\begin{aligned}\text{最终权数} &= \text{设计权数} \times \text{结构调整系数} \times \text{无回答调整系数} \\ &= W_d W^* W_{nr}\end{aligned}$$

8.3.5 自加权设计

自加权设计是指调查中每个样本单元的设计权数是相同的，也就是说每个单元最终入样的概率是相等的。在不考虑非抽样误差的情况下，可以认为自加权样本完全代表了总体，因为每个样本单元都代表了总体中相同数目的单元。此时可以用标准统计方法来进行点估计。可以用样本的比例、均值、中位数以及其他样本统计量对总体相应的参数进行估计。此外，自加权样本往往方差较小，样本统计量更稳健（Kish，1992）。

自加权设计与等概率抽样是不同的概念。等概率抽样是指抽选样本时每个单元入样概率相等。例如，在分层抽样中，对层中单元采用等概率抽样方法，层内每个单元入样概率是相等的，但不同层中单元入样的概率可能是不等的。所以，等概率抽样要求在一次抽样过程中，每个单元具有相同的入样概率。而自加权设计是就最终结果而言的，例如，在多阶段抽样中，不同单元在不同阶段的入样概率可能是不同的，这是不等概抽样，但自加权设计要保证每个单元最终入选样本的概率相同。

在单阶段抽样条件下进行自加权设计比较容易，例如简单随机抽样、系统抽样、按层规模等比例分配样本的分层抽样等都属于自加权设计，因为实施这些抽样方法都能使总体中每个单元的入样概率相等。在多阶段抽样设计下情况有些复杂，要得到自加权样本需要有意识地去设计，以达到每个单元最终入样概率相同的目标。既然在大规模调查中自加权设计不是一件容易的事，为什么还要努力实现自加权设计呢？首先，自加权设计不一定就绝对完美，所有的调查也不一定都要以自加权设计为模式，自加权设计只是所有抽样设计中的一种类型，况且进行自加权设计需要一些条件。但是如果条件允许，把自加权设计当作一个优先的选择是有道理的。这是因为在大规模调查中，样本量通常都比较大，每个单元的权数不等时，计算权数的工作量较大，而且调查中会有多个参数，对每个参数进行估计都要加权，使数据处理变得比较复杂。如果进行自加权设计，每个单元都有相同的权数，数据处理就得到简化。下面以 PPS 抽样、分层抽样、多阶段抽样等几种不同抽样方法的组合，对自加权设计进行讨论。

1. 分层 PPS 抽样

分层 PPS 抽样指对总体进行分层，然后在各层采用 PPS 抽样这种方法。PPS 抽样是与样本规模大小成比例的概率抽样。若将总体划分为 L 层，y_{hi} 为第 h 层中第 i 个样本单元的调查值，x_{hi} 为第 h 层中第 i 个样本单元作为 PPS 抽样的规模，X_h 为第 h 层的总规模，则第 h 层中第 i 个单元的入样概率为 $\frac{x_{hi}}{X_h}$，第 h 层的样本量为 n_h。由抽样理论可知，该抽样方法的总体总值估计量为：

$$\hat{Y}=\sum_{h=1}^{L}\frac{X_h}{n_h}\sum_{i=1}^{n_h}\frac{y_{hi}}{x_{hi}} \tag{8.9}$$

如果是自加权设计，则要求第 h 层的样本量为 $n_h=n\frac{X_h}{X}$，也就是各层样本量与层规模大小成比例，于是式（8.9）可以简化为：

$$\hat{Y}=\frac{X}{n}\sum_{h=1}^{L}\sum_{i=1}^{n_h}r_{hi} \tag{8.10}$$

式中，$r_{hi}=\frac{y_{hi}}{x_{hi}}$。

2. 两阶段抽样

这里以两阶段抽样为例，讨论多阶段的自加权设计。

从总体的 N 个初级单元中采用简单随机抽样抽取 n 个初级单元，用 M_i 表示第 i 个初级单元的规模，在入样的第 i 个初级单元中采用简单随机抽样抽取 m_i 个单元最终接受调查。依据抽样理论，总体总值的估计量为：

$$\hat{Y}=\frac{N}{n}\sum_{i=1}^{n}\frac{M_i}{m_i}\sum_{j=1}^{m_i}y_{ij} \tag{8.11}$$

式中，y_{ij} 为第 i 个初级单元中第 j 个最终单元的调查值。要使这种抽样方式成为自加权设计，就必须使 $\frac{M_i}{m_i}$ 成为常数，也就是说在第二阶段的抽样中，无论在哪个初级单元中都采用等比例抽样。

3. 两阶段 PPS 抽样

如果第一阶段采用与初级单元规模 M_i 成比例的概率抽样，即 PPS 方法抽取初级单元，第二阶段采用等概率方法（简单随机抽样或系统抽样）抽取最终单元，则总体总值的估计量为：

$$\hat{Y}=\frac{1}{n}\sum_{i=1}^{n}\frac{M_0}{M_i}\cdot\frac{M_i}{m_i}\sum_{j=1}^{m_i}y_{ij}=\frac{1}{n}\sum_{i=1}^{n}\frac{M_0}{m_i}\sum_{j=1}^{m_i}y_{ij} \tag{8.12}$$

式中，$M_0=\sum_{i=1}^{N}M_i$ 为初级单元规模之和，即总体规模。由于 M_0 是一个常数，要使该设计成为自加权设计，就需要使 $\frac{M_0}{m_i}$ 为一常数，也就是在每个入样的初级单元中抽取相同数量的最终单元 m_i。

在多阶段抽样中，由于前面阶段通常采用 PPS 抽样方式，所以可以把这种抽样模式的规律总结如下：如果要实现自加权设计，在两阶段抽样中，第一阶段采用 PPS 抽取初级样本单元，在每个入选的初级单元中采用等概率方法抽取相同数量的最终单元；如果是三阶段抽样，在前面两个阶段，采用 PPS 抽取初级、二级样本单元，在入选的二级样本单元中采用等概率方法抽取相同数量的最终单元；对于更多阶段的抽样可以类推。

8.4 复杂样本的数据分析

调查中经常面临对多变量数据进行分析的问题，例如子女犯罪现象与家庭状况是否有关，能否根据收入状况预测买房意愿等。对这样的数据进行分析，有一些常用的统计方法，如卡方检验、回归分析方法等。这些统计方法在基础统计学的教材中都能找到。但在这些教材讲授统计方法时，都是假定这些数据来自简单随机样本，即样本统计量服从某种分布，观测值之间相互独立。在复杂样本情况下上述假定可能无法满足，如果仍然按通常方法进行统计分析，其结果就可能出现问题。本节将对复杂样本下卡方检验和回归估计的问题做出讨论。

8.4.1 复杂样本的列联表分析

列联表分析的传统方法是卡方检验法，该方法的使用前提是样本的各个观测值相互独立且具有相同的权数。当无法满足该条件时，使用卡方检验法得到的检验统计量将与实际不符，从而有可能影响检验结果。

1. 列联表分析的群效应

首先看一个例子。

例 8-1

如今，拥有电脑的家庭越来越多，人们对家庭购买电脑的原因看法不一。一种看法是主要是为了促进孩子的学习，使他们更多地接触电脑环境；但也有人认为家庭购买电脑主要是家长的工作需要。现在想了解家庭购买电脑与家长的学历高低是否有关，即是否家长为高学历的家庭中购买电脑的比例也高？为了弄清楚这个问题，某市场调查公司采用放回简单随机抽样方式从某地的所有家庭中抽取了 690 个家庭，向每个抽中家庭询问家中是否有电脑及男性家长的学历，调查结果如表 8-1 所示。试运用卡方检验方法检验家庭中拥有电脑与男性家长的学历是否相互独立。

表 8-1　调查男性家长学历时的观测频数表

		有无电脑		
		有	无	合计
男性家长学历	本科及以上	102	30	132
	本科以下	398	160	558
	合计	500	190	690

说明：表中，102 表示样本中本科及以上学历的男性家长中有 102 个人的家中拥有电脑，其他数字的含义类似。

解：设立原假设 H_0：家庭是否拥有电脑与男性家长的学历高低相互独立。在 H_0 成立的条件下可以得到期望频数如表 8-2 所示。

表 8-2　调查男性家长学历时的期望频数表

		有无电脑		
		有	无	合计
男性家长学历	本科及以上	95.7	36.3	132
	本科以下	404.3	153.7	558
	合计	500	190	690

从而卡方检验统计量为：

$$\chi^2=\sum_{\text{所有单元格}}\frac{(\text{观测频数}-\text{期望频数})^2}{\text{期望频数}}=1.89$$

可知上述统计量的自由度为 1，且 $P(\chi^2\geqslant 1.89)=0.169$。因为 P 值不是特别小，所以没有足够的理由拒绝 H_0，即认为家庭拥有电脑与男性家长的学历相互独立。

现在假设对抽中的每个家庭，同时询问夫妇双方的学历及家中是否有电脑，调查结果如表 8－3 所示。

表 8－3　调查夫妇双方学历时的观测频数表

		有无电脑		
		有	无	合计
每一位家长的学历	本科及以上	190	54	244
	本科以下	810	326	1 136
	合计	1 000	380	1 380

说明：表中，190 表示样本中本科及以上学历的家长中有 190 个人的家中拥有电脑，其他数字的含义类似。

设立原假设 H_0：家庭是否拥有电脑与家长的学历高低相互独立。在 H_0 成立的条件下可以得到期望频数如表 8－4 所示。

表 8－4　调查夫妇双方学历时的期望频数表

		有无电脑		
		有	无	合计
每一位家长的学历	本科及以上	176.8	67.2	244
	本科以下	823.2	312.8	1 136
	合计	1 000	380	1 380

从而可得检验统计量为 $\chi^2=4.34$，易知 $P(\chi^2\geqslant 4.34)=0.037$。因为 P 值较小，所以拒绝 H_0，即认为家庭拥有电脑与家长的学历这两个分类变量是有关系的。

为什么会出现这样矛盾的结果？经过分析发现，一个家庭中夫妇双方的学历具有较强的相关性，即一方学历高，另一方学历通常也高，而且同一家庭中夫妇双方对于“家中是否拥有电脑”的回答是一样的，即样本中各个观测值并不相互独立。其实，如果把家庭作为一个群，对夫妇双方进行调查就是一个整群样本，群内的单位具有较强的同质性，从而违背了卡方检验法要求样本观测值相互独立的前提假设，使得计算的 P 值小于实际的 P 值，因而使得原假设更容易被拒绝。这种情况产生于复杂样本的群效应。

2. 考虑观测值权数的列联表分析

在复杂样本中，各个观测值的权数通常不完全一样，因此分类数据的分析就不能采用传统的卡方检验法。请看下面的例子。

例 8－2

设某地有 100 000 户家庭，其中完整家庭有 99 000 户，不完整（离异）家庭有1 000 户，采用放回简单随机抽样方式从完整家庭中抽取 990 户，从不完整家庭中抽取 100 户，调查家庭中是否有子女犯罪现象，观测频数如表 8－5 所示。

表 8-5 观测频数表

		犯罪状况		
		有	无	合计
家庭状况	完整	20	970	990
	不完整	10	90	100
	合计	30	1 060	1 090

解：根据抽样原理，容易算出该地家庭子女犯罪率的无偏估计为：

$$\frac{99\ 000}{100\ 000}\times\frac{20}{990}+\frac{1\ 000}{100\ 000}\times\frac{10}{100}=21‰$$

但表 8-5 中显示的犯罪率却为 $\frac{30}{1\ 090}=27.5‰$，明显大于 21‰。其原因在于不完整家庭的抽样比远远高于完整家庭的抽样比，从而样本中完整家庭的观测值权数远远大于不完整家庭观测值的权数，此时，直接使用传统的卡方检验法显然是不恰当的。

当样本观测值权数不完全相等时，进行列联表分析应该使用一些改进的方法，所有改进方法的共同点是构造如表 8-6 所示的列联表。

表 8-6 考虑权数的列联表

	1	2	…	c	合计
1	$\hat{p}_{11}$	$\hat{p}_{12}$	…	$\hat{p}_{1c}$	$\hat{p}_{1+}$
2	$\hat{p}_{21}$	$\hat{p}_{22}$	…	$\hat{p}_{2c}$	$\hat{p}_{2+}$
⋮	⋮	⋮		⋮	⋮
r	$\hat{p}_{r1}$	$\hat{p}_{r2}$	…	$\hat{p}_{rc}$	$\hat{p}_{r+}$
合计	$\hat{p}_{+1}$	$\hat{p}_{+2}$	…	$\hat{p}_{+c}$	1

$$\hat{p}_{ij}=\frac{\sum\limits_{k\in S}w_k y_{kij}}{\sum\limits_{k\in S}w_k} \tag{8.13}$$

式中，w_k 是第 k 个观测值的权数。

$$y_{kij}=\begin{cases}1, & \text{第 } k \text{ 个观测值落入单元格}(i,j)\\ 0, & \text{否则}\end{cases}\qquad (i=1,2,\cdots,r;\ j=1,2,\cdots,c)$$

$$\hat{p}_{ij}=\frac{\text{落入单元格}(i,j)\text{中观测值的权数之和}}{\text{样本中所有观测值的权数之和}}$$

$\hat{p}_{ij}$ 是第 i 行第 j 列交叉处的单元格比例的估计，对于自加权样本，$\hat{p}_{ij}$ 即为落入单元格（i，j）的观测值个数的比例。

在考虑权数时，检验分类数据独立性的原假设 H_0 可以表示为：

$$H_0: p_{ij}=p_{i+}p_{+j}, \quad i=1,2,\cdots,r; j=1,2,\cdots,c \tag{8.14}$$

对于 2×2 的表格，$p_{ij}=p_{i+}p_{+j}$ 等价于 $p_{11}p_{22}-p_{12}p_{21}=0$，即 H_0 变为一个等式。

对于较大的表格，H_0 可以用 $(r-1)$ $(c-1)$ 个等式来表示，即若令

$$\theta_{ij}=p_{ij}-p_{i+}p_{+j} \tag{8.15}$$

则 H_0 变为：

$$H_0: \theta_{11}=0,\ \theta_{12}=0,\ \cdots,\ \theta_{(r-1)(c-1)}=0 \tag{8.16}$$

下面仅以 Wald 检验法为例说明考虑权数时如何进行分类变量的独立性检验。

3. Wald 检验法简介

Wald 检验法是最早用于复杂样本中分类变量独立性检验的方法（Koch et al.，1975）。

对于 2×2 表格，原假设涉及一个参数 $\theta=\theta_{11}=p_{11}-p_{1+}p_{+1}=p_{11}p_{22}-p_{12}p_{21}$，并且 θ 可以估计为 $\hat{\theta}=\hat{p}_{11}\hat{p}_{22}-\hat{p}_{12}\hat{p}_{21}$。参数 θ 是总体总量的一个平滑函数，因此可以采用刀切法或其他复杂样本方差估计方法确定 $V(\hat{\theta})$ 的估计量。如果样本量足够大，且 H_0：$\theta=0$ 为真，则近似有

$$\frac{\hat{\theta}}{\sqrt{\hat{V}(\hat{\theta})}}\sim N(0,1) \tag{8.17}$$

等价地有 Wald 统计量

$$X_W^2=\frac{\hat{\theta}^2}{\hat{V}(\hat{\theta})}\sim\chi^2(1) \tag{8.18}$$

对于较大的表格，令 $\boldsymbol{\theta}=[\theta_{11},\ \theta_{12},\ \cdots,\ \theta_{(r-1)(c-1)}]^{\mathrm{T}}$（上标 T 表示转置），则 H_0 可表示为：

$$H_0: \boldsymbol{\theta}=0$$

Wald 统计量为：

$$X_W^2=\hat{\theta}^{\mathrm{T}}\hat{V}(\hat{\theta})^{-1}\hat{\theta}$$

式中，$\hat{V}(\hat{\theta})$ 是 $\hat{\theta}$ 的估计协方差矩阵。对于非常大的样本，若 H_0 成立，则 X_W^2 近似服从自由度为 $(r-1)(c-1)$ 的卡方分布。在复杂调查中，“大”是指需要大量的 PSU，而不是指大量的观测值。对 Wald 检验的改进方法，读者可参看托马斯等人（Thomas et al.，1996）的著作。

下面利用 Wald 法检验例 8－2 中家庭状况与犯罪状况这两个分类变量是否独立。

在例 8－2 中，每个来自完整家庭的样本观测值的权重均为 100（即 99 000/990），每个来自不完整家庭的样本观测值的权重均为 10（即 1 000/100），所以

$$\hat{p}_{11}=\frac{\sum\limits_{k\in S}w_k y_{k11}}{\sum\limits_{k\in S}w_k}=\frac{20\times100}{990\times100+100\times10}=0.02$$

同理可得其他比例的估计，具体结果如表 8-7 所示。

表 8-7　比例的估计

		犯罪状况		
		有	无	合计
家庭状况	完整	0.02	0.97	0.99
	不完整	0.001	0.009	0.01
	合计	0.021	0.979	1

因此

$$\hat{\theta}=\hat{p}_{11}\hat{p}_{22}-\hat{p}_{12}\hat{p}_{21}=-0.000\ 79$$

现在采用刀切法（见第 9 章）计算 $\hat{\theta}$ 的方差估计 $v(\hat{\theta})$。要使用刀切法，必须将原始样本划分为若干个随机组，随机组个数的确定需要考虑众多因素。为了说明问题的方便，在本例中将原始样本划分为 5 个随机组，相应的可得 5 个虚拟值，如表 8-8 所示。

表 8-8　虚拟值

序号	虚拟值
1	0.000 58
2	0.000 67
3	−0.000 49
4	0.000 62
5	0.000 98

说明：虚拟值并不是唯一的。随机组划分不同，虚拟值也不同。

这 5 个虚拟值之间的标准差为 0.000 560 4，从而有 $\sqrt{v(\hat{\theta})}=\dfrac{0.000\ 560\ 4}{\sqrt{5}}=0.000\ 250\ 6$，则 Wald 统计量为 $X_W^2=\left(\dfrac{\hat{\theta}}{\sqrt{v(\hat{\theta})}}\right)^2=9.935\ 7$。

由于随机组的个数为 5，所以上述统计量的自由度为 4，从而有 $P(\chi^2\geqslant 9.935\ 7)=0.041\ 53$。

所以，在显著性水平 $\alpha=0.05$ 下拒绝原假设，即认为子女犯罪状况与家庭是否完整是有关系的。

考虑权数时还有其他一些检验方法，但这已经超出了本书的范围，有兴趣的读者可以参考书末列出的参考文献 26。

8.4.2　复杂样本的回归分析

1. 问题的提出

在标准统计学教材中，一元线性回归模型为：

$$y=\beta_0+\beta_1 x+\varepsilon \tag{8.19}$$

式中，y 为因变量；x 为自变量；ε 为残差；β_0 与 β_1 为总体回归参数。该模型需要满足两个前提假设，一个是 $\varepsilon \sim N(0, \sigma^2)$，另一个是 $\mathrm{Cov}(\varepsilon_i, \varepsilon_j)=0\ (i\neq j)$。

设从总体中采用放回简单随机抽样方式得到的样本为 (x_1, y_1)，(x_2, y_2)，…，(x_n, y_n)，则利用最小二乘法可以得到 β_0 与 β_1 的方差最小线性无偏估计量为：

$$\hat{\beta}_1 = \frac{\sum_{i=1}^{n} x_i y_i - \frac{1}{n}\sum_{i=1}^{n} x_i \sum_{i=1}^{n} y_i}{\sum_{i=1}^{n} x_i^2 - \frac{1}{n}\left(\sum_{i=1}^{n} x_i\right)^2} \tag{8.20}$$

$$\hat{\beta}_0 = \frac{\sum_{i=1}^{n} y_i - \hat{\beta}_1 \sum_{i=1}^{n} x_i}{n} \tag{8.21}$$

$\hat{\beta}_1$ 的方差估计为：

$$\hat{V}(\hat{\beta}_1) = \frac{\frac{1}{n-2}\sum_{i=1}^{n}(y_i - \hat{\beta}_0 - \hat{\beta}_1 x_i)^2}{\sum_{i=1}^{n}\left(x_i - \frac{1}{n}\sum_{i=1}^{n} x_i\right)^2} \tag{8.22}$$

并有

$$\frac{\hat{\beta}_1 - \beta_1}{\sqrt{\hat{V}(\hat{\beta}_1)}} \sim t(n-2) \tag{8.23}$$

从而可以构造 β_1 的置信度为 $100(1-\alpha)\%$ 的置信区间为：

$$\hat{\beta}_1 \pm t_{\alpha/2}(n-2)\sqrt{\hat{V}(\hat{\beta}_1)}$$

例 8-3

使用麦克唐奈（Macdonell）在 1901 年给出的数据集说明上述回归分析过程。① 该数据集记录了3 000 名罪犯的身高（英寸）和左中指长度（厘米）。从中采用放回简单随机抽样方式抽取 200 条记录，利用式（8.20）和式（8.21）拟合身高关于左中指长度的回归方程如下：

$$y = 30.32 + 3.05x \tag{8.24}$$

式中，y 为身高（英寸）；x 为左中指的长度（厘米）。

现在假如采用不等概抽样从原数据集中抽取 200 条记录，各条记录的入样概率如表 8-9 所示。

① 洛尔. 抽样：设计与分析：英文影印版. 北京：中国统计出版社，2002：350.

表 8-9　入样概率表

身高（英寸）y	68 或以上	67	66	65	64 或以下
入样概率 π	a	$2a$	$3a$	$12a$	$24a$

表 8-9 中第二列表示，若某条记录的身高等于 68 英寸或以上，则其入样概率为 a，其他列的含义类似。

从表 8-9 中可以看出，身高为 64 英寸或以下记录的入样概率是身高为 68 英寸或以上记录的 24 倍。仍然利用式（8.20）和式（8.21）拟合身高关于左中指长度的回归方程，结果如下所示：

$$y=43.41+1.79x \tag{8.25}$$

式（8.25）与式（8.24）结果差异很大，原因在于这两个方程所基于的样本的性质是不同的，前者基于简单随机样本，而后者基于复杂样本。对于复杂样本，不应再使用式（8.20）和式（8.21）拟合回归方程，因此，式（8.25）是不恰当的。

2. 复杂样本的线性回归

（1）一元线性回归。在前面章节的论述中，我们一直致力于估计有限总体的参数（如总体总量或总体均值等），在回归分析中，我们感兴趣的有限总体参数即为总体的最小二乘系数，如一元线性回归中的 B_0 和 B_1。可以证明，对于有限总体，使 $\sum_{i=1}^{N}(y_i-B_0-B_1x_i)^2$ 达到最小的 B_0 和 B_1 为：

$$B_1=\frac{\sum_{i=1}^{N}x_iy_i-\frac{1}{N}\sum_{i=1}^{N}x_i\sum_{i=1}^{N}y_i}{\sum_{i=1}^{N}x_i^2-\frac{1}{N}\left(\sum_{i=1}^{N}x_i\right)^2} \tag{8.26}$$

$$B_0=\frac{\sum_{i=1}^{N}y_i-B_1\sum_{i=1}^{N}x_i}{N} \tag{8.27}$$

对于 3 000 名罪犯的所有数据，利用式（8.26）和式（8.27）拟合身高关于左中指长度的回归方程为：

$$y=30.18+3.06x \tag{8.28}$$

从式（8.26）和式（8.27）中可以看出，B_0 和 B_1 均为总体总量的函数。对于复杂样本，可以利用先前的抽样知识给出总体总量的估计，从而得到 B_0 和 B_1 的估计为：

$$\hat{B}_1=\frac{\sum_{i\in S}w_ix_iy_i-\frac{1}{\sum_{i\in S}w_i}\sum_{i\in S}w_ix_i\sum_{i\in S}w_iy_i}{\sum_{i\in S}w_ix_i^2-\frac{1}{\sum_{i\in S}w_i}\left(\sum_{i\in S}w_ix_i\right)^2} \tag{8.29}$$

$$\hat{B}_0=\frac{\sum\limits_{i\in S}w_iy_i-\hat{B}_1\sum\limits_{i\in S}w_ix_i}{\sum\limits_{i\in S}w_i} \tag{8.30}$$

式中，w_i 为第 i 个样本观测值的权数，$i\in S$。

仍使用前面的容量为200的不等概样本，利用式（8.29）和式（8.30）估计身高关于左中指长度的回归方程，结果如下所示：

$$y=30.19+3.05x \tag{8.31}$$

由于 $\hat{B}_0$ 与 $\hat{B}_1$ 均是由复杂样本得到的估计量，所以可以利用复杂样本的方差估计方法来估计它们的方差。设 $\hat{B}_1$ 的方差估计为 $\hat{V}(\hat{B}_1)$，则有限总体量 B_1 的置信度为 $100(1-\alpha)\%$ 的置信区间为：

$$\hat{B}_1\pm t_{\alpha/2}\sqrt{\hat{V}(\hat{B}_1)}$$

式中，$t_{\alpha/2}$ 为 t 分布的上 $\alpha/2$ 分位数，自由度依赖于估计 $\hat{V}(\hat{B}_1)$ 时所采用的方法。例如，若采用刀切法，则自由度等于PSU的个数减去层的个数；若采用随机组方法，则自由度等于随机组的个数减去1。

（2）多元线性回归。假设要考察 y_i 与 p 维自变量向量 $\boldsymbol{x}_i$ 之间的关系，其中 $\boldsymbol{x}_i=(x_{i1}，x_{i2}，\cdots，x_{ip})^{\mathrm{T}}$。要估计模型 $\boldsymbol{y}=\boldsymbol{x}^{\mathrm{T}}\boldsymbol{B}$ 中的 p 维总体参数向量 $\boldsymbol{B}$。定义

$$\boldsymbol{y}_U=\begin{pmatrix}y_1\\y_2\\\vdots\\y_N\end{pmatrix} \text{和} \boldsymbol{X}_U=\begin{pmatrix}\boldsymbol{x}_1^{\mathrm{T}}\\\boldsymbol{x}_2^{\mathrm{T}}\\\vdots\\\boldsymbol{x}_N^{\mathrm{T}}\end{pmatrix}$$

整个总体的正规方程为 $\boldsymbol{X}_U^{\mathrm{T}}\boldsymbol{X}_U\boldsymbol{B}=\boldsymbol{X}_U^{\mathrm{T}}\boldsymbol{y}_U$，假设 $(\boldsymbol{X}_U^{\mathrm{T}}\boldsymbol{X}_U)^{-1}$ 存在，则感兴趣的有限总体量为 $\boldsymbol{B}=(\boldsymbol{X}_U^{\mathrm{T}}\boldsymbol{X}_U)^{-1}\boldsymbol{X}_U^{\mathrm{T}}\boldsymbol{y}_U$，它就是整个有限总体的最小二乘估计。

$\boldsymbol{X}_U^{\mathrm{T}}\boldsymbol{X}_U$ 和 $\boldsymbol{X}_U^{\mathrm{T}}\boldsymbol{y}_U$ 都是总体总量的矩阵。$p\times p$ 矩阵 $\boldsymbol{X}_U^{\mathrm{T}}\boldsymbol{X}_U$ 中的第（j，k）个元素为 $\sum\limits_{i=1}^{N}x_{ij}x_{ik}$，$p$ 维向量 $\boldsymbol{X}_U^{\mathrm{T}}\boldsymbol{y}_U$ 中的第 k 个元素为 $\sum\limits_{i=1}^{N}x_{ik}y_i$。

利用样本权数 w_i 来估计矩阵 $\boldsymbol{X}_U^{\mathrm{T}}\boldsymbol{X}_U$ 和 $\boldsymbol{X}_U^{\mathrm{T}}\boldsymbol{y}_U$。令 $\boldsymbol{X}_S$ 为自变量的样本观测值矩阵，$\boldsymbol{y}_S$ 为因变量的样本观测值向量，$\boldsymbol{W}_S$ 是样本权数 w_i 的对角矩阵，则 $p\times p$ 矩阵 $\boldsymbol{X}_S^{\mathrm{T}}\boldsymbol{W}_S\boldsymbol{X}_S$ 中的第（j，k）个元素为 $\sum\limits_{i\in S}w_ix_{ij}x_{ik}$，它是总体总量 $\sum\limits_{i=1}^{N}x_{ij}x_{ik}$ 的估计；p 维向量 $\boldsymbol{X}_S^{\mathrm{T}}\boldsymbol{W}_S\boldsymbol{y}_S$ 中的第 k 个元素为 $\sum\limits_{i\in S}w_ix_{ik}y_i$，它是总体总量 $\sum\limits_{i=1}^{N}x_{ik}y_i$ 的估计。与式（8.29）和式（8.30）类似，定义 $\boldsymbol{B}$ 的估计量为：

$$\hat{\boldsymbol{B}}=(\boldsymbol{X}_S^{\mathrm{T}}\boldsymbol{W}_S\boldsymbol{X}_S)^{-1}\boldsymbol{X}_S^{\mathrm{T}}\boldsymbol{W}_S\boldsymbol{y}_S \tag{8.32}$$

若令 $\boldsymbol{q}_i=\boldsymbol{x}_i^{\mathrm{T}}(y_i-\boldsymbol{x}_i^{\mathrm{T}}\hat{\boldsymbol{B}})$，则根据萨等人(Shah et al.，1977)的证明，使用泰勒级数法可以得到

$$\hat{V}(\hat{\boldsymbol{B}})=(\boldsymbol{X}_S^{\mathrm{T}}\boldsymbol{W}_S\boldsymbol{X}_S)^{-1}\hat{V}\Big(\sum_{i\in S}w_i\boldsymbol{q}_i\Big)(\boldsymbol{X}_S^{\mathrm{T}}\boldsymbol{W}_S\boldsymbol{X}_S)^{-1} \tag{8.33}$$

则每个参数的置信区间可以构造为：

$$\hat{B}_k\pm t\sqrt{\hat{V}(\hat{B}_k)}$$

式中，t 是 t 分布的适当百分位数。科恩和格劳巴德（Korn and Graubard，1990）建议采用 Bonferroni 方法对 m 个回归参数同时进行推断，对每个参数构造一个置信度为 100（$1-\alpha/m$）%的置信区间。

习 题

8.1　在抽样设计中，辅助信息能起到什么作用？试举例说明。

8.2　在统计推断中，辅助信息能起到什么作用？试举例说明。

8.3　如果采用抽样的方法估计学校中学生自行车的拥有量，可以使用什么资料作为辅助信息？这些资料是否容易获取？

8.4　列举几个与学校的学生生活相关的利用辅助信息进行事后分层抽样的例子。谈一谈为什么做这项调查，如何进行抽样设计，抽样框是什么，有没有可以利用的辅助信息。

8.5　在尼泊尔农村和城市地区的两阶段整群样本中，罗森伯格等人（Rothenberg et al.，1985）发现，针对常见传染性疾病的调查，其设计效应要高于对非常见传染性疾病的调查。在城市地区，调查麻疹感染率的设计效应为 7.8（估计儿童的年感染率为 12.39%）；而调查白喉感染率的设计效应只有 1.9（估计儿童的年感染率为 0.21%）。请解释这种设计效应上的差异。

提示：假设抽取 1 000 名儿童的样本，该样本有 50 个群，每个群内有 20 名儿童。同时假定这种疾病在儿童中的传染非常集中，即若估计感染率为 4%，则感染上该病的儿童集中分布在两个群中，剩下 38 个群内不存在受感染的儿童。

8.6　列举或构思几个利用设计效应进行抽样设计的例子，并讨论设计效应获得的途径或过程。

8.7　什么是设计权数？在三阶段抽样中如何计算设计权数？请举例说明。

8.8　为了搞好社区规划，社区物业公司考虑对进入社区的外来车辆实施收费制度，为此对该社区业主进行民意调查。该社区的建筑分楼房和别墅两种，楼房有住户 2 400 户，别墅有住户 140 户。采用分层系统抽样的方法，在楼房住户中抽取了 200 户，在别墅住户中抽取了 20 户。在这项调查中，楼房住户和别墅住户的设计权数各是多少？

8.9　在上题的调查中，被抽中的楼房的 200 个样本户中，由于家中无人或拒访，有 160 户接受调查，被抽中的别墅的 20 个样本户中，有 12 户接受调查。不考虑其他因素，这时回答者的最终权数是多少？

8.10　什么是自加权设计？自加权设计有什么特点？

8.11 为某个地区进行一项抽样设计，按城市和农村分两层，采用简单随机抽样方法，在城市层中抽5个居委会，在农村层中抽5个村委会，然后分别在每个中选的居委会、村委会中抽10户家庭，如何构造该样本中每户家庭的设计权数？

8.12 如果要实现自加权，该怎样进行设计？

8.13 1989年有研究者从挪威的特隆赫姆市抽取了150名年龄在20～49岁之间的妇女作为样本，研究妇女患有妇科疾病与遭受配偶性虐待之间的关系。在抽中的150名妇女中，有1人已经去世，15人已经搬家且联系不到，16人拒绝回答。对其余的118名妇女进行调查，结果如下表所示。

		遭受性虐待		
		有	无	合计
妇科疾病	有	8	9	17
	无	12	89	101
	合计	20	98	118

(1) 如果是否患有妇科疾病与是否遭受配偶性虐待是相互独立的，则上述各单元格的期望频数是多少？

(2) 请利用传统的卡方检验法检验上述两个分类变量是否相互独立。

(3) 卡方检验法是否合适？为什么？

8.14 回归分析中通常会给出判定系数 R^2。对于直线回归，定义有限总体量 R^2 为：

$$R^2 = \frac{B_1 \sum_{i=1}^{N} (x_i - \bar{x}_U)(y_i - \bar{y}_U)}{\sum_{i=1}^{N} (y_i - \bar{y}_U)^2}$$

(1) 证明 R^2 是总体相关系数 R 的平方；

(2) 将 R^2 表示成总体总量的函数；

(3) 对复杂样本，使用权数给出 R^2 的估计量 $\hat{R}^2$。

8.15 基于附录Ⅱ“企业抽样案例背景介绍”的实践题：

(1) 利用案例中的辅助信息，自行设计一套抽样方案，对该省份企业经营收入的均值进行估计，要求抽样相对标准误差不超过5%。用该方案抽取一个样本，利用该样本估计该省份企业经营收入的均值及其抽样相对标准误差，并测算所需调查费用。

(2) 利用案例中的辅助信息，自行设计一套抽样方案，对该省份企业经营收入的均值进行估计。要求全省的企业经营收入均值的允许相对标准误差不超过5%，各地级市的企业经营收入均值的允许相对标准误差不超过10%。用该方案抽取一个样本，利用该样本估计该省份企业经营收入的均值及其抽样相对标准误差，并测算所需调查费用。

(3) 利用案例中的辅助信息，自行设计一套抽样方案，对该省份企业经营收入的均值进行估计。要求全省的企业经营收入均值的允许相对标准误差不超过5%，各行业的企业经营收入均值的允许相对标准误差不超过10%。用该方案抽取一个样本，利用该样本估计该省份企业经营收入的均值及其抽样相对标准误差，并测算所需调查费用。

第9章 复杂样本的方差估计

总体参数估计量的方差估计是统计分析中的一个重要组成部分。在前面各章中，我们介绍了几种基本的抽样方法，并讨论了在这些抽样方法下较为简单的方差估计问题。然而在实际调查中，样本数据一方面可能来自复杂抽样设计，即不再是使用单一的某种抽样方法，而是多种基本抽样方法的有机组合；另一方面估计量也较为复杂，如非线性估计量、需要对缺失数据进行调整等。因此，面对这样的复杂样本，按照传统的方法进行估计量的方差估计就非常困难，教材中很难直接找到对应的计算公式，进行计算公式的推导要求很好的数理基础，并非人人可以做到。此外，调查中往往涉及对多个目标变量进行方差估计的需求，例如包含众多的需要进行估计的指标，逐一建立对众多变量进行方差估计的公式也是一件烦琐和复杂的技术工作。本章将介绍如何解决这类复杂样本的方差估计问题。

复杂样本指的是从一个比较复杂的抽样调查中得到的样本。所谓复杂抽样调查，主要指具有以下两个特点的抽样调查：

（1）抽样设计复杂。复杂抽样设计经常包括分层、多阶段、不等概率、二重抽样等多种抽样方法，以及使用多个抽样框取样等内容，一般是多种抽样方法的组合。

（2）调查估计量复杂。复杂调查估计量往往包括比估计、回归估计等非线性估计量。另外，根据需要，有时还会对数据进行一些调整，比如无回答的加权调整或插补处理、离群值的调整等，进行这些调整必然会提高调查统计量的复杂程度。

表 9 - 1 很直观地展示了复杂抽样调查的两个主要特征，情况 A 对应的是线性的估计量和较为简单的抽样设计，因而是简单抽样调查，对应的是简单样本；情况 B，C，D 对应的是非线性的估计量和较为复杂的抽样设计，因而为复杂抽样调查，对应的是复杂样本。

表 9-1 简单抽样调查和复杂抽样调查

	简单抽样设计	复杂抽样设计
线性估计量	A	B
非线性估计量	C	D

此外，复杂抽样调查还可能涉及多变量问题，即包含数十个甚至数百个感兴趣的指标，并且调查的规模大、范围广。

9.1 概　述

本章介绍的几种复杂样本的方差估计方法可以归为两类：直接推导法和重抽样方法。

直接推导法分为按精确公式推导和按近似公式推导两种。对于线性估计量，大多可以将该估计量的方差的表达式精确地推导出来。然而，实际调查中常常会有一些非线性估计量，如比率、回归估计等。此时，只能用线性化近似的办法，将非线性估计线性化，利用线性估计去近似非线性估计。常用的方法是泰勒级数展开。

随机组方法、平衡半样本方法、刀切法和自助法都可归为重抽样方法。重抽样是这样一类方法：首先，依据一套事先设定好的方案，从原始数据集中创建 B 个数据集（通常被称为伪复制数据集（pseudo-replicates））。令 $\hat{\theta}$ 为参数 θ 的基于原始数据集的估计量，$\hat{\theta}_j$ 为将原始数据集换成第 j 次伪复制数据集后所得 $\hat{\theta}$ 的类似物（$j=1$，2，…，B）。然后，利用 $\hat{\theta}_1$，$\hat{\theta}_2$，…，$\hat{\theta}_B$ 之间的变异来估计 $V(\hat{\theta})$。

使用重抽样的两个关键问题是如何构建伪复制数据集和如何定义 $\hat{\theta}_j$ 使之能够模拟 $\hat{\theta}$ 的变化。本章将主要介绍直接推导法和两种重抽样方法——随机组方法和刀切法。

9.2 直接推导法

直接推导法指的是直接推导出参数 θ 的估计量 $\hat{\theta}$ 的方差 $V(\hat{\theta})$ 的精确或近似数学表达式。

9.2.1 精确公式

前面各章提到的大部分方差计算公式都是针对均值和总量估计而言的，如果目标估计量可以表示为均值或总量的线性组合，则可以直接将目标估计量的方差公式推导出来。

例如，假设 $\hat{t}_1$，$\hat{t}_2$，…，$\hat{t}_k$ 是 k 个总体总量的无偏估计，现要估计 $\hat{t}_*$ 的方差，且 $\hat{t}_* = \sum_{i=1}^{k} a_i\hat{t}_i$，则

$$V(\hat{t}_*)=V(\sum_{i=1}^{k}a_i\hat{t}_i)=\sum_{i=1}^{k}a_i^2V(\hat{t}_i)+2\sum_{i=1}^{k}\sum_{j=i+1}^{k}a_ia_j\text{Cov}(\hat{t}_i,\hat{t}_j) \tag{9.1}$$

那么将 k 个总体均值的无偏估计代入上式就可以得到 $\hat{t}_*$ 的方差估计表达式：

$$V(\hat{t}_*)=V(\sum_{i=1}^{k}a_i\hat{\bar{y}}_i)=\sum_{i=1}^{k}a_i^2V(\hat{\bar{y}}_i)+2\sum_{i=1}^{k}\sum_{j=i+1}^{k}a_ia_j\text{Cov}(\hat{\bar{y}}_i,\hat{\bar{y}}_j) \tag{9.2}$$

9.2.2 近似公式

有时，目标估计量可能为非线性估计量，并不能表示为均值或总量的线性组合。此时，可以采用近似公式。$V(\hat{\theta})$的近似公式有两种。第一种非常简单明了，通过将 $V(\hat{\theta})$ 表达为 $V(\hat{\theta})=A+o(A)$，用 A 作为 $V(\hat{\theta})$ 的近似，其中 $o(A)$ 代表一个满足当 A 趋于某极限值时，$o(A)/A$ 无限趋近于 0 的式子。第二种方法是考虑 $\hat{\theta}$ 的一个非退化的渐近分布。一般，如果 $\frac{\hat{\theta}-\theta}{\sqrt{A}}\to N(0,1)$ 依分布收敛，那么 A 即为 $\hat{\theta}$ 的渐近方差，并可看作 $V(\hat{\theta})$ 的近似方差。不管是哪种方法，A 都可作为 $V(\hat{\theta})$ 的近似公式，从而方差估计问题就转化成 A 的估计问题。近似公式法中常用的是泰勒级数展开法。

9.3 随机组方法

随机组方法的基本思想是将抽取的样本分成若干组，抽取的每组子样本可看作原始样本的一个“缩影”，利用各组子样本估计量之间的离散程度来构造方差估计量。

随机组方法按随机组的形成方式，分为独立随机组和非独立随机组两种，下面分别予以介绍。

9.3.1 独立随机组

如果每次抽取的样本都被放回，则所得的随机组为独立的，具体的抽样过程如下：

（1）按某种抽样方式从总体中抽取样本 S_1（抽样设计本身没有限制，可以包括多重抽样框，多阶段、固定的或随机的样本量，可以是分层抽样、多阶抽样、多重抽样、放回或不放回抽样）。

（2）在抽取了第一个样本 S_1 后，将其放回总体，然后按相同的抽样方式抽取样本 S_2。

（3）重复上述过程，直至获得 k 个样本 S_1，S_2，…，S_k($k>2$)。我们称这 k 个样本为随机组。

这样，可以利用这 k 个随机组产生 k 个相互独立的目标参数估计，并利用这 k 个估计之间的差异性来估计方差。

令 θ 为目标参数，$\hat{\theta}_j$($j=1$，2，…，k) 表示第 j 个随机组对目标参数的估计，如果 $\hat{\theta}_j$ 是 θ 的无偏估计，则

$$\hat{\hat{\theta}}=\frac{1}{k}\sum_{j=1}^{k}\hat{\theta}_j \tag{9.3}$$

也会是 θ 的无偏估计。而且

$$v(\hat{\hat{\theta}})=\frac{1}{k}\left[\frac{1}{(k-1)}\sum_{j=1}^{k}(\hat{\theta}_j-\hat{\hat{\theta}})^2\right] \tag{9.4}$$

将会是 $V(\hat{\hat{\theta}})$ 的一个无偏估计。

如果 $\hat{\theta}_j$ 的方差已知，或随机组数 k 很大，则 θ 的 $1-\alpha$ 的置信区间为：

$$\left[\hat{\hat{\theta}}-\mu_{\alpha/2}\sqrt{v(\hat{\hat{\theta}})},\ \hat{\hat{\theta}}+\mu_{\alpha/2}\sqrt{v(\hat{\hat{\theta}})}\right] \tag{9.5}$$

如果 $\hat{\theta}_j$ 的方差未知，或随机组数 k 较小，则 θ 的 $1-\alpha$ 的置信区间为：

$$\left[\hat{\hat{\theta}}-t_{k-1,\alpha/2}\sqrt{v(\hat{\hat{\theta}})},\ \hat{\hat{\theta}}+t_{k-1,\alpha/2}\sqrt{v(\hat{\hat{\theta}})}\right] \tag{9.6}$$

这里需要指出的是，式（9.3）采取的是将 $\hat{\theta}_j$ 进行简单算术平均来构造 θ 的估计量。然而，构造 θ 的估计量并非只有这一种形式，比如，一个很自然的想法是基于 k 个随机组的联合样本，以构造 $\hat{\theta}_j$ 同样的方式来构造 θ 的估计量，记为 $\hat{\theta}$。

对于线性估计量，$\hat{\theta}$ 与 $\hat{\hat{\theta}}$ 显然是一致的，但对于非线性估计量，$\hat{\theta}$ 与 $\hat{\hat{\theta}}$ 并不相同。例如，假定需要估计比率 $\theta=Y/X$，其中 Y 和 X 表示两个调查指标的总体总量。设 $\hat{Y}_j$ 和 $\hat{X}_j$（$j=1,2,\cdots,k$）表示从第 j 个随机组得出的 Y 和 X 的估计量，则 $\hat{\theta}_j=\hat{Y}_j/\hat{X}_j$，$\hat{\hat{\theta}}=\frac{1}{k}\sum_{j=1}^{k}(\hat{Y}_j/\hat{X}_j)$，$\hat{\theta}=\frac{1}{k}\sum_{j=1}^{k}\hat{Y}_j\Big/\frac{1}{k}\sum_{j=1}^{k}\hat{X}_j$。一般而言，$\hat{\hat{\theta}}\neq\hat{\theta}$。

实际中，为估计 $\hat{\theta}$ 的方差，以下两个估计量都可使用：

$$v_1(\hat{\theta})=\frac{1}{k(k-1)}\sum_{j=1}^{k}(\hat{\theta}_j-\hat{\hat{\theta}})^2 \tag{9.7}$$

$$v_2(\hat{\theta})=\frac{1}{k(k-1)}\sum_{j=1}^{k}(\hat{\theta}_j-\hat{\theta})^2 \tag{9.8}$$

显然，$v_1(\hat{\theta})=v(\hat{\hat{\theta}})$，也就是说这个估计量不仅可以用于估计 $\hat{\hat{\theta}}$ 的方差，也可以用于估计 $\hat{\theta}$ 的方差。一般来说，$V(\hat{\hat{\theta}})$ 与 $V(\hat{\theta})$ 相差不大，因此 $v_1(\hat{\theta})$ 是 $V(\hat{\theta})$ 的一个合理的估计。

对于线性估计量，$\hat{\theta}=\hat{\hat{\theta}}$，因此 $v_1(\hat{\theta})=v_2(\hat{\theta})$，但对于非线性估计量，$\hat{\theta}$ 与 $\hat{\hat{\theta}}$ 并不相同。由 $\sum_{j=1}^{k}(\hat{\theta}_j-\hat{\theta})^2=\sum_{j=1}^{k}(\hat{\theta}_j-\hat{\hat{\theta}})^2+k(\hat{\hat{\theta}}-\hat{\theta})^2$，可得出 $v_1(\hat{\theta})\leqslant v_2(\hat{\theta})$。

$v_1(\hat{\theta})$ 和 $v_2(\hat{\theta})$ 到底哪个更好，目前尚无定论。实践中，出于稳妥的考虑，人们常常更愿意取保守的 $v_2(\hat{\theta})$ 作为 $V(\hat{\theta})$ 的估计。

例 9-1

为研究某城市的家庭电脑普及状况，实施一项调查。抽样方式为两阶段抽样，第一阶段采用分层随机抽样从各城区中随机抽取居委会，假设各层权重相同；第二阶段从被抽中

的居委会随机抽取住户，并进行家庭电脑拥有情况的调查。抽出样本 S_1 后将其放回总体，然后再按相同的抽样方式抽出相同大小的样本 S_2，S_3，…，S_{10}，总共抽出 10 组样本。10 个样本组的家庭电脑拥有率情况的统计结果如表 9－2 所示，试利用随机组方法估计该城市家庭电脑拥有率 $\hat{P}$ 的方差和 95%的置信区间。

表 9－2　家庭电脑拥有率情况

城区	S_1	S_2	S_3	S_4	S_5	S_6	S_7	S_8	S_9	S_{10}
1	50.3%	51.4%	49.3%	51.8%	46.0%	51.7%	52.1%	49.5%	54.2%	47.8%
2	18.4%	18.2%	18.0%	21.2%	19.6%	19.8%	20.3%	19.6%	26.2%	18.9%
3	72.0%	69.2%	71.1%	69.9%	66.5%	73.0%	70.0%	70.1%	66.9%	70.9%
4	39.7%	37.3%	35.9%	39.2%	45.6%	38.7%	39.9%	37.6%	39.9%	40.1%
5	82.2%	77.8%	80.8%	83.6%	79.2%	80.1%	77.0%	80.8%	82.6%	82.0%
$\hat{P}_j$	52.5%	50.8%	51.0%	53.1%	51.4%	52.7%	51.8%	51.5%	54.0%	52.0%

解： 由样本组 S_1 中的各城区数据，估计电脑拥有率：

$$\hat{P}_1 = \frac{1}{5}\sum_{i=1}^{5} p_{i1} = \frac{1}{5}(50.3\% + 18.4\% + 72\% + 39.7\% + 82.2\%) = 52.5\%$$

按同样的方式计算出 $\hat{P}_2$，$\hat{P}_3$，…，$\hat{P}_{10}$，结果如表 9－2 所示。

因而

$$\hat{\bar{P}} = \frac{1}{10}\sum_{j=1}^{10}\hat{P}_j = \frac{1}{10}(52.5\% + 50.8\% + \cdots + 52.0\%) = 52.1\%$$

$$v(\hat{\bar{P}}) = \frac{1}{10}\left[\frac{1}{(10-1)}\sum_{j=1}^{10}(\hat{P}_j - \hat{\bar{P}})^2\right] = 9.79\times 10^{-6}$$

$\hat{P}$ 的 95%置信区间为：

$$\left[\hat{\bar{P}} - t_{k-1,\alpha/2}\sqrt{v(\hat{\bar{P}})},\ \hat{\bar{P}} + t_{k-1,\alpha/2}\sqrt{v(\hat{\bar{P}})}\right] = [52.1\% + 0.6\%, 52.1\% - 0.6\%]$$
$$= [51.5\%, 52.7\%]$$

9.3.2　非独立随机组

在实际应用中，有时不会采取一系列的有放回独立抽样，而是按照抽样设计，采用不放回抽样方法一次性抽取整体的一个调查样本，然后将该样本随机地分为 k 个随机组。此时，由于一个观测单元只可能出现在一个随机组中，随机组估计量 $\hat{\theta}_j$ 之间将不再独立。然而，如果总体规模远大于样本量，这些组可以视为相互独立。

对于非独立随机组，估计方法与独立随机组的情形类似。仍以 $\hat{\theta}$ 表示根据原始样本构造的估计量，以 $\hat{\theta}_j$ 表示由第 j 个随机组构造的估计量。则

$$\hat{\bar{\theta}} = \frac{1}{k}\sum_{j=1}^{k}\hat{\theta}_j \tag{9.9}$$

$\hat{\hat{\theta}}$的方差$V(\hat{\hat{\theta}})$的随机组估计为：

$$v(\hat{\hat{\theta}})=\frac{1}{k(k-1)}\sum_{j=1}^{k}(\hat{\theta}_j-\hat{\hat{\theta}})^2 \tag{9.10}$$

与独立随机组相同，$\hat{\theta}$ 的方差$V(\hat{\theta})$也可以通过两种方式来估计：

$$v_1(\hat{\theta})=v(\hat{\hat{\theta}})=\frac{1}{k(k-1)}\sum_{j=1}^{k}(\hat{\theta}_j-\hat{\hat{\theta}})^2 \tag{9.11}$$

$$v_2(\hat{\theta})=\frac{1}{k(k-1)}\sum_{j=1}^{k}(\hat{\theta}_j-\hat{\theta})^2 \tag{9.12}$$

出于稳妥，一般取$v_2(\hat{\theta})$作为$V(\hat{\theta})$的估计。

由于非独立性，$\hat{\hat{\theta}}$和$v(\hat{\hat{\theta}})$并不一定是θ 和$V(\hat{\hat{\theta}})$的无偏估计。但若总体较大，抽样比又较小，$\hat{\hat{\theta}}$和$v(\hat{\hat{\theta}})$的偏倚通常不会很大。

9.3.3 随机组的划分和组数的确定

1．随机组的划分

独立随机组情形不存在随机组的划分问题，每执行一次抽样方案便得到一个随机组。但在非独立随机组情形，则需要考虑如何进行随机组的划分。

为使随机组估计量具有较好的统计性质，随机组的划分应遵循一个基本原则，即每个随机组本质上具有与原始样本相同的抽样设计。比如，对于一个分层样本，如果从该样本中再以同样的分层抽样法抽取出一个子分层样本，则该子样本可看成是用与原始样本相同的抽样方法抽取出来的，从而可以作为一个随机组。

那么在各种抽样方法下，如何进行随机组的划分?

(1) 如果原始样本是采用不放回简单随机抽样或 πPS 抽样抽取的，则随机组可通过将原始样本进行随机划分得到，具体步骤如下：

1) 从原始样本中随机抽取$m=[n/k]$个单元，形成第一个随机组；

2) 再从剩下的 $n-m$ 个单元中随机抽取m 个单元作为第二个随机组；

3) 依此类推，最终得到k 个随机组。

如果n/k 不是整数，不妨设 $n=mk+q(0<q<k)$，则剩下的 q 个单元要么弃之不用，要么将它们逐一加到前 q 个随机组中。

(2) 如果原始样本是用等概率或不等概率系统抽样方式抽取的，则可以通过对原始样本进行系统再抽样的方式形成随机组，具体步骤如下：

1) 从整数 $1\sim k$ 中随机抽取一个整数，记为 a；

2) 则原始样本中第一个单元进入第 a 随机组；

3) 第二个单元进入第 $a+1$ 随机组；

4) 依此类推，直到取完 k 个随机组。

(3) 对于多阶段抽样，将来自同一初级抽样单元的所有基本样本单元的集合作为一个整体，称为末级群。随机组是通过将所有末级群分成 k 组得到的，具体的划分方法根据第一阶段抽样方法确定：如果第一阶段的抽样是不放回简单随机抽样或 πPS 抽样，则遵循原则（1）；如果第一阶段的抽样是系统抽样，则遵循原则（2）。

（4）对于分层抽样，如果希望估计层内方差，那么在该层内根据所采用的抽样方法来决定遵循原则（1），（2）还是（3）。如果希望估计总体方差，则要求每个随机组本身必须是一个分层样本，此时应将从每一层中抽得的样本划分成 k 组，然后在各层中任意取一个随机组，从而形成原始样本的一个随机组。

（5）如果采用的是二重抽样，则应将第一重样本按原则（1）或（2）划分成 k 个随机组，第二重样本则相应地分成若干随机组。也就是说，第二重样本单元所在的随机组完全由第一次划分决定。当然，划分的前提是第一重样本、第二重样本均已被抽取出来。实际应用中，有时，随机组的划分是在第一重样本抽出之后，但在第二重样本抽出之前进行的。此次采取的做法是将第一重样本按原则（1）或（2）划分成 k 个随机组，再从每个随机组中独立地抽取 $m=[n/k]$ 个单元，一起组成第二重样本。

一些情况下，需要将这些原则结合使用。比如，原始样本来自在划分的层数多于两个的总体中，每层内进行多阶段抽样。在这种情况下，必须结合使用原则（3）和（4）。有时，部分抽样设计可能过于复杂或特殊，不是结合上述原则就能做到。此时，应按照每个随机组本质上具有与原始样本相同抽样设计的总原则来构造随机组。

2. 随机组数 k 的确定

随机组数 k 的确定一方面要保证 $\hat{\bar{\theta}}$ 的估计精度，另一方面还要使得 $\hat{\bar{\theta}}$ 的方差估计较为稳定。综合考虑，一般采用变异系数准则：给定需要的精度水平 CV^*，选择随机组数 k，使得

$$CV(v(\hat{\bar{\theta}}))=[V(v(\hat{\bar{\theta}}))]^{1/2}/V(\hat{\bar{\theta}})\leqslant CV^* \tag{9.13}$$

从方差估计的精度角度来看，显然随机组数越大越好，但随机组数还要受成本的约束，最优的随机组数 k 应该从精度和成本两方面进行权衡。如果调查的目的只是为了得到某总体指标的大致结果，成本因素比精度因素更重要，则随机组数 k 可以小一些；如果要依靠调查结果制定重要决策，对精度的要求比较高，则建议采用较大的随机组数 k。

9.4 刀切法

刀切法（Jackknife）也是一种重抽样方法，它同样是从原始样本的若干个子样本中得出目标参数的估计值，然后通过子样本估计值间的差异来估计原始样本估计量的方差。它允许复制组中有重叠，是对随机组方法的扩展。

9.4.1 方法简介

假设按照某抽样设计得到一个初始样本 y_1，y_2，…，y_n，且 y_1，y_2，…，y_n 独立同分布。目标参数设为 θ，$\hat{\theta}$ 为基于全部初始样本构造的一个 θ 的估计量。

假设可以将初始样本分成 k 组大小都为 m 的子样本组，即有 $n=mk$。$\hat{\theta}_{(j)}$ 称为弃 1—刀切法估计量，表示舍弃第 j 组子样本后，用与 $\hat{\theta}$ 相同的方式构造的 θ 的估计量，为：

$$\hat{\theta}_j = k\hat{\theta} - (k-1)\hat{\theta}_{(j)} \tag{9.14}$$

该估计量的一种特殊情形是每次舍弃一个观测值，即 $m=1$，初始样本的每个观测值各自为一组，共有 n 组。

由式（9.14），$\hat{\theta}_j$ 可看成是从 $\hat{\theta}$ 所包含的关于 θ 的信息中剔除了 $\hat{\theta}_{(j)}$ 部分的信息，这意味着 $\hat{\theta}_j$ 可以看作仅仅包含第 j 组子样本提供的关于 θ 的信息，从而 $\hat{\theta}_j$ 可近似看成是独立同分布。

定义 θ 的刀切法估计量为：

$$\hat{\hat{\theta}} = \frac{1}{k}\sum_{i=1}^{k}\hat{\theta}_j \tag{9.15}$$

$V(\hat{\hat{\theta}})$ 的一个估计为：

$$v_1(\hat{\hat{\theta}}) = \frac{1}{k(k-1)}\sum_{j=1}^{k}(\hat{\theta}_j - \hat{\hat{\theta}})^2 \tag{9.16}$$

$v_1(\hat{\hat{\theta}})$ 不仅可以用于估计 $\hat{\hat{\theta}}$ 的方差，也可用于估计 $\hat{\theta}$ 的方差 $V(\hat{\theta})$，即

$$v_1(\hat{\theta}) = v_1(\hat{\hat{\theta}}) = \frac{1}{k(k-1)}\sum_{j=1}^{k}(\hat{\theta}_j - \hat{\hat{\theta}})^2 \tag{9.17}$$

与随机组法中的做法类似，对 $V(\hat{\theta})$ 的估计还可以是

$$v_2(\hat{\theta}) = \frac{1}{k(k-1)}\sum_{j=1}^{k}(\hat{\theta}_j - \hat{\theta})^2 \tag{9.18}$$

同样，相比 $v_1(\hat{\theta})$，$v_2(\hat{\theta})$ 是一个保守的估计。

9.4.2 有限总体的刀切法方差估计

下面介绍几种具体抽样方法下的刀切法方差估计。应用刀切法进行有限总体的方差估计之前，同样需要将原始样本划分为 k 个随机组。随机组的划分可参照 9.3.3 中介绍的基本原则进行。

1. 放回的简单随机抽样

设待估参数 θ 为总体均值 $\bar{Y}$，从大小为 N 的总体中有放回地抽取了一个容量为 n 的简

单随机样本 $y_1, y_2, \cdots, y_n$。$\bar{y}=\frac{\sum_{i=1}^{n} y_i}{n}$ 是 $\bar{Y}$ 的无偏估计，$V(\bar{y})=\frac{\sigma^2}{n}=\frac{1}{nN}\sum_{i=1}^{N}(Y_i-\bar{Y})^2$ 的一个无偏估计为 $v(\bar{y})=\frac{1}{n(n-1)}\sum_{i=1}^{n}(y_i-\bar{y})^2$。

将原始样本划分成大小为 m 的 k 个随机组，因为是放回抽样，所以这 k 个随机组之间是相互独立的。令 $\hat{\theta}=\bar{y}$，$\bar{Y}$ 的刀切法估计量为：

$$\hat{\hat{\theta}}=\frac{1}{k}\sum_{j=1}^{k}\hat{\theta}_j=k\bar{y}-(k-1)\frac{1}{k}\sum_{j=1}^{k}\bar{y}_{(j)} \tag{9.19}$$

式中，$\bar{y}_{(j)}=\frac{1}{m(k-1)}\sum_{i=1}^{m(k-1)} y_i$，代表舍弃第 j 组观测值后的样本均值。

相应的方差估计量为：

$$v_1(\hat{\hat{\theta}})=\frac{k-1}{k}\sum_{j=1}^{k}(\bar{y}_{(j)}-\bar{y})^2 \tag{9.20}$$

沃尔特（Wolter，1985）验证了 $\hat{\hat{\theta}}=\bar{y}$，$E(v_1(\hat{\hat{\theta}}))=V(\hat{\hat{\theta}})=V(\bar{y})$。当且仅当 $k=n$，$m=1$ 时，$v(\hat{\hat{\theta}})=v(\bar{y})$。

2．放回的 PPS 抽样

假设按放回的 PPS 抽样抽取一个大小为 n 的样本，令第 i 个单元的入样概率为 z_i，则总体总值 Y 的估计及估计的方差为：

$$\hat{Y}=\frac{1}{n}\sum_{i=1}^{n}\frac{y_i}{z_i}$$

$$V(\hat{Y})=\frac{1}{n}\sum_{i=1}^{N}z_i\left(\frac{Y_i}{z_i}-Y\right)^2$$

$V(\hat{Y})$ 的一个无偏估计为：

$$v(\hat{Y})=\frac{1}{n(n-1)}\sum_{i=1}^{n}\left(\frac{y_i}{z_i}-\hat{Y}\right)^2$$

应用刀切法，取 $\hat{\theta}=\hat{Y}$，假定 $n=mk$，则

$$\hat{\theta}_j=k\hat{\theta}-(k-1)\hat{\theta}_{(j)}$$

式中，$\hat{\theta}_{(j)}=\frac{1}{m(k-1)}\sum_{i=1}^{m(k-1)}\frac{y_i}{z_i}=\hat{Y}_{(j)}$ 是舍弃第 j 组观测值后的估计量。

从而，Y 的刀切法估计为：

$$\hat{\hat{\theta}}=\frac{1}{k}\sum_{j=1}^{k}\hat{\theta}_j=k\hat{Y}-\frac{k-1}{k}\sum_{j=1}^{k}\hat{Y}_{(j)} \tag{9.21}$$

$V(\hat{\hat{\theta}})$的刀切法估计则为：

$$v_1(\hat{\hat{\theta}})=\frac{1}{k(k-1)}\sum_{j=1}^{k}(\hat{\theta}_j-\hat{\hat{\theta}})^2 \tag{9.22}$$

沃尔特验证了$\hat{\hat{\theta}}=\hat{Y}$，且$E(v_1(\hat{\hat{\theta}}))=V(\hat{\hat{\theta}})=V(\hat{Y})$。

$v(\hat{\hat{\theta}})$一般并不等于通常的方差估计量，但当$k=n$，$m=1$时，有

$$v_1(\hat{\hat{\theta}})=\frac{1}{n(n-1)}\sum_{j=1}^{n}\left(\frac{y_j}{z_j}-\hat{Y}\right)^2$$

这与通常的汉森-霍维茨估计量的方差估计形式一致。

3. 不放回的简单随机抽样

假设采用不放回的简单随机抽样抽取一个大小为n的样本，将该样本划分成大小为m的k个随机组，即有$n=mk$。由于抽样是不放回的，因此随机组之间不再独立。令$\hat{\theta}=\bar{y}$，由于为线性形式，因而总体均值$\bar{Y}$的刀切法估计量即为$\hat{\theta}$本身：

$$\hat{\hat{\theta}}=\frac{1}{k}\sum_{j=1}^{k}\hat{\theta}_j=\bar{y} \tag{9.23}$$

式中，$\hat{\theta}_j=k\hat{\theta}-(k-1)\hat{\theta}_{(j)}=k\bar{y}-(k-1)\bar{y}_{(j)}$；$\bar{y}_{(j)}=\frac{1}{m(k-1)}\sum_{i=1}^{m(k-1)}y_i$，表示舍弃第$j$组观测值后的样本均值。

$\hat{\hat{\theta}}$的刀切法方差估计为：

$$v_1(\hat{\hat{\theta}})=\frac{1}{k(k-1)}\sum_{j=1}^{k}(\hat{\theta}_j-\hat{\hat{\theta}})^2=\frac{k-1}{k}\sum_{j=1}^{k}(\bar{y}_{(j)}-\bar{y})^2 \tag{9.24}$$

$v_1(\hat{\hat{\theta}})$不再如同放回简单随机抽样那样，是$V(\hat{\hat{\theta}})$的无偏估计，而是有偏的。其期望为：

$$E(v_1(\hat{\hat{\theta}}))=\frac{S^2}{n} \tag{9.25}$$

式中，S^2是总体方差。$v_1(\hat{\hat{\theta}})$的偏倚为：

$$E(v_1(\hat{\hat{\theta}}))-V(\hat{\hat{\theta}})=\frac{fS^2}{n} \tag{9.26}$$

如果抽样比f很小，可以忽略，则$v_1(\hat{\hat{\theta}})$是近似无偏的；而如果抽样比f不能忽略，那么可以将$(1-f)v_1(\hat{\hat{\theta}})$作为$v_1(\hat{\hat{\theta}})$的一个修正估计量。另一种修正的办法是定义

$$\hat{\theta}_j^*=k\hat{\theta}-(k-1)\hat{\theta}_{(j)}^* \tag{9.27}$$

式中，$\hat{\theta}^*_{(j)}=\bar{y}+(1-f)^{1/2}(\bar{y}_{(j)}-\bar{y})$。此时 $\bar{Y}$ 的刀切法估计为：

$$\hat{\bar{\theta}}^* = \frac{1}{k}\sum_{j=1}^{k}\hat{\theta}^*_j \tag{9.28}$$

$V(\hat{\bar{\theta}}^*)$ 的刀切法估计为：

$$v_1(\hat{\bar{\theta}}^*)=\frac{1}{k(k-1)}\sum_{j=1}^{k}(\hat{\theta}^*_j-\hat{\bar{\theta}}^*)^2 \tag{9.29}$$

沃尔特验证了对于修正的刀切法估计，$\hat{\bar{\theta}}^*=\bar{y}$，$E(v_1(\hat{\bar{\theta}}^*))=V(\bar{y})=\frac{1-f}{n}S^2$。当且仅当 $k=n$，$m=1$ 时，$v_1(\hat{\bar{\theta}}^*)=v(\bar{y})$。

4. 用于比估计

如果将刀切法应用于线性估计量，由前面几种基本抽样方式下的结果，刀切法估计量在计算和精度上并不具备优势。事实上，刀切法的主要用途是对复杂样本或非线性估计进行方差估计。这里给出它在比率估计中的应用，不限定具体的抽样方案。

假定要估计比值 $R=Y/X$，其中 Y 与 X 是总体总和，通常的估计量是 $\hat{R}=\hat{Y}/\hat{X}$，其中 $\hat{Y}$ 和 $\hat{X}$ 是基于特定抽样方案下的总体总和估计。应用刀切法，将原始样本分成大小为 m 的 k 个随机组，$n=mk$，则

$$\hat{R}_j = k\hat{R}-(k-1)\hat{R}_{(j)} \tag{9.30}$$

式中，$\hat{R}_{(j)}=\hat{Y}_{(j)}/\hat{X}_{(j)}$，而 $\hat{Y}_{(j)}$，$\hat{X}_{(j)}$ 分别是舍弃第 j 个随机组后 Y 与 X 的估计。从而得到 R 的刀切法估计：

$$\hat{\bar{R}}=\frac{1}{k}\sum_{j=1}^{k}\hat{R}_j \tag{9.31}$$

$\hat{R}$ 或者是 $\hat{\bar{R}}$ 方差的刀切法估计有两个，分别为：

$$v_1=\frac{1}{k(k-1)}\sum_{j=1}^{k}(\hat{R}_j-\hat{\bar{R}})^2 \tag{9.32}$$

$$v_2=\frac{1}{k(k-1)}\sum_{j=1}^{k}(\hat{R}_j-\hat{R})^2 \tag{9.33}$$

例 9－2

人口出生率调查。假设 A 城市的某个区有 10 个街道，每个街道有 14 个居委会。这里为了简便，假定每个街道的人数都相等。为了调查该区的人口出生率，采用两阶段简单随机抽样方法抽取了 5 个街道，并在每个街道中抽取 7 个居委会。对每个被抽中的居委会调查其上年的人口数及新生婴儿数，结果如表 9－3 所示（其中 x 表示人口数，y 表示新生婴儿数）。现要求估计该区的人口出生率并给出方差估计。

表 9-3 人口出生率调查数据

		居委会													
		1		2		3		4		5		6		7	
		x	y	x	y	x	y	x	y	x	y	x	y	x	y
街道	1	662	7	621	11	589	12	562	10	619	10	590	12	630	15
	2	522	10	575	10	606	9	504	11	640	10	602	9	608	11
	3	677	9	520	11	671	11	614	7	576	9	508	12	547	11
	4	687	10	588	9	523	14	639	8	582	14	672	12	550	9
	5	618	11	609	7	549	13	619	9	544	11	624	10	614	9

解：要估计的比率是 $R=y/x$，其中，x 和 y 分别是该区的人口数和新生婴儿数。由于每个初级抽样单元的大小相等，且第二阶段抽取的样本量也一样。因而，R 的估计为：

$$\hat{R}=\frac{\sum_{i=1}^{5}\sum_{j=1}^{7}y_{ij}}{\sum_{i=1}^{5}\sum_{j=1}^{7}x_{ij}}=\frac{363}{20\ 863}=1.740\ 1\%$$

现采用刀切法估计人口出生率 $\hat{R}$ 的方差。将每个街道中的所有居委会视为一组，从而有

$$\hat{R}_{(1)}=\frac{\sum_{j=1}^{7}y_{2j}+\sum_{j=1}^{7}y_{3j}+\sum_{j=1}^{7}y_{4j}+\sum_{j=1}^{7}y_{5j}}{\sum_{j=1}^{7}x_{2j}+\sum_{j=1}^{7}x_{3j}+\sum_{j=1}^{7}x_{4j}+\sum_{j=1}^{7}x_{5j}}=\frac{285}{16\ 589}=1.724\ 1\%$$

$$\hat{R}_{(2)}=\frac{\sum_{j=1}^{7}y_{1j}+\sum_{j=1}^{7}y_{3j}+\sum_{j=1}^{7}y_{4j}+\sum_{j=1}^{7}y_{5j}}{\sum_{j=1}^{7}x_{1j}+\sum_{j=1}^{7}x_{3j}+\sum_{j=1}^{7}x_{4j}+\sum_{j=1}^{7}x_{5j}}=\frac{294}{16\ 805}=1.743\ 6\%$$

$$\hat{R}_{(3)}=\frac{\sum_{j=1}^{7}y_{1j}+\sum_{j=1}^{7}y_{2j}+\sum_{j=1}^{7}y_{4j}+\sum_{j=1}^{7}y_{5j}}{\sum_{j=1}^{7}x_{1j}+\sum_{j=1}^{7}x_{2j}+\sum_{j=1}^{7}x_{4j}+\sum_{j=1}^{7}x_{5j}}=\frac{293}{16\ 751}=1.749\ 5\%$$

$$\hat{R}_{(4)}=\frac{\sum_{j=1}^{7}y_{1j}+\sum_{j=1}^{7}y_{2j}+\sum_{j=1}^{7}y_{3j}+\sum_{j=1}^{7}y_{5j}}{\sum_{j=1}^{7}x_{1j}+\sum_{j=1}^{7}x_{2j}+\sum_{j=1}^{7}x_{3j}+\sum_{j=1}^{7}x_{5j}}=\frac{288}{16\ 622}=1.726\ 8\%$$

$$\hat{R}_{(5)}=\frac{\sum_{j=1}^{7}y_{1j}+\sum_{j=1}^{7}y_{2j}+\sum_{j=1}^{7}y_{3j}+\sum_{j=1}^{7}y_{4j}}{\sum_{j=1}^{7}x_{1j}+\sum_{j=1}^{7}x_{2j}+\sum_{j=1}^{7}x_{3j}+\sum_{j=1}^{7}x_{4j}}=\frac{293}{16\ 685}=1.756\ 2\%$$

因此有

$$\hat{R}_1=5\hat{R}-(5-1)\hat{R}_{(1)}=1.803\ 9\%$$

$$\hat{R}_2 = 5\hat{R} - (5-1)\hat{R}_{(2)} = 1.725\,9\%$$
$$\hat{R}_3 = 5\hat{R} - (5-1)\hat{R}_{(3)} = 1.702\,6\%$$
$$\hat{R}_4 = 5\hat{R} - (5-1)\hat{R}_{(4)} = 1.793\,1\%$$
$$\hat{R}_5 = 5\hat{R} - (5-1)\hat{R}_{(5)} = 1.675\,8\%$$

根据刀切法，估计该区的人口出生率为：

$$\hat{\hat{R}} = \frac{1}{5}(\hat{R}_1 + \hat{R}_2 + \hat{R}_3 + \hat{R}_4 + \hat{R}_5) = 1.740\,3\%$$

$\hat{R}$ 的刀切法方差估计为：

$$v_1(\hat{R}) = \frac{1}{k(k-1)}\sum_{j=1}^{k}(\hat{R}_j - \hat{\hat{R}})^2 = \frac{1}{5\times(5-1)}\sum_{j=1}^{5}(\hat{R}_j - 1.740\,3\%)^2$$
$$= 0.000\,007\,931\,85\%$$
$$v_2(\hat{R}) = \frac{1}{k(k-1)}\sum_{j=1}^{k}(\hat{R}_j - \hat{R})^2 = \frac{1}{5\times(5-1)}\sum_{j=1}^{5}(\hat{R}_j - 1.740\,1\%)^2$$
$$= 0.000\,007\,931\,98\%$$

9.4.3 弃 d 刀切法方差估计

前面叙述的刀切法是建立在弃 1 -刀切法估计量基础上的，即每次只舍弃一个或一组样本单元。然而，基于弃 1 -刀切法估计量的方差估计方法在面对某些统计量（如分位数）时，通常会失效。一个典型的例子是当待估参数为总体中位数的时候，不管将原始样本划分为多少个子样本组，$\hat{\theta}_{(j)}$ 至多能取 3 个数值，从而 $\hat{\theta}_{(j)}$ 取值的变化并不能刻画样本中位数本身的离散程度。然而，现实调查有时却要涉及估计分位数的问题。例如，估计某行业职工收入的中位数，人口抽样调查中经常关心年龄分位数的情况，服装业所关注的国民身高分位数等。

为解决这一问题，有学者提出了弃 d 刀切法。思想很简单：既然主要的问题是 $\hat{\theta}_{(j)}$ 的取值范围过小，那么，想办法增加 $\hat{\theta}_{(j)}$ 的取值波动范围即可。最好的办法就是将每次舍弃一个或一组观测值改为每次舍弃若干个或若干组观测值。假设原始样本量为 n，若改为每次舍弃 d 个样本单元，则子样本组的个数便由原来的 n 个增加到了 C_n^d 个，基于这些子样本组的统计量个数也相应增加到 C_n^d 个，从而增加了 $\hat{\theta}_{(j)}$ 的取值波动范围。

假设按照某抽样设计得到一个初始样本 $\{y_1, y_2, \cdots, y_n\}$，且 $y_1, y_2, \cdots, y_n$ 独立同分布。目标参数仍设为 θ，$\hat{\theta}_n$ 为基于全部初始样本构造的一个 θ 的估计量。现从 n 个原始样本中随机舍弃 d 个（或从 n 个原始样本中随机抽取 r 个，其中 $r=n-d$），基于这 r 个样本，用与 $\hat{\theta}_n$ 相同的方式构造的 θ 的估计量，记为 $\hat{\theta}_{rj}$（$j=1, 2, \cdots, C_n^d$）。则 $\hat{\theta}$ 的弃 d 刀切法方差估计为：

$$v_1(\hat{\theta}) = \frac{r}{d}\frac{1}{C_n^d}\sum_{j=1}^{C_n^d}\left(\hat{\theta}_{rj} - \frac{1}{C_n^d}\sum_{j=1}^{C_n^d}\hat{\theta}_{rj}\right)^2 \tag{9.34}$$

式中，$\frac{r}{d}$ 为调整系数。

实际上，$\frac{1}{C_n^d}\sum_{j=1}^{C_n^d}\hat{\theta}_{rj}$ 与 $\hat{\theta}_n$ 几乎没有差别，因而，式（9.34）又可写为：

$$v_2(\hat{\theta})=\frac{r}{d}\frac{1}{C_n^d}\sum_{j=1}^{C_n^d}(\hat{\theta}_{rj}-\hat{\theta}_n)^2 \tag{9.35}$$

有时，C_n^d 非常大，这使得式（9.34）和式（9.35）的计算量非常大。比如，若 $n=100$，$d=10$，则 $C_n^d\approx 4.33\times 10^{12}$！但事实上，并不需要取全部的 $\hat{\theta}_{rj}$，而只要其中的 B 个即可。这相当于从 n 个原始样本中随机抽取 r 个，重复 B 次并得到 $\hat{\theta}_{rj}^*$（$j=1,2,\cdots,B$）。从而，$\hat{\theta}$ 的弃 d 刀切法方差估计可以是：

$$v_3(\hat{\theta})=\frac{r}{d}\frac{1}{B}\sum_{j=1}^{B}(\hat{\theta}_{rj}^*-\hat{\theta}_n)^2 \tag{9.36}$$

实际操作中，需要解答两个问题：

（1）d（或者 r）应该取多大？

（2）B 的值应该取为多少？

不少学者对这两个问题进行了模拟研究，结果表明：

（1）当 n 较大时，设 λ 和 μ 是两个 0～1 之间的数，且不过分地靠近 0 或 1，$\lambda+\mu=1$，则常取 $d=\lambda n$，$r=\mu n$。

（2）B 的取值通常在 200～1 000 之间就足够了。

习题

9.1 从某区按事先规定的设计方案独立地抽取 5 套各含 10 户居民家庭的子样本，进行户年总收入的调查，相关样本资料见下表：

户年总收入的 5 套子样本调查数据

子样本	户									
	1	2	3	4	5	6	7	8	9	10
1	21	13	18	11	22	15	17	17	19	25
2	17	15	12	26	20	16	19	23	21	18
3	18	23	17	13	19	22	29	16	17	19
4	14	19	25	30	18	15	17	15	21	16
5	27	20	19	18	15	25	18	19	13	16

试采用随机组方法对该区居民家庭的平均年总收入作出估计，并计算 95%的置信区间。

9.2 为了估计某镇的失业率，进行分层随机抽样，4 个城区作为 4 层，并假定层权 $W_h=1/4$；独立抽取 3 个样本，分别调查劳动人口数及失业人数，结果见下表（x_{hi}表示劳动人口数，y_{hi} 表示失业人数），试估计该镇失业率并估计其方差。

某镇失业情况调查结果

层	样本 1		样本 2		样本 3	
	x_{h1}	y_{h1}	x_{h2}	y_{h2}	x_{h3}	y_{h3}
1	355	28	299	30	308	30
2	323	31	296	36	333	33
3	268	27	274	27	324	29
4	237	28	326	31	300	29

9.3　假设某镇有 8 个街道，每个街道有 10 个居委会。为了调查该镇的人口出生率，采用二阶简单随机抽样法抽取 4 个街道，并在每个街道中抽取 5 个居委会。对每个被抽中的居委会调查其上年的人口数及新生婴儿数，结果见下表（x 表示人口数，y 表示新生婴儿数）。试估计该镇的人口出生率并给出方差估计。

街道	居委会									
	1		2		3		4		5	
	y	x	y	x	y	x	y	x	y	x
1	520	1	485	2	496	10	515	3	518	9
2	405	5	501	6	517	3	520	5	482	2
3	504	4	532	7	579	6	462	7	469	3
4	529	5	530	2	425	1	523	10	567	7

9.4　基于附录Ⅱ“企业抽样案例背景介绍”的实践题：

(1) 利用习题 5.9 (1) 的样本数据，用刀切法估计全省企业经营收入均值估计量的抽样相对标准误差。

(2) 利用习题 5.9 (1) 的样本数据，用自助法估计全省企业经营收入均值估计量的抽样相对标准误差。

第10章 调查中的非抽样误差

抽样调查中的误差包括抽样误差和非抽样误差。抽样误差是指由于抽样的随机性所引起的样本统计量的数值与总体目标变量真值之间的差异。它是抽样调查所特有的。抽样误差在概率抽样的条件下可以计量，并通过抽样设计加以控制。前面各章的内容主要是围绕抽样误差的计量和控制展开的，当然其前提假定样本的数据可以准确获得。事实上，抽样调查中除了抽样误差以外，还存在大量的非抽样误差，本章主要讨论这个问题。10.1 节是对非抽样误差的综合性介绍，10.2 节讨论抽样框误差，10.3 节讨论无回答误差，10.4 节讨论计量误差，10.5 节讨论离群值的检测和处理。

10.1 概　述

非抽样误差是指除抽样误差以外的由于各种原因引起的误差。在概率抽样、非概率抽样、其他的全面调查和非全面调查以及普查中，非抽样误差都有可能存在。

和抽样误差相比，非抽样误差具有如下特点：

首先，非抽样误差的产生不是因为抽样的随机性，所以在抽样调查中，它不可能随着样本量的增大而变小。有时情况还可能会相反，样本量越大，非抽样误差也越大，因为调查中更多人为因素的涉入会增大非抽样误差出现的机会。

其次，在抽样调查中，由于非抽样误差的影响，往往造成估计量的有偏。例如，如果非抽样误差产生于调查中的无回答，而回答层和无回答层的被调查单元在目标变量方面存在差异，仅仅用回答层的观测数据对总体目标变量进行推断，就会造成有偏估计。

再次，有些非抽样误差难以识别和测定。例如，如果调查设计人员并没有意识到抽样框是不完善的，因而导致所得到的调查结果包含非抽样误差，而使用数据的人员却没有意识到也不可能知道这些问题的存在。再如，调查人员意识到非抽样误差可能存在，但无法准确判断，无法对其进行计量。调查实践中后一种情况更为多见。

最后，由于产生非抽样误差的渠道众多，有些非抽样误差成因复杂，尤其调查对象是人的时候，社会因素、经济因素对非抽样误差的范围和程度都将产生不可忽视的影响。而且与抽样误差相比，对非抽样误差的研究还不够深入。因此，从实践角度看，非抽样误差对调查数据质量和估计结果的负面影响非常大，对此必须引起高度重视。

非抽样误差可以产生于抽样调查的各个阶段，包括调查及抽样设计阶段、数据采集阶段及数据处理与分析阶段。

调查及抽样设计阶段：调查设计包括多项工作，任一项工作出现问题都可能造成难以补救的后果。例如，调查的问卷设计有缺陷，所用词汇的含义不清，造成被调查者的多种理解而提供了不准确的信息。抽样设计中，抽样框不完善是一个主要问题。不完善的抽样框是指抽样框中包含的单元与目标总体中的单元不一致，例如属于调查对象的单元在抽样框中不存在，不属于调查对象的单元却出现在抽样框中。不完善抽样框还包括这样的情况，抽样框中的辅助信息与现实情况严重偏离，造成样本抽取的“误导”。使用不完善的抽样框是产生非抽样误差的一个重要原因。

数据采集阶段：这又可以分为两个方面，一个方面是调查实施过程中，调查人员没有从被调查者那里得到所需要的信息，这种情况的产生可能有多种原因。例如由于地址不详或搬迁，调查人员没有找到被调查者，或者被调查者不在家，或者被调查者虽然在家，却由于各种原因没有接受调查。这种现象通常称为无回答。无回答是造成数据采集阶段非抽样误差的主要原因。另一个方面是在数据采集过程中，虽然被调查者作出了回答，但与真实情况或与事实不一致。这种情况大多在敏感性调查项目上出现。如果调查实施后发现被调查者提供的信息明显失真而将其剔除，这就变成了无回答。

实践中调查数据的失真主要来自于被调查者，但有时也与调查人员有关，如调查人员有意或无意地诱导，记录调查结果出现错误等。当被调查单元是物体时，计量工具不精确，也会使测量结果出现误差。

数据处理与分析阶段：主要指对调查资料进行审核、整理、编码和录入过程中出现差错所引起的误差。误差还可能产生于不正确的估计程序之中，例如应当加权却没有加权，或者使用与抽样方式不相匹配的估计方式等，对于这类误差，将其归入调查设计误差也是可以的。

上述非抽样误差按其来源、性质不同，可以分为以下三类：

- 抽样框误差，即由不完善的抽样框引起的误差；
- 无回答误差，即由于种种原因没有从被调查单元获得调查结果，造成调查数据的缺失；
- 计量误差，即所获得的调查数据与其真值不一致造成的误差。

在本章以下篇幅中，我们将对上述三种非抽样误差所涉及的问题进行简单讨论。

10.2 抽样框误差

10.2.1 抽样框误差的概念

为了说明什么是抽样框误差，有必要对总体的概念再次做出说明。抽样调查中的总体有两个：一个是目标总体，即作为调查研究对象的全体，这是通常意义上所说的总体；另一个是抽样总体，即从中抽选样本的总体。抽样总体的具体表现是抽样框。理想抽样框的标志是目标总体和抽样总体完全重合，也就是说目标总体单元和抽样总体单元完全呈一一对应的关系。否则，抽样框就是不完善的，这意味着有可能出现抽样框误差。

抽样调查中有一个完善的抽样框当然最好，但在实践中，出于种种原因，特别是资料方面的原因，构造出完善的抽样框并不容易。不完善抽样框的主要问题是总体中单元数 N 不准确，这时利用样本统计量对总体参数进行估计就可能产生估计偏差。这种误差并不是来自于抽样的随机性，而是产生于不完善的抽样框，所以抽样框误差是一种非抽样误差。

对抽样框误差进行分析，首先是把握抽样框误差的类型，在此基础上探讨减小抽样框误差的途径。

10.2.2 抽样框误差的类型及影响

1. 抽样框误差的类型

抽样框误差有以下几种类型：

（1）丢失目标总体单元。这是指抽样框没能覆盖所有总体单元。有些总体单元本属于调查对象，但由于没有在抽样框中出现，因而不可能被选入样本。丢失单元会造成总量估计偏低，也会造成均值（或比例）估计的偏差。通常，丢失单元的问题不易被察觉，或者即使知道抽样框覆盖不全，但寻找丢失单元也很困难。丢失单元是一种威胁性较大的抽样框误差。

（2）包含非目标总体单元。这是指抽样框中包含一些本不属于调查对象的非目标总体单元。例如对家庭进行电话调查，一种表现是，在由电话簿组成的抽样框中有一些机构的电话号码，这些机构的号码就属于非目标总体单元。另一种表现是，有些家庭的电话已拆(如家庭搬迁)，但原号码仍保留在抽样框中。包含非目标单元使得抽样总体单元个数大于目标总体单元个数，造成总量估计偏高。由于发现非目标总体单元相对容易，并可以通过一定程序将其剔除，所以与丢失目标总体单元相比，包含非目标总体单元的误差影响要小些。

（3）复合联结。这是指抽样框中的单元与目标总体单元不完全呈一一对应关系，一个抽样框单元联结多个目标单元，或一个目标单元联结多个抽样框单元。例如以居住的门牌号作为住户调查的抽样框，一个门牌号内居住两户或多户家庭就属于一个抽样框单元联结多个目标单元的情形，而一户拥有两处或多处住房属于一个目标单元联结多个抽样框单元的情形。如果复合联结的情况严重，将会造成样本的实际抽取与设计要求发生偏离，从而对估计结果产生影响。

（4）不正确的辅助信息。有些抽样设计需要抽样框提供辅助信息，如分层抽样、不等概抽样、比估计和回归估计等。如果这些辅助信息不完全或不正确，不仅不能提高估计的效率，有时反而会降低估计的准确性。

2. 对抽样框误差的基本认识

对抽样框误差类型讨论之后，结合实际应用有几点基本认识。

（1）有些误差来自构成抽样框资料本身。尽管设计工作十分细致，但仍无法避免误差；有些则是因为研究工作不够，资料准备不足，否则有可能建立一个比较好的抽样框。

（2）抽样框中的问题有些容易被发现，有些不容易被发现，即便对于被发现的问题，有些也不容易解决。因此对于经常性的调查项目来说，抽样框的维护、抽样框使用情况的不断总结与研讨是十分必要的。

（3）抽样框不完善并不意味着不能使用。对不完善的抽样框进行修补、调整，有时容易，有时则比较困难，需要一定的财力支持。不完善抽样框是否具有被使用、被修改的价值，主要取决于抽样框的误差程度、修改后所提高的估计效率、为此所付出的时间和费用，以及抽样框的使用次数。

（4）抽样框误差在有些场合下会被解释为其他类型的非抽样误差。例如使用地图抽样框，在区域边缘常会出现交错现象，将域内单元划出或将域外单元划入。有些人认为这是抽样框误差，但说是计量误差也有道理。

3. 抽样框误差的影响

分析抽样框误差影响的一项重要内容是，对抽样框误差造成的偏差进行定量分析。鉴于丢失目标总体单元是抽样框误差中一种最常见的问题，故以此为例作稍深入的分析。

设目标总体由 N_1 个抽样框中单元和 N_0 个抽样框中丢失的单元组成，即 $N=N_1+N_0$，则总体总值与均值估计的情况分别为：

（1）总值估计。总体总值的真值为：

$$Y=\sum_{i=1}^{N_1}Y_i+\sum_{i=1}^{N_0}Y_i=Y_1+Y_0 \tag{10.1}$$

现从抽样框中的 N_1 个单元中采用简单随机抽样抽出容量为 n 的一个样本，由于 n 取自于 N_1，为一致不妨记为 n_1，对总体总值 Y 的估计为：

$$\hat{Y}=\frac{N_1}{n_1}\sum_{i=1}^{n_1}y_i \tag{10.2}$$

显然，此时的估计是有偏的，偏差为：

$$E(\hat{Y})-Y=Y_1-Y=-Y_0 \tag{10.3}$$

这表明估计量低估了总体总值。令

$$r=\frac{\bar{Y}_0}{\bar{Y}_1},\quad W_0=\frac{N_0}{N}$$

则 Y 的相对偏差可以写为：

$$-\frac{Y_0}{Y}=-\frac{W_0 r}{rW_0+(1-W_0)} \tag{10.4}$$

从上式看出，总体总值估计的相对偏差取决于 r 和 W_0 两个因素。如果 $r=1$，即丢失单位均值与抽样框单位均值相同，则相对偏差为 $-W_0$。在抽样调查的实践中，抽样框中的丢失单元往往规模较小，一般为 $r<1$，故相对偏差的绝对值也就小于 W_0 的绝对值。r 与 W_0 的关系可从表 10-1 略见一斑。

表 10-1 丢失单元条件下总体总值估计的相对偏差

丢失单元比重 W_0	$r=\frac{\bar{Y}_0}{\bar{Y}_1}$				
	0.5	0.9	1.0	1.1	2.0
0.01	−0.005 0	−0.009 0	−0.010	−0.010 9	−0.019 8
0.05	−0.025 6	−0.045 2	−0.050	−0.054 7	−0.095 2
0.10	−0.052 6	−0.090 9	−0.100	−0.108 9	−0.181 8
0.25	−0.142 9	−0.230 8	−0.250	−0.268 3	−0.400 0
0.50	−0.333 3	−0.473 7	−0.500	−0.523 8	−0.666 7

（2）均值估计。在抽样框存在丢失单元的情况下，均值估计量为：

$$\hat{\bar{Y}}=\frac{1}{n_1}\sum_{i=1}^{n_1} y_i \tag{10.5}$$

此时，估计量的偏差为：

$$E(\hat{\bar{Y}})-\bar{Y}=W_0(\bar{Y}_1-\bar{Y}_0) \tag{10.6}$$

$\hat{\bar{Y}}$ 的相对偏差可以写为：

$$\frac{W_0(\bar{Y}_1-\bar{Y}_0)}{\bar{Y}}=\frac{W_0(1-r)}{rW_0+(1-W_0)} \tag{10.7}$$

从上式看出，如果丢失单元均值和抽样单元均值相同，即 $r=1$，则估计量 $\hat{\bar{Y}}$ 是目标变量 $\bar{Y}$ 的无偏估计；反之，如果 $r\neq1$，偏差状况则随 r 的变化而变化。这种情况如表 10-2 所示。

表 10-2 丢失单元条件下总体均值估计的相对偏差

丢失单元比重 W_0	$r=\frac{\bar{Y}_0}{\bar{Y}_1}$				
	0.5	0.9	1.0	1.1	2.0
0.01	0.005 0	0.001 0	0	−0.000 9	−0.009 9
0.05	0.025 6	0.005 0	0	−0.004 9	−0.047 6
0.10	0.052 6	0.010 1	0	−0.009 9	−0.090 9
0.25	0.142 9	0.025 6	0	−0.024 4	−0.200 0
0.50	0.333 3	0.052 6	0	−0.047 6	−0.333 3

10.2.3 不完善抽样框的使用

抽样框不完善并不意味着不能使用，因为构造一个完善的抽样框有时是非常困难的。使用不完善抽样框时若能采用一些补救措施，将有助于减小抽样框误差。对不完善抽样框进行补救的具体方法有多种，大致可以划分为三种类型：第一种是利用核查或其他有关资料，掌握误差情况，对不完善的抽样框进行调整，或对不完善抽样框所得到的估计量进行调整；第二种是事先制定一些规则，对发现的抽样框问题进行现场处理；第三种是使用多个抽样框进行抽样。这里主要对后两种类型的补救措施做些讨论。

1. 实行联结

这种方法是事先制定一些规则，使没有包含在抽样框中的目标单元与包含在抽样框中的单元相联结，以弥补抽样框中丢失单元所造成的影响。例如，欲从一份几个月前准备好的学生名单中抽选一个在校学生的样本，新转来学生的名单没有列入抽样框中，因而没有机会入选样本。事先制定的规则为，每个新学生与所在班名单上的最后一名学生相联结，如果最后一名学生被抽中，新学生也就算被抽中并一起接受调查。这样就把可以查明的丢失单元纳入不完善的抽样框中。这些丢失单元与抽样总体中单元被选中的概率相同，因而得到的估计量也是无偏的。

住户调查中，抽样框可能漏掉一些新建的房屋。如果调查名单上一栋住宅与下一栋住宅的调查路线确定后，那么位于名单住宅之间而在名单上又漏掉的房屋都可以与刚刚经过的上一栋住宅联结起来。

2. 唯一联结

抽样框误差的一种类型是复合联结。例如以心血管病患者的就诊病历为抽样框，对心血管病患者进行抽样调查。有些患者在不同的医院看过病，这些人被抽中的概率就高于其他人。可以规定，如果有两份以上病历者，以最近就医记录的病历号组成抽样框。

3. 使用多个抽样框

这是指在抽选样本过程中使用两个或多个抽样框。这种方法主要用于抽样框中丢失单元的情况，既然一个抽样框覆盖不全，就使用多个抽样框。在实践中多使用两个抽样框，如名录框和地域框同时使用。使用多个抽样框的主要问题是容易产生重叠现象，如有A和B两个抽样框，情形如图10-1所示。

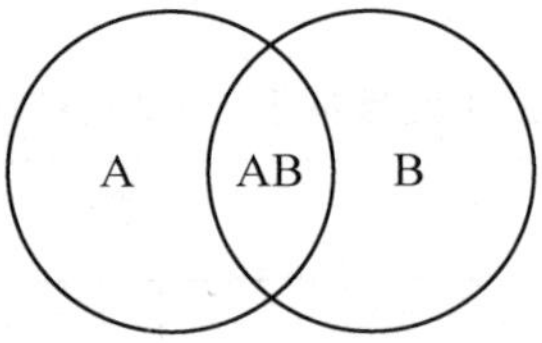

图10-1 抽样框的重合

图中的AB就是重叠部分。重叠会对估计产生影响，解决的办法是剔除重叠。如果抽样框B中的单元在抽样框A中也存在，就将其剔除。但剔除工作有时十分困难，甚至无法实施，就需要利用有重叠的抽样框进行估计。

设样本取自 A，B 两个抽样框。这两个抽样框的单元数分别为 N_A，N_B。两个抽样框将目标总体划分为三个区域：

区域 a：其中的单元仅仅与抽样框 A 有联系，单元个数为 N_a；

区域 b：其中的单元仅仅与抽样框 B 有联系，单元个数为 N_b；

区域 ab：其中的单元与抽样框 A，B 均有联系，单元个数为 N_{ab}。

现采用简单随机抽样，从 A，B 框中分别抽出容量为 n_A，n_B 的两个样本。利用抽样框 A 的样本对区域 a 和区域 ab 进行事后分层的总值估计分别为：

$$\hat{Y}_A(a) = \frac{N_a}{n_a} y_A(a) \tag{10.8}$$

$$\hat{Y}_A(ab) = \frac{N_{ab}}{n_{ab}} y_A(ab) \tag{10.9}$$

式中，n_a 与 n_{ab} 是落入区域 a 和区域 ab 的样本单元数；$y_A(a)$ 和 $y_A(ab)$ 是区域 a 和区域 ab 的样本观测值总值。类似地，利用抽样框 B 的样本对区域 b 和区域 ab 进行事后分层的总值估计分别为：

$$\hat{Y}_B(b) = \frac{N_b}{n_b} y_B(b) \tag{10.10}$$

$$\hat{Y}_B(b) = \frac{N_b}{n_b} y_B(b) \tag{10.11}$$

于是，目标总体的总值估计为：

$$\hat{Y} = \hat{Y}_A(a) + W_A \hat{Y}_A(ab) + W_B \hat{Y}_B(ab) + \hat{Y}_B(b) \tag{10.12}$$

式中，W_A，W_B 是适当选取的权数，且有 $W_A + W_B = 1$。

倘若 n_A，n_B 都足够大，使 $\frac{1}{n_A^2}$ 和 $\frac{1}{n_B^2}$ 可以忽略，且有限总体校正系数也忽略不计，则估计量 $\hat{Y}$ 的方差近似为：

$$V(\hat{Y}) \approx \frac{N_A^2}{n_A}\left[S_a^2(1-\alpha) + \alpha W_A^2 S_{ab}^2\right] + \frac{N_B^2}{n_B}\left[S_b^2(1-\beta) + \beta W_B^2 S_{ab}^2\right] \tag{10.13}$$

式中，α，β 分别表示重叠部分的单元占抽样框单元的比例，即

$$\alpha = \frac{N_{ab}}{N_A}, \qquad \beta = \frac{N_{ab}}{N_B} \tag{10.14}$$

而 S_a^2，S_b^2 和 S_{ab}^2 分别为目标总体三个区域的方差。

确定各个抽样框的样本量 n_A，n_B 和权数 W_A 还需结合调查费用。令 C_A 为在抽样框 A 中进行抽样和调查的单位费用，C_B 为在抽样框 B 中进行抽样和调查的单位费用，则总费用函数为：

$$C = n_A C_A + n_B C_B \tag{10.15}$$

在总费用给定条件下使方差最小的最优抽样比为：

$$\frac{n_A}{N_A}=\frac{C\left[S_a^2(1-\alpha)+S_{ab}^2W_A^2\right]^{\frac{1}{2}}}{C_A} \tag{10.16}$$

及

$$\frac{n_B}{N_B}=\frac{C\left[S_b^2(1-\beta)+S_{ab}^2W_B^2\right]^{\frac{1}{2}}}{C_B} \tag{10.17}$$

权数 W_A，W_B 分别为：

$$W_A=\frac{\alpha n_A}{\alpha n_A+\beta n_B},\qquad W_B=\frac{\beta n_B}{\alpha n_A+\beta n_B} \tag{10.18}$$

10.3 无回答误差

10.3.1 无回答误差的概念

无回答误差是指在调查中出于各种原因，调查人员没能从入选样本的单元获得所需要的信息，由于数据缺失造成估计量的偏误。这种情况一般发生在调查对象为人的时候。无回答误差是一种重要的非抽样误差，对调查数据的质量有重要影响。由于这种现象十分普遍，对估计量的危害也比较大，所以国际上对这方面的讨论至今都比较热烈。

无回答产生于不同的情况，据此可以对无回答做不同的分类。

从内容上看，可以分为单元无回答和项目无回答。单元无回答指被调查单元没有参与或拒绝接受调查，他们交的是一份白卷。项目无回答指被调查单元虽然接受调查，但对其中的一些调查项目没有回答。与单元无回答相比，项目无回答或多或少地提供了一些信息。

从性质上看，可以分为有意无回答和无意无回答。有意无回答常常与调查内容有关，例如对调查内容反感，或涉及个人隐私不愿意回答。无意无回答通常与调查内容无关，之所以出现是由其他原因造成的，如被调查者生病，或很忙无法接受调查等。有意无回答对数据质量的影响很大，回答者和无回答者之间往往存在系统性差异。这种无回答不仅减少了有效样本量，造成估计量方差增大，而且会带来估计偏差。无意无回答可以看成是随机的，因此这种无回答虽然会造成估计量方差增大，但通常认为不会带来估计偏差。

当然，如果无回答产生于某个群体，而该群体与其他群体在目标变量方面存在数量差异，那么即便是无意无回答，也会造成估计量的偏差。例如调查居民的旅游开支，不在家的人可能恰恰是经常在外旅游的。虽然这是无意无回答，但会造成有偏估计。

10.3.2 无回答产生的原因及影响

如果把采集数据的过程划分为查找、接触和采访三个阶段，三个阶段都有可能出现无回答。

查找阶段：调查人员无法找到被调查者，主要的原因有地址不详、被调查者搬迁、被调查者不在现场、调查人员不熟悉地址等。

接触阶段：被调查者由于客观原因无法接受调查，如生病，或没有时间；被调查者由于主观原因拒访，如对调查不感兴趣，出于安全考虑不让调查人员入户等。

采访阶段：调查开始后被调查者对某些问题不愿提供答案；调查人员由于粗心遗漏某些项目；由于某种原因造成调查中断等。

为了分析无回答的影响，可以假设总体由两个层组成。一个是“回答层”，如果这个层的单元被抽中，就可以得到回答。另一个是“无回答层”，采用相同抽样方式，如果这个层的单元被抽中，就无法得到回答。设 N，N_1，N_0 分别为总体单元数、回答层单元数、无回答层单元数。R_1，R_0 分别为总体回答率和无回答率，即

$$N = N_1 + N_0, \quad R_1 = \frac{N_1}{N}, \quad R_0 = \frac{N_0}{N} \tag{10.19}$$

则总体均值 $\bar{Y}=R_1\bar{Y}_1+R_0\bar{Y}_0$。

从总体中抽取容量为 n 的简单随机样本，n_1 来自回答层，n_0 来自无回答层。根据回答单元计算出的样本均值为 $\bar{y}_1$，它是总体中回答层均值的无偏估计，即 $E(\bar{y}_1)=\bar{Y}_1$ 。于是用 $\bar{y}_1$ 作为总体真值 $\bar{Y}$ 的估计值，其偏差为：

$$\text{偏差}(\bar{y}_1) = E(\bar{y}_1) - \bar{Y} = \bar{Y}_1 - (R_1\bar{Y}_1 + R_0\bar{Y}_0) = R_0(\bar{Y}_1 - \bar{Y}_0) \tag{10.20}$$

$$\text{相对偏差}(\bar{y}_1) = \frac{R_0(\bar{Y}_1 - \bar{Y}_0)}{\bar{Y}} \tag{10.21}$$

采用相同的方法可以得到总量估计的偏差和相对偏差分别为：

$$\text{偏差}(\hat{y}_1) = NE(\hat{y}_1) - N\bar{Y} = NR_0(\bar{Y}_1 - \bar{Y}_0) \tag{10.22}$$

$$\text{相对偏差}(\hat{y}_1) = \frac{NR_0(\bar{Y}_1 - \bar{Y}_0)}{N\bar{Y}} = \frac{R_0(\bar{Y}_1 - \bar{Y}_0)}{\bar{Y}} \tag{10.23}$$

这表明，总量估计的绝对偏差等于均值估计的绝对偏差乘以总体单元数 N，总量估计和均值估计的相对偏差相等。

由模型看出，导致无回答偏差的原因主要来自于两个方面：一个是回答层与无回答层单元之间的数量差异（$\bar{Y}_1-\bar{Y}_0$）；一个是无回答率 R_0。上述模型给我们一些启示：首先，如果 $\bar{Y}_1=\bar{Y}_0$，即回答单元与无回答单元目标变量的数量特征没有显著差异，可以看作无回答是由一些随机因素引起的，这时问题尚不严重，因为不会引起估计偏差。但是，由于无回答造成实际接受调查的单元数目减少，会引起估计方差的增大，这时只要简单地增大样本量，使完成调查单元的数目与调查方案要求相一致即可。其次，如果 $\bar{Y}_1\neq\bar{Y}_0$，仅仅用回答数据进行估计就会产生偏差，且 $\bar{Y}_1$ 与 $\bar{Y}_0$ 差异越大，估计偏差就越大，这时降低无回答率就十分重要。最后，如果无法最终消灭无回答，就需要采取一些补救措施，通过对调查数据的调整，减少无回答对估计带来的影响。

10.3.3 降低无回答的措施

解决问题的最好方法是在问题发生之前采取措施加以预防，对调查中的无回答也是如

此。导致无回答的原因是多方面的，如果调查进行前对可能产生无回答的原因加以认真研究，并有针对性地采取预防措施，就会有效提高调查中的回答率。

可以采用的预防措施主要有：

（1）问卷设计具有吸引力，容易引起被调查者参与的兴趣，并注意适当的长度。

（2）在可能的条件下，充分利用调查组织者的权威性和社会影响力，激发被调查者的参与意识。

（3）确定准确的调查方位，使调查员容易找到被调查者。

（4）采取有助于消除被调查者冷漠、担心或怀疑的措施，如预先通知、调查前的解释说明、雇用与被调查者熟悉的人作为调查人员等。

（5）注意调查人员的挑选。调查人员的身份与被调查者越接近，就越容易被对方接受。实践表明，大学生、居委会成员、下岗职工都是理想的非专职调查员人选。

（6）做好调查人员的培训，增强调查人员的责任心，提高他们的访谈技巧。有经验的调查人员可以把调查中的无回答率降到最低限度。

（7）注意调查过程的监控。对不成功的调查及时总结，找出解决问题的办法，如拒访是什么原因造成的，调查时间是否合适。要让一个球迷在一场精彩的球赛转播时接受调查，其难度可想而知。

（8）奖励措施。调查总要占用被调查者的时间和精力，适当的奖励是必要的。如邮寄调查中采用抽奖，入户调查中向被调查者赠送小礼品，对集体单位进行调查时许诺提供最后的调查报告或汇总结果等。一些人接受调查并不是为了得到奖励，但奖励措施会使对方感到他们提供的信息非常重要。

（9）再次调查。再次调查是指在概率抽样的第一轮调查完成之后，针对无回答产生的原因，采取相应的措施，对无回答单元进行再次调查。无回答产生的原因包括：

1）不在家。调查人员了解到调查对象何时在家，再次登门调查。

2）不方便。调查时被调查者由于生病、工作忙，或其他客观原因难以接受调查。调查人员可以约定另外的时间，在对方方便的时候进行调查。

在上面两种情况下，再次调查都可以收到明显效果。此外，对一些不明原因的拒访，可以改变调查方式，例如，对于邮寄调查的无回答者，除再次邮寄调查问卷外，可以用电话提醒或改用电话调查。作为一般的原则，应该对被调查者尝试 3 次，仍不成功，才可将其放弃。

（10）替换被调查单元。对于放弃的无回答者，需要抽取替换单元，以便使接受调查的样本单元数不低于设计要求。替换的原则应该事先规定，如入户调查中的“右手原则”，即用放弃户右边的第一户作为替代单元。替代原则的事先规定不仅可以防止调查人员自作主张，也便于事后检查。

影响回答率的一大障碍是调查中的敏感问题，所以调查问卷中应尽量避免敏感问题。但有些调查本身就是针对敏感问题的，由此提出了随机化回答技术。随机化回答技术的基本特征是，被调查者对所调查的问题采用随机回答的方式，从而对自己的回答起到匿名的作用。调查人员根据事先设计的程序，可以对目标变量进行推算。针对不同的目标变量，有不同的随机化回答模型。已经有不少论文在讨论这些问题，有兴趣的读者可以参阅。

10.3.4 对存在无回答数据的调整

调查中无回答的情况总是难以避免。无回答造成数据不全，如果不加以处理，就有可能造成估计量偏差。针对不同的情况，可以考虑采用一些补救措施，以便对无回答造成的估计量偏差起到纠偏、校正的作用。对存在无回答数据进行调整的方法有多种，下面介绍其中的几种。

1. 再抽样调整

这种方法是指在第一次无回答的单元中随机抽取一个子样本，通过更细致、更充分的工作，获得该子样本的数据，作为整个无回答层的代表值。然后把第一次调查中回答层数据和第二次调查中无回答层数据结合起来，对总体的有关参数进行估计。设从总体 N 中随机抽取 n 个样本单元，第一次调查有 n_1 个回答单元和 n_0 个无回答单元，$n=n_1+n_0$；再从 n_0 个无回答单元中随机抽取一个容量为 m 的子样本进行调查。令 $\bar{y}_1$ 和 $\bar{y}_0'$分别代表第一次 n_1 个单元和第二次 m 个单元的样本均值，则可以得到总体均值 $\bar{Y}$ 的无偏估计：

$$\hat{\bar{Y}}=\frac{1}{n}(n_1\bar{y}_1+n_0\bar{y}_0')=w_1\bar{y}_1+w_0\bar{y}_0' \tag{10.24}$$

式中，$w_1=\dfrac{n_1}{n}$，$w_0=\dfrac{n_0}{n}$，分别代表样本中回答层和无回答层的比例。

抽样用到两个随机程序：一个是从 N 个单元中随机抽取 n_1 个单元；另一个是从第一次无回答的 n_0 个单元中随机抽取 m 个单元。根据抽样估计原理，目标变量经过两个随机程序的方差为：

$$V(\hat{\bar{Y}})=V_1E_0(\hat{\bar{Y}})+E_1V_0(\hat{\bar{Y}}) \tag{10.25}$$

第二个随机程序的条件期望值和估计量方差分别为：

$$E_0(\hat{\bar{Y}})=\frac{1}{n}(n_1\bar{y}_1+n_0\bar{y}_0)=\bar{y} \tag{10.26}$$

$$V_0(\hat{\bar{Y}})=w_0^2\frac{k-1}{n_0}s_0^2=w_0\frac{k-1}{n}s_0^2 \tag{10.27}$$

式中，s_0^2 是样本无回答层的方差；k 是无回答层抽样间距，即 $k=n_0/m$。

将式（10.26）、式（10.27）代入式（10.25），有

$$\begin{aligned}V(\hat{\bar{Y}})&=V_1(\bar{y})+E_1\left(w_0\frac{k-1}{n}s_0^2\right)\\&=\frac{1-f}{n}S^2+W_0\frac{k-1}{n}S_0^2\end{aligned} \tag{10.28}$$

式中，S^2 为总体方差；S_0^2 为总体中无回答层的方差。

式（10.28）等号右边的第一项是通常情况下的简单随机抽样误差计算公式，第二项是采用再抽样后方差的增加部分。可以看出，当无回答层所占比例 W_0 较小时，进行再抽样所增加的估计量方差就比较小，特别是当 $k=1$，即对样本中所有的无回答都进行再次调

查并获得回答时，第二项方差部分为零，这时的估计量方差就等同于样本量为 n 的简单随机抽样。对无回答层单元进行再抽样，把两次调查的数据结合起来，可以得到目标量的无偏估计，从而实现了对缺失数据可能带来估计偏差进行校正的目的，但它是以增大估计量方差为代价的。

2. 加权调整

对存在无回答数据进行补救的另一种方法是采用加权调整。加权调整法是通过对调查中所获得的回答数据使用加权因子，达到对数据进行调整、减小由于无回答造成的估计偏差的目的。作为说明，设从总体 N 中随机抽取容量为 n 的样本，估计量 $\hat{Y}=\sum^{n} W_i y_i$ 是无偏的，这里 W_i 是第 i 个样本单元的权数；若令 π_i 为第 i 个单元的入样概率，在样本单元全部回答情况下，权数 $W_i=\pi_i^{-1}$，它反映了第 i 个样本单元在估计中的作用。又设 P_i 为第 i 个单元的回答概率，$P=1$ 表示一定回答，$P=0$ 表示一定不回答，现实中 P_i 是一个随机变量，被调查者是否回答取决于多种因素。设回答概率期望值 $E(P_i/\pi_i=1)=P_i$，即第 i 个单元被选中后的回答概率为 P_i。在调查中，由于无回答的存在，只能用 n_1 个回答单元的信息对总体参数进行估计，因此估计量 $\hat{Y}=\sum^{n} W_i y_i$ 就需要修正为 $\hat{Y}^*=\sum^{n_1} W_i^* y_i$，其中 $W_i^*=(\pi_i P_i)^{-1}$ 是对无回答数据进行调整的权数。从这个意义上说，调整是根据调查中回答单元的回答概率进行的。

为进行调整，需要掌握样本单元的回答概率。由于 P_i 未知，就需要对 P_i 进行合理的估计。对 P_i 的不同估计就形成不同的调整方法。因此，加权调整法是一个概括的说法，它包括一些不同的调整方法。这里介绍最基本的加权组调整（weighting class adjustment）方法。

首先，将容量为 n 的样本划分为 H 个互不重叠的子集，把这些子集称为调整组，用下标 h 表示。通过划分使得组内各单元的目标变量 Y_i 值尽可能相近，并假设组内所有单元的回答概率相同。这个过程类似于对样本进行分层，因而需要足够的进行分层的辅助信息。

加权组调整中使用的 P_i 的估计量，是组内经过加权的回答率。依前述，对任何概率样本，有 $W_{hi}=\pi_{hi}^{-1}$，这里 W_{hi} 是第 h 组中第 i 个样本单元的未经调整的权数，P_{hi} 的估计量为：

$$\hat{P}_{hi}^{(2)}=\frac{\sum_{i=1}^{n_{1h}} W_{hi}}{\sum_{i=1}^{n_h} W_{hi}} \tag{10.29}$$

式中，n_h 是第 h 组中的样本量；n_{1h} 是第 h 组中回答单元的个数；$\hat{P}_{hi}^{(2)}$ 是第 h 组第 i 个单元回答概率的估计值。于是经过加权组调整的权数为：

$$W_{hi}^{(2)}=\frac{W_{hi}}{\hat{P}_{hi}^{(2)}}=W_{hi}\frac{\sum_{i=1}^{n_h} W_{hi}}{\sum_{i=1}^{n_{1h}} W_{hi}} \tag{10.30}$$

显然，如果没有无回答，$\hat{P}_{hi}^{(2)}=1$，调整后和调整前的权数没有太大区别。如果存在无回答，$\hat{P}_{hi}^{(2)}<1$，则 $W_{hi}^{(2)}>W_{hi}$。它表明，由于无回答单元无法提供信息，有关无回答单元的信息被分摊到回答单元的身上。还可以看出，如果采用等概率抽样设计，即 $\pi_{hi}=\frac{n}{N}$ 对所有的 $h=1, 2, \cdots, H$ 都成立，则 $P_{hi}^{(2)}=\frac{n_{1h}}{n_h}$。

令 $\Delta_h=\frac{N_h}{N}$ 是第 h 组在总体中所占的比重，则 Δ_h 的估计值为：

$$\hat{\Delta}_h=\frac{\sum_{i=1}^{n_h} W_{hi}}{\sum_{h=1}^{H}\sum_{i=1}^{n_h} W_{hi}} \tag{10.31}$$

令 $\overline{Y}_{1h}=\frac{\sum_{i=1}^{N_{1h}} Y_{hi}}{N_{1h}}$ 为第 h 组中回答层的总体均值，则 $\overline{Y}_{1h}$ 的估计值为：

$$\hat{\overline{Y}}_{1h}=\frac{\sum_{i=1}^{n_{1h}} W_{hi}y_{hi}}{\sum_{i=1}^{n_{1h}} W_{hi}} \tag{10.32}$$

由式（10.30）、式（10.31）、式（10.32），可以得到总体均值估计为：

$$\hat{\overline{Y}}_{wc}=\sum_{h=1}^{H}\hat{\Delta}_h\hat{\overline{Y}}_{1h}=\frac{\sum_{h=1}^{H}\sum_{i=1}^{n_{1h}} W_{hi}^{(2)}y_{hi}}{\sum_{h=1}^{H}\sum_{i=1}^{n_{1h}} W_{hi}^{(2)}} \tag{10.33}$$

式中，估计量下标 wc 表示加权组调整。

3. 相关推估法

相关推估法主要用于调查中的项目无回答。前面已说明，项目无回答指被调查单元不是完全拒绝调查，而是拒绝其中某些项目的调查。这时其他回答项目的信息尚可以利用，利用这些信息，对无回答的数据进行推估。其基本思路是寻找与无回答问题变量有关联的其他调查问题变量，利用调查数据建立变量之间的回归方程，对项目无回答的变量值进行推估。例如，如果认为居住面积（当然，还可能有其他项目，如职业、职位、拥有高档耐用品种类和数量等）与收入有关，被调查者的居住面积是可知的，就可以建立收入与居住面积的回归方程，如果方程拟合效果好，就可以对收入项的无回答进行推估。现场调查中，除了无回答，还有其他一些原因造成缺失数据，如遗漏、丢失，或在数据审核中将明显不合逻辑的数据剔除等。对缺失数据进行推估，除了回归法，还有其他许多方法。例如，某企业利润数明显不实，将其剔除，在同次调查中得到的其他有关数据如表 10－3 所示。

表 10-3　相关推估法示例

	某企业	同行业同规模其他企业平均值
销售量（箱）	1 000	700
利润（万元）	—	15

由于利润与销售量有很高的相关度，用该行业相同规模的其他企业的调查结果可以推估某企业的利润约为 21.5 万元（$15\times\frac{1\ 000}{700}\approx 21.5$）。

4. 插补调整

“插补”一词译自英文单词“imputation”，该词又有估计、推算、替代等多种译法，其基本意思是：在数据整理阶段，利用调查结果，采用一定的方式，为无回答的缺失值确定一个合理的估计值，插补到原缺失数据的位置上。插补可以达到两个调整目的：一个是减小由于无回答可能造成的估计量偏差，为此，就要使确定的替补值尽可能地接近缺失的原数据值。事实上，缺失数据的真值无法得知，因此所追求的只能是确定合理有效的替补值方法。调整的第二个目的是力图构造一个完整的数据集。在调整前，由于无回答的存在，原数据集上出现许多“窟窿”，给某些统计分析方法的使用带来不便。采用插补的方式填补了缺失值的空缺，就为后面分析人员的工作提供了方便，他们在使用标准统计软件的同时，不必烦琐地说明对缺失值进行处理的方法，从而大大节省了精力和时间。而且，不同分析人员使用的是同一套经过插补调整的数据，也保证了分析结果的一致性。插补的效率如何取决于替补值与缺失值的近似程度。为了提高效率，对研究总体进行分层，使层内各单元诸方面情况尽可能相似，利用同一层内回答单元的信息产生缺失数据的替补值是进行插补的基本思路。因为可以利用不同的信息源，采用不同的方式生成替补值，所以有不同的插补方法。

实际中使用较多的是均值插补，其方法为，首先根据辅助信息将样本分为若干组，使组内各单元的主要特征相似。然后分别计算各组目标变量 Y 的均值，将各组均值作为组内所有缺失项的替补值。均值插补法的特点是操作简便，并且对均值和总量这样的单变量参数可以有效地降低其点估计的偏差。但它的弱点也比较突出。一个是插补的结果歪曲了样本单元中 Y 变量的分布，因为同组中无回答的替补值都由该组的平均值充当，使得其分布状况受到由各组回答单元数据计算出的组均值的制约；另一个是插补结果将导致在均值和总量估计中对方差的低估，因为同一组内样本单元的离差将由于同一个数值的多次出现而偏低。因此均值插补法适用的场合是仅仅进行简单的点估计，而不适用于需要方差估计等比较复杂的分析。

为避免均值插补中替补值过于集中的弱点，可以使用随机插补。这种方法是指采用某种概率抽样的方式，从回答单元的资料中抽取无回答的替补值。为便于说明，令某项目回答数据个数为 n_1，无回答个数为 n_0，则 $n=n_1+n_0$，现从 n_1 个数据中随机抽取 n_0 个替补值，则样本构成为：

$$样本=\{y_1,y_2,\cdots,y_{n_1},y^*_{n_1+1},y^*_{n_1+2},\cdots,y^*_n\}$$

此时，目标变量的均值估计为：

$$\bar{y}=\frac{1}{n}(n_1\bar{y}_1+n_0\bar{y}^*) \tag{10.34}$$

式中：

$$\bar{y}^{*} = \frac{\sum_{i=1}^{n_1} H_i y_i}{n_0} \tag{10.35}$$

如果采用不重复抽样，$H_i=0$ 或 1；如果采用重复抽样，则 H 为多项式分配，若 $h_1+h_2+\cdots+h_{n1}=n-n_1$，则

$$P(H=(h_1,h_2,\cdots,h_{n_1}))=\frac{(n-n_1)!}{h_1!h_2!\cdots h_{n_1}!} \tag{10.36}$$

否则上面所定义的概率为 0，由此得出

$$E(H_i)=\frac{n-n_1}{n_1} \tag{10.37}$$

$$V(\mathrm{H_i})=(\mathrm{n}-\mathrm{n_1})(1-\frac{1}{\mathrm{n_1}})\frac{1}{\mathrm{n_1}} \tag{10.38}$$

$$\mathrm{Cov}(H_i,H_j)=-\frac{n-n_1}{n_1{}^2},\quad i\neq j \tag{10.39}$$

若假设 i 与 j 独立，由上面的结果可以导出

$$E(\bar{y})=\bar{Y} \tag{10.40}$$

$$V(\bar{y})=(\frac{1}{n_1}-\frac{1}{N})S^2+(1-\frac{1}{n_1})(1-\frac{n_1}{n})S^2 \tag{10.41}$$

式中，S^2 为总体方差。可以看出，随机插补法估计量 $\bar{y}$ 的方差由两部分组成，等式右边第一项是仅用回答单元数据进行估计的方差，即

$$V(\bar{y}_1)=(\frac{N-n_1}{N})\frac{S^2}{n_1}=(\frac{1}{n_1}-\frac{1}{N})S^2$$

第二项是由于增加了一个再抽样过程而带来的估计量方差增加项。虽然随机插补使估计量的方差增大了，但是它避免了均值插补容易扭曲目标变量分布的弱点，使替补值的分布与真值分布更为接近，这就使随机插补法在估计与样本分布有关的参数时具有明显的优势。

显然，根据调查中所得到的辅助变量信息，将样本单元进行事后分层，然后在各层中使用随机插补法，会有更好的调整效果。

10.4 计量误差

10.4.1 计量误差的概念

计量误差指出于种种原因，调查中所获得的数据与其真值不一致。由于造成这种不一

致的原因很多，所以计量误差涵盖的内容非常广泛。在对社会经济现象进行的调查中，计量误差的主要成因来自以下几个方面：设计不周引起的误差（由设计方面的原因造成计量失真）、被调查者误差（被调查者提供的数据失真）、调查者误差（由现场调查人员造成的误差）和其他误差。

1. 设计不周引起的误差

如果调查设计不细致、不周全，就可能给计量结果带来误差。由设计引起的误差主要表现在两个方面，第一个方面是问卷设计带来的误差，如调查问卷中用词不准确或不适当，造成被调查者的不理解或误解；问卷过长使被调查者厌倦，不再认真接受调查；国外学者还研究过问卷中问题的排列顺序对回答可能产生的影响；等等。设计一份好的调查问卷对提高数据质量无疑起着十分重要的作用。

抽样过程是可能引起误差的第二个方面。严格按随机化程序抽取样本单元是概率抽样的基本原则。例如，如果设计要求随机抽取被调查户中一个成年人接受调查，就需要有专门的程序保证其实现，为此基什还专门设计了这种情况下的抽选表，其方法是先将户中所有成年人按先男后女、年龄从大到小的顺序排列，然后根据该户成年人的人数及表中所列的数字来确定户中哪一位成年人为被调查者。否则，如果只是随便地抽一个成年人，经常在家的被抽中的可能性就大，从而造成估计偏差。

2. 被调查者误差

在计量误差中，被调查者误差是最主要的一种，它是指被调查者在调查过程中没有给出真实的回答。当然，这里不包括前面提到的由于对问题不理解等原因造成的误差。被调查者误差也可以划分为两类：无意识误差和有意识误差。无意识误差的主要表现是回忆误差，指对调查内容记忆不清而回答失真。无意识误差也包括倾向性数字。心理学研究表明，人们在回答数字问题时，常常会下意识地给出一些倾向性数字。如调查吸烟者每天的吸烟量，回答往往是一包、半包或5支；调查人们每天看电视的时间，回答经常是半个小时、一个小时等，尽管真实的数值并不是这个。被调查者有意识的回答误差则多是问题的敏感或其他因素使回答具有某种倾向性，如回答学历、职务职称时，往往有高报倾向；对另一些调查内容，由于利益驱使往往低报。无意识误差可以视为随机的，不会带来估计偏差；有意识误差则不然，由于它存在倾向性，所以会导致严重的估计偏差。一般而言，这种误差的倾向性根据经验和实际情况的分析是可以察觉的。

3. 调查者误差

这是指由于调查人员的原因而引起的误差。有些是调查人员工作不认真，如记录错误等造成的，有些则是调查人员在调查过程中，将自己的思想、观点、看法、感受等与被调查者交流，对被调查者的回答起了诱导作用。

4. 其他误差

计量误差的产生还有其他一些来源，这里列举一些。

测量工具：在需要利用测量工具进行的调查中（如农作物产量抽样调查的采样框和磅秤，学生视力调查中与测量表的距离和光线等），如果测量工具不精准，就会对测量结果带来偏误。即便测量工具是精确的，反复测量也会产生随机误差。

编码：编码的作用是把数据变为可机读的形式。编码错误不仅仅指具体的编写错误，也包括对编码结果的错误理解。特别是对于调查中开放性问题的编码，同样的内容，不同编码员的编码结果可能不同，这是因为他们对内容的理解不同。

录入：任何优秀的录入员都难以做到数据录入过程中不发生任何错误。只能采取一些措施，把录入错误降到最低限度，如使用双机录入等。

综上所述，计量误差内容繁杂，它对于调查数据质量的影响是不可忽视的。

10.4.2 计量误差模型

国内外已有大量的文献对计量误差模型展开过讨论。这里仅对计量误差最基本的模型做些分析，使读者对此有所了解。

在理论上可以假设对第 i 个单元进行多次重复性调查并做计量，令

$$y_{it}=\mu_i+e_{it} \tag{10.42}$$

式中，μ_i 为第 i 个单元真值；e_{it} 为第 i 个单元第 t 次计量中的误差。

关于 μ_i 的内涵需要作出说明。有些情况下，μ_i 的概念是一个具体存在的确定值。例如，在一定时点上人的身高、体重，某职员上个月的收入等。有些情况下，μ_i 的概念是抽象模糊的，很难定义其真值。例如，采用量表方式对人们的态度、看法、情感等抽象内容的调查，其计量结果与当时的环境、气氛、被调查者的心情关系很大。尽管如此，进行分析时这个概念仍是不可或缺的。

在对同一个单元进行重复计量的情况下，e_{it} 将遵从一个概率分布。通常假定是正态分布，并令

$$E(e_{it}) = B_i \tag{10.43}$$

式中，B_i 代表计量中的偏差。如果 $B_i=0$，说明虽有计量误差，但它是随机的，其期望值为 0；反之，若 $B_i\neq 0$，则表明对第 i 个单元的计量中存在系统性偏差。

对于特定的第 i 个单元，偏差 B_i 是个常量，但对于不同的 i，B_i 可能不同，若

$$E(B_i) = B \tag{10.44}$$

则称 B 为所有单元的常数偏差。

不妨令

$$d_{it} = e_{it} - B_i \tag{10.45}$$

式中，d_{it} 表示对每个单元 i，在第 t 次计量时的误差波动部分。显然，d_{it} 与 e_{it} 有相同的分布，其期望值 $E(d_{it} \mid i) = 0$ 。因此，式（10.42）又可用

$$y_{it} = \mu_{it} + e_{it} = \mu_i + B_i + d_{it} \tag{10.46}$$

表明单元 i 的具体观测结果。它受其真值、计量系统偏差及计量随机误差几个因素的影响。

进一步令

$$\mu'_{it} = \frac{1}{t}\sum^{t} y_{it} \tag{10.47}$$

是对单元 i 进行 t 次计量后的平均，也即

$$\mu'_{it} = E(y_{it} \mid i) = \mu_i + B_i \tag{10.48}$$

则

$$d_{it} = y_{it} - \mu'_i \tag{10.49}$$

如前所述，d_{it} 是计量过程中的随机误差，它所表现的是实际测量值 y_{it} 与包括偏差在内的测量均值 μ'_i 之间的差异。

由式（10.49），有

$$\begin{aligned} y_{it} - \mu_i &= \mu'_i - \mu + d_{it} \\ &= d_{it} + (\mu'_i - \mu') + (\mu' - \mu_i) \end{aligned} \tag{10.50}$$

式中：$$\mu' = \frac{1}{N}\sum^{N} \mu'_i \tag{10.51}$$

是 μ'_i 在总体中的均值；$\mu = \frac{1}{N}\sum^{N} \mu_i$，是总体真值。

在调查中，抽取容量为 n 的样本，令

$$\bar{\mu}' = \frac{1}{n}\sum^{n} \mu'_i \tag{10.52}$$

对样本加以平均，则可以将式（10.50）写成

$$\bar{y}_t - \mu = \bar{d}_t + (\bar{\mu}' - \mu') + (\mu' - \mu) \tag{10.53}$$

由此得到均方误差的公式

$$MSE(\bar{y}_t) = V(\bar{d}_t) + V(\bar{\mu}') + (\mu' - \mu)^2 + 2\mathrm{Cov}(\bar{d}_t, \bar{\mu}') \tag{10.54}$$

等式右边的第一项为计量随机误差；第二项为抽样方差；第三项为计量偏差的平方；最后一项为协方差，由于有 $E(d_{it} \mid i)=0$，故此项通常为零。

式（10.54）说明了这样几个问题：

第一，如果计量中存在偏差，结果会使估计量产生偏差。但依据样本资料无法计算偏差，因为真值 μ 未知。对计量过程中的偏差识别，需要利用其他有关资料，在某种程度上更需要调研人员的经验，以及对调查对象的了解。在可能条件下，通过努力，在小范围内获取被调查单元真值，借以对偏差进行推算。

第二，偏差虽然可以影响估计量，但不会影响方差估计，因为如果每个 y_i 中都包含偏差，其均值 $\bar{y}$ 中也包含偏差，在计算 $\sum (y_i - \bar{y})^2$ 过程中，偏差部分相互抵消。

第三，假如不存在常数偏差，且样本中计量误差 d_{it} 互不相关，便会有

$$V(\bar{y}_t) = V(\bar{d}_t) + V(\bar{\mu}')$$
$$= \frac{1}{n}\sigma_d^2 + \frac{1-f}{n}S_{\mu'}^2 \tag{10.55}$$

即使采用全面调查，$f=1$，等式右边后一项的抽样方差不再存在，但计量方差仍是存在的。在抽样调查中，由于计量方差的存在，会使总的方差增大，所以一般的抽样误差计算公式往往低估了实际中的误差状况。

第四，若计量误差 d_{it} 之间存在相关，如在同一个地点接受视力检测的人员受到相同检测条件的影响；若干名在同一区域进行调查的工作人员接受的是同一位指挥者的技术培训，计量误差之间的相关就是可能的。这时

$$V(\bar{d}_t) = \frac{1}{n}\sigma_d^2\left[1+(n-1)\rho_w\right] \tag{10.56}$$

式中，ρ_w 为样本内相关系数。即使 ρ_w 很小，对 $V(\bar{d}_t)$ 也会产生极大影响。例如，如果 $\rho_w=0.1$，$n=100$，则 $1+(100-1)\times 0.1=10.9$，即 $V(\bar{d}_t)$ 为原来的 10.9 倍。这说明调查实施中工作人员的规范操作非常重要。

最后，将计量方差 $V(\bar{d}_t)$，抽样方差 $V(\bar{\mu}')$，偏差平方 $(\mu'-\mu)^2=B^2$ 用另一种方式表示，则 MSE 公式又可写为：

$$MSE(\bar{y}_t) = \frac{1}{n}\left\{S_{\mu'}^2 + \sigma_d^2\left[1+(n-1)\rho_w\right]\right\} + B^2 \tag{10.57}$$

可以看出，随样本量 n 的增大，抽样方差 $\frac{1}{n}S_{\mu'}^2$ 会越来越小，但偏差平方 B^2 与 n 无关；在 $\rho_w\neq 0$ 条件下，$(n-1)\rho_w$ 反而会增大。也就是说，在大样本调查中，B 与 ρ_w 所带来的影响成为 MSE 中的主要部分，抽样方差在总误差中因而显得不太重要。清醒地认识这一点有助于我们更加意识到调查过程中质量控制的重要。

10.4.3 减少计量误差的措施

计量误差涉及内容广泛，减少计量误差需要对调查全过程进行质量控制。

1. 调查设计方面

调查设计的质量与设计人员的能力密切相关。有能力的设计人员能够设计出更好的调查问卷和抽样程序，从而减少设计不周可能带来的计量误差。调查问卷设计出来后，应组织有关人员对问卷进行讨论。如果是大规模的调查活动，还应在正式调查之前进行预调查，在实践中对问卷进行检验。调查设计是整个调查活动的起点，它的专业技术性较强，对人员素质和技能的要求很高，而且一旦设计出现问题，损失往往难以补救。当然，如果设计人员具有丰富的专业知识，又了解实际情况，由调查设计所引起的误差是可以得到有效预防的。

2. 现场准备方面

在收集数据之前需要做许多准备工作，这些工作的质量好坏会对计量误差产生直接影

响。主要的准备工作包括招聘访问员、培训访问员、编写调查手册。

（1）招聘访问员。每一个调查机构通常都会有一份访问员名单，名单上记载的是经过培训的访问员，包括固定员工和以前调查雇用过的访问员。调查机构可以根据这份名单招聘调查所需的访问员。但是如果调查需要大量访问员，就需要招聘新的访问员。在任何情况下，调查所需访问员的条件都应该明确。招聘访问员时，访问员的文化程度、沟通能力、语言能力、组织能力和思想素质都是应该考虑的重要因素。如果进行大范围的电话调查，由于区域跨度大，招聘访问员时还应考虑用不同地区方言进行交流的问题。

（2）培训访问员。实践证明，访问员的培训对调查数据质量起着近乎决定性的影响。培训内容通常包括调查内容的培训（熟悉调查问卷和调查工作程序）和调查技能的培训（如何处理调查过程中遇到的疑难问题）。培训方式有课堂讲授、模拟面访和实习面访等。在培训过程中，能否充分调动访问员的工作热情，树立访问员克服各种困难的坚定信念和决心，是衡量培训成功与否的一个重要标志。

（3）编写调查手册。调查手册是访问员进行工作的指南。好的调查手册有助于访问员更有效地开展工作。调查手册的内容通常包括：调查内容（调查问卷）的说明，问卷的审核规则，作业管理（如怎样报告调查进程，怎样分发和回收问卷，调查所需的设备和材料等）的规定，以及访问技巧和技术的介绍。

3. 调查结果审核方面

审核是对调查质量进行控制的一道工序，也是减少计量误差的有效方法。审核的目的是要保证调查所得到数据的完整性、一致性和有效性。审核工作贯穿整个调查过程。

审核有三种类型：有效性审核、一致性审核和数据分布审核。有效性审核是检查调查数据是否有效，包括检查是否在需要填写数字的地方填上了非数字字符，编码数据是否在允许值之内等。一致性审核主要检查不同问题之间的关系是否正确，它可以基于不同问题或同一问题的不同部分之间的结构关系、逻辑关系来进行。例如，出生年月和婚姻状况，对于22周岁以下的男性公民或20周岁以下的女性公民，婚姻状况除了“未婚”，不可能有别的选择；又如，如果问题A回答“否”，问题B就不用回答；等等。数据分布审核通过拟合数据的分布，确认异常记录，然后采取相应的处理方法（如重新核实或剔除）。

审核可以在调查过程中的任何阶段进行。

（1）收集数据时进行审核。收集数据时可以进行现场审核。访问员在调查进行过程中根据常识或经验，可以判断出一些问题的答案是否属于可接受范围。在调查结束后，立即审核所做的记录，由于刚才的信息还记忆犹新，而且很容易找到被调查者并查明确切情况，因此有机会发现并纠正错误。

（2）数据收集完毕后进行审核。通常，比较全面、复杂的审核是在数据收集完毕后进行的。可以把审核视为一个独立的工作环节。审核工作可以由了解情况、经验丰富的专门审核人员进行，也可以由计算机的审核程序来执行。计算机硬件和软件的发展使得进行自动化审核的可能性越来越大。在这个阶段，虽然也进行数据有效性的审核，但侧重点是数据的一致性审核和离群值的检测。

10.5 离群值的检测和处理[①]

10.5.1 离群值的概念

离群值是调查数据集里的极端值，是指和其他数据明显不一致的观测值。对离群值的检测是一项特殊的审核工作。对其进行检测和处理的方法与技术是衡量一个调查机构数据处理水平的重要标准。这里，应该区分极端观测值和影响较大的观测值。如果一个观测值和抽样权数的组合对估计有较大的影响，我们说该观测值有较大影响。一个极端值不一定是有较大影响的观测值。但如果有较大影响的观测值是极端值即离群值，问题就显得十分严重。

离群值可分为单变量离群值和多变量离群值。如果一个离群值对应一个变量，该观测值就是一个单变量离群值；如果一个离群值对应两个或多个变量，该观测值则是一个多变量离群值。例如，某人的身高是 2 米，这种情况可能不多见，不妨认为这是一个单变量离群值。如果某人身高是 2 米，但体重只有 45 千克，这种情况更罕见，这就是一个多变量离群值的例子。当然，身高 2 米且体重只有 45 千克的人也可能确实存在。

在每项调查中都会有离群值。导致离群值产生的原因通常有如下几种：

- 被调查者回答数据有错误；
- 调查人员记录数据有错误，如记录错误或数据录入错误。

离群值的出现可能是由于数据本身具有的差异性。看起来值得怀疑的东西也许是真实的。例如，数据可能来自某一分布的尾部，但它确实存在。当总体呈现偏态时，这种情况就会发生。而总体偏态在一些类型的调查中是很普遍的。例如，按公司规模划分的销售额就服从典型的偏态分布，少数大型公司常占整个销售额的绝大部分；收入分配也是一个偏态分布的例子。

10.5.2 离群值的确认

最常见的离群值的检测方法是单变量检测方法，因为单变量检测比多变量检测方法简单。传统上，离群值是通过测量它们和数据中心的相对距离来辨认的。例如，如果 y_1，y_2，…，y_n 是要观测的样本数据，m 和 s 分别是测度数据集中趋势和离散趋势的指标，那么，y_i 与数据中心的相对距离 d_i 就可以定义为：

$$d_i = \frac{|y_i - m|}{s} \tag{10.58}$$

如果 d_i 超出了预先确定的偏离值，那么该观测值就被认为是离群值。

① 加拿大统计局《调查技能》项目组. 调查技能教程. 北京：国家统计局统计教育中心、国际合作司，2002.

另外，离群值也可以通过下面的置信区间进行确认：

$$[m-t_l s,\ m+t_u s] \tag{10.59}$$

式中，t_l 和 t_u 分别是根据预先确定的置信度得到的标准正态分布下限和上限的值。如果总体是偏态的，t_l 和 t_u 就要用不等的值。落在这个区间之外的观测值被认为是离群值。

样本均值和样本方差是测度数据集中趋势和离散趋势最常用的统计量。但由于它们对离群值比较敏感，因此，选择它们就不太合适。例如，如果数据呈偏态分布，样本均值就会偏向离群值，样本方差也会由于离群值而被放大。因此，有些离群值的 d 值就会显得相当小，确认这些离群值就较为困难，这种现象称为屏蔽效应。

因此，最流行的检测方法之一是使用四分位数法。这种方法用中位数测度数据的集中趋势，四分位域测度数据的离散程度，因为这些统计量对离群值不大敏感（中位数和四分位数是用加权的样本数据计算出来的）。四分位数把数据分成四个部分：25%的数据小于第一个四分位数 $q_{0.25}$，50%的数据小于第二个四分位数（或中位数）$q_{0.5}$，75%的数据小于第三个四分位数 $q_{0.75}$。

上、下四分位域 h_l 和 h_u 定义如下：

$$h_l=q_{0.5}-q_{0.25} \tag{10.60}$$

$$h_u=q_{0.75}-q_{0.5} \tag{10.61}$$

置信区间为：

$$[q_{0.5}-t_l h_l,\ q_{0.5}+t_u h_u] \tag{10.62}$$

式中，t_l 和 t_u 可以通过检查以前的数据或基于过去的经验来确定。任何落在这个区间之外的观测值都被认为是一个离群值。

关于离群值检测方法的详细内容，请参见巴尼特和刘易斯（Barnett and Lewis, 1995）的相关内容。

10.5.3 离群值的处理

对于在调查过程中发现的离群值，可以用几种方法来处理。如果在调查进行中发现离群值，就要及时处理，例如进行回访核实，对错误加以更正；如果在调查完毕后的审核中发现离群值，回访核实已不可能，通常对离群值采用插补处理，即将离群值剔除，然后使用插补法调整（参见10.3节）。有些情况下，如果认为离群值无大碍，也可以对离群值不做任何处理。这样，主观判断就非常重要，因为忽略或纠正离群值对数据的质量有较大的影响。

对在审核时没有进行处理的离群值可以在估计的时候处理。忽略未处理的离群值会影响估计的效果，使估计结果产生偏差，并导致估计量的方差增大。处理的目的就是要在不引入较大偏差的前提下，减少离群值对估计量抽样误差的影响。

估计时处理离群值有三种方法，即

- 改变数值；
- 调整权重；

● 进行稳健估计（robust estimation）。

如果离群值的出现是由某些变量的极值导致的，应该用改变数值或进行稳健估计的方法处理；如果离群值的权重很大，即离群值的影响较大，则应该考虑修改其权重，并采用一种客观的估计方法来减轻它的影响。

1. 改变数值

处理离群值的一种方法是 Winsorization。这种方法首先将样本数据按从大到小依次排序，然后再按下面的步骤计算。

在简单随机抽样中，总体总量 Y 的无偏估计公式为：

$$\hat{Y}=\frac{N}{n}\sum_{i\in s}y_i$$

式中，i 是样本中第 i 个单元；s 是所有样本单元的集合（假定回答率为 100%）。类似地，对于 Winsorization，假设 $y_i(i=1,2,\cdots,n)$ 是一系列有序样本数据，来自大小为 N 的一个总体，样本量为 n。若样本数据中第 k 个最大值 k^{th} 被认为是离群值，单侧 k-times-Winsorized 估计量就可以通过用第 $n-k$ 个最大的值 y_{n-k} 代替这些离群值来定义，即

$$\hat{Y}_W=\frac{N}{n}(\sum_{i=1}^{n-k}y_i+ky_{n-k}) \tag{10.63}$$

需要提及，Winsorization 适用于处理单个变量的情况，因此它在多变量的抽样调查中很少应用。

2. 调整权重

处理离群值的另一种方法是降低离群值的权重，从而使它们的影响变小。例如，赋予离群值的权重为 1，即离群值仅仅代表它自己而不代表其他总体单元。但这样做对估计的影响很大，特别是对偏态总体的估计结果通常为低估。例如，如果某一行业中两个大公司的零售额占总行业零售额的大部分，其中一个公司被选入样本，其权数为 2，因为它代表两个规模类似的单元。但如果这个公司的零售额被确定为离群值，并改变其估计权数，就会严重低估整个行业的总零售额。目前，专家已经提出了一些能够降低离群值权重的估计量，参见劳（Rao，1970），希迪罗格洛和斯里纳特（Hidiroglou and Srinath，1981）。

3. 选取稳健估计量

经典的估计理论中，总体参数的估计量基于某种分布的假设。通常，假定估计量服从正态分布，样本均值和样本方差估计量在正态分布的假设下也是最理想的。但是，这些估计量对离群值非常敏感。稳健估计量（robust estimator）则能克服这种局限性，因为它对分布的假设不太敏感。比如，中位数比均值更稳定；四分位域比通常的方差估计量更稳定。过去几年中，已经提出了很多稳健估计量。

关于稳健估计量和离群值检测的详细讲解，请参见巴尼特和刘易斯（Barnett and Lewis，1995），鲁塞尤和勒罗伊（Rousseeuw and Leroy，1987），李等（Lee et al.，1992），以及李（Lee，1995）。

习题

10.1　有一本几年前某地区居民住址的名录，上面记录有各条街道居民住户的地址和户主姓名。现在想对该地区的居民进行一次入户抽样调查，这本名录抽样框有什么缺点？你打算怎样弥补这些缺点？

10.2　欲对市场中的个体商贩进行抽样调查，有两个抽样框可供使用。一个是个体商贩在工商局注册的名录框，一个是市场摊位的地址框。这两个抽样框各有什么特点？你打算使用哪个抽样框？请说明你的理由。

10.3　请就下面的问题进行讨论：

(1) 调查中的无回答是怎样产生的？

(2) 你认为各种类型的无回答对估计会产生什么影响？请举几个例子说明你的观点。

(3) 对你所列举的无回答有没有比较好的预防措施？如果有，请就这些措施的操作性进行讨论。

(4) 如果出现了上述无回答，采用什么措施进行补救效果较好？

10.4　在学术期刊或报纸上找一个调查的例子，作者有关于无回答的说明吗？如果有，是如何计算无回答率的？调查中是如何处理无回答的？你认为无回答会对研究结论产生什么影响？你认为作者充分考虑到潜在的无回答偏差了吗？对于未来的研究你有什么建议？

10.5　美国的罗斯实验室在全美范围内进行了一项关于婴儿喂养的邮寄调查，赖安等(Ryan et al., 1991）报告了该调查的结果。问卷的邮寄对象是有6个月大孩子的母亲，内容主要包括过去6个月中这些母亲分别用哪种牛奶喂养孩子以及其他一些社会经济变量。作者指出1984—1989年寄出问卷的数量不断增加："1984年共寄出了56 894份问卷，回收30 694份。而1989年则寄出196 000份，回收89 640份。"在调查设计中，为低收入家庭分配了过量的样本，因为这部分家庭回答率最低。回答者被划分到由地区、种族背景、年龄及受教育程度界定的子集中，权数则根据美国人口普查局的资料计算。

(1) 对无回答采用什么方法调整，是加权组调整还是事后分层调整？

(2) 过量抽取低收入家庭是一种替代法。在调查中使用替代法有什么优缺点？

(3) 加权后，种族、母亲年龄、收入、受教育程度、就业情况、婴儿出生体重、地区以及是否参加"母婴与儿童食品补给项目"等变量的总体频数与美国人口普查局和卫生统计中心公布的数据具有可比性。利用加权后的频数，研究人员估计约53%的母亲有1个孩子，而官方数据表明43%的母亲有1个孩子。加权频数与官方数据的一致性是否表明加权可以修正无回答偏差？解释原因。

(4) 讨论该调查中所使用的加权方法。你认为有需要改进的地方吗？

10.6　假定在现场调查中，采用深入程度不同的调查方法，可以得到不同的回答率，这些回答率分别是60%，80%，90%和95%。对于一个待估的百分比，各回答层的真实均值如下：

按回答率分层	真值（%）
60%	40.7
80%	43.5
90%	44.8
95%	45.4
5%无回答层	59.0

请回答下列问题：

(1) 采用最简单的调查手段只得到60%的回答率，在这种情况下，证明对整个总体百分比估计的均方误差的根是$\sqrt{(2\ 414/n)+28.94}$，其中n是回答者的数量。

(2) 证明当采用一种只能得到60%回答率的方法时，均方误差的根无法达到5%，除非回答者稍微超过100人，或者回答率在80%以上。

(3) 如果均方误差的根规定为2%，采用什么方法可以达到这个目的？需要多大的样本量？

10.7 在习题10.6 (3) 中，假定采用能得到90%回答率的调查方法，完成每份问卷的费用要上升到5美元。如果从其余10%无回答中再得到一半（即总体5%）的回答，则每完成一份问卷的费用为20美元。对于一个2%的均方误差的根，采用90%回答率的方法省钱还是采用95%回答率的方法省钱？

10.8 基于附录Ⅱ“企业抽样案例背景介绍”的实践题：

(1) 在习题2.11 (1) 的样本数据中，随机抽取20%的大型企业把经营收入数据转换为缺失，随机抽取10%的中型企业把经营收入数据转换为缺失。忽略缺失数据，用剩余的样本数据估计全省企业经营收入均值及其抽样相对标准误差。分析缺失数据带来的影响。

(2) 利用本题 (1) 中的数据，用加权调整法改进估计量，估计全省企业经营收入均值及其抽样相对标准误差。

(3) 在习题2.11 (1) 的样本数据中，随机抽取40%的大型企业把经营收入数据转换为缺失，随机抽取20%的中型企业把经营收入数据转换为缺失。忽略缺失数据，用剩余的样本数据估计全省企业经营收入均值及其抽样相对标准误差。分析缺失数据带来的影响。

(4) 利用本题 (3) 的数据，用加权调整法改进估计量，估计全省企业经营收入均值及其抽样相对标准误差。

第11章 设计与方法——美国CPS案例

美国人口现状调查（Current Population Survey，CPS）被认为是全国性大规模居民住户抽样调查的典范。此项调查已有60多年的历史。要在一章的篇幅内全面介绍CPS几乎是不可能的。作为教材的一个案例，这里将简要介绍CPS的一些主要内容。本章共包括五节：11.1节是CPS的概述；11.2节介绍CPS的抽样设计；11.3节介绍CPS的目标量估计；11.4节介绍CPS的方差估计；11.5节介绍CPS中的非抽样误差及控制。

11.1 概 述

11.1.1 背景

美国人口现状调查（CPS）是国际上最著名的抽样调查项目之一。之所以著名，一方面是因为其调查的内容多，调查对象的分布范围广，调查实施的难度大；另一方面，更重要的原因在于该项目科学、精巧的设计和系统、有序的操作管理。该项目调查不仅为政府有关部门、社会科学家和各界人士提供了美国劳动力市场的全面信息，而且成为美国以及许多其他国家进行居民调查的参考模型。

CPS由美国人口普查局（U. S. Census Bureau）和美国劳工统计局（U. S. Bureau of Labor Statistics）联合组织，它的核心数据是劳动力市场的信息，提供包括失业率、就业状况、行业收入等许多领域的数据。CPS还收集了大量人口数据，这有助于进一步了解按种族、年龄、性别等分类的在美国全境、各州以及州内不同地区，不同人口团体劳动力市场的状况。CPS由美国人口普查局负责执行，使用的样本是经过科学方法挑选的50 000多户居民。调查在每个月包含19号的那一周进行。调查的问题涉及受访者前一周（即包含12号的那一周）的活动。调查范围覆盖全美50个州和华盛顿特区。每位受访者连续4个月接受访问，然后退出样本，8个月后再进入样本，连续4个月接受访问，最后永久地退出样本。这种4—8—4的样本轮换设计保证了月份之间、年度之间具有较高的相关性和可比性，可以反映样本的时序变化，同时又不断补充了新样本，避免了由于样本老化带来的诸多负面作用。

CPS受访者必须是16周岁以上（含16周岁）的美国居民，因为16周岁以下人口的就业要受到义务教育和儿童劳动法的限制，所以美国劳工统计局只出版16周岁以上（含16周岁）人口的劳动力资料。受访者年龄没有上限，全日制学生与非学生同等对待。通常家庭中的一个成员代表家中所有成员接受调查，如果受访者对家庭其他成员就业情况不了解，调查员就必须与其他成员取得直接联系。

除了常规性的有关劳动力人口情况的调查，通常CPS还包括一些劳动力市场的分析家感兴趣的问题，如兼职活动与收入、服役状况、受教育状况、暂时性的就业、工种更换、工作期以及其他一些内容。由于CPS样本量大、人口覆盖面广，因此许多赞助商利用该调查收集其他一些数据，如对家庭大小的期望、吸烟状况、计算机使用状况以及选举投票情况等。这些调查内容以附加问题的方式插入不同月份的调查中。

CPS的调查问卷是一份完全的电子版文件。数据采集方式有面访和电话调查两种。美国人口普查局在马里兰州的黑格斯敦（Hagerstown，Maryland）、印第安纳州的杰斐逊维尔（Jeffersonville，Indiana）和亚利桑那州的图森（Tucson，Arizona），建有三套数据收集系统中心，主要负责进行计算机辅助电话调查，面访调查则由访问员在便携式电脑上实施。

CPS始于1940年，期间也经历了一些变化。

11.1.2 CPS历史沿革

美国国民失业状况如何，是美国政府和经济学家高度关注的问题之一。在20世纪30年代经济大萧条期间，测定失业率的问题变得尤为突出。美国曾经尝试了许多方法估计失业率，这中间含有相当的猜测成分。1937年，有关部门首次尝试使用概率抽样的方法估计失业率。项目管理部门先是在地区范围，然后在全国范围，研究并发展了测定失业率的技巧。这些研究为1940年的失业样本调查奠定了基础，从1940年开始，失业样本调查成为项目管理部门每月一次的工作，可以认为这是CPS的开始。下面以十年为一个阶段，介绍CPS的发展过程。

1940—1950年大事记

1942年8月。美国人口普查局接手失业样本调查的工作。

1943年10月。美国人口普查局对样本进行了全面改动，改动后的住户样本来自68个初级抽样单元，覆盖了125个县和市。到1945年，约有25 000个住户进入样本。

1945年7月。对CPS的问卷进行了修改，增加了4个就业状况的基本问题，对一些调查项目做了重新定义。

1947年8月。对样本抽选方法做了修改，实现了在地区样本中每个单位入选样本的概率相等，从而简化了制表与估计过程。

1949 年 7 月。进一步扩大了样本涵盖范围，包括饭店、汽车旅馆、拖车移动房等，因为这些住所居民的特点与其他人口不太一样。这些改变提高了数据质量。

1950—1960 年大事记

1953 年 1 月。对目标变量采用比估计的方法，比估计的辅助变量为 1950 年的人口普查数据。新的估计方法的使用进一步提高了估计效率。

1953 年 9 月。高速电子设备引入数据处理和制表过程。这不仅大大提高了估计的速度，而且带来估计方面的改进。电子设备的采用还扩大了抽样变异系数计算的范围。此后在 1959 年，CPS 采用现代计算机，从此美国人口普查局就不断根据计算机的发展对调查的计算机环境进行同步更新。

1954 年 2 月。初级抽样单元的个数由 68 个扩大到 230 个，而样本住户25 000个的数量保持不变。同时调查的估计过程也有所改进，复合估计利用月份之间调查样本的重合优势，在没有增加样本量的情况下，提高了绝大部分主要数据的可靠性。

1956 年 5 月。初级抽样单元的个数由 230 个扩大到 330 个，样本覆盖了 638 个县和市，样本量也由原先的 25 000 个住户增加到 40 000 个住户。据测算，样本量的扩大使主要数据的可靠性提高了大约 20%，并获取了更详尽的数据。

1957 年 1 月。对就业状态的定义进行了重新修正。按照新的定义，原先一些属于就业的人群被归入了失业人群。

1957 年 6 月。调查加入了季节性调整，在随后年度内美国人口普查局和美国劳工统计局进行的调查中出现了方法上的极大改进。

1959 年 7 月。CPS 的任务在不同机构之间进行划分。计划、分析及出版 CPS 劳动力数据的任务由美国劳工统计局承担。数据采集、计算机数据加工、样本维护以及相关方法的研究任务由美国人口普查局承担。

1960—1970 年大事记

1960 年 1 月。阿拉斯加和夏威夷进入 CPS 样本，这使得初级抽样单元由原先的 330 个增加到 332 个。这两个州的加入增加了新数据与旧数据进行比较的难度。

1961 年 10 月。采用计算机输入用胶片光学扫描装置（FOSDIC），CPS 的调查问卷变成了 1960 年人口普查采用的 FOSDIC 格式。利用这个系统可以对调查结果直接扫描，并将信息传输到计算机中存储。这个系统可以使问卷的编排更加灵活，包含更多的问题。这个系统一直用到 1993 年 12 月。

1963 年 3 月。对比估计中使用的样本与人口数据进行了调整，反映了 1960 年以来人口数量与人口分布的变化。根据人口分布变化，初级抽样单元进一步增加到 357 个，给人口增长迅速的地区以更充分的覆盖率。虽然调整后的总样本量不变，但仍然使大多数数据的可靠性提高了 5%。

1967 年 1 月。将原来的 357 个初级样本进一步扩大到 449 个。样本量由原来的 40 000 个住户增加到 60 000 个。这次样本量的扩大使主要数据的可靠性提高了约 20%。同时对就业与失业的概念进行了重新修订。修订包括：对劳动力年龄的改动，增加了有关工作时数、失业时间及个体经营状况等问题。失业定义的修订使时序变化的估计产生了一些波动。

1970—1980 年大事记

1973 年 3 月。为了优化样本，初级抽样单元由 449 个进一步增加到 461 个，但样本量却由原来的 60 000 个减少到 58 000 个。这种改变在于，最终住户群中包含的住户个数从 6 个相近（但不相邻）变成 4 个相邻的住户。

1975 年 9 月。采用了州追加样本。追加样本包含 165 个新的初级抽样单元约 14 000 个住户，用以补充 26 个州和华盛顿特区的国家样本。追加样本的目的是满足各州年平均失业人数估计的可靠性要求。1976 年 8 月，重新改进了估计过程，并重新修订了可靠性要求，这样使三个州的追加样本退出。最后，追加样本包括 155 个初级抽样单元中的 11 000 个住户。

1979 年 1 月。采用了新的两阶段比估计程序，对家庭成员间关系、种族等方面的数据采集方式也进行了调整。例如，家庭成员的种族由受访者而不是访问员决定。

1980—1990 年大事记

1981 年 5 月。1980—1981 年间，对样本量又陆续做过一些调整。至 1981 年 5 月，初级抽样单元的总数达到 629 个，样本总量为 72 000 个住户。

1982 年 11 月。增加了有关工会的调查问题。

1984 年 9 月。开始收集女性服役情况的数据。

1984 年 10 月。针对 16～24 岁的人口增加了入学情况的问题。

1985 年 6 月。马里兰州的黑格斯敦开通了计算机辅助电话调查系统（computer assistant telephone interview，CATI）。在接下来的几年中对该系统进行了测试。

1987 年 4 月。CPS 首次在月度估计中使用通过 CATI 系统中心得到的数据。（亚利桑那州的 CATI 系统中心建于 1992 年 5 月，印第安纳州的 CATI 系统中心建于 1994 年 9 月。）

1990 年及以后的大事记

1990 年 6 月。一系列首次进行的劳动力问卷测试在黑格斯敦 CATI 系统中心展开。1990 年与 1991 年进行的这些测试使用了随机拨号技术。

1992 年 7 月。CATI 与 CAPI（计算机辅助面访调查，即访问员携带笔记本电脑实施调查）综合试验开始进行。

1994 年 1 月。CPS 开始采用一套全新的专为计算机辅助访问设计的问卷。

1994 年 12 月。对与受访者一起居住但非正式家庭成员的这种关系进行了新的分类。这涉及未结婚的同居伙伴、室友及住客等。

1996 年 1 月。对 CPS 的抽样设计进行了一些改动，原来的可靠性要求放松了。修改后的抽样方案中要求有 754 个初级抽样单元，而样本总量减少到 50 000 个住户。

综上所述，自 1940 年 CPS 开始正式实施，半个多世纪以来其改进、充实、完善的工作一直没有间断，不断追求、不断发展的线索清晰可见。概括起来，可以归纳为以下几个方面：

（1）调查内容不断完善。CPS 对主要目标变量的定义进行过若干次修改，以使新定义能及时反映不断变化的经济环境，并保证更好的可操作性。调查的内容也随着时代的要求不断丰富，形成比较科学的指标体系。

（2）抽样设计的效率不断提高。CPS 抽样设计演变的总趋势是，在多阶段抽样中，初级抽样单元的数目在不断增加，而最终样本量（住户）的数目却保持不变，甚至减少。根据抽样原理，在多阶段抽样中，第一阶段的样本方差在总抽样误差中占有重要地位。CPS 抽样设计的不断改进印证了抽样理论的指导作用。第一阶段样本的合理分布是以对初级抽样单元的分层为依据的。所以在多阶段抽样中，对初级抽样单元的精细分层是非常重要的。

（3）估计方法精益求精。CPS 在估计方法上也是不断改进。如该调查所采用的两阶段比率估计、复合估计、方差估计等都是众多专家、学者的集体智慧结晶。美国政府对这方面的研究给予了很大的资助，许多论文也是以 CPS 中的问题作为讨论的背景。

（4）采用高科技的设备与技术。CPS 总是以最快的速度把最新的高科技装备和技术应用于调查活动的实践中，如光学扫描装置 FOSDIC 的使用、CATI 系统中心的建立以及 CATI 和 CAPI 的结合运用。在如此大规模的全国性调查中率先引入先进设备与技术，是 CPS 的一个亮点。

（5）重视调查结果的评估。在调查方案经过较大调整、修订后，都有很详细的质量、效果评估，以便对改进所带来的收益有一个清楚的认识。这项工作对于总结经验、积累素材也是非常重要的。

11.2 CPS 的抽样设计

11.2.1 概述

CPS 自产生以后，一直是美国劳动力与人口特征方面最新信息的主要来源。因为 CPS 的重要性与高层次性，对它的可靠性评估也是定期进行。伴随美国十年一次的人口普查，CPS 抽样设计也是十年修订一次，修订时间通常在两次人口普查中间。新的抽样设计尽可能多地利用人口普查提供的信息，同时兼顾两次普查之间人口状况的变化。本节所介绍的内容取自 1995 年 7 月的抽样设计。

CPS 抽样设计具有以下几个主要特征：

（1）CPS 样本是随机样本。

（2）调查的核心内容是 16 周岁及 16 周岁以上家庭人口的劳动力特征。

（3）抽样时以州为总体，因而设计也是以州为总体的设计。事实上，各州的抽样方案都是统一的，区别只在于各州对核心变量估计精度的要求不同，因而样本量不同。美国劳工统计局和美国人口普查局负责总的计划与协调，并根据各州的调查结果对全国数据进行推估。

（4）样本量由变异系数（CV）及可靠性要求决定。变异系数是衡量抽样误差的一个相对数，它等于估计量标准差除以变量的期望值。就全国而言，通常假定失业率的期望值为 6%，变异系数要求为 1.8%，在显著性水平 $\alpha=0.1$ 的条件下，对全国失业率估计的误差范围在±0.2%之间。

(5) 在失业率为6%的自定义下，各州对变异系数的要求在8%～9%之间。这样就能保证进行全国估计的变异系数控制在1.8%之内。

CPS抽样的主体部分采用两阶段抽样。就全国范围而言，第一阶段采用分层PPS抽样，抽出754个初级抽样单元；第二阶段采用整群系统抽样抽出最终包括56 000个住户的样本。有时，实际产生的最终样本单位过大，就需要第三阶段的抽样。抽样设计保证在一州内，绝大多数住户最终被选入样本的概率是相同的。但是，由于设计是以州为单位的，所以不同州的住户最终被抽中的概率有区别。当然，如果只考虑国家水平的数据，更有效的设计方案或许应该使全国所有住户被抽中的概率相同，但这样就无法保证州水平与国家水平数据的可靠性同时得到满足。因此，目前的这种设计兼顾了国家和州两级的需要。

11.2.2 第一阶段的抽样

第一阶段的抽样涉及三个方面的工作：初级抽样单元（PSU）的界定；对PSU的分层；PSU的抽选。

1. PSU的界定

PSU是不跨州界的。组成PSU的基本行政区划是县，但也不是绝对的。PSU或者是一个县，或者是相邻的两个或多个县。在城市，PSU按照城市统计区域（metropolitan statistical area，MSA）界定。对每个PSU的要求是：面积不超过3 000平方英里（1英里=1 609米），人口在7 500人以上。如果面积与人口数发生冲突，例如在人口稀少的地区，3 000平方英里的范围内人口少于7 500人，则在PSU界定时面积具有优先权。这主要是保证每个PSU的地理范围不能过大，以保证访问员的实际操作。美国的PSU规则产生于20世纪40年代末期，后来对规则不断调整。上述为1990年PSU规则的主要内容。根据上述要求，美国的3 141个行政县共划分为2 007个PSU。

2. 对PSU的分层

对PSU进行分层的主要标准有两个：一个是在同一层内，各PSU具有很大的相同特征；另一个是各层的规模接近，即每一层的人口数接近。有些PSU（如城市）人口密度大，则这些PSU被归入必选的初级单元。这样就把2 007个PSU划分为两类：

一类为具有自代表（self-representing）性质的PSU，共432个。这432个PSU是必选的初级单元。

另一类为非自代表（non-self-representing）性质的PSU，共1 575个。这中间的样本单元是要通过随机抽选产生的。

将1 575个非自代表性质的PSU按地理位置（州内）、人口统计学特征和人数规模分为360个层，平均每层中约有4～5个PSU。

3. PSU的抽选

每个具有自代表性质的PSU自然进入样本。这样，在第一阶段的PSU中，共有432个自代表的PSU。在其他360个层中，采用与人口规模成比例的概率抽样，从每个层中抽取一个 PSU。于是，第一阶段抽样中共抽取出 792 个（1996 年又减少到 754 个）PSU。

11.2.3 第二阶段的抽样

CPS 基本上是采用两阶段抽样，故第二阶段抽样实际上是抽取最终抽样单元（USU）。抽选时采用整群抽样方法，每个 USU 由 4 个住户住址组成。大多数情况下，这些住户（即住房的地址）都是独立的家庭单位。然而，随着时间的变迁，一些房舍可能被拆毁或者转为其他非居住用；另外一些情况下，有的住户地址由几个家庭所分用。这些住户地址仍然是抽样单位，但这些情况使一个群的大小会发生一些微小的变化。通常，4 个相邻的住户地址组成一个群，有时这些住户地址也会比较分散，但与其他住户地址相比，构成一群的 4 个住户地址应当是最邻近的。这样做的好处是便于实施调查，节省调查费用；它的弱点是，由于相邻的住户可能具有较多的相似性，因而会增大抽样误差。

在美国，将生活区域分为两大类。一类为居住单位或住户。一个住户是指有一套房间或一个单独房间作为一个独立的生活区，他们与其他生活区通过如公寓楼的大厅和走廊产生联系。在一个住户中居住的也许是一个人，或者是一个家庭（这是绝大多数的情况），或者是两个或两个以上没有家庭关系的人。在 1990 年美国人口普查中，有大约 98%的人口居住在这样的住户中。另一类是集体户。集体户是指居住者共同享用公共设施或得到统一的照顾，例如学校宿舍、养老院、福利社等。在 1990 年美国人口普查中，有大约 2%的人口居住在集体户中。

两阶段抽样时，使用的抽样框主要有三个：集体户抽样框、住户抽样框、区域抽样框。

下面简要介绍三个抽样框的构造。

（1）集体户抽样框。由于抽样设计中，每个 USU 只包括 4 个住户（家庭）单位，所以首先要将集体户人口转化为住户抽样单位。转化方式为，用集体户总体人口除以 2.63（1990 年人口普查时每个住户的平均人口为 2.63 人），然后将转化的 4 个住户单位组成一群。

（2）住户抽样框。住户抽样框由有完整地址的住户单位构成，典型的完整地址有街道名称和门牌号，如“榆树街 1599 号”。大多数情况下，每个住户地址都是一个独立的家庭单位，4 个邻近的住户地址组成一群。抽样框由群排列而成，采用系统抽样方式抽取群。

（3）区域抽样框。住户抽样框难以包括所有的住户单位，如有些住户没有完整的地址，或只有邮寄地址而没有确切的登门地址，例如“PO123 信箱”。随着时间变迁，也会有一些新住户出现而没能反映在住户抽样框中。所以，区域抽样框是住户抽样框的补充，它包括那些地址不确切的住户，也包括从建筑许可部门所获得的有关新建筑的信息。

USU 的抽取也是由各州独立进行，抽选时是以 $1/k$ 的抽样概率从每个 PSU 中抽取系统样本。这里，k 是 PSU 内的抽样间隔。由于各州的抽样比不同，因此各州 PSU 中的 k 值是不同的。但对于同一个州，不同家庭最终入选样本的概率是相同的。由于 CPS 的抽样设计是每十年修订一次，在这十年期间，为了保证样本轮换，抽选时将十年间准备轮换的样本一并抽出备用。

最后需要补充的是，有时 USU 的大小与设计要求有所偏离，这些偏离会妨碍到调查人员工作的顺利完成。所以，如果 USU 有 15 个以上的住户单位，就需要采用第三阶段抽样。在一系列的工作实施后，工作人员会摸清这种情况，并将原先的抽样单元划分为若干个更小的 USU，并在此基础上进行第三阶段抽样。由于三阶段抽样改变了住户单位被选中的概率，所以，如果出现这种情况，在进行估计时需要使用加权因子对抽样概率进行调整。

11.2.4 样本轮换

CPS 的样本轮换采用的是 4—8—4 模式，即一个住户单位在连续的 4 个月内接受调查，在接下来的 8 个月中退出样本，然后再接受连续 4 个月的调查，最终永久退出样本。轮换方案的设计使得具有相同特征的住户单位替换退出的住户单位。

CPS 的样本轮换具有如下主要特征：

（1）在任何一个月内，都有 1/8 的住户单位第一次接受调查，1/8 的住户单位第二次接受调查，…，以此类推。

（2）每个月都有新的样本组代替从样本中永久退出的老样本组。

（3）每个月都有一个样本组在 8 个月的闲置后重新接受调查。重新接受调查的样本组代替了刚刚退出进入闲置期的样本组。

（4）轮换设计保证了每个样本单元在两个年份的 4 个相同月份中接受调查。

（5）在连续的两个月内，有 3/4 的样本是相同的；在连续的两年中，有 1/2 的样本是相同的。

前面提到，CPS 的抽样设计大体上是每十年修订一次。新的抽样方案涉及 PSU 的重新界定、PSU 的样本数目的改变，以及 PSU 的重新抽取。这样，就要在新入选样本的 PSU 地区雇用新的调查员。而且，重新设计的抽样方案也往往会对调查程序做一些修订。于是，前后两个方案的样本衔接就是一个需要注意的问题。新方案的样本是逐步引入 CPS 实施过程中的，以保证调查过程的连续和调查数据的衔接。事实上，新的抽样方案的实施从 1994 年 4 月就已经开始，经过一年多的时间，到 1995 年 7 月彻底完成。

11.3 CPS 的目标量估计

11.3.1 概述

CPS 是以住户为单位，对全美进行的两阶段抽样调查。它所估计的主要目标量是以劳动力资源为特征的一系列统计指标，包括人口总数、性别、年龄、种族的分布等。为了从调查数据中得到各州和全国的估计数据，就需要对样本中的每个被调查单位进行加权。从技术角度看，如何确定权数是目标量估计中的核心问题。

CPS 目标量估计程序中的权数确定大体需要经过如下步骤：

（1）确定 CPS 样本的基础权数和特殊权数；

（2）根据无回答情况对样本权数进行调整；

（3）为减少 PSU 样本方差进行第一阶段比例调整；

（4）为进一步提高估计效率进行第二阶段比例调整；

（5）结合以前月份的调查数据进行复合估计，以进一步减小方差。

11.3.2　基础权数和特殊权数

CPS 采用的是概率抽样，概率抽样可以得到目标量的无偏估计。为了得到目标量的无偏估计，需要用每个样本单元的调查值乘以该单元入选样本概率的倒数，然后汇总这些结果。

所以，基础权数即各单元入选样本概率的倒数。例如，某样本单元入选的概率为 1‰，则该单元的权数为 1 000，意味着该样本单元的情况代表了 1 000 个单元的情况。由于抽样是以各州为总体，抽样设计是采用与规模大小成比例的自加权设计，所以在各州内，各样本单元的基础权数是相同的。当然，由于各个州的抽样比不同，基础权数在各个州是不同的。

特殊权数是在抽取 USU 时出现特殊情况而对权数进行的调整。上一节已经谈到，对每个 USU 而言，期望所包含的住户为 4 个。但调查实施时发现，该 USU 包含的住户不是 4 个，比如说是 8 个。如果在这个 USU 中仍然只调查 4 户，对每户就要给予一个特殊权数 2。于是，该 USU 中每个被调查户的权数就是基础权数乘以特殊权数。当然，特殊权数的出现会给方差估计带来一些负面影响。因此规定，特殊权数被限制在 4 以内。

11.3.3　无回答调整

调查中会出现无回答的情况。无回答有两种类型：单元无回答和项目无回答。单元无回答指被访户没有接受调查，如被访户家中无人或拒访等。根据历史资料，在 CPS 调查中单元无回答率每月约为 4%～5%，目前这一比率还有上升趋势。项目无回答指被调查户不能或拒绝提供某一个问题的信息。在数据处理过程中，对项目无回答有进行处理的专门程序，一般是采用插补的方法为缺失值模拟一个替补值。所以，这里所讨论的权数调整主要是针对单元无回答而言。

为了进行权数调整，需要构造调整层，使得在同一层内的回答单元和无回答单元的背景尽量相似。调整层是在 PSU 的基础上进行的。首先将每个州的 PSU 分为两类——大城市类和非大城市类，在每一类中又分为两个调整层。大城市类可分为中心城市与非中心城市，非大城市类可分为城镇与农村。此外，还有一些另类地区单独分层，这样全美共分为 254 个调整层。

对于每个调整层，分别用表格列出受访户与无回答户的权数，这个权数是基础权数乘以特殊权数，然后计算无回答调整系数。调整系数的计算公式为：

$$F_{ij}=\frac{Z_{ij}+N_{ij}}{Z_{ij}} \tag{11.1}$$

式中，Z_{ij} 为第 i 类第 j 层接受调查户的权数总和；N_{ij} 为第 i 类第 j 层无回答户的权数总和。

当调整系数大于2时，即接受调查户的权数不及总权数的50%时，需要将该类两个层的加权总数合并计算，目的是希望在某一层出现较高的无回答率时，调整系数仍具有较好的稳定性和代表性。历史数据表明，这种合并的情况不多。

至此，每个受访户的权数为：

权数=基础权数×特殊权数×无回答调整系数

11.3.4 第一阶段比例调整

一些典型的人口特征与劳动力数据密切相关。这些情况包括年龄、种族、性别。美国除白人外，最主要的两个种族是黑人和西班牙裔，他们的情况受到格外关注。调查中每个月CPS样本的人口特征分布与总人口的真实分布有所不同。CPS采用加权处理，使得在这些特征上样本的人口分布尽可能接近已知的总人口分布。实现的途径是采用比例调整。CPS估计过程中有两个比例调整：第一阶段比例调整和第二阶段比例调整。第一阶段比例调整主要是对样本中黑人分布进行的调整，通过调整使得每个州内PSU中的黑人与非黑人比例接近该PSU所代表的范围内黑人与非黑人的比例。在CPS抽样设计中，PSU被分为两类，一类为肯定入选样本的，这些PSU具有自我代表性质；另一类是通过抽选进入样本的，这些PSU不具有自我代表性质（见11.2节）。因此，第一阶段的比例调整是针对不具有自我代表性质的PSU而言的。

第一阶段比例调整因子采用下面的公式计算：

$$FS_{sj} = \frac{\sum_{i=1}^{n} C_{sij}}{\sum_{k=1}^{m} \left(\frac{1}{\pi_{sk}}\right) C_{skj}} \tag{11.2}$$

式中，FS_{sj}为s州中第j个种族的第一阶段调整因子（j=黑人，非黑人）；C_{sij}为s州中第j个种族第i个非自我代表PSU中16岁以上的人口总数；C_{skj}为s州中第j个种族第k个非自我代表PSU中16岁以上的人口总数；π_{sk}为s州中第k个非自我代表样本PSU入样的概率；n为s州中非自我代表PSU的总数（包括入样的和非入样的）；m为s州中非自我代表PSU的样本个数。

但如果一个州内的黑人或非黑人调整因子满足下列条件之一，即将两个因子合并：

- 因子大于1.3；
- 因子小于1/1.3=0.769 23；
- 该州内少于4个非自我代表PSU样本；
- 该州内某一种族少于10个受访者。

第一阶段比例调整后，每个受访者的权数为：

权数=基础权数×特殊权数×无回答调整系数×第一阶段比例调整因子

11.3.5 第二阶段比例调整

第二阶段比例调整的程序要复杂一些。它的基本思想是采用迭代的方法，将样本中一些有关人口特征的重要变量的权数调整到与总体数量尽可能一致。每个月 CPS 的样本都是由 8 个轮换组构成的，调整在每个轮换组中进行。进行调整时有三套控制变量，它们是：

- 各州 16 岁以上公民的总数；
- 西班牙裔/性别分组（共 14 组）和非西班牙裔/年龄分组（共 5 组）；
- 白种人/性别/年龄分组（共 66 组），黑种人/性别/年龄分组（共 42 组），其他种族/性别/年龄分组（共 10 组）。

由种族、性别和年龄变量组合成的分组的个数不同，体现了设计人员对不同方面内容关注细致程度的不同。

在权数调整中，如果仅以一套控制变量为目标，势必引起与其他控制变量的偏离，因此需要采用迭代方法使调整权数同时适应所有控制变量。一般而言，经过 6 次迭代，就可以达到权数调整的目的。研究人员认为，第二阶段比例调整不仅可以减小 CPS 估计误差，而且当迭代收敛时，估计量可以使下面的统计量最小化：

$$\sum_{i} W_{2i}\ln(W_{2i}/W_{1i}) \tag{11.3}$$

式中，W_{2i} 为第 i 个样本单元的最终权数；W_{1i} 为第 i 个样本单元的第一阶段比例调整后的权数。

进行第二阶段比例调整需要大量辅助信息，这些数据来自人口普查和其他有关渠道。

几个控制变量的多种组合形成了众多的调整组。如果某些调整组中没有受访者，或受访者过多，都可能增大样本估计的方差，因此对这些情况需要进行识别。于是，在迭代之前，首先需要计算初始调整因子。计算公式为：

$$\text{初始因子 } F_{jk}=C_j/E_{jk} \tag{11.4}$$

式中，C_j 为第 j 个调整组中的控制总量除以 8（因为 CPS 样本中有 8 个轮换组，调整在每个轮换组中分别进行）；E_{jk} 为第一阶段比例调整后第 j 个调整组中的第 k 个轮换组对控制变量的估计。

这些初始因子的作用是决定调整组是否需要合并，如果符合下列条件之一：

- 调整组中没有受访者；
- 初始因子小于或等于 0.6；
- 初始因子大于或等于 2，

则该组与邻近的调整组合并。

每一次的迭代可以分解为三步：计算组内的调整因子，用调整因子进行组内的估计，用控制总量除以该估计值。这些步骤重复 6 遍（即 6 次迭代）得到第二阶段比例调整因子。在这个基础上，求出每个受访者的最终权数。

最终权数＝基础权数×特殊权数×无回答调整系数×第一阶段比例调整因子×第二阶段比例调整因子

11.3.6　复合估计

一旦获得样本单元的最终权数，采用霍维茨-汤普森估计量，就可以得到 CPS 估计值。但在CPS中，对有关劳动力资源的大多数目标量，采用的是复合估计（composite estimate）方法。复合估计是把几个估计值加权平均。CPS的复合估计包括如下内容，一个是上面所提到的采用霍维茨-汤普森估计量所得到的CPS当前调查月份的估计，另一个是上个月份的复合估计以及对两个月份之间变化量的估计。变化量估计的数据来源于两个月份中75%的相同样本。在1985年之前，复合估计只采用当月的霍维茨-汤普森估计量和上个月份的复合估计量，并对这两个估计量赋予相同的权数。1985年后估计方法有所改变，对上述两个估计量分别赋予不同的权数，并补充了两个月份之间变化量估计这个因子。以劳动力水平为例，对劳动力水平Y_t'进行复合估计的公式为：

$$Y_t' = (1-k)\hat{Y}_t + k(Y_{t-1}' + \Delta_t) + A\hat{B}_t \tag{11.5}$$

式中：

$$\hat{Y}_t = \sum_{i=1}^{8} X_{ti}\text{，}\Delta_t = \frac{4}{3}\sum_{i\in s}(X_{t,i} - X_{t-1,i-1})\text{，}\hat{B}_t = \sum_{i\notin s} X_{t,i} - \frac{1}{3}\sum_{i\in s} X_{t,i}$$

式中，i=1，2，…，8（8个轮换组）；$X_{t,i}$为第t个月份第i个轮换样本第二阶段比例调整之后目标量的权数之和；s=｛2，3，4，6，7，8｝。

$\hat{Y}_t$是目标量当前月份的霍维茨-汤普森估计；Δ_t是月份$t-1$到月份t轮换组变化量的估计；$\hat{B}_t$是样本中新进入的轮换组（第1，5组）和原有的组（第2，3，4，6，7，8组）之间净差异的估计值。在估计公式中之所以加上此项，是因为历史数据表明，样本中的新进入组与原有组相比，在有关劳动力资源和失业率方面往往表现出趋高的倾向，加上这一项可以在某种程度上起平衡作用。如果不存在上述倾向，$\hat{B}_t$的期望值则为零。

有关CPS估计的研究还表明，当K和A取常数$K=0.4$，$A=0.2$时，对有关劳动力特征的变量来说，估计量的方差可以下降到最理想的程度（参见Kostanich and Bettin, 1986）。

11.4 CPS的方差估计

11.4.1 概述

CPS的方差估计主要用于两个目的：

（1）对估计值的方差进行估计，以用于各种统计分析；

（2）对每一阶段抽样效果和估计的精确度进行评估，以评价和改进抽样设计。

11.4.2 方差估计的再抽样方法

用再抽样方法进行方差估计是复杂样本方差估计经常采用的方法。这种再抽样是在每个月的总样本中，采用与总样本相同的抽样原则和估计程序，抽取一些次级随机样本，根据这些次级随机样本的估计值计算方差。可以把这些次级样本称为重复样本。增加重复样本的数量会提高方差估计值的准确性，但也会增加费用。因此，重复样本的数量由调查成本和对方差估计质量的要求之间的关系决定。

1970年以前，CPS的方差估计使用40个重复样本，受计算机功能的限制，仅计算了14个特征组的方差。1970年的设计采纳了Keyfitz方差计算方法，这些方差估计运用泰勒级数法，消掉含有比第一项更高阶的导数的项。到1980年，计算机内存的改进使采用复合估计对所有阶段进行加权的再抽样，计算多个目标量的方差估计值成为可能。

1980年以后，开始使用均衡半样本方法进行方差估计，样本被分割成48个重复样本。重复样本保持了抽样设计的所有特征，如分层方法，PSU内的样本抽取方法等。但由于成本费用和计算机的限制，这种方差估计的方法仅仅使用了13个月（1987年1月到1988年1月）。而且，由于分解以后PSU的规模过小，地方一级水平上的方差估计被认为不够可靠。

11.4.3 1990年抽样设计的方差估计方法

1990年设计方案中的方差估计采用了逐次差分再抽样法。该方法的理论基础由沃尔特（Wolter，1984）提出，又由费伊和特雷恩（Fay and Train，1995）进一步发展。该方法是将被选中的USU（一般包含4个住户单元）按相邻的顺序配对，如（USU_1，USU_2），（USU_2，USU_3），（USU_3，USU_4）等。这种方法在方差估计中更好地反映了系统抽样的特点。重复样本的数量也由48个增加到160个，以提高估计的精度。

由方差理论知道，总方差由组内方差和组间方差两部分组成。这里，组内方差是PSU内由于抽样所产生的误差，又称PSU组内方差；组间方差是指在所有的非自我代表PSU（简称NSR PSU）之间抽取PSU样本所产生的误差，又称PSU组间方差。对于自我代表PSU（简称SR PSU），因为其入样的概率为100%，不涉及该层次上的方差计算，所以逐次差分再抽样法只是针对总方差和PSU组内方差计算而言，PSU组间方差则可以根据总方差和PSU组内方差推算。

再抽样因子是根据一个160×160的Hadamard正交矩阵计算出来的。要估计总方差，对于SR样本和NSR样本，重复样本的组成方法是不同的。在州内，由NSR PSU组成虚拟层，虚拟层中的PSU以随机的方式分配给重复样本的每个组。用再抽样因子1.5或0.5来调整NSR组的权数。这些因子由Hadamard矩阵的行来确定，从而进一步解释了虚拟层中的最初层为何容量不同（参见Wolter，1985）。大多数情况下，虚拟层由成对的PSU组成，但在有些州，NSR PSU个数为奇数，就需要构成一个包含三个PSU的虚拟层，在这种情况下，Hadamard矩阵的两行被赋予该虚拟层，使得三个PSU的再抽样因子为0.5，1.7和0.8，或者1.5，0.3和1.2。一个虚拟层中的所有USU被赋予相同的行数。

对SR样本，Hadamard矩阵的两行被赋给每对USU，以构造出再抽样因子f_r。

$$f_{ir} = 1 + (2)^{-\frac{3}{2}} a_{i+1,r} - (2)^{-\frac{3}{2}} a_{i+2,r}, \quad r = 1,2,\cdots,160 \tag{11.6}$$

式中，$a_{i,r}$是在一个系统样本中，第i个USU对应的Hadamard矩阵中的数字（+1或−1）。根据此公式可以得出再抽样因子为1.7，1.0和0.3。

依照上节所述的估计程序，求得每个重复样本目标量的估计值 $\hat{Y}_r$ 和整个样本目标量估计值 $\hat{Y}$，则方差估计值为：

$$v(\hat{Y}) = \frac{4}{160}\sum_{r=1}^{160}(\hat{Y}_r - \hat{Y})^2 \tag{11.7}$$

SR 样本中的再抽样因子 1.7，1.0 和 0.3，是根据式（11.6）计算得到的，并能得到式（11.7）中的数字 4，从而保证了对于 SR 样本和 NSR 样本公式是一致的（参见 Fay and Train，1995）。

以上方差估计的方法也可以用来估计 PSU 组内方差。对于 SR 样本，采用与总方差估计相同的再抽样因子；对于 NSR 样本，则采用与 SR 样本相同方式组成 USU 配对。这样，对于 PSU 组内方差，所有的 USU 的再抽样因子均为 1.7，1.0 和 0.3。

11.4.4 地区和州水平的方差估计

对一些地区，如大城市地区的方差估计可以通过全国样本中的 SR 样本部分的方差估计方法得到。据估计，由于方法的改进，这些地区的方差估计值比相同样本量用 1980 年的方法得到的估计值更可靠。然而，对于受 NSR 样本影响较大的地区，方差估计却是难以解决的问题。

州水平的方差估计也是需要注意的。有一些州，仅仅包含少量的 NSR 性质的 PSU。将它们配对组成虚拟层，减少了重复样本的数量，方差估计的可靠性问题将变得严重。而在另外一些州，NSR 覆盖范围的人口比重超过全国的平均水平，在这些州由 PSU 得到的方差估计可能变得更为重要。

此外，为估计方差而构造虚拟层，引入了新的层间方差，而这部分在抽样设计中没有考虑，由此导致了对真实方差的偏高估计。对总体（全国）目标量的估计值进行方差估计时，这种新产生的层间方差影响相对较小，但在州一级水平上的估计，这种方差就显得较大。这是在估计州水平的方差时需要说明的。

对地区和州水平上的方差估计的研究仍在继续，并取得了一些进展。当这些研究成果可以操作时，方差估计将会得到进一步的改善。

11.4.5 广义方差

除一些例外，在出版的报告和公开的数据中，抽样标准误差是用广义方差函数（generalized variance function，GVF）计算的。广义方差函数是一个简单的模型，是估计量期望值的方差函数表达式。模型中的参数采用上面所讨论的方法进行估计。这些模型提供了计算估计标准误差近似值的相对容易的方法。

需要回答的一个问题是，为什么不是根据调查数据计算每个估计值的标准差？实际上可以这样做，但个别标准差的作用是有限的，数据的使用者不可能据此预测所有结果之间的关系，而这种关系是数据使用者所感兴趣的。更重要的是，方差估计值是基于样本数据得到的，也具有其自身的方差。某个月目标量估计值的方差估计通常不如目标量估计值本身更精确，这意味着同一指标方差估计值在不同的月份差别会很大，或者在同一个月内相关的不同指标的方差估计值大相径庭。因此，需要一些使得这些方差估计值更稳定的方法来提高其可靠性。经验表明，使用广义方差函数可能会得到更稳定的方差估计值。

广义方差函数用于产生人口总量 X 估计值的估计方差。函数形式为：

$$V(\hat{X}) = aX^2 + bX \tag{11.8}$$

式中，a 和 b 是用最小二乘法得到的估计参数。该模型的原理是，假定 X 的方差可以表示为简单随机样本的方差与设计效应（$deff$）的乘积。设计效应是指某一复杂抽样设计相对于简单随机抽样设计的效果。定义 $P=\frac{X}{N}$ 为具有某特征的人口比例，N 为人口总数，$Q=1-P$，由 n 个样本单元得到总量估计值 $\hat{X}$ 的方差为：

$$V(\hat{X}) = \frac{N^2 PQ(deff)}{n} \tag{11.9}$$

又可将上式写为：

$$V(\hat{X}) = -deff\,\frac{N}{n}\frac{X^2}{N} + deff\,\frac{N}{n}X \tag{11.10}$$

令 $a=-\frac{b}{N}$，$b=\frac{deff \cdot N}{n}$，则

$$V(\hat{X}) = aX^2 + bX$$

我们取 $a=-\frac{b}{N}$，这里 N 为控制总量，当 $X=N$ 时，方差为零。

参数 a 和 b 用相对方差模型进行估计。相对方差模型为：

$$VX^2 = a + \frac{b}{X} \tag{11.11}$$

相对方差 VX^2 是方差除以估计期望值平方。通过一组相关的估计值和这些估计值的相对方差拟合模型，得到系数 a 和 b 的估计。估计值相对方差则是采用逐次差分再抽样方法计算得到的。

模型拟合采用迭代加权最小二乘法，权数是相对方差平方的倒数。采用这个权数是为了防止具有较大的相对方差项对 a 和 b 的估计产生影响。通常，至少使用一年的数据用于此模型的拟合，同时，每个组至少有 20 个项估计值及其相对方差。需要注意的是，使用模型来估计估计值的相对方差，可能会引入一些误差，因为模型可能对一些合理的极值进行了很大的修正。计算广义方差是为了估计不同月份间的变化及月度水平，参数 a 和 b 会定期更新，以便反映总体总量的变化和由于样本缩减造成的 N/n 之比的变化。

当 a 和 b 确定之后，就可以构造一个表格，在表格中给出具体的估计结果。然而，许多报告都给出了有关参数的列表，使用者可以直接利用列表计算广义方差的估计值。表 11-1 就是从就业和薪酬的列表中（美国劳工部提供）截取的例子。

表 11-1 月度数据标准误差计算参数

特征组	a	b
失业：		
总体或白人	−0.000 015 749	2 464.91
黑人	0.000 191 460	2 621.89
西班牙裔	−0.000 098 631	2 704.53

月度估计值 $\hat{X}$ 的近似标准差 $S_{\hat{X}}$ 可以由表中 a，b 及以下公式得到：

$$S_{\hat{X}}=\sqrt{a\hat{X}^2+b\hat{X}} \tag{11.12}$$

假设某个月城市劳动力中的失业人数为 6 000 000（$\hat{X}=6\ 000\ 000$），则由表 11-1，有

$a=-0.000\ 015\ 749$，$b=2\ 464.91$

$S_{\hat{X}}\approx 119\ 000$

月度城市失业人口估计值 90%的置信区间是 5 810 000～6 190 000（6 000 000±1.6×119 000）。

11.4.6 用估计方差评估抽样设计

自 CPS 调查开始以来，抽样设计和估计方法发生过很多变化，这是因为 CPS 总是力图最大限度地优化所能得到的资源，最大限度地运用最新的技术。在不同历史时期对可靠性要求的不同，也导致了这些变化。要进行有效的抽样设计，运用估计方差进行评估是必要的。

前面曾提到，CPS 的总方差包括 PSU 组内方差和 NSR PSU 组间方差。实际上，对于大部分指标来说，PSU 组内方差已经解释了总方差的 90%。但不同指标之间是有差异的。例如，对于国内劳动力和非劳动力指标，方差几乎全部来自 PSU 内的住户单元抽样；对于农业就业总人口和农业白人就业人口，PSU 组内方差解释了总方差的 60%～70%；而农业西班牙裔就业人口和非农业西班牙裔人口 PSU 组内方差占总方差的约 80%～90%。这至少表明，CPS 对 PSU 的界定、分类、分层和抽样是非常成功的。

相对方差可以用于对估计程序和估计步骤的评估。使用相对方差比使用方差本身更有意义，因为估计的不同阶段可能既影响估计水平，也影响方差本身。估计程序包括：确定基础权数、特殊权数、无回答调整、第一和第二阶段比例调整，以及复合估计方法的采用。例如，如果经过加权和调整，采用无偏估计方法（即不是采用复合估计方法）失业率相对方差（变异系数的平方）的估计值为 3.590×10^{-4}，但如果仅仅采用基础权数和特殊权数进行估计，相对方差则是它的 1.06 倍，如果再加上无回答调整因子，相对方差则是它的 1.05 倍。由此可以看出在失业率指标的估计上各个加权调整程序所起的效果。

从整个估计过程看，对于全国指标的估计，第一阶段的比例调整对相对方差的估计几乎没有产生影响。第一阶段比例调整的目的是降低州水平上的估计值方差，但是否实现了这个目标，其效果尚待检验。

然而，第二阶段的比例调整效果却是明显的，它的引入大大减小了总方差，特别是对

年龄、性别、种族这种比例较高的分组，效果尤其明显。例如，像美国国内劳动力中白人、黑人或西班牙裔的人数或者非农业领域中的就业者人数，若没有第二阶段的比例调整，相对方差将会提高几倍。但对于一些规模很小的分组，如农业中就业和失业的情况，第二阶段的比例调整没有明显的效果。

估计程序的最后一步是复合估计。复合估计是利用两个月份中75%的复合样本的有关信息改进对月份变化的估计。例如，西班牙裔失业人数复合估计的估计方差为 3.659×10^9，它是经过各阶段加权以后估计值估计方差的92%，也就是说，在该指标中，复合估计使估计方差下降了8%。此外，也可以利用设计效应作为评估的另一个指标。设计效应的计算公式是式（11.9），式中的 P 和 Q 由6个月的数据综合而成。就失业人口而言，复合估计的设计效应为1.229。这说明，在样本量相同情况下，CPS抽样设计（包括样本抽选、加权程序和复合估计）的方差比简单随机抽样的无偏估计的方差高近23个百分点。如果不是采用复合估计，设计效应则为1.314，这也说明，在CPS设计中复合估计比通常的估计有更好的效果。

11.5 非抽样误差及控制

11.5.1 概述

非抽样误差可能产生在调查的各个阶段，而且不易辨认。显然，非抽样误差的存在将影响调查结果中偏差的产生和方差的增大，但这些影响难以测量。因此，最适当的策略莫过于了解非抽样误差产生的来源，并在调查中采取有效的措施防范。

1994年以前，研究人员对CPS中的非抽样误差曾做过很好的研究，但1994年1月以后，对CPS中的非抽样误差没有像以前那样进行精密的测定。由于CPS使用了计算机作为采集数据的工具，因而以前的研究结果对目前的情况在多大程度上适用也不清楚。但是可以肯定，有几类主要的非抽样误差一定存在于CPS之中。一类是由于抽样框或其他信息资源有误所引起的误差，另一类是由于调查中的无回答所带来的误差，还有一类误差产生于被调查者不真实的回答。本节将对这几种类型的误差来源和控制措施做简要的介绍和讨论。

11.5.2 抽样框误差及控制

完善的抽样框的标志是，目标总体与被抽样总体中的单元一一对应，抽样框中的目标单元既没有重复，也没有遗漏。但调查实践中很难找到这样好的抽样框，尤其在大规模调查中更是如此。在CPS中，两类问题比较明显：一个是遗漏，即抽样框中遗漏掉目标总体单元；另一个是不适当涵盖，即抽样框中包含不应接受调查的单元。从CPS的历史看，遗漏情况更为严重，其后果是造成总量估计偏低。

遗漏产生的主要来源有：

● 地址不清，指调查地址不完整或有些单元无法确定其地址。

● 新建筑产生，特别是农村一些地区未经建筑许可部门批准而兴建的建筑。这些建筑没有登记，因而不会出现在抽样框中。

● 户内单元遗漏，把本应属于某住户单元的成员错认为不属于该住户单元的成员。

此外，还包括对无家可归者的遗漏。据测算，1997 年 1 月 CPS 对 16 岁以上人口总体的遗漏率（包括各种类型的遗漏）大约为 8%。一般来说，对黑人的遗漏率最高，约为 17%，其中又以 25～34 岁年龄组的男性黑人遗漏率最高，对女性黑人的遗漏率则要低一些。

抽样框误差的控制措施主要包括以下几个方面：

(1) 样本检验。样本检验包括样本测试和结果检验两个方面。

样本测试是在样本抽取之前对各种抽样程序进行测试，以保证这些程序可以单独或联合运行。用一些由极端值构成的小规模数据检验整个系统在特殊情况下的表现。例如，用 1990 年普查中的异常情况检验同年 CPS 抽样过程。这些情况包括：航海器中的船员、特殊的集体户住所，以及印第安保留地中的情况等。设计人员编写了一些程序用以验证抽样过程是否能够正确、恰当地解决这些问题。

结果检验主要是对抽样结果的检验，验证系统是不是在真实数据的基础上运行。检验的例子有：PSU 入样概率之和是否为 1；查验文件中的空字段及超出定义范围的数据；检验文件的一致性，例如选入样本的 PSU 与输出结果的内容是否一致；检验信息的集中化程序，如所有各州的抽样比应纳入同一个参数文件中；等等。作为一项整体一致性的验证手段，抽样过程中某些阶段的结果被用来与以前 CPS 调查设计的结果进行比较。

(2) 名单审核。对每个月使用的名录进行审核，以把抽样框误差控制在尽可能小的程度。目前，名单审核工作的速度尚不足以保证工作过程中发现的错误都能及时得到纠正，但审核的自动化程序已使审核进度得到了很大的提高，从而为 CPS 提供了更为精确的抽样框。

审核内容的一些例子有：

● 当名录上的单元数目超过或低于预定数目时，是否有恰当的说明？

● 是否有新名单的出现？是否发现了多余的单元？是否有名单上漏掉的单元？

● 是否有样本单元没有序列号的情况？

● 单元名称是否有变化？

● 是否有样本单元被破坏或废弃？

(3) 样本登记。样本登记描述了一个工作过程。调查组织部门凭此来确认访问员是否找到全部的样本单元。由于 CPS 全部借助电脑进行访问，因此可以对样本实施追踪，达到对样本进行更密切的控制。样本登记主要用来控制和检验样本的数量，这也有助于访问员工作任务的平衡分配。

11.5.3 无回答误差及控制

CPS 中有许多因素导致无回答。一种情况是被调查住户为空户，或尚未建成，或已毁损，或为非目标居民（如外国人）等。CPS 不把这种情况视为无回答，因为他们本来就在调查范围之外。这里所说的无回答指拒绝回答，没有能力回答，或由于其他原因（如外出）而无法取得联系等。在 CPS 中，把这类无回答称为 A 类无回答。

无回答还有其他一些类型。住户中的某个人可能拒绝接受访问，从而引起个人无回答。个人无回答在 CPS 中不是主要问题，因为住户中的其他人可以代其回答。另外一种是项目无回答，即被调查者接受调查，但拒绝回答某个或某些特定问题。在 CPS 中，有处理项目无回答的插补程序，但这并不能保证消除项目无回答所带来的误差，项目无回答还可能将潜在的各种偏差引入估计。

对无回答进行控制的主要措施有：

（1）现场指导。CPS 有专门的文件来指导现场访问员的操作。结合其他有关的信息来源，管理人员可以对现场访问员的表现作出评价。如果一个访问员的 A 类无回答率，或者在每个样本单元花费的平均时间超过正常工作水平的 1/4，该访问员就需要接受额外的培训。全国和地区在回答率方面的资料还用于地区部门对自己范围内的现场操作情况的评价，以决定是否需要采取其他补充措施。

（2）概况统计表。对无回答进行监控的另一个措施是概况统计表，它由调查总部制作，用来了解回答类型和回答方式的变化，并用于评估数据的质量。概况统计表包括的内容大致有：地区的无回答率；与前一年月度相比的情况；无回答变为回答的转化率；计算机辅助电话调查样本的比较；每月新样本的访问情况；等等。

（3）专项检查。在一份“方法与表现评估备忘录”（Reeder，1997）中详细记载了美国人口普查局和美国劳工统计局组成的工作小组对 CPS 中无回答状况进行检查的情况。检查的目的之一是寻找 CPS 回答率下降的原因和解决办法。检查中提出了 31 个问题，以便了解 CPS 的现场操作，并了解实施部门对无回答率上升原因的看法，以及对无回答现象进行控制的措施。该项工作得到了如下信息：

- 访问员能够尽快地让地区部门了解无回答住户的情况；
- 在大部分地区中，对无回答出现后所采取的补救措施有文字说明；
- 大部分地区对特定情况下的明确拒访采取了使其转变的补救措施；
- 所有地区对访问员提交的月度无回答报告都给予了及时的信息反馈；
- 有约半数的地区对访问员进行了特殊的技术培训，以处理调查中的无回答问题。

由此看出，CPS 对控制调查中的无回答有一套比较完整的程序，这些程序包括：实施调查的操作性手册，使访问员有章可循；调查结果的汇报制度，使有关人员及时掌握无回答的情况及变动趋势，以便有针对性地采取补救措施；定期的专项检查和问题研讨，以及对访问员进行专门的技术培训。

11.5.4 回答误差及控制

回答误差指受访者向调整人员提供的答案与真实情况不一致。在 CPS 中，产生回答误差的原因主要有：

（1）理解问题。受访者对问题理解有偏误，因而提供了错误的答案。

（2）记忆问题。由于记忆不清或不知真实答案而猜测，任选其中一个答案。

（3）心理问题。由于某些原因，有意夸大或缩小某项回答。

（4）访问员问题。由于访问员念错，或没有遵守规则的跳问，导致对方回答错误。也包括访问员记录答案的错误。

在CPS中，对回答误差的主要监控措施有：

1. 软件

20世纪90年代以后，计算机辅助调查在CPS中发挥了重要作用。现在的软件技术能够为每次访问提供经过自动选择的问题。计算机屏幕显示出答案的选项，访问员无须再担心由于跳问不当而导致出错。题项的文本中会自动填入规范的名称、代词、动词和参考日期。如果在提某个问题时受访者拒答，那么以后则不再对该项目提问，空项目由项目无回答的插补程序去处理，这样就把由于回答失真所带来的非抽样误差与无回答带来的误差区分开来。软件还可以在调查实施中进行逻辑审核，使访问员有机会对不正确或不一致的信息作出判断和纠正。

2. 问卷

现在CPS的问卷是不断修订的结果，修订的目的之一是减少问卷-受访者-访问员之间的相互影响所导致的潜在的回答误差，提高有关概念的可测量性。具体的方法包括：更短、更清楚的问题措辞；把复杂问题拆分为两个或更多的问题；问题的措辞中表现出对概念的定义；减少对受访者主动提供信息的依赖；采用不同的策略使受访者提供数字信息；对开放性问题实行预编码等。

3. 检验与改进

研究人员在对CPS设计方案的不断修订和对调查问卷的不断研究中积累了许多经验，这些经验又被用于对另外一些新问题的研究，以保证这些新问题不会给采集数据带来失真的危险，同时这些问题又是调查内容所需要的恰当问题。

对现有调查问题进行改进也很有价值。对某些回答“不知道”或拒答比例较高的问题进行专门的分析，对访问员的调查总结进行复核。访问员和督导之间的小组会议也定期举行。

尽管对老问题和旧方法的改进将有益于CPS的数据质量，但仍需要对这些改进进行试验和效果评估后才能正式实施。例如，在引入CPS新设计方案的头5个月，同时也在实施一项仍使用原方案的平行调查。平行调查的结果用于对新方案在无回答率和数据估计等方面产生的影响进行评估。

4. 对访问员的培训和监督

对访问员进行集体培训和个别指导是每个地区部门为控制各种非抽样误差都要进行的连续性工作。培训内容包括：增强访问员的责任心，严格按程序操作，并学习处理疑难问题的技巧。

现场监督是检查和改进现场访问员工作的方法之一，它为评价访问员的工作态度和电脑使用情况提供了一个正式的渠道。共有三种监督：最初工作监督、一般表现监督和特别需要监督。在所有这些监督过程中，督导都会强调保持良好访问技巧，按要求的措辞提问，遵守调查手册的规定，知道怎样进行问题探索，进行详细的调查记录，在受访者改变已经给出的信息时作出正确的判断和恰当的处理，确定进行访问的最适当时间和场合等。

5. 代答效果评价

现场访问要求每个受访者提供关于自己的信息，但真正实施起来是很难的。从时间和效率的角度出发，具有足够知识的成年住户成员可以为本住户其他成员代答。所以在CPS资料中，大约有一半的数据来自代答。非住户成员的代答只在特殊的情况下被允许。

大量的研究对受访者自答和代答的效果进行了评价。许多研究指出，自答比代答更可靠，尤其在可能有动机上的原因使二者发生差别时更是如此。例如，对于孩子的情况，父母倾向于更好的描绘。但在某些情况下代答的回答可能更准确，如对某些敏感问题的回答。

6. 访问员与受访者的互动

与受访者形成互动关系是提高数据质量的一个有效手段，对新样本的每第1个月和第5个月的面访更需要注意（第1和5次调查为面访，第2，3，4，6，7，8次为电话调查）。通过表现出对受访者真诚的理解与兴趣，可以建立一种友好的气氛，使受访者愿意诚实、公开地回答问题。访问员要精确地按规定的措辞提出每一个问题，如果对方没有理解或误解，就将问题重复一遍。如果仍未获得需要的回答，就采用一些探索性技巧。要创造一个良好的氛围，以利于以后的接触。

7. 再访问程序

对一些住户进行两次调查，将两次调查的结果进行比较，对其中的差异进行分析。实际上，这项工作也对指导手册、培训工作和工作程序同时进行了评价。

附录Ⅰ　R 软件中的抽样方法应用

一、概　述

我们将介绍几种常用抽样方法在 R 软件中的实现，包括：简单随机抽样、分层抽样、系统抽样、PPS 抽样、整群抽样和多阶段抽样。每种方法的介绍都包含两方面内容：抽样和估计。使用的软件是 R-3.6.1。

进行抽样主要使用的是 sampling 与 TeachingSampling 包。用到的函数主要有 srswor，S. STSI，UPsystematic，UPmultinomial，UPbrewer，mstage，inclusionprobabilities，getdata。各函数及其主要用途见表 1。

表 1　部分抽样函数

抽样函数	用途
srswor	简单随机抽样
S. STSI	不放回分层抽样，层内简单随机抽样
UPsystematic	系统抽样
UPmultinomial	PPS 抽样
UPbrewer	Brewer 抽样
mstage	整群抽样与多阶段抽样，可以使用“srswor”“srswr”“poisson”“systematic”等几种方法，默认方法为简单随机抽样即“srswor”
inclusionprobabilities	定义总体单元入样概率
getdata	从总体数据中调用样本全部信息

对抽样结果进行估计主要使用的是 survey 包，首先需要下载并加载 survey 包，同时还需要加载一个 R 的基础包 grid。用到的函数主要有 svydesign，svymean，svytotal，svyratio，svyglm，predict。各函数及其主要用途见表 2。

表 2　部分估计函数

估计函数	用途
svydesign	定义抽样设计及抽样结果
svymean	均值估计及标准误差估计
svytotal	总值估计及标准误差估计
svyratio	比估计及标准误差估计
svyglm	回归估计及标准误差估计
predict	对目标变量进行估计

以下函数在数据处理过程中也较为常用。

（1）read. csv()：用于导入 csv 数据并存储为数据框格式。

常用参数：

header：默认值为 TURE，表示首行为列索引名，可选 FALSE。

skip：表示除标题行外跳过几行不读入数据框。

na：指定将文件中的哪些值读为缺失值 NA。

（2）data()：用于导入 R 内置数据集，如用 data（BigLucy，package="TeachingSampling"）导入 TeachingSampling 的 BigLucy 数据集，package 参数用于指定数据集所在的包，默认为 null。

（3）rnorm（n，mean=，sd=）：生成服从正态分布的随机序列，三个参数分别表示样本量、正态分布的均值和标准差。类似地，还可以通过 rpois()、rexp()、rgamma()、runif()、rbinom()、rgeom() 等分别生成服从泊松分布、指数分布、伽马分布、均匀分布、二项分布、几何分布的随机序列。

（4）sample(x，size=)：在序列 x 中抽样。

常用参数：

size：表示需要抽取的样本量。

repalce：控制是否可放回，默认为 FALSE，表示不放回抽取。

prob：给序列中每个元素赋概率，实现不等概抽取，默认为 null，表示等概率抽取。

示例：

```
> set. seed(123)          #设置随机种子
> x = rnorm(1000,0,1)          #生成长度为 1000,服从标准正态分布的序列
> hist(x)                 #作 x 的直方图
> a = sample(x,10 ,replace = TRUE)   #从 x 中有放回随机抽取 n = 10 的样本
> a
 - 0.3636573   1.5985088   - 0.8338436   0.1036380   0.2498247   1.1102771  - 1.9385047
0.6732539  0.1166373   - 0.2651451
```

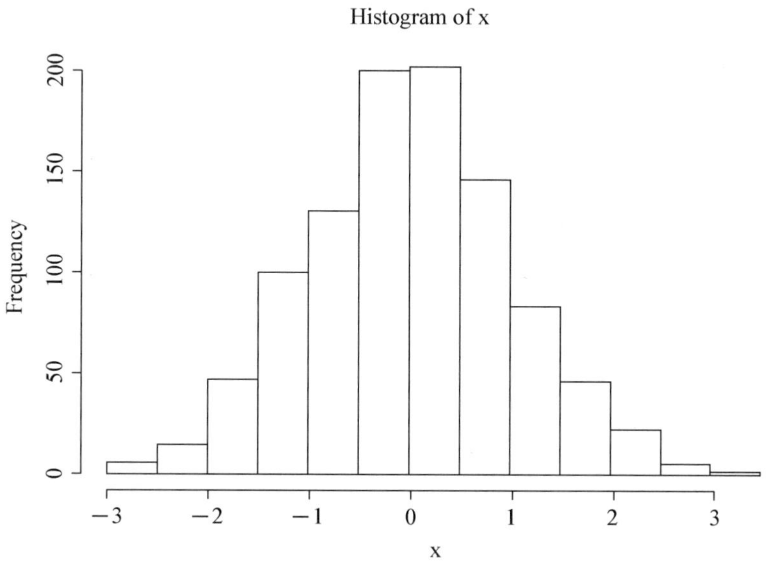

（5）cbind()：将两个行数相等的矩阵或数据框按列合并。

（6）merge(d1，d2)：将两个数据框按照指定的一列或多列的值进行匹配和拼接。

常用参数：

by. x/by. y/by：指定用于匹配的列。x、y 分别指输入的第一和第二个数据框，by. x、by. y 分别表示两数据框的索引列，合并后的数据集将删除 by. y。当两数据框中相应列名相同时，也可以简化使用 by 参数指定索引列名。

all/all. x/all. y：指定全连接/左连接/右连接，即若一数据框中索引值在另一数据框索引列未找到匹配值，是否在合并后的结果中保留。缺省时默认均为 FALSE，表示仅保留两数据框共有索引值对应的行。

sort：合并后的数据框是否按索引值排序，默认值为 TRUE。

示例：

```
> a = data.frame(a1 = c(4:1),a2 = c(5:8))
> b = data.frame(b1 = c(1:3,5),b2 = c(9:12))
> merge(a,b,by.x = 'a1',by.y = 'b1')
  a1  a2  b2
1  1   5   9
2  2   6  10
3  3   7  11
> merge(a,b,by.x = 'a1',by.y = 'b1',all.x = TRUE)
  a1  a2  b2
1  1   5   9
2  2   6  10
3  3   7  11
4  4   8  NA
> merge(a,b,by.x = 'a1',by.y = 'b1',all = TRUE)
```

```
   a1  a2  b2
1  1   5   9
2  2   6  10
3  3   7  11
4  4   8  NA
5  5 NA 12
```

（7） factor()：将向量转换为因子型变量。

（8） cut(x)：将连续型数据离散化为因子型数据。

常用参数：

breaks：指定分隔点，或者仅输入一个大于 1 的整数，表示将原序列分割为区间长度相等的若干段。

label：指定离散化后各区间名称。

right：默认值为 TRUE，表示每个区间左开右闭。

ordered_result：指定离散化后数据是否为定序数据，默认为 FALSE，表示定类数据。

示例：

```
#将上面生成的 x1 序列离散化,分割点为 -2, -1.5, -1, -0.5, 0, 0.5, 1, 1.5, 2,分别赋标签值1～8
> x1 = cut(x,breaks = seq(-2,2,0.5),labels = as.factor(c(1:8)))
> head(x)        #展示原序列前 6 个数据
[1] -0.56047565 -0.23017749  1.55870831  0.07050839  0.12928774  1.71506499
> head(x1)       #展示前 6 个数据离散化后情况
[1] 3 4 8 5 5 8
Levels: 1 2 3 4 5 6 7 8
> table(x1)      #统计离散后各组数据分布
x1
  1   2   3   4   5   6   7   8
 47  99 130 200 202 146  83  46
> table(cut(x,breaks = 3)) #指定区间数目离散化结果
(-2.82,-0.793]  (-0.793,1.22]    (1.22,3.25]
           198            695            107
```

（9） subset(x)：从矩阵或数据框中提取满足条件的子集。

常用参数：

subset：用于筛选符合条件的行，也可以通过逻辑运算符定义复杂条件。

select：用于提取指定列，在列名前加负号表示不包括指定列。

示例：

```
#使用前面定义的数据框
> m = merge(a,b,by.x = 'a1',by.y = 'b1',all.x = TRUE)
> m
```

```
    a1  a2  b2
1   1   8   9
2   2   7  10
3   3   6  11
4   4   5  NA
#提取 a1 > 1 且 b2 非空的行的 a1a2 列
> m1 = subset(m,a1 > 1&b2! = 'NA',c(a1,a2))
> m1
  a1 a2
2  2  7
3  3  6
```

二、数据实例演示

在进行正式的数据分析前，首先在 R 中下载并导入所需函数包：

```
> library(sampling)
> library(TeachingSampling)
> library(grid)
> library(survey)
```

抽样的实例数据是 BigLucy 文件，选自 R 软件的 TeachingSampling 包。

BigLucy 数据集类似于一个城市里的行业公司在某个财政年度中的若干财务变量数据汇总表。数据集包括 85 296 个观测值，11 个变量。变量 ID、Ubication、Level、Zone、Income、Employees、Taxes、SPAM、ISO、Years、Segments 的具体含义如下。

ID：单一公司的唯一标志符，由两位英文字母和 4 位数字构成。

Ubication：单一公司在本市主营业地的地址信息。

Level：根据申报的税额大小，单一公司被划分为小型公司（small）、中型公司（medium）、大型公司（big）。

Zone：根据地理位置，单一公司被分配到 100 个县（county1-county100）中的一个特定的县。

Income：单一公司在上一财年的营业收入或收益的总量。

Employees：单一公司在上一财年的雇员人数。

Taxes：单一公司所得税的总量。

SPAM：单一公司利用互联网或电子邮箱服务进行自我宣传（yes）或不进行自我宣传（no）。

ISO：单一公司通过国际标准化组织的认证（yes）或未通过认证（no）。

Years：单一公司的经营年限。

Segments：单一公司所在的地理分割；城市的每一个县内，10 个相邻的工业公司被划分到同一个地理分割内。

下文将以 Income 为目标变量，进行相关抽样方法的 R 语言实现。

在抽样和估计之前，需要针对数据进行以下准备工作：

（1）导入数据。

1）选择导入本地已存在的数据：

```
> biglucy = read.csv("C:/Users/Administrator/Desktop/biglucy.csv",header = T)
```

2）调用 R 软件的 TeachingSampling 包中的 BigLucy 数据集：

```
> data(BigLucy)
> biglucy = BigLucy
```

（2）为方便抽样实施对数据进行处理。

1）剔除样本单位（ID）小于 100 的 Zone。

```
> s.size = rep(as.numeric(table(biglucy$Zone)),table(biglucy$Zone))
> biglucy.new = biglucy[order(biglucy$Zone,biglucy$ ID ),]
> biglucy.new = biglucy.new[s.size > = 100,]
```

2）当存在雇员人数（Employees）为 0 的单元时，通过下列代码予以剔除，本例中不需考虑此情形。

```
> biglucy.new = biglucy.new[ - which(biglucy.new$Employees = = 0),]
```

处理过后的数据集有 85 296 个观测值。

（一）简单随机抽样

1. 抽样

抽样要求：不放回简单随机抽取样本量为 3 000 的样本。

（1）调用不放回简单随机抽样函数“srswor”，其第一个参数为抽取的样本量 n，第二个参数为总体单元数 N。所得抽样结果为一个取值为 1 或 0 的变量（s），1 表示对应的样本单元被抽中，0 表示未被抽中。

```
> set.seed(123)
> N = nrow(biglucy.new)
> n = 3000
> s = srswor(n,N)
> s
  [1] 0 0 0 0 1 0 1 0 0 0 0 0 0 0 0 0 0 0 0 0 0 0 0 0 0 0 0 0 0 0 1 0 0 0 0 0 0 0 0
  [40] 0 1 0 0 0 0 0 0 0 0 0 0 0 0 0 0 0 0 0 1 0 0 0 0 0 0 0 0 0 0 0 0 0 0 0 0 1 0 0
  [79] 0 0 0 0 0 0 0 0 0 0 0 0 0 0 0 0 0 0 0 0 0 0 0 0 0 0 0 0 0 0 0 0 0 0 0 0 0 0 0
  ……
```

（2）调用 getdata① 函数提取抽到的样本单元的数据。

```
> data.srswor = getdata(biglucy.new,s)
```

2. 估计

（1）定义样本权重变量（pw），每个样本单元的权重是其入样概率的倒数。

```
> pw = rep(N/n,n)
```

（2）定义 fpc 变量，它是之后 svydesign 函数需要使用的参数。svydesign 函数中对 fpc 变量的定义②既可以是抽样比 n/N，也可以是总体单元数量 N，此处使用后者定义。

```
> fpc = rep(N,n)
```

（3）将权重变量和 fpc 变量加入抽到的样本单元的数据集中。

```
> agsrswor = as.data.frame(cbind(data.srswor,pw,fpc))
```

（4）调用 svydesign 函数定义该抽样设计及抽样结果。其中，id 参数定义群变量，没有使用群变量则用"～0"或"～1"表示；weights 参数定义权重变量；data 参数定义抽到的样本单元的数据集；fpc 参数定义 fpc 变量。

```
> dsrswor<- svydesign(id = ~1, weights = ~pw, data = agsrswor, fpc = ~fpc)
```

（5）查看抽样设计及抽样结果。其中，Probabilities 是样本单元入样概率，分别给出其最小值、下四分位点、中位数、均值、上四分位点、最大值。

```
> summary(dsrswor)
Independent Sampling design
svydesign(id = ~1, weights = ~pw, data = agsrswor, fpc = ~fpc)
Probabilities:
   Min.    1st Qu.   Median    Mean    3rd Qu.    Max.
0.03517  0.03517  0.03517  0.03517  0.03517  0.03517
Population size (PSUs): 85296
Data variables:
[1] "ID_unit"  "ID"   "Ubication"   "Level"   "Zone"   "Income"   "Employees"   "Taxes"
[9] "SPAM"   "ISO"   "Years"   "Segments" "pw" "fpc"
```

（6）目标变量（Income）均值的简单估计及其标准误差估计。调用 svymean 函数，第一个参数定义目标变量，第二个参数定义抽样设计及抽样结果，deff 参数如果设为 TRUE，则可以在结果中输出该抽样设计的设计效应，缺省值为 FALSE。

```
> svymean(~Income,dsrswor,deff = TRUE)
```

---

① sampling 包中可以用 getdata 函数提取抽到的样本单元数据的抽样函数有 srswor，UPsystematic，strata，cluster，mstage。说明文件 sampling. pdf：http://cran.r-project.org/web/packages/sampling/sampling.pdf。

② 详细说明参见 survey 包的说明文件 survey. pdf，下载地址为：http://cran.r-project.org/web/packages/survey/survey.pdf。

```
         mean        SE     DEff
Income 433.5107   4.7766     1
```

（7）目标变量（Income）的总值估计及其标准误差估计。调用 svytotal 函数，第一个参数定义目标变量，第二个参数定义抽样设计及抽样结果，deff 参数如果设为 TRUE，则可以在结果中输出该抽样设计的设计效应，缺省值为 FALSE。

```
    > svytotal(~Income,dsrswor,deff = TRUE)
         total       SE     DEff
Income 36976726   407422     1
```

（8）目标变量（Income）均值的比估计及其标准误差估计。第一步调用 svyratio 函数估计比率，第一个参数定义目标变量，第二个参数定义辅助变量，第三个参数定义抽样设计及抽样结果。第二步计算辅助变量的总体均值，并将其设为数据框格式。第三步调用 predict 函数估计目标变量的均值，第一个参数定义比率的估计值，第二个参数定义辅助变量的总体均值。

```
> ratio <- svyratio(~Income, ~Taxes, dsrswor)
> lucym <-  data.frame(Taxes =  mean(biglucy.new $ Taxes))
> predict(ratio,lucym $ Taxes)
$ total
          Taxes
Income 426.5829
$ se
          Taxes
Income 6.91651
```

（9）目标变量（Income）总值的比率估计及其标准误差估计。第一步调用 svyratio 函数估计比率，第一个参数定义目标变量，第二个参数定义辅助变量，第三个参数定义抽样设计及抽样结果。第二步计算辅助变量的总体总值，并将其设为数据框格式。第三步调用 predict 函数估计目标变量的总值，第一个参数定义比率的估计值，第二个参数定义辅助变量的总体总值。

```
> ratio <- svyratio(~Income, ~Taxes, dsrswor)
> lucyt <- data.frame(Taxes = sum(biglucy.new $ Taxes))
> predict(ratio,lucyt $ Taxes)
$ total
            Taxes
Income 36385814
$ se
          Taxes
Income 589950.6
```

（10）目标变量（Income）均值的回归估计及其标准误差估计。第一步调用 svyglm 函数估计回归系数，第一个参数定义为“目标变量～辅助变量”，第二个参数定义抽样设计及抽样结果。第二步计算辅助变量的总体均值，并将其设为数据框格式。第三步调用 predict 函数估计目标变量的均值，第一个参数定义回归系数的估计值，第二个参数定义辅助变量的总体均值的数据框。

```
> reg <- svyglm(Income~Taxes, design = dsrswor)
> lucym <- data.frame(Taxes = mean(biglucy.new $ Taxes))
> predict(reg, newdata = lucym)
    link    SE
1 430.78 1.7433
```

(11) 目标变量（Income）总值的回归估计及其标准误差估计。第一步调用 svyglm 函数估计回归系数，第一个参数定义为“目标变量～辅助变量”，第二个参数定义抽样设计及抽样结果。第二步计算辅助变量的总体总值，并将其设为数据框格式。第三步调用 predict 函数估计目标变量的总值，第一个参数定义回归系数的估计值，第二个参数定义辅助变量的总体总值的数据框，第三个参数定义总体单元数量。

```
> reg <- svyglm(Income~Taxes, design = dsrswor)
> lucyt <- data.frame(Taxes = sum(biglucy.new $ Taxes))
> predict(reg, newdata = lucyt,total = N)
       link      SE
1 36743638 148698
```

(二) 分层抽样

1. 抽样

抽样要求：以 Zone 为分层变量，每层简单随机抽取 30 个样本单元。①

(1) 定义分层抽样涉及的一些变量：总体单元数量 N，第 h 层的单元总数 N_h，各层的层权 W_h 层数 L，各层的样本单元数量 n_h。

```
> set.seed(123)
> N = nrow(biglucy.new)
> Nh = table(biglucy.new $ Zone)
> Wh = Nh/N
> L = length(unique(biglucy.new $ Zone))
> nh = rep(30,L)
```

(2) 调用分层抽样函数“S.STSI”，第一个参数为分层变量，第二个参数为各层的样本单元数量，第三个参数为各层抽取样本量。此函数各层抽样为不放回简单随机抽样，除此之外还可用S.STpiPS 实现不放回不等概抽样，S.STPPS 实现放回不等概抽样。

```
> st = S.STSI(biglucy.new $ Zone, Nh, nh)
```

(3) 提取抽到的样本单元的数据。

① 各层样本量 n_h 取决于抽样设计，比如比例分层、内曼分层等，可以自己定义。

```
> data.strata = biglucy.new[st,]
```

2. 估计

（1）定义样本权重变量（pw），每个样本单元的权重是其入样概率的倒数。

```
> pw = rep(N/3000,3000)
```

（2）定义 fpc 变量，为之后 svydesign 函数需要使用的参数，分层抽样中将其定义为每个样本单元所在层的总体单元数量。

```
> fpc = as.numeric(table(biglucy.new $ Zone)[data.strata $ Zone])
```

（3）将权重变量和 fpc 变量加入抽到的样本单元的数据集中。

```
> agstrat = as.data.frame(cbind(data.strata,pw,fpc))
```

（4）调用 svydesign 函数定义该抽样设计及抽样结果。其中，id 参数定义群变量，没有使用群变量则用“～0”或“～1”表示；strata 参数定义分层变量；weights 参数定义权重变量；data 参数定义抽到的样本单元的数据集；fpc 参数定义 fpc 变量。

```
> dstrat <- svydesign(id = ~1,strata = ~Zone, weights = ~pw, data = agstrat, fpc = ~fpc)
```

（5）查看抽样设计及抽样结果。其中，Probabilities 是样本单元入样概率的统计量，分别为最小值、下四分位点、中位数、均值、上四分位点、最大值。

```
> summary(dstrat)
Stratified Independent Sampling design
svydesign(id = ~1, strata = ~Zone, weights = ~pw, data = agstrat,
    fpc = ~fpc)
Probabilities:
  Min.    1st Qu.   Median    Mean    3rd Qu.    Max.
0.03517  0.03517  0.03517  0.03517  0.03517  0.03517
Stratum Sizes:
              county1  county2  ……  county100
obs              30       30            30
design.PSU       30       30            30
actual.PSU       30       30            30
Lucyulation stratum sizes (PSUs):
  county1  county2  ……  county100
    614     1454            330
Data variables:
[1]"ID"  "Ubication"  "Level"  "Zone"  "Income"  "Employees"  "Taxes"  "SPAM"
[9]"ISO"  "Years"  "Segments"  "pw"  "fpc"
```

（6）目标变量（Income）均值的简单估计及其标准误差估计。调用 svymean 函数，第一个参数定义目标变量，第二个参数定义抽样设计及抽样结果，deff 参数如果设为 TRUE，则可以在结果中输出该抽样设计的设计效应，缺省值为 FALSE。

```
> svymean(~Income, dstrat, deff = TRUE)
            mean      SE      DEff
Income  448.6250  3.8106  0.6562
```

（7）目标变量（Income）的总值估计及其标准误差估计。调用 svytotal 函数，第一个参数定义目标变量，第二个参数定义抽样设计及抽样结果，deff 参数如果设为 TRUE，则可以在结果中输出该抽样设计的设计效应，缺省值为 FALSE。

```
> svytotal(~Income, dstrat, deff = TRUE)
           total      SE      DEff
Income  38265918  325028  0.6562
```

（8）目标变量（Income）均值的比估计及其标准误差估计，分别进行分别比估计和联合比估计。第一步调用 svyratio 函数估计各层比率（分别比估计）/总比率（联合比估计），第一个参数定义目标变量，第二个参数定义辅助变量，第三个参数定义抽样设计及抽样结果，separate 参数定义为 TRUE，表示分别比估计，缺省值为 FALSE（表示联合比估计）。第二步计算辅助变量的各层总体均值（分别比估计）/总体均值（联合比估计），并将其设为数据框格式。第三步调用 predict 函数估计目标变量的均值，第一个参数定义各层比率（分别比估计）/总比率（联合比估计）的估计值，第二个参数定义辅助变量的各层总体均值（分别比估计）/总体均值（联合比估计），需要注意的是在分别比估计中，还需乘上各层的层权。

```
##分别比估计
> sep.ratio<-svyratio(~Income,~Taxes, dstrat,separate = TRUE)
> lucym<-data.frame(Taxes = tapply(biglucy.new$Taxes,INDEX = biglucy.new$Zone,FUN = mean))
> predict(sep.ratio, lucym$Taxes * Wh)
$total
         Taxes
Income 448.4051
$se
         Taxes
Income 6.634969
##联合比估计
> com.ratio<-svyratio(~Income, ~Taxes, dstrat)
> lucym<-data.frame(Taxes = mean(biglucy.new$Taxes))
> predict(com.ratio, lucym$Taxes)
$total
         Taxes
Income 423.1025
$se
         Taxes
Income 5.119637
```

（9）目标变量（Income）总值的比估计及其标准误差估计，分别进行分别比估计和联合比估计。第一步调用 svyratio 函数估计各层比率（分别比估计）/总比率（联合比估计），第一个参数定义目标变量，第二个参数定义辅助变量，第三个参数定义抽样设计及抽样结果，separate 参数定义为 TRUE，表示分别比估计，缺省值为 FALSE（表示联合比估计）。第二步计算辅助变量的各层总体总值（分别比估计）/总体总值（联合比估计），并将其设为数据框格式。第三步调用 predict 函数估计目标变量的总值，第一个参数定义各层比率（分别比估计）/总比率（联合比估计）的估计值，第二个参数定义辅助变量的各层总体总值（分别比估计）/总体总值（联合比估计）。

```
##分别比估计
>sep.ratio<-svyratio(~Income,~Taxes, dstrat,separate=TRUE)
>lucyt<-data.frame(Taxes=tapply(biglucy.new$Taxes,INDEX=biglucy.new$Zone,FUN=sum))
>predict(sep.ratio, lucyt$Taxes)
$total
          Taxes
Income 38247162
$se
        Taxes
Income 565936.3
##联合比估计
>com.ratio<-svyratio(~Income, ~Taxes, dstrat)
>lucyt<-data.frame(Taxes=sum(biglucy.new$Taxes))
>predict(com.ratio, lucyt$Taxes)
$total
          Taxes
Income 36088954
$se
        Taxes
Income 436684.5
```

（10）目标变量（Income）均值的回归估计①及其标准误差估计。第一步调用 svyglm 函数估计回归系数，第一个参数定义为“目标变量～辅助变量”，第二个参数定义抽样设计及抽样结果。第二步计算辅助变量的总体均值，并将其设为数据框格式。第三步调用 predict 函数估计目标变量的均值，第一个参数定义回归系数的估计值，第二个参数定义辅助变量的总体均值的数据框。

```
>com.reg<- svyglm(Income~Taxes, dstrat)
>lucym<-data.frame(Taxes=mean(biglucy.new$Taxes))
>predict(com.reg, newdata=lucym)
```

① 此处为联合回归估计，svyglm 函数中没有 separate 参数，无法直接实现分别回归估计，但可以自行分别估计再联合，这里不再详述。下同。

```
      link    SE
1 437.51 1.291
```

（11）目标变量（Income）总值的回归估计及其标准误差估计。第一步调用 svyglm 函数估计回归系数，第一个参数定义为“目标变量～辅助变量”，第二个参数定义抽样设计及抽样结果。第二步计算辅助变量的总体总值，并将其设为数据框格式。第三步调用 predict 函数估计目标变量的总值，第一个参数定义回归系数的估计值，第二个参数定义辅助变量的总体总值的数据框，第三个参数定义总体单元数量。

```
> com.reg <- svyglm(Income~Taxes,dstrat)
> lucyt <- data.frame(Taxes = sum(biglucy.new$Taxes, na.rm = TRUE))
> predict(com.reg, newdata = lucyt, total = N)
        link       SE
1 37317599   110114
```

（三）系统抽样

1. 抽样

抽样要求：采用等距抽样方法抽取样本量为 3 000 的样本。

（1）定义每个总体单元的入样概率，记为 pik 变量。

```
> n = 3000
> pik = rep(n/N, N)
```

（2）调用系统抽样函数“UPsystematic”，其参数为总体单元的入样概率变量。

```
> set.seed(123)
> s = UPsystematic(pik)
```

（3）调用 getdata 函数提取抽到的样本单元的数据。

```
> data.sys = getdata(biglucy.new,s)
```

2. 估计

（1）定义样本权重变量（pw），每个样本单元的权重是其入样概率的倒数。

```
> pw = 1/pik[s = = 1]
```

（2）定义 fpc 变量，为之后 svydesign 函数需要使用的参数，这里定义为总体单元数量。

```
> fpc = rep(N,n)
```

（3）将权重变量和 fpc 变量加入抽到的样本单元的数据集中。

```
> agsys = as.data.frame(cbind(data.sys,pw,fpc))
```

（4）调用 svydesign 函数定义该抽样设计及抽样结果①。其中，id 参数定义群变量，

① 此处将系统抽样结果按无放回简单随机抽样处理。

没有使用群变量则用“～0”或“～1”表示；weights 参数定义权重变量；data 参数定义抽到的样本单元的数据集；fpc 参数定义 fpc 变量。

```
> dsys = svydesign(id = ~1, weights = ~pw, data = agsys, fpc = ~fpc)
```

（5）查看抽样设计及抽样结果。其中，Probabilities 是样本单元入样概率的统计量，分别为最小值、下四分位点、中位数、均值、上四分位点、最大值。

```
> summary(dsys)
Independent Sampling design
svydesign(id = ~1, weights = ~pw, data = agsys, fpc = ~fpc)
Probabilities:
  Min.    1st Qu.   Median    Mean    3rd Qu.    Max.
0.03517  0.03517  0.03517  0.03517  0.03517  0.03517
Lucyulation size (PSUs): 85296
Data variables:
[1] "ID_unit"  "ID"  "Ubication"  "Level"  "Zone"  "Income"  "Employees"  "Taxes"
[9] "SPAM"  "ISO"  "Years"  "Segments" "pw" "fpc"
```

（6）目标变量（Income）均值的简单估计及其标准误差估计。调用 svymean 函数，第一个参数定义目标变量，第二个参数定义抽样设计及抽样结果，deff 参数如果设为 TRUE，则可以在结果中输出该抽样设计的设计效应，缺省值为 FALSE。

```
> svymean(~Income, dsys, deff = TRUE)
           mean      SE     DEff
Income 427.7913   4.7333     1
```

（7）目标变量（Income）的总值估计及其标准误差估计。调用 svytotal 函数，第一个参数定义目标变量，第二个参数定义抽样设计及抽样结果，deff 参数如果设为 TRUE，则可以在结果中输出该抽样设计的设计效应，缺省值为 FALSE。

```
> svytotal(~Income, dsys, deff = TRUE)
          total        SE     DEff
Income 36488890   403733     1
```

（四）PPS 抽样

1. 抽样

抽样要求：以单一公司所拥有的雇员人数（Employees）为规模变量，采用 PPS 抽样（有放回）抽取样本量为 3 000 的样本。

（1）调用 inclusionprobabilities 函数定义每个总体单元的入样概率，第一个参数定义规模变量，第二个参数定义样本量。

```
> n = 3000
> pik = inclusionprobabilities(biglucy.new$Employees,n)
```

（2）调用 PPS 抽样函数“UPmultinomial”，其参数为总体单元的入样概率变量。所得抽样结果 s 表示总体单元被抽中的次数（0 表示未被抽中，1 表示被抽中 1 次，2 表示被抽中 2 次，以此类推）。

```
> set.seed(123)> s = UPmultinomial(pik)
```

（3）提取抽到的样本单元的数据。

```
> data.pps = biglucy.new[s! = 0,]
```

2. 估计

（1）使用 HH 估计量。计算每次抽样中每个样本单元被抽中的概率 Z_i，等于其包含概率 π_i 除以样本量 n。计算每个样本单元被抽中的次数 Q_i。

```
> Z = pik[s! = 0]/n
> Q = s[s! = 0]
```

（2）目标变量（Income）的总值估计及其标准误差估计。

```
> YHH = sum(data.pps $ Income/Z * Q)/n
> YHH
[1] 37177397
> vars = (1/n) * (1/(n - 1)) * sum((data.pps $ Income/Z - YHH)^2 * Q)
> sqrt(vars)
[1] 375599.4
```

（3）目标变量（Income）的均值估计及其标准误差估计。

```
> YHHm = (sum(data.pps $ Income/Z * Q)/n)/N
> YHHm
[1] 435.8633
> varm = ((1/N)^2) * (1/n) * (1/(n - 1)) * sum((data.pps $ Income/Z - YHH)^2 * Q)
> sqrt(varm)
[1] 4.403482
```

（五）Brewer 抽样

1. 抽样

抽样要求：以单一公司所拥有的雇员人数（Employees）为规模变量，采用 Brewer 抽样（不放回）抽取样本量为 3 000 的样本。

（1）调用 inclusionprobabilities 函数定义每个总体单元的入样概率，第一个参数定义规模变量，第二个参数定义样本量。

```
> n = 3000
> pik = inclusionprobabilities(biglucy.new $ Employees,n)
```

（2）调用 Brewer 抽样函数“UPbrewer”，其参数为总体单元的入样概率变量。

```
> set.seed(123)
> s = UPbrewer(pik)
```

（3）提取抽到的样本单元的数据。

```
> data.brewer = biglucy.new[s = = 1,]
```

2. 估计

（1）定义样本单元入样概率变量（p）。

```
> p = pik[s = = 1]
```

（2）将样本单元入样概率变量加入抽到的样本单元的数据集中。

```
> agbrewer = as.data.frame(cbind(data.brewer,p))
```

（3）调用 svydesign 函数定义该抽样设计及抽样结果。其中，id 参数定义群变量，没有使用群变量则用"～0"或"～1"表示；Brewer 抽样不需要定义 weights 参数，而且 fpc 变量的定义方式只能为样本单元入样概率；data 参数定义抽到的样本单元的数据集；pps 参数定义为"brewer"①。

```
> dbrewer = svydesign(id = ~1,fpc = ~p,data = agbrewer,pps = "brewer")
```

（4）查看抽样设计及抽样结果。其中，Probabilities 是样本单元入样概率的统计量，分别为最小值、下四分位点、中位数、均值、上四分位点、最大值。

```
> summary(dbrewer)
Independent Sampling design
svydesign(id = ~1, fpc = ~p, data = agbrewer, pps = "brewer")
Probabilities:
   Min.     1st Qu.    Median     Mean      3rd Qu.    Max.
0.005007  0.032270  0.044510  0.045302  0.053413  0.146328
Population size (PSUs): 53386.06
Data variables:
[1] "ID"  "Ubication"  "Level"  "Zone"  "Income"
[6] "Employees"  "Taxes"  "SPAM"  "ISO"  "Years"
[11] "Segments"  "p"
```

（5）目标变量（Income）均值的简单估计及其标准误差估计。调用 svymean 函数，第一个参数定义目标变量，第二个参数定义抽样设计及抽样结果，deff 参数如果设为 TRUE，则可以在结果中输出该抽样设计的设计效应，缺省值为 FALSE。

```
> svymean(~Income, dbrewer, deff = TRUE)
           mean     SE      DEff
Income   438.156  5.019   1.0503
```

---

① 只支持 brewer 方法。

（6）目标变量（Income）的总值估计及其标准误差估计。调用 svytotal 函数，第一个参数定义目标变量，第二个参数定义抽样设计及抽样结果，deff 参数如果设为 TRUE，则可以在结果中输出该抽样设计的设计效应，缺省值为 FALSE。

```
> svytotal(~Income, dbrewer, deff = TRUE)
          total       SE     DEff
Income 36502227   345542   0.7173
```

（六）整群抽样

1. 抽样

抽样要求是，以 Zone 为分群变量，不放回简单随机抽样方法抽取 5 个群。

（1）设定样本群数为 5 。

```
> n = 5
```

（2）需要注意的是，通过设置 mi 在第二阶段抽 0 个样本，实际相当于只在第一阶段抽了群。

```
> set.seed(123)
> mi = c(rep(0,n))
```

（3）调用多阶段抽样函数 mstage，使用不放回简单随机抽样方法进行等概率整群抽样。其中，第一个参数是总体数据框。参数 stage 是一个表的形式（list），表中分别按顺序定义每一阶段使用的抽样方法。可选择的方法有“cluster”整群抽样，“stratified”分层抽样，以及“ ”代表简单随机抽样。相应地，参数 varnames 和 size 也以表的形式定义每个阶段使用的变量和样本量。参数 method 可以表的形式设定“srswor”“srswr”“poisson”“systematic”等方法，默认方法为“srswor”，设定 description＝TRUE 运行结果会显示抽样信息。

```
> m = mstage(biglucy.new,stage = list("cluster",""),varnames = list("Zone","ID"),size = list
(n,mi), method = list("srswor","srswor"),description = TRUE)
STAGE 1
Number of selected clusters: 5
Number of units in the population and number of selected units: 85296 3784
STAGE 2
Population total and number of selected units: 330 0
Population total and number of selected units: 614 0
Population total and number of selected units: 446 0
Population total and number of selected units: 446 0
Population total and number of selected units: 1948 0
```

（4）查看抽样结果和抽取到的初级单元。mstage 函数返回的是两个数据框，分别表示为～$'1'和～$'2'，包含两个抽样阶段的样本变量、单元 ID“ID _ unit”和入样概率。可以使用 getdata 函数从总体数据框中调用样本的全部信息，m2 即为整群抽样所抽到的样本数据框。本例中在 50 个初级单元中，抽取了 KY、OR、PA、UT、VT 这 5 个 Zone。

```
> m2 = getdata(biglucy.new,m $ "1")
> unique(m2 $ Zone)
[1] County20 County36 County54 County69 County8
100 Levels: County1 County10 County100 County11 ... County99
```

2. 估计

下面将介绍如何针对上面抽样产生的样本进行估计，估计的目标变量是 Income 的均值和总值，及其相应的标准误差 SE。

（1）在使用 svydesign 函数之前要先设定相应的样本权数 pw 和 fpc。其中，样本权数是单元入样概率的倒数，fpc 的值为总体中的 Zone 的数量，即总体中 PSU 的个数。

```
> pw = rep(nrow(biglucy.new)/nrow(m2),nrow(m2))
> N = nlevels(biglucy.new $ Zone)
> N
[1]100
> fpc = rep(N,nrow(m2))
```

（2）合并样本数据框 m2 和 pw、fpc。

```
> agclus = as.data.frame(cbind(m2,pw,fpc))
```

（3）调用 svydesign 函数定义抽样设计，并把抽样设计存储于 dclus。其中，参数 id 定义群变量，weight 定义样本权数，data 定义抽到的样本单元的数据集。可以使用 summary 函数查看抽样设计。

```
> dclus = svydesign(id = ~Zone,weights = ~pw,data = agclus,fpc = ~fpc)
> summary(dclus)
1 - level Cluster Sampling design
With (5) clusters.
svydesign(id = ~Zone, weights = ~pw, data = agclus, fpc = ~fpc)
Probabilities:
  Min.    1st Qu.   Median    Mean    3rd Qu.    Max.
0.04436  0.04436  0.04436  0.04436  0.04436  0.04436
Population size (PSUs): 100
Data variables:
[1] "ID"              "Ubication"       "Level"
[4] "Income"          "Employees"       "Taxes"
[7] "SPAM"            "ISO"             "Years"
[10] "Segments"       "Zone"            "ID_unit"
[13] "Prob_ 1 _stage" "pw"              "fpc"
```

（4）估计结果展示如下：

“Income”均值估计和标准误差如下，

```
> svymean(~Income,dclus)
          mean      SE
Income  548.07   64.019
```

“Income”总值估计和标准误差如下，

```
> svytotal(~Income,dclus)
            total        SE
Income 46748317   12979587
```

（七）等概率两阶段抽样

1. 抽样

抽样要求：第一阶段以 Zone 为分群变量（总共 100 个 Zone），抽取若干个群；第二阶段，在每个群内抽取若干个样本单位（ID）。两阶段均采用不放回简单随机抽样。

调用多阶段抽样函数：mstage。该函数需预先设计好每阶段抽取的样本量。现设定第一阶段抽取 30 个群，第二阶段在每个群内抽取 100 个样本单位。

（1）根据抽样要求设定每一阶段的样本量。

```
> n = 30
> mi = c(rep(100,n))
```

（2）调用上文提到的多阶段抽样函数：mstage。注意测试第二阶段需抽取样本，设置 mi 在第二阶段每个群内抽取 100 个样本。

```
> set.seed(123)
> m = mstage(biglucy.new,stage = list("cluster",""),varnames = list("Zone","county"),size = list(n,mi), method = list("srswor","srswor"),description = TRUE)
STAGE 1
Number of selected clusters: 30
Number of units in the population and number of selected units: 85296 28956
STAGE 2
Population total and number of selected units: 614 100
Population total and number of selected units: 1454 100
Population total and number of selected units: 614 100
……
```

（3）查看抽样结果和抽取到的初级单元。

```
> m2 = getdata(biglucy.new,m $ "2")
> result = unique(m2 $ Zone)
> result
[1] County11 County12 County16 County18 County27 County32 County34
[8] County45 County46 County48 County53 County54 County57 County58
```

```
[15] County62 County73 County78 County79 County8 County81 County83
[22] County84 County85 County86 County87 County89 County9 County90
[29] County93 County97
100 Levels: County1 County10 County100 County11 County12 ... County99
```

2. 估计

下面介绍如何针对上述抽样产生的样本进行估计，估计的目标变量是 Income 的均值和总值。

（1）在使用 svydesign 函数之前要先设定相应的 fpc1 和 fpc2。其中，fpc1 的值为总体中的 Zone 的数量，即总体中 PSU 的个数。fpc2 为总体中每个 Zone 中 ID 的个数。

```
> fpc1 = rep(50,nrow(m2))
> fpc2 = as.numeric(table(biglucy.new $ Zone)[m2 $ Zone])
```

（2）合并样本数据框 m 和 fpc1、fpc2。

```
> sm = as.data.frame(cbind(m2,fpc1,fpc2))
```

（3）调用 svydesign 函数定义抽样设计，并把抽样设计存储于 dsm 中。其中，参数 id 按从左至右的顺序定义第一、二阶段使用的变量，二者使用加号相连。相应地，fpc 也用相同的方式定义。data 为样本数据框。使用 summary 函数查看该抽样设计。

```
> dsm< - svydesign(id = ~Zone + ID,fpc = ~fpc1 + fpc2,data = sm)
> summary(dsm)
2 - level Cluster Sampling design
With (30, 3000) clusters.
svydesign(id = ~Zone + ID, fpc = ~fpc1 + fpc2, data = sm)
Probabilities:
  Min.    1st Qu.   Median    Mean    3rd Qu.    Max.
0.03080  0.04127  0.07207  0.11692  0.18182  0.36364
Population size (PSUs): 50
Data variables:
[1] "ID"  "Ubication"  "Level"  "Zone"  "Income"  "Employees"
[7]"Taxes"  "SPAM"  "ISO"  "Years"  "Segments"  "ID_unit"
[13] "Prob_2_stage"  "Prob"  "fpc1"  "fpc2"
```

（4）估计结果展示如下：

```
> svymean(~Income,dsm)
          mean     SE
Income 421.08  11.781
> svytotal(~Income,dsm)
           total      SE
Income 20321462  1662245
```

(八) 两阶段放回不等概抽样

1. 抽样

抽样要求：第一阶段以 Zone 为分群变量放回不等概抽取 30 个群；第二阶段，在每个群内简单随机抽样抽取 100 个样本单位（ID）。

如果某个初级单元被重复抽中两次，则对其二级单元抽取一个大小为 mi 的样本，将这 mi 个二级单元放回，重新抽取一个大小为 mi 的样本。计算时，应对重复的二级单元按照被抽中的次数进行重复计算。

(1) 调用多阶段函数 mstage。因为抽样要求第一阶段为有放回的抽样，第二阶段为简单随机抽样，设定 method＝list("srswr","srswor")。对不等概抽样要设定 pik 参数，即各单元被抽到的概率，为 z。设定 description＝TRUE 运行结果会显示抽样信息。因为是有放回抽样，本例中我们抽取的初级单元数为 1，即一个初级单元被抽中了两次。

```
> Z = table(biglucy.new $ Zone)/nrow(biglucy.new)
> z = rep(Z,table(biglucy.new $ Zone))
> n = 30
> set.seed(123)
> m = mstage(biglucy.new,stage = list("cluster",""),varnames = list("Zone","ID"),size = list
(n,mi), method = list("srswr","srswor"),pik = z,description = TRUE)
STAGE 1
Number of selected clusters: 28
Number of units in the population and number of selected units: 85296 25104
STAGE 2
Population total and number of selected units: 330 100
Population total and number of selected units: 614 100
Population total and number of selected units: 1454 100
……
```

(2) 若在第一阶段抽取到两个不同的初级单元，则抽取按要求完成。但如本例，在 mstage 函数中，若一个初级单元被抽中了两次，在第二阶段则只会抽取一次样本，即总样本数为 2 800 而非 3 000。

```
> m1 = getdata(biglucy.new,m $ "1")
> m2 = getdata(biglucy.new,m $ "2")
> result = unique(m2 $ Zone)
> result
[1] County10 County11 County12 County15 County18 County22 County26
[8] County27 County3 County36 County37 County39 County53 County56
[15] County60 County61 County67 County69 County7 County70 County72
[22] County82 County84 County87 County88 County89 County96 County99
100 Levels: County1 County10 County100 County11 County12 ... County99
> m2 = getdata(biglucy.new,m $ "2")
```

```
> nrow(m2)
[1] 2800
```

此时要在其中独立地抽取两个不放回简单随机抽样样本，抽样结果分别保存在 s1 和 s2 中。使用函数为 srswor，该函数第一个参数为第二阶段每个初级单元中需要抽取的二级单元数，第二个参数为每个初级单元中二级单元的总体规模。srswor 函数返回的结果为一个 n 维向量，由 0，1 构成，0 代表对应单元未抽中，1 代表抽中，$n=2\,800$。最后根据这个向量提取二级单元构成最终的样本。

```
> s1 = srswor(2800,nrow(m1))
> s1 = m1[s1! = 0,]
> s2 = srswor(2800,nrow(m1))
> s2 = m1[s2! = 0,]
> View(s1)
> nrow(s1)
[1] 2800
> nrow(s2)
[1] 2800
```

2. 估计

下面介绍如何针对上述抽样产生的样本进行估计，估计的目标变量是 Income 的均值和总值。

（1）y_i 为样本中第 i 个 PSU 的总值。

```
> yi = c(sum(s1 $ Income),sum(s2 $ Income))
```

（2）yi. bar 为样本中第 i 个 PSU 按 SSU 的平均值。z_i 为被抽到初级单元的 Z 值。

```
> yi.bar = yi/100
> zi = Z[unique(m1 $ Zone)]
```

（3）先利用汉森-霍维茨估计量对总体总值 Y 进行估计，进而得到均值估计量。

```
> total.hh = nrow(biglucy.new) * (sum(yi)/(n * 100))
> mean.hh = total.hh/nrow(biglucy.new)
> total.hh
[1] 66404955
> mean.hh
[1] 778.5237
```

（4）根据教材中的公式估计均值和总值的标准误差。

```
> SE.t.hh = sqrt((nrow(biglucy.new))^2 * sum((yi.bar - mean.hh)^2)/(n * (n - 1)))
> SE.m.hh = sqrt(sum((yi.bar - mean.hh)^2)/(n * (n - 1)))
> SE.t.hh
[1] 44574709
> SE.m.hh
[1] 522.5885
```

附录Ⅱ　企业抽样案例背景介绍①

某省份拥有17个地级市和1个省直辖县级行政区；地级市、省直辖县级行政区下辖52个区、86个县和25个县级市；区、县、县级市下辖679个街道，1 820个乡镇。该省份拟通过抽样调查估算省内企业的经营收入状况。

根据该省内企业资料建立抽样框文档，整理为data数据集。该数据文档中每一行表示单一企业的相关数据，相应的变量含义如下：

id：企业编码，单一企业拥有唯一的编码；

city：企业所在的地级市代码（编码为18个类别，分别是A～Q这17个地级市以及R这个省直辖县级行政区）；

county：企业所在的区县代码（以CE为例，C表示第三个地级市，E表示该地级市的第五个区、县或县级市）；

town：企业所在的街道、乡镇代码（以CE_09为例，C表示第三个地级市，E表示该地级市的第五个区、县或县级市，09表示该区、县或县级市下面的第9个街道、乡镇）；

county_class：企业所在区县的属性（编码为区、县、县级市3种区县级类型）；

location：企业主营业地的城乡类型（编码为街道、乡镇2种城乡类型）；

industry：企业所属行业类别（编码为15个行业，分别用A～O之间的15个字母表示）；

scale：企业的规模（编码为大型、中型、小型、微型4种类型）；

income：企业上一年度的经营收入（单位为万元）；

employees：企业上年年末的雇员人数（单位为人）；

调查费用：

去county中的“区”下的每个town花费50元；

去county中的“县、县级市”下的每个town花费200元；

从town去公司，若公司的location为“城镇”，花费10元（不论是否开展调查，去就要花费）；

从town去公司，若公司的location为“乡村”，花费20元（不论是否开展调查，去

---

① 本案例数据来源于模拟数据，仅用于抽样设计的教学案例。

就要花费）；

对每个企业开展调查要花费 20 元。

各区县企业经营状况统计表如表 13-1 所示。

表 13-1　各区县企业经营状况统计表（部分）

地级市	区县	企业数量	平均雇员人数	地级市	区县	企业数量	平均雇员人数
A	AA	1 251	1 634.1	C	CK	208	1 740.0
A	AB	1 589	1 439.7	C	CL	293	434.1
A	AC	1 235	1 032.8	C	CM	328	787.4
A	AD	2 518	1 393.0	C	CN	466	911.1
A	AE	526	977.4	C	CO	741	1 166.0
A	AF	672	1 082.2	D	DA	952	852.0
A	AG	681	1 027.4	D	DB	1 250	834.6
A	AH	1 833	1 010.8	D	DC	438	945.0
A	AI	707	1 068.0	D	DD	1 063	931.2
A	AJ	435	1 095.3	D	DE	285	1 167.4
A	AK	636	917.3	D	DF	559	871.5
A	AL	514	1 166.5	D	DG	793	989.6
A	AM	524	811.4	D	DH	429	792.5
B	BA	907	1 597.6	D	DI	1 140	954.9
B	BB	613	1 133.6	D	DJ	786	836.9
B	BC	861	1 249.7	E	EA	1 304	980.9
B	BD	600	1 352.8	E	EB	988	838.9
B	BE	221	1 032.7	E	EC	1 000	909.0
B	BF	359	727.9	E	ED	717	1 243.0
B	BG	311	789.6	E	EE	290	654.3
B	BH	308	995.5	E	EF	169	930.4
B	BI	542	811.1	E	EG	651	959.6
C	CA	972	1 190.8	E	EH	272	1 100.8
C	CB	971	1 243.5	E	EI	1 044	1 052.7
C	CC	749	1 200.5	F	FA	540	683.6
C	CD	1 251	1 029.9	F	FB	776	1 108.4
C	CE	426	833.4	F	FC	485	949.7
C	CF	1 212	915.2	F	FD	536	950.1
C	CG	190	686.0	F	FE	802	730.7
C	CH	162	992.4	G	GA	570	916.6
C	CI	243	996.4	G	GB	758	1 110.1
C	CJ	292	1 195.2	G	GC	257	910.3

续表

地级市	区县	企业数量	平均雇员人数	地级市	区县	企业数量	平均雇员人数
G	GD	790	877.1	K	KD	241	428.2
G	GE	155	971.8	K	KE	437	548.1
G	GF	177	822.9	L	LA	770	689.1
G	GG	433	616.9	L	LB	240	1 115.7
G	GH	204	783.4	L	LC	196	400.0
G	GI	330	597.2	L	LD	300	273.1
G	GJ	739	593.8	L	LE	742	691.0
G	GK	437	616.0	L	LF	244	350.3
G	GL	295	860.3	M	MA	815	805.1
G	GM	559	616.3	M	MB	989	911.2
H	HA	946	982.1	M	MC	251	391.2
H	HB	1 063	896.1	M	MD	451	387.2
H	HC	740	695.7	M	ME	603	513.1
H	HD	1 015	843.6	M	MF	627	710.4
H	HE	163	354.9	M	MG	268	314.1
H	HF	343	786.1	M	MH	471	698.1
H	HG	665	862.9	M	MI	456	731.7
H	HH	585	794.7	M	MJ	750	609.4
H	HI	933	747.9	M	MK	425	494.6
H	HJ	517	692.0	M	ML	294	495.7
I	IA	1 053	731.9	M	MM	661	732.6
I	IB	259	362.0	M	MN	720	669.5
I	IC	200	283.8	N	NA	1 034	731.8
I	ID	201	451.3	N	NB	836	1 058.3
I	IE	169	355.9	N	NC	469	748.8
I	IF	328	368.7	N	ND	335	386.4
I	IG	462	848.6	N	NE	257	304.7
J	JA	1 386	1 184.5	N	NF	659	453.6
J	JB	576	938.9	N	NG	441	400.5
J	JC	203	384.3	N	NH	383	368.3
J	JD	257	379.3	N	NI	331	663.7
J	JE	1 031	693.4	N	NJ	513	332.3
J	JF	648	951.8	O	OA	1 175	1 067.6
K	KA	482	967.1	O	OB	1 394	734.9
K	KB	262	2 108.6	O	OC	531	727.1
K	KC	266	942.6	O	OD	508	1 117.6

续表

地级市	区县	企业数量	平均雇员人数	地级市	区县	企业数量	平均雇员人数
O	OE	358	589.1	P	PI	925	749.0
O	OF	459	565.3	P	PJ	887	824.2
O	OG	850	661.5	Q	QA	1 428	739.6
O	OH	719	697.2	Q	QB	690	538.8
O	OI	662	662.8	Q	QC	813	808.7
O	OJ	824	713.9	Q	QD	584	692.4
P	PA	1 082	942.2	Q	QE	496	567.6
P	PB	436	540.3	Q	QF	500	327.6
P	PC	755	770.6	Q	QG	665	363.8
P	PD	653	465.9	Q	QH	677	499.0
P	PE	549	651.0	Q	QI	583	571.6
P	PF	676	906.5	Q	QJ	1 076	468.0
P	PG	420	409.5	R	RA	693	579.8
P	PH	407	823.6	总数	163	102 757	863.7

参考文献

1. 科克伦. 抽样技术. 北京：中国统计出版社，1985.

2. 冯士雍，施锡铨. 抽样调查：理论、方法与实践. 上海：上海科学技术出版社，1996.

3. 冯士雍，倪加勋，邹国华. 抽样调查理论与方法. 北京：中国统计出版社，1998.

4. 倪加勋. 抽样调查. 大连：东北财经大学出版社，1994.

5. 倪加勋.《抽样技术》习题解答. 北京：中国统计出版社，1992.

6. 金勇进. 非抽样误差分析. 北京：中国统计出版社，1996.

7. 加拿大统计局《调查技能》项目组. 调查技能教程. 北京：国家统计局统计教育中心、国际合作司，2002.

8. Wolter K M. 方差估计引论. 北京：中国统计出版社，1998.

9. Lessler J T，Kalsbeek W D. 调查中的非抽样误差. 北京：中国统计出版社，1997.

10. 李金昌. 抽样调查与推断. 北京：中国统计出版社，1996.

11. 谢邦昌. 抽样调查的理论及其应用方法. 北京：中国统计出版社，1998.

12. 樊鸿康. 抽样调查. 北京：高等教育出版社，2000.

13. 黄良文，吴国培. 应用抽样方法. 北京：中国统计出版社，1991.

14. 施锡铨. 抽样调查的理论和方法. 上海：上海财经大学出版社，1996.

15. 肖红叶，周恒彤. 抽样调查设计原理. 北京：经济科学出版社，1997.

16. 卢宗辉. 抽样方法的系统研究. 北京：中国统计出版社，1998.

17. 王国明，李学增，刘晓越，等. 抽样原理及其应用. 北京：中国统计出版社，1996.

18. Kish L. 抽样调查. 北京：中国统计出版社，1997.

19. 柯惠新，刘红鹰. 民意调查实务. 北京：中国经济出版社，1996.

20. 胡健颖，孙山泽. 抽样调查的理论、方法和应用. 北京：北京大学出版社，2000.

21. 梁小筠，祝大平. 抽样调查的方法和原理. 上海：华东师范大学出版社，1994.

22. 杜子芳. 抽样技术及其应用. 北京：清华大学出版社，2005.

23. 杜子芳. 市场调查. 北京：当代中国出版社，2002.

24. 卡尔顿. 抽样调查导论. 北京：中国统计出版社，2003.

25. 赵民德，谢邦昌. 探索真相：抽样理论和实务. 北京：中国统计出版社，2001.

26. 洛尔. 抽样：设计与分析：英文影印版. 北京：中国统计出版社，2002.

27. Bureau of Labor Statistics. U. S. Census Bureau 2000 Design and Methodology. www. bls. census. gov/cps.

28. Fuller W A. PC CARP. Statistical Laboratory. Iowa State University，1989.

29. Anich D，Bettin P. Choosing a Composite Estimator for CPS. Presented for Presentation at the International Symposium on Panel Surveys，Washington，DC，1986.

30. Fay R，Train G. Aspects of Survey and Model-Based Postcensal Estimation of Income and Povery Characteristics for States and Countries//Proceedings of the Section on Government Statistics，American Statistical Association，1995.

31. Regional Response to Questions on CPS Type A Rates. Bureau of the Census，CPS Office Memorandum No. 97－07，Methods and Performance Evaluation Memorandum No. 97－03，January 31，1997.

32. Brick J M，Kalton G. Handling Missing Data in Survey Research. Statistical Mathematics in Medical Research，1996 (5).

33. Dolson D. Imputation Methods. Statistics Canada，1999.

34. Rousseeuw P J，Leroy A M. Robust Regression and Outlier Detection. New York：John Wiley and Sons，1987.

35. Scheaffer R L，Mendenhall W，Ott L. Elementary Survey Sampling. 4th ed. Boston：PWSKENT Publishing Company，1990.

36. Recommendations Concerning the Preparation of Report on Sampling Survey. Statistical Papers Series C. No. 1. rev. 2. New York：United Nations，1964.

37. Barnett V，Lewis T. Outliers in Statistical Data. 3rd ed. Chichester：John Wiley and Sons，1994.

38. Cox B G，Binder D A，Chinnappa B N，et al. Business Survey Methods. New York：John Wiley and Sons，1995.

图书在版编目（CIP）数据

抽样技术/金勇进，杜子芳，蒋妍编著. --5版
. --北京：中国人民大学出版社，2021.5
21世纪统计学系列教材
ISBN 978-7-300-29186-4

Ⅰ.①抽… Ⅱ.①金…②杜…③蒋… Ⅲ.①抽样调查统计-高等学校-教材 Ⅳ.①C811

中国版本图书馆CIP数据核字（2021）第055217号

"十二五"普通高等教育本科国家级规划教材
普通高等教育精品教材
21世纪统计学系列教材
抽样技术（第5版）
金勇进　杜子芳　蒋　妍　编著
Chouyang Jishu

出版发行	中国人民大学出版社		
社　址	北京中关村大街31号	邮政编码	100080
电　话	010－62511242（总编室）		010－62511770（质管部）
	010－82501766（邮购部）		010－62514148（门市部）
	010－62515195（发行公司）		010－62515275（盗版举报）
网　址	http://www.crup.com.cn		
经　销	新华书店		
印　刷	天津鑫丰华印务有限公司	版　次	2002年6月第1版
开　本	787 mm×1092 mm　1/16		2021年5月第5版
印　张	19.75 插页1	印　次	2025年8月第9次印刷
字　数	460 000	定　价	42.00元

中国人民大学出版社　理工出版分社

教师教学服务说明

中国人民大学出版社理工出版分社以出版经典、高品质的统计学、数学、心理学、物理学、化学、计算机、电子信息、人工智能、环境科学与工程、生物工程、智能制造等领域的各层次教材为宗旨。

为了更好地为一线教师服务，理工出版分社着力建设了一批数字化、立体化的网络教学资源。教师可以通过以下方式获得免费下载教学资源的权限：

★ 在中国人民大学出版社网站 www.crup.com.cn 进行注册，注册后进入“会员中心”，在左侧点击“我的教师认证”，填写相关信息，提交后等待审核。我们将在一个工作日内为您开通相关资源的下载权限。

★ 如您急需教学资源或需要其他帮助，请加入教师 QQ 群或在工作时间与我们联络。

中国人民大学出版社　理工出版分社

教师 QQ 群： 229223561(统计2组) 982483700(数据科学) 361267775(统计1组)
教师群仅限教师加入，入群请备注 (学校+姓名)

联系电话： 010-62511967，62511076

电子邮箱： lgcbfs@crup.com.cn

通讯地址： 北京市海淀区中关村大街 31 号中国人民大学出版社 507 室（100080）